10일 만에 끝내는
해커스 토  킹

200% 활용법

  무료

온라인 실전모의고사 응시권 (2회) 이용 방법

해커스인강(HackersIngang.com) 접속 ▶ 페이지 상단의 **[토스/오픽]** 클릭 ▶
상단의 **[MP3/자료 → 토익스피킹 → 실전모의고사 프로그램]** 클릭 ▶
본 교재의 **[실전모의고사 프로그램]** 이용하기

  무료

아이디어 & 표현 자료집 및 MP3 이용 방법

해커스인강(HackersIngang.com) 접속 ▶ 페이지 상단의 **[토스/오픽]** 클릭 ▶
상단의 **[MP3/자료 → 토익스피킹 → 무료 MP3/자료]** 클릭 ▶
본 교재의 **[아이디어&표현 자료집 및 MP3]** 클릭하여 이용하기

  무료

교재 MP3 이용 방법

해커스인강(HackersIngang.com) 접속 ▶
페이지 상단의 **[토스/오픽]** 클릭 ▶
상단의 **[MP3/자료 → 토익스피킹 → 문제풀이 MP3]** 클릭하여 이용하기

• QR코드로
[교재 MP3]
바로 가기

10일 만에 끝내는

해커스
토익 스피킹

해커스 어학연구소

무료 토익·토스·오픽·지텔프 자료 제공
Hackers.co.kr

토익스피킹 성적을 빨리 받아야 하는데...
정말 10일 만에 **목표 등급 달성**이 가능할까요?

<10일 만에 끝내는 해커스 토익스피킹>은 자신 있게 말합니다.
목표 등급 달성, 10일이면 충분합니다.

최신 출제 경향을 완벽 반영한 문제로,

고득점 달성을 위한 **만능 답변 템플릿과 답변 아이디어**로,

목표 등급 달성을 보장하는 **아이디어 & 표현 자료집**으로,

<10일 만에 끝내는 해커스 토익스피킹>은
단기간에 목표 등급을 달성할 수 있도록 하였습니다.

"이미 수많은 사람들이 **안전하게 지나간 길**
가장 확실한 길
가장 빠른 길로 가면 돼요."

토익스피킹 시험,

해커스가 여러분과 함께 합니다.

목차

10일 만에 끝내는
해커스 토익스피킹

Q 1-2
지문 읽기

Q 3-4
사진 묘사하기

Q 5-7
질문에 답하기

Q 8-10

표 보고 질문에 답하기

Q 11

의견 제시하기

ACTUAL TEST

[책 속의 책] 모범답변·해석·해설

실전 감각 Up!
**"온라인 실전모의고사
프로그램 2회분"**

해커스인강(HackersIngang.com) >>
[토스/오픽] >> [MP3/자료 → 토익스피킹 →
실전모의고사 프로그램]에서 교재 인증 후 다운로드

**"목표 등급 달성을 보장하는
아이디어 & 표현 자료집"**

해커스인강(HackersIngang.com) >>
[토스/오픽] >> [MP3/자료 → 토익스피킹 →
무료 MP3/자료]에서 교재 인증 후 다운로드

10일 완성 토익스피킹 고득점 달성 비법

실제 토익스피킹 **고득점자들의 학습방법**을 철저히 분석한 결과와
영어강자 **해커스만의 노하우**를 담아

<10일 만에 끝내는 해커스 토익스피킹>이 알려주는
10일 완성 토익스피킹 고득점 달성 비법 **5가지!**

비법 **"최신 출제 경향"** 완벽 대비

최신 토익스피킹 출제 경향을 완벽히 반영한 문제들로 구성!
각 문제 유형별로 최신 경향에 맞는 표현과 템플릿을 익히고, 충분한 양의 실전 문제에 적용하는 연습을
통해 시험에 보다 완벽하게 대비할 수 있습니다.

최신 출제 경향
파악 ▷ 표현 및 템플릿
학습 ▷ 실전 연습

비법 **"체계적인 학습"**으로 실전 스피킹 10일 완성

한 문제를 풀어도 제대로 푼다!
문제 유형별로 전략을 익히고, 답변 아이디어와 표현을 쌓아 이를 실전 문제에 적용하는 체계적인 학습
구성으로 단기간에 고득점 달성이 가능합니다.

전략 익히기 ▷ 답변 아이디어
& 표현 학습 ▷ 실전 테스트

비법 목표 등급 달성을 좌우하는 "Q11 완전 정복"

답변 시간이 길어 가장 어려운 유형으로 꼽히는 Q11!
교재에서 제공하는 다양한 학습자료로 배점 높은 Q11을 보다 철저하게 학습하여 목표 등급을
빠르게 달성할 수 있습니다.

1. Q11 '풍부한 답변 아이디어 및 표현' 수록
2. '목표 등급 달성을 보장하는 아이디어 & 표현 자료집' 무료 제공

 비법 "발음과 억양"도 확실하게 잡는다!

열심히 답변을 준비했다면, 남은 것은 보다 자연스러운 발음과 억양!
Q1-2에 수록한 핵심 읽기 포인트와 교재 MP3를 통해 자연스럽게 원어민의 발음과 억양을 익혀,
보다 효과적인 고득점 달성이 가능합니다.

| Q 1-2 '발음, 강세, 억양' 핵심 읽기 포인트 수록 | ＋ | 교재 MP3 문제 유형별 표현 수록 |

비법 완벽한 실전 대비 "실력 200% 발휘"

아무리 열심히 준비해도, 실전에 대한 대비가 되어 있지 않다면, 고득점은 어렵습니다.
교재에 수록된 방대한 양의 실전 문제, 3회분의 Actual Test, 그리고 온라인 실전모의고사 프로그램으로
보다 완벽하게 실전에 대비하여 고득점을 달성할 수 있습니다.

Actual Test 3회분(Actual Test 1-3)

무료 온라인 실전모의고사 프로그램
(2회분)

이 책의 특징과 구성

고득점을 위한 기초 학습 "Speaking Solution"

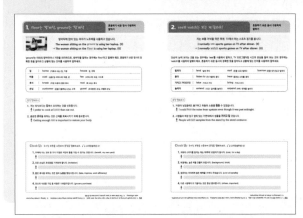

학습자들이 자주 혼동하여 말하는 표현을 올바른 쓰임과 함께 수록하였습니다. 또한, 고득점을 받기 위해 알아두면 좋은 구문을 엄선하였습니다. 직접 말해보는 연습을 통해 실전에서 실수하지 않고 활용할 수 있도록 하였습니다.

문제 유형별 필수 전략 학습 "스텝별 전략 익히기"

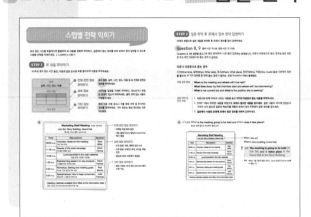

문제 유형별 학습 전략을 예제와 함께 단계별로 제시하여 효과적으로 전략을 익힐 수 있도록 하였습니다. 또한, 문제 유형별로 답변 노하우와 템플릿을 제시하여, 실전에 바로 적용할 수 있도록 하였습니다.

문제 유형별 세부 유형 분류를 통한 "체계적인 학습"

문제 유형별로 세부 문제 유형 또는 빈출 토픽에 따라 Course 로 분류하여 체계적으로 학습할 수 있도록 하였습니다. Course 별로 수록한 풍부한 답변 아이디어와 표현으로 보다 확실한 실전 대비가 가능합니다.

실전 연습도 완벽하게 "Hackers Test & Review Test"

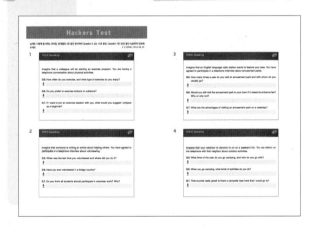

최신 기출 경향이 완벽 반영된 실전 문제를 풀어봄으로써 배운 내용을 점검하고, 이를 실전에 적용하는 연습을 할 수 있도록 하였습니다.

실전 감각 극대화 "Actual Test"

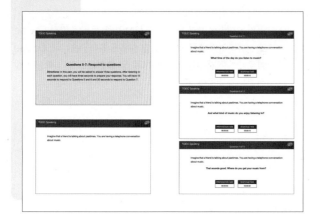

토익스피킹 시험의 최근 출제 경향을 철저하게 분석하여 반영한 Actual Test 3회분을 교재에 수록하였습니다. 또한, 온라인 실전모의고사 2회분을 추가로 제공하여, 실전 감각을 극대화할 수 있도록 하였습니다.

단순한 해설을 넘어 고득점의 방향 제시 "모범답변·해석·해설"

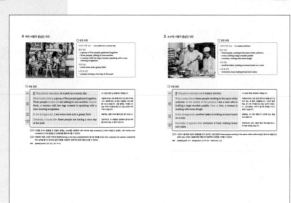

고득점 표현과 답변 구성 방법을 자연스럽게 익힐 수 있도록 모든 문제에 대해 모범답변을 제시하였습니다. 또한, 시험에서 바로 활용 가능한 '답변 Tip'을 제공하여 보다 효과적인 실전 대비가 가능하도록 하였습니다.

보다 효과적인 토익스피킹 학습을 위한 **"온라인 학습 자료"**

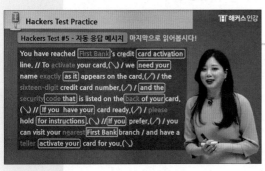

실전모의고사 > Actual Test 4 > 지문 읽기(Q1-2) (1 / 11)

PREPARATION TIME 00 : 38

Attention, passengers for Pacific Air flight 753 to Detroit. The departure will be delayed while workers remove ice from the plane and the runway. We expect the delay to last about one and a half hours. We apologize for the inconvenience, and in the meantime we encourage you to use the airport's excellent facilities. Grab a bite at one of our restaurants, peruse the bookstores, or get a relaxing foot massage at a luxurious spa.

무료 온라인 실전모의고사 프로그램 2회분 제공

실제 시험과 동일한 컴퓨터 환경의 실전모의고사 프로그램으로 실전 감각을 극대화 할 수 있습니다.

> 해커스인강(HackersIngang.com) >> [토스/오픽] >> [MP3/자료 → 토익스피킹 → 실전모의고사 프로그램]에서 교재 인증 후 다운로드

해커스 토익 스피킹
목표 등급 달성을 보장하는
아이디어 & 표현 자료집

DAY 1-1 Q 5-7 실생활

Q5-7 실생활 토픽에서 자주 출제되는 질문과 답변 아이디어를 익혀두세요. 영어 문장이 자신에게 익숙해지도록, 음성을 듣고 따라 말하면서 연습하세요. ◆ DAY 01

1. 이웃

	Q. 얼마나 자주 이웃과 마주치나요?	
얼마나 자주?	A. 핵심답을 이웃과 매일 마주쳐요.	I see my neighbors every day.
	관련내용 아침에 학교에 갈 때 그들에게 인사해요.	I say hello to them in the morning when I leave for school.
	Q. 이웃과 어떤 종류의 활동을 함께 하나요?	
어떤 종류?	A. 핵심답을 한 달에 한 번 각자 음식을 가져오는 저녁 모임을 해요.	My neighbors and I have monthly potluck dinners.
	관련내용 번갈아 가면서 모임을 주최하고, 다들 요리를 해서 음식을 가져와요.	We take turns hosting, and everyone cooks and brings food to share.
	Q. 이웃과 좋은 관계를 유지하기 위해 가장 중요한 것은 무엇이라고 생각하나요?	
	- 사생활 존중하기 - 지역사회 모임에 참석하기 - 서로 돕기	
무엇?	A. 핵심답을 서로 돕는 것이 가장 중요해요.	I think helping each other is most important in keeping a good relationship with neighbors.
	근거 1 가족처럼 서로 의지할 수 있어요.	My neighbors and I can rely on each other like family.
		Helping each other will create a better neighborhood for everyone

목표 등급 달성을 보장하는 아이디어 & 표현 자료집 제공

문제 유형별 예상 문제와 답변 아이디어를 MP3 파일과 함께 무료로 제공하여, 효과적인 학습이 가능합니다.

> 해커스인강(HackersIngang.com) >> [토스/오픽] >> [MP3/자료 → 토익스피킹 → 무료 MP3/자료]에서 교재 인증 후 다운로드

Hackers Test Practice 해커스인강

Hackers Test #5 - 자동 응답 메시지 마지막으로 읽어봅시다!

You have reached First Bank 's credit card activation line. // To activate your card,(↘) / we need your name exactly as it appears on the card,(↗) / the sixteen-digit credit card number,(↗) and the security code that is listed on the back of your card. (↘) // If you have your card ready,(↗) / please hold for instructions.(↘) // If you prefer,(↗) / you can visit your nearest First Bank branch / and have a teller activate your card for you.(↘)

맞춤형 MP3 및 동영상 강의 제공 (별매)

준비/답변 시간이 포함된 실제시험버전과 준비/답변 시간 없이 녹음된 학습버전의 MP3를 제공하여 목적에 맞게 학습할 수 있도록 하였습니다. 또한, 본 교재에 대한 동영상강의를 제공하여 학습 효과를 더욱 극대화시킬 수 있도록 하였습니다.

> MP3: 해커스인강(HackersIngang.com) >> [토스/오픽] >> [MP3/ 자료 → 토익스피킹 → 문제풀이 MP3]에서 다운로드
>
> 동영상강의: 해커스인강(HackersIngang.com) >> [토스/오픽]

실전 감각 Up! "실전모의고사 프로그램"

실전모의고사 프로그램이란?

실제 토익스피킹 시험과 동일한 컴퓨터 환경에서 문제를 풀 수 있도록 Actual Test 2회분과 그에 대한 모범답변, 해석, 해설을 제공하는 프로그램입니다. 교재 학습을 모두 마친 후, 실제 시험을 치르는 기분으로 2회분을 풀어본 후에, 모범답변과 비교하며 자신의 실력을 점검해 보세요.

1 프로그램 실행 방법

 해커스인강 사이트(HackersIngang.com)에 접속하여 로그인하기

 페이지 상단 메뉴의 [토스/오픽] 클릭

 [MP3/자료] >> [토익스피킹] >> [실전모의고사 프로그램] 클릭 후
교재 오른쪽의 '실전모의고사 프로그램 다운로드' 클릭

 교재 인증 후, 프로그램 다운로드

2 프로그램 이용 방법 및 화면 안내

❶ 프로그램 활용법 화면

시험 진행에 앞서, 실전모의고사 프로그램에 대한 소개와 활용 방법을 음성으로 들으며 익혀둡니다.

❷ 듣기 음량 테스트 및 녹음 테스트 화면

시험을 시작하기 앞서, 헤드폰의 음량을 조절합니다. 듣기 음량 테스트를 마치면 녹음 테스트 화면이 제시되며, 화면의 지시에 따라 녹음을 진행합니다.

❸ 시험 진행 화면

실제 시험을 친다는 생각으로 화면에 제시되는 디렉션에 따라 모든 문제를 풀어봅니다.

❹ 복습 화면

자신의 답변과 모범답변의 음성을 비교하며 들어보고, 오른쪽의 모범답변과 해설을 확인합니다. 그 후, 다시 한 번 자신의 답변을 녹음해 봅니다.

토익스피킹 알아보기 & 시험 당일 Tips

토익스피킹 시험은 무엇인가요?

미국 ETS에서 개발하고 한국 토익 위원회가 주관하는 국제 공인 시험으로 회사나 학교, 그리고 일상 생활과 관련된 주제에 대한 말하기 능력을 측정하는 시험입니다. 컴퓨터로 시험을 치르는 CBT(Computer-Based Test) 방식으로 진행됩니다. 토익스피킹 시험은 총 11문항으로 구성되어 있으며, 오리엔테이션을 제외하고 약 20분 정도가 소요됩니다. 토익스피킹 웹사이트(www.toeicswt.co.kr)에서 인터넷으로만 접수할 수 있으며, 접수 일정 및 시험에 관한 정보도 확인할 수 있습니다.

토익스피킹 시험은 어떻게 구성되어 있나요?

번호 \ 내용	문제 유형	답변 준비 시간	답변 시간	평가 기준
Q1-2	Read a text aloud 지문 읽기	각 45초	각 45초	발음, 억양 및 강세
Q3-4	Describe a picture 사진 묘사하기	각 45초	각 30초	발음, 억양 및 강세, 문법, 어휘, 일관성
Q5-7	Respond to questions 질문에 답하기	각 3초	Q5-6: 15초 Q7: 30초	발음, 억양 및 강세, 문법, 어휘, 일관성, 내용 연결성, 내용 완성도
Q8-10	Respond to questions using information provided 표 보고 질문에 답하기	표 읽기: 45초 답변 준비: 각 3초	Q8-9: 15초 Q10: 30초	발음, 억양 및 강세, 문법, 어휘, 일관성, 내용 연결성, 내용 완성도
Q11	Express an opinion 의견 제시하기	45초	60초	발음, 억양 및 강세, 문법, 어휘, 일관성, 내용 연결성, 내용 완성도

* 전체적으로, 말하기의 내용이 이해하기 쉬운지, 질문에 제대로 답하는지, 의견을 적절하게 제시하고 전개할 수 있는지를 평가합니다.

토익스피킹 시험의 점수별 등급은 어떻게 되나요?

2022년 6월 4일 시험부터 OPIc과 같이 말하기 능숙도에 대한 공식 언어능력 기준인 ACTFL 등급으로 평가됩니다.

토익스피킹 등급	토익스피킹 등급
Advanced High	200
Advanced Mid	180~190
Advanced Low	160~170
Intermediate High	140~150
Intermediate Mid	110~130
Intermediate Low	90~100
Novice High	60~80
Novice Mid / Low	0~50

* Intermediate Mid의 경우 Intermediate Mid1 < Intermediate Mid2 < Intermediate Mid3로 세분화하여 제공합니다.

토익스피킹 시험 당일 TIPS! 이것만은 꼭 명심하세요.

시험센터로 출발 전

· 토익스피킹 홈페이지의 <시험센터 안내> 메뉴에서 **시험센터의 약도**를 확인하세요.
· **입실 시간에서 10분이 지나면 입실이 금지**되므로 도착 시간을 엄수하세요.
· 시험 당일 신분증이 없으면 시험에 응시할 수 없으므로, 주민등록증, 운전면허증, 공무원증, 장애인 복지카드, 기간 만료 전의 여권, 초·중·고등학교 재학생의 경우 청소년증 및 국내 학생증 등의 **규정 신분증**을 반드시 지참하세요! (정부24를 통한 주민등록증 모바일 확인 서비스, 경찰청 발행 모바일 운전면허증, 모바일 공무원증도 인정됩니다.)
· 노트테이킹에 필요한 메모지와 필기구는 센터에서 제공돼요.

시험 대기 시간

· 오리엔테이션 시간에 OMR 카드를 작성하므로, 고사장 입구에서 본인의 **수험 번호를 정확하게** 확인하세요.
· 시험 대기실에서 교재에 수록된 **표현**이나 자신이 약한 유형의 **모범답변을 보고 소리 내어 읽으며** 긴장을 푸세요.
· 음량 조절 시간을 활용하여 **헤드폰과 마이크 음량 조절**을 철저히 하세요. 신분 확인용 **사진 촬영** 시, 모자, 헤드셋을 착용하지 말고, 사진 안에 **자신의 머리와 어깨가 나오는지**를 확인하세요.

시험 진행 시간

· 타인의 목소리가 들리더라도 **자신의 페이스를 유지하며** 답변하세요.
· 문제별로 정해진 **답변 시간을 가능한 한 채워서** 말하세요.
· 한 문제의 답변 시간이 끝나면 바로 다음 문제가 시작되므로, 당황하지 말고 **바로 다음 문제를 준비**하세요.
· 시험 도중 말문이 막히는 경우 **침묵을 유지하지 말고** Let me see(어디 보자), You know (있잖아) 등의 표현을 사용하며 **생각할 시간을 버세요.**

토익스피킹 알아보기 & 시험 당일 Tips

토익스피킹 화면 구성 및 시험 진행 방식

듣기 음량 테스트 화면

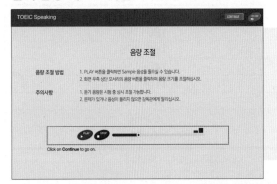

로그인 화면에서 본인의 생년월일과 수험 번호를 입력하고 나서, 헤드셋을 착용하고 성우의 음성을 실제로 들어보면서 듣기 음량을 조절할 수 있는 화면이 제시됩니다.

녹음 테스트 화면

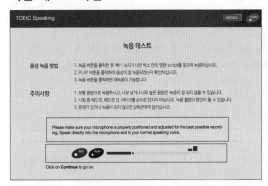

화면에 제시된 영어 문장을 읽으며 녹음을 진행한 뒤, 녹음 내용을 들어보며 마이크가 올바르게 작동하는지 확인할 수 있는 화면이 제시됩니다.

설문 조사 화면

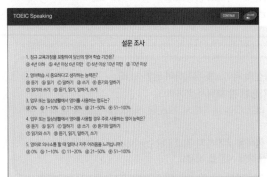

간단한 설문 조사에 응답하게 되는 화면입니다. 본인의 직업이나 영어 학습 기간, 시험 응시 목적 등의 기본적인 질문이 제시됩니다.

토익스피킹 시험 전체 디렉션 화면

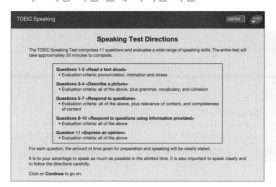

토익스피킹 시험에 대한 전반적인 설명이 주어지는 화면입니다. 디렉션 화면을 확인하고 화면 우측 상단의 Continue 버튼을 클릭하면 오리엔테이션이 종료되고 시험이 시작됩니다.

문제 유형별 디렉션 화면

해당 문제 유형의 디렉션이 음성과 함께 화면에 제시됩니다.

문제 화면

디렉션이 끝나면 실제 문제가 나오고, 준비 시간과 답변 시간이 주어집니다.

10일/5일/20일 완성 학습 플랜

10일 완성 학습 플랜
단기간에 집중 학습하여 토익스피킹을 10일 만에 끝내고 싶은 사람에게 적합한 플랜입니다.

1일	2일	3일	4일	5일
Q11		Q1-2	Q3-4	Q5-7
Q11 스텝별 전략 익히기 Q11 Course 01~02	Q11 Course 03 Q11 Review Test 및 복습	Q1-2 스텝별 전략 익히기 Q1-2 Course 01~03 Q1-2 Review Test 및 복습	Q3-4 스텝별 전략 익히기 Q3-4 Course 01~02 Q3-4 Review Test 및 복습	Q5-7 스텝별 전략 익히기 Q5-7 Course 01~03 Q5-7 Review Test 및 복습

6일	7일	8일	9일	10일
Q8-10	Actual Test			
Q8-10 스텝별 전략 익히기 Q8-10 Course 01~03 Q8-10 Review Test 및 복습	Actual Test 1회 Actual Test 1회 복습	Actual Test 2회 Actual Test 2회 복습	Actual Test 3회 Actual Test 3회 복습	Actual Test 4~5회(온라인) Actual Test 4~5회 복습

10일 완성 학습 플랜 활용 학습법

1. 고득점을 받기 위해 가장 중요한 **Q11부터** 학습합니다.
2. **스텝별 전략 익히기**를 통해 **문제 유형별 전략을 학습**하고, 각 **Course의 세부 유형**을 학습합니다.
3. **Hackers Test**를 통해 세부 **유형별 문제를** 완벽히 익히고, **Review Test**로 문제 유형별 학습을 **마무리**합니다.
4. 매일 학습이 끝난 후 **"목표 등급 달성을 보장하는 아이디어 & 표현 자료집"**의 **1일 분량**을 추가로 학습합니다.
5. 모든 문제 유형 학습이 끝나면 **Actual Test**를 통해 자신의 **실력을 점검**합니다.

5일 완성 학습 플랜
시험에 응시한 경험이 있거나 스피킹에 자신이 있는 사람에게 적합한 플랜입니다.

1일	2일	3일	4일	5일
Q1-2 Course 01~03 Q1-2 Review Test 및 복습 Q3-4 Course 01~02 Q3-4 Review Test 및 복습	Q5-7 Course 01~03 Q5-7 Review Test 및 복습 Q8-10 Course 01~03 Q8-10 Review Test 및 복습	Q11 Course 01~03 Q11 Review Test 및 복습	Actual Test 1~3회 Actual Test 1~3회 복습	Actual Test 4~5회(온라인) Actual Test 4~5회 복습

5일 완성 학습 플랜 활용 학습법

1. 각 **Course의 세부 유형**에서 **자주 나오는 질문 및 표현의 중요 표현** 부분만 **빠르게 학습**합니다.
2. 문제 유형별로 **Review Test**를 푼 후에, 해당 유형에서 부족한 점을 확인합니다.
3. 모든 문제 유형 학습이 끝나면 **Actual Test**를 통해 자신의 실력을 점검합니다.

20일 완성 학습 플랜 20일 동안 토익스피킹을 집중적으로 학습하여 원하는 점수를 얻고 싶은 사람에게 적합한 플랜입니다.

1일	2일	3일	4일	5일
Q1-2			Q3-4	
Q1-2 스텝별 전략 익히기 Q1-2 Course 01	Q1-2 Course 02 Q1-2 Course 03	Q1-2 Review Test 및 복습	Q3-4 스텝별 전략 익히기 Q3-4 Course 01	Q3-4 Course 02 Q3-4 Review Test 및 복습

6일	7일	8일	9일	10일
Q5-7			Q8-10	
Q5-7 스텝별 전략 익히기 Q5-7 Course 01	Q5-7 Course 02 Q5-7 Course 03	Q5-7 Review Test 및 복습	Q8-10 스텝별 전략 익히기 Q8-10 Course 01	Q8-10 Course 02 Q8-10 Course 03

11일	12일	13일	14일	15일
Q8-10	Q11			
Q8-10 Review Test 및 복습	Q11 스텝별 전략 익히기 Q11 Course 01	Q11 Course 02	Q11 Course 03	Q11 Review Test 및 복습

16일	17일	18일	19일	20일
Actual Test				
Actual Test 1회 Actual Test 1회 복습	Actual Test 2회 Actual Test 2회 복습	Actual Test 3회 Actual Test 3회 복습	Actual Test 4회(온라인) Actual Test 4회 복습	Actual Test 5회(온라인) Actual Test 5회 복습

20일 완성 학습 플랜 활용 학습법

1. **스텝별 전략 익히기**를 통해 **문제 유형별 전략**을 **학습**하고, Check-up 문제를 통해 배운 **전략을 완벽히 소화**합니다.

2. 각 **Course**의 세부 유형을 꼼꼼하게 학습하고, Hackers Test를 통해 **세부 유형별 문제**에 완벽히 대비합니다.

3. **Review Test**를 푼 후에, SELF CHECKLIST를 통해 해당 유형에서 **부족한 점**을 확인하고 복습합니다.

4. 이틀에 한 번, 학습이 끝난 후 "**목표 등급 달성을 보장하는 아이디어 & 표현 자료집**"의 1일 분량을 추가로 학습합니다.

5. 모든 문제 유형 학습이 끝나면 Actual Test를 통해 **자신의 실력을 점검**합니다.

무료 토익·토스·오픽·지텔프 자료 제공
Hackers.co.kr

1. floor는 '방'바닥, ground는 '땅'바닥

 방바닥에 앉아 있는 여자가 노트북을 사용하고 있습니다.

The woman sitting on the ground is using her laptop. (X)

→ **The woman sitting on the floor is using her laptop. (O)**

'ground'는 야외의 땅바닥이나 지면을 의미하므로, 방바닥을 말하는 경우에는 'floor'라고 말해야 해요. 혼동하기 쉬운 명사의 정확한 뜻을 알아두고 상황에 맞는 단어를 사용하여 말하세요.

집	**home** (가족과 사는) 집, 가정	**house** 집, 주택
비용	**cost** (상품 및 서비스의) 비용, 값	**fee** (서비스의) 요금, 수수료
휴식	**break** (작업 도중의) 짧은 휴식	**rest** (푹 쉬는) 휴식
손님	**customer** (돈을 지불하는) 손님, 고객	**guest** (초대받은) 손님, 호텔의 손님

문장 말해보기

1. 저는 외식보다는 **집**에서 요리하는 것을 선호합니다.

🎤 I prefer to cook at home than eat out.

2. 충분한 **휴식**을 취하는 것은 신체를 회복시키기 위해 중요합니다.

🎤 Getting enough rest is important to restore your body.

Check Up 주어진 표현을 사용하여 문장을 말해보세요. 🎧 (스피킹솔루션) 01

1. 주택에 사는 것의 한 가지 이점은 저만의 뜰을 가질 수 있다는 것입니다. (benefit, my own yard)

🎤

2. 모든 손님은 초대장을 가져와야 합니다. (invitation)

🎤

3. 짧은 휴식을 취하는 것은 일의 능률을 향상시킵니다. (take, improve, work efficiency)

🎤

4. 당신의 식료품 구입 총 비용은 199달러입니다. (grocery purchase)

🎤

정답 **1.** One benefit of living in a house is that I can have my own yard. **2.** Every guest should bring their invitation. **3.** Taking a break improves work efficiency. **4.** The total cost of your grocery purchase is $199.

2. see와 watch는 보는 게 달라요!

저는 보통 저녁을 먹은 후에 TV에서 하는 스포츠 경기를 봅니다.

I normally see sports games on TV after dinner. (X)
→ **I normally watch sports games on TV after dinner. (0)**

단순히 눈에 보이는 것을 보는 경우에는 'see'를 사용해서 말하고, TV 프로그램처럼 시간과 관심을 들여 보는 것의 경우에는 'watch'를 사용하여 말해야 해요. 혼동하기 쉬운 동사의 정확한 뜻을 알아두고 상황에 맞는 단어를 사용하여 말하세요.

빌리다	**lend** 빌려 주다	**rent** (돈을 내고) 빌리다	**borrow** (돈을 내지 않고) 빌리다
듣다	**listen to** (귀 기울여) 듣다	**hear** (들리는 소리를) 듣다	
가지고 가다(오다)	**take** 가지고 가다	**bring** 가지고 오다	
늘리다	**extend** (시간·길이를) 늘리다	**expand** (부피·면적을) 늘리다	

문장 말해보기

1. 자정이 넘었음에도 불구하고 위층의 소음을 **들을** 수 있었습니다.
🎙 I could hear the noise from upstairs even though it was past midnight.

2. 사람들이 매장 입구 옆에 있는 가판대에서 샘플을 **가지고 갈** 것입니다.
🎙 People will take samples from the stand by the store's entrance.

Check Up 주어진 표현을 사용하여 문장을 말해보세요. 🎧 (스피킹솔루션) 02

1. 저희의 스피커를 빌리는 데는 하루에 50달러가 듭니다. (cost, for a day)
🎙

2. 배경에는, 높은 벽돌 건물이 보입니다. (background, brick)
🎙

3. 컴퓨터는 우리에게 많은 혜택을 가져다 주었습니다. (a lot of benefits)
🎙

4. 다른 사람에게 귀 기울이는 것은 항상 중요합니다. (others, important)
🎙

정답 1. It costs $50 to rent our speakers for a day. 2. In the background, I see a tall brick building. 3. Computers have brought us a lot of benefits. 4. Listening to others is always important.

주말에, 제 친구들과 저는 쇼핑몰에서 함께 어울려 놉니다.

On weekends, my friends and I play at the mall together. (X)
→ On weekends, my friends and I <u>hang out</u> at the mall together. (O)

운동이나 악기 연주 같은 활동을 하는 것은 'play'를 사용하여 말하고, 친구들과 어울려 노는 것은 'hang out'을 사용하여 말해야 해요. 이처럼 한국인들이 자주 틀리는 표현을 알아두고, 정확한 표현을 사용하여 말하세요.

재미있게 놀다	~~I'm fun.~~ **have fun**	약을 먹다	~~eat medicine~~ **take medicine**
늦게 잠자리에 들다	~~sleep late~~ **go to bed late**	다이어트를 하다	~~do a diet~~ **go on a diet**
머리를 자르다	~~cut my hair~~ **get a haircut**	공부를 잘하다	~~study well~~ **do well in school**

문장 말해보기

1. 저는 놀이공원에 가면 항상 **재미있게 놉니다**.
🎙 I always have fun when I go to an amusement park.

2. 어떤 사람들은 그럴 필요가 없는데도 **다이어트를 합니다**.
🎙 Some people go on a diet even though they don't need to.

Check Up 주어진 표현을 사용하여 문장을 말해보세요. 🎧 (스피킹솔루션) 03

1. 저희 아버지는 건강을 지키기 위해 다이어트를 하셨습니다. (stay healthy)
🎙

2. 저는 시내에 위치한 미용실에서 지난달에 머리를 잘랐습니다. (a hair salon, located downtown)
🎙

3. 사람들은 주로 식사 후에 약을 먹습니다. (meal)
🎙

4. 저는 기말고사 주에는 보통 늦게 잠자리에 듭니다. (finals week)
🎙

정답 1. My father went on a diet to stay healthy. 2. I got a haircut last month in a hair salon located downtown. 3. People usually take medicine after their meal. 4. I normally go to bed late during finals week.

저는 많은 장비를 갖춘 헬스장에 가는 것을 선호합니다.

I prefer to go to the fitness center with a lot of equipments. (X)

→ **I prefer to go to the fitness center with a lot of equipment. (O)**

equipment는 '장비'라는 의미를 가지므로 셀 수 있는 명사로 생각하여 복수형 s를 붙이기 쉽지만, 영어에서는 셀 수 없는 명사예요. 헷갈리기 쉬운 셀 수 있는 명사와 셀 수 없는 명사를 알아두고, 답변할 때 실수하지 않도록 하세요.

셀 수 있는 명사	**a discount** 할인 **a price** 가격	**a suggestion** 제안 **results** 결과	**facilities** 시설 **costs** 비용
셀 수 없는 명사	**advice** 조언 **furniture** 가구	**information** 정보 **clothing** 옷, 의류	**knowledge** 지식 **homework** 숙제

문장 말해보기

1. 몇몇 커피숍은 평일에 20퍼센트 **할인**을 제공합니다.

🎙 Some coffee shops offer a 20% discount on weekdays.

2. 고객 선호도에 대한 **정보**를 위해 조사 **결과**를 확인하는 것은 유용합니다.

🎙 It is helpful to check survey results for information about customer preferences.

Check Up 주어진 표현을 사용하여 문장을 말해보세요. 🎧 (스피킹솔루션) 04

1. 한 여자가 옷 몇 벌의 가격을 보고 있습니다. (look at)

🎙

2. 저는 주로 저희 어머니에게 조언을 구합니다. (ask for)

🎙

3. 저는 두 달 전에 온라인 상점에서 가구 몇 개를 샀습니다. (two months ago, an online store)

🎙

4. 그 지역 회관은 많은 시설을 갖추고 있습니다. (the community center)

🎙

정답 1. A woman is looking at the prices of some clothing. 2. I usually ask my mother for advice. 3. I bought some furniture two months ago from an online store. 4. The community center has a lot of facilities.

5. attend 뒤에는 to를 붙이지 마세요!

전치사를 붙이는 동사와 전치사
없이 말하는 동사 구분하여 말하기

직원들이 회의에 참석하는 것은 필수입니다.

It is vital for employees to attend to the meeting. (X)

→ It is vital for employees to attend the meeting. (O)

attend는 '~에 참석하다'라는 의미이므로 뒤에 전치사 to를 붙여서 말하기 쉽지만, 영어에서는 전치사 없이 말하는 동사예요.
전치사 사용을 혼동하기 쉬운 동사를 알아두고, 답변할 때 실수하지 않도록 하세요.

전치사를 붙여서 말하는 동사	**listen to** ~을 듣다 **major in** ~을 전공하다	**agree with** ~에 동의하다 **graduate from** ~을 졸업하다	**participate in** ~에 참여하다 **wait for** ~을 기다리다
전치사 없이 말하는 동사	**enter** ~에 들어가다 **answer** ~에 대답하다	**contact** ~와 연락하다 **discuss** ~에 대해 논의하다	**mention** ~을 언급하다 **join** ~와(에) 합류하다

문장 말해보기

1. 저는 보통 다른 동료들과 어려운 사안**에 대해 논의합니다**.
🎤 I usually discuss difficult issues with other coworkers.

2. 그는 Boston 대학교**를 졸업했고** 경제학**을 전공했습니다**.
🎤 He graduated from Boston University and majored in Economics.

Check Up 주어진 표현을 사용하여 문장을 말해보세요. 🎧 (스피킹솔루션) 05

1. 신입 사원들이 프로젝트를 돕기 위해 저희와 합류할 것입니다. (the new employees, help with)
🎤

2. 차량들은 교통 신호가 바뀌기를 기다리고 있습니다. (vehicles, the traffic signal)
🎤

3. 한 남자가 그 건물에 들어가고 있습니다. (the building)
🎤

4. 저는 보통 이메일로 사촌들과 연락합니다. (typically, cousins)
🎤

정답 1. The new employees will join us to help with the project.   2. Vehicles are waiting for the traffic signal to change.   3. A man is entering the building.   4. I typically contact my cousins by e-mail.

6. 주어와 동사는 짝을 맞춰 주세요!

책을 읽는 것의 장점 중 하나는 유익하다는 것입니다.

One of the advantages of reading books are **that it is informative. (X)**

→ **One of the advantages of reading books** <u>is</u> **that it is informative. (O)**

위의 문장에서 진짜 주어는 are 앞의 books가 아니라 문장 맨 앞의 One이므로 단수 동사 is를 사용하여 말해야 해요. 수 일치를 혼동하기 쉬운 구문에서의 주어와 동사의 수 일치 방식을 알아두고, 답변할 때 실수하지 않도록 하세요.

✓ **주어와 동사 사이에 수식어가 포함되는 경우: 수식어를 제외한 진짜 주어에 수 일치**

<u>People</u> who have a sense of humor <u>make</u> others happy.　유머 감각이 있는 사람들은 다른 사람들을 행복하게 합니다.
　진짜 주어　　　　　　　수식어　　　　　　　동사

✓ **There is/are 구문: 동사 뒤에 오는 주어에 수 일치**

In the middle of the picture, there <u>are</u> <u>two women and a boy</u>.　사진 가운데에, 두 명의 여자와 소년 한 명이 있습니다.
　　　　　　　　　　　　　　　동사　　　주어

✓ **동명사/to부정사 주어: 단수 동사 사용**

<u>Taking</u> online courses <u>helps</u> us save time.　온라인 수업을 듣는 것은 시간을 절약하는 것을 돕습니다.
동명사 주어　　　　　　　단수 동사

문장 말해보기

1. 배경에 **몇 개의 깃발과 가로등 하나가 있습니다**.
🎤 There are some flags and a lamppost in the background.

2. 외국어를 **배우는 것**은 많은 노력을 **요구합니다**.
🎤 To learn a foreign language requires a lot of effort.

Check Up 주어진 표현을 사용하여 문장을 말해보세요. 🎧 (스피킹솔루션) 06

1. 몇 그루의 나무와 벤치 하나가 왼쪽에 있습니다. (a couple of trees, a bench)
🎤

2. 긍정적인 태도를 가진 직원들은 좋은 결과를 얻습니다. (attitude, good results)
🎤

3. 요점을 암기하는 것은 공부할 때 중요합니다. (key points)
🎤

4. 제가 마지막으로 친구들을 봤던 때는 이틀 전이었습니다. (see, two days ago)
🎤

정답 1. There are a couple of trees and a bench on the left. 2. Employees who have a positive attitude get good results. 3. Memorizing key points is important when studying. 4. The last time I saw my friends was two days ago.

기념품들이 판매를 위해 상점에 진열되어 있습니다.

Souvenirs are displaying for sale in a shop. (X)

→ **Souvenirs are displayed for sale in a shop. (0)**

기념품이 진열되는 것과 같이 어떤 대상이 '~하여'지거나 또는 '~되는' 경우, 수동태 'be 동사 + 동사의 p.p.' 형태를 사용하여 말할 수 있어요. 토익스피킹에서 자주 쓰이는 아래의 수동태 표현들을 알아두고, 답변할 때 활용해 보세요.

사물이 주어일 때 쓸 수 있는 표현	**be displayed** 진열되다	**be stacked** 쌓여있다	**be delivered** 배송되다
	be covered with ~으로 덮여 있다	**be filled with** ~으로 가득 차 있다	
사람이 주어일 때 쓸 수 있는 표현	**be motivated** 동기부여 되다	**be influenced by** ~에게 영향을 받다	
	be satisfied with ~에 만족하다	**be qualified for** ~에 대한 자격이 되다	

문장 말해보기

1. 주문하신 물건은 내일까지 **배송될** 것입니다.
🎙 Your order will be delivered by tomorrow.

2. 학생들은 공부를 더 열심히 하도록 **동기부여 될** 것입니다.
🎙 Students will be motivated to study harder.

Check Up 주어진 표현을 사용하여 문장을 말해보세요. 🎧 (스피킹솔루션) 07

1. 몇몇 문서들이 책상 위에 쌓여 있습니다. (documents)
🎙

2. 여러 개의 선반들이 다양한 물건들로 가득 차 있습니다. (several shelves, various items)
🎙

3. 아이들은 그들의 친구들에게 가장 영향을 받습니다. (children, the most)
🎙

4. 저는 온라인에서 산 제품들에 주로 만족합니다. (products)
🎙

정답 1. Some documents are stacked on the desk. 2. Several shelves are filled with various items. 3. Children are influenced by their friends the most. 4. I'm usually satisfied with the products I buy online.

8. '사용하는 것'은 Use가 아니라 Using이에요!

최신 기술을 사용하는 것은 회사에 성공을 가져다 줍니다.

Use the latest technology brings success to a company. (X)

→ <u>Using</u> the latest technology brings success to a company. (O)

'~하는 것' 또는 '~하기'를 영어로 말할 때 주어 자리에 use와 같은 동사를 써서 실수하는 경우가 있는데, '~하는 것/~하기'는 명사의 의미를 가지므로 '동사 + -ing' 형태의 동명사를 사용해서 말해야 해요.

<u>Traveling</u> provides a getaway from daily life.　여행하는 것은 일상으로부터의 탈출을 제공합니다.
travel + -ing

There are a couple of advantages of <u>pursuing</u> an internship.　인턴을 하는 것에는 몇 가지 장점이 있습니다.
pursue + -ing

📢 문장 말해보기

1. 저는 **광고를 하는 것**이 회사가 성공하기 위해 필수적이라고 생각합니다.
🎙 I think advertising is vital for a company to succeed.

2. 저는 여럿이 **운동하는 것**보다 혼자 **운동하는 것**을 좋아합니다.
🎙 I like working out on my own better than exercising with a group.

Check Up 주어진 표현을 사용하여 문장을 말해보세요. 🎧 (스피킹솔루션) 08

1. 미술 수업을 듣는 것은 아이들의 창의력을 발달시킵니다. (take art classes, develop)
🎙

2. 무료 사은품을 나누어 주는 것은 고객들을 끌어모을 것입니다. (give out free gifts, customers)
🎙

3. 저의 취미 중 하나는 사진을 찍는 것입니다. (take pictures)
🎙

4. 인터넷을 검색하는 것은 정보를 찾는 가장 좋은 방법입니다. (search, information)
🎙

4. Searching the Internet is the best way to find information.

정답 1. Taking art classes develops children's creativity.　2. Giving out free gifts will attract customers.　3. One of my hobbies is taking pictures.

처음에 보이는 것은 잔디에 앉아 있는 한 여자입니다.

What I notice first is a woman. She is sitting on the grass.

→ **What I notice first is a woman <u>sitting</u> on the grass.**

'앉아 있는 한 여자'와 같이 어떤 대상이 '~하는' 것을 나타내는 경우에는 명사 뒤에 분사를 덧붙여 말해 보세요. 명사가 '~하는/ ~한' 경우에는 현재분사(동사원형 + -ing)를 사용하고, '~되는/~해진' 경우에는 과거분사(동사원형 + -ed)를 사용해요.

There is <u>a woman</u> holding a flowerpot.   화분을 들고 있는 여자가 있습니다.
          명사   현재분사

There are <u>some black cars</u> parked on the street.   길에 주차된 검정색 차 몇 대가 있습니다.
           명사   과거분사

문장 말해보기

1. 다양한 방향으로 **걸어가고 있는** 많은 사람들이 보입니다.
🎤 I can see a number of people walking in various directions.

2. 저는 멋진 사진을 찍을 수 있도록 **고안된** 휴대전화를 샀습니다.
🎤 I bought a mobile phone designed to take great pictures.

Check Up 주어진 표현을 사용하여 문장을 말해보세요. 🎧 (스피킹솔루션) 09

1. 공원에서 자전거를 타는 두 남자가 보입니다. (ride bicycles)
🎤

2. 오후 1시에 예정된 워크숍이 취소되었습니다. (cancel)
🎤

3. 저는 복지를 많이 제공하는 회사에서 일하는 것을 선호합니다. (offer, benefits)
🎤

4. 탁자 위에 접시가 몇 개 놓여 있습니다. (plate, place)
🎤

정답 1. I can see two men riding bicycles in the park.   2. The workshop scheduled at 1 P.M. is canceled.   3. I prefer to work at a company offering lots of benefits.   4. There are some plates placed on the table.

저는 당신이 소파에 비해 저렴한 의자를 사야 한다고 생각합니다.

I think you should buy the chairs. They are cheaper than the couches.

→ **I think you should buy the chairs <u>which</u> are cheaper than the couches.**

어떤 대상을 설명하는 두 개의 문장을 하나로 연결하는 경우, 관계대명사를 사용해요. 설명하는 대상이 사람이면 who, 사물이면 which를 사용하며, that은 설명하는 대상이 사물과 사람인 경우 모두에 쓸 수 있어요.

I usually read <u>magazines</u> <u>which/that carry a lot of pictures.</u> 저는 많은 사진이 실린 잡지를 주로 읽습니다.
　　　　　　　　사물

<u>Someone</u> <u>who/that is hardworking</u> has a good attitude toward work. 근면한 사람은 일에 대한 태도가 좋습니다.
　사람

(문장 말해보기)

1. 당신은 **팀장이 될** 사람을 선택해야 합니다.
🎤 You need to choose the person who/that is going to be a team leader.

2. 저희는 **새로운 기계에 투자할 수 있는** 돈이 조금 있습니다.
🎤 We have some money which/that we can invest in new machinery.

Check Up 주어진 표현을 사용하여 문장을 말해보세요. 🎧 (스피킹솔루션) 10

1. 저는 옷과 잘 어울리는 모자를 주로 착용합니다. (match well with)
🎤

2. 횡단보도에 서 있는 몇몇 사람들이 있습니다. (crosswalk)
🎤

3. 카메라를 구입하는 모든 분들에게 무료로 사진 앨범을 제공합니다. (purchase, for free)
🎤

4. 저는 여행을 갈 때, 위치가 편리한 호텔에 묵습니다. (trip, conveniently located)
🎤

정답 1. I usually wear a hat which/that matches well with my clothes.　2. There are some people who/that are standing at the crosswalk.　3. To everyone who/that purchases a camera, we give a photo album for free.　4. When I go on a trip, I stay at a hotel which/that is conveniently located.

Q 1-2
지문 읽기

스텝별 전략 익히기

Course 1	공지 / 안내
Course 2	소개 / 광고
Course 3	뉴스 / 자동 응답 메시지

Review Test

Q 1-2 한눈에 보기

Q1-2는 화면에 제시되는 **지문을 보고 소리 내어 자연스럽게 읽는** 유형입니다.

👁 Q1-2 정보

문제 번호	Questions 1, 2	평가 기준	☑ 발음이 정확한지
문제 수	2문제		☑ 억양이 자연스럽고 강세가 정확한지
준비 시간	각 45초		
답변 시간	각 45초		

👁 출제 유형

Q1-2에 나오는 지문의 종류는 **지문에서 전달하는 내용에 따라** 아래와 같이 여섯 가지로 나누어져요.

지문 종류	자주 나오는 내용
1. 공지	상점이나 교통수단 이용객 또는 회사 직원들에게 전달 사항이나 변경 사항을 알리는 내용
2. 안내	관광객에게 여행 목적지나 일정을 안내하거나, 특정 시설을 안내하는 내용
3. 소개	방송 진행자나 행사 사회자가 초대 손님을 소개하는 내용
4. 광고	제품이나 시설 또는 특정 서비스를 홍보하는 내용
5. 뉴스	방송 매체를 통해 사건을 보도하거나, 교통정보 또는 일기예보를 전하는 내용
6. 자동 응답 메시지	회사나 병원 등의 자동 응답기를 통해 이용 시간이나 연결 정보 등을 안내하는 내용

👁 시험 진행 순서

01 디렉션

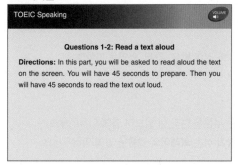

문제별로 45초의 준비 시간과 45초의 답변 시간이 주어질 것이라는 디렉션이 음성과 함께 제시됩니다.

02 Question 1 준비 시간

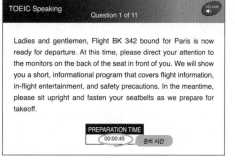

1번 지문이 화면에 제시되고, 'Begin preparing now.'라는 음성이 나온 후 45초의 준비 시간이 시작됩니다.

03 Question 1 답변 시간

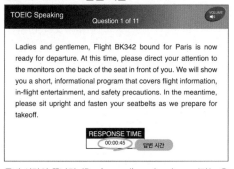

준비 시간이 끝나면, 'Begin reading aloud now.'라는 음성이 나온 후 45초의 답변 시간이 시작됩니다.

04 Question 2 준비 시간

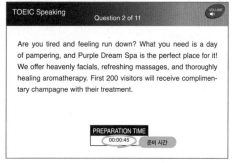

2번 지문이 화면에 제시되고, 'Begin preparing now.'라는 음성이 나온 후 45초의 준비 시간이 시작됩니다.

05 Question 2 답변 시간

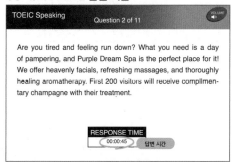

준비 시간이 끝나면, 'Begin reading aloud now.'라는 음성이 나온 후 45초의 답변 시간이 시작됩니다.

10일 만에 끝내는 해커스 토익스피킹

스텝별 전략 익히기

준비 시간 동안 발음, 강세, 억양을 파악하고, 파악한 것을 바탕으로 답변 시간 동안 지문을 정확히 읽을 수 있도록 스텝별 전략을 익혀두세요. 🎧 (Q1&2_스텝) 01

STEP 1 발음, 강세, 억양 파악하며 읽어보기

45초의 준비 시간 동안, 제시된 지문을 천천히 **소리 내어 읽으며** 아래와 같이 **발음, 강세, 억양을 파악**하세요.

● **발음 파악하기**

· 연음	두 단어가 이어지면서 발음이 변화하는 부분을 여러 번 읽으며 입에 익혀두세요.
· 고유명사 및 외래어	발음이 어려운 고유명사나 잘못 발음하기 쉬운 외래어의 발음을 입에 익혀두세요.

● **강세 파악하기**

· 단어의 강세	2음절 이상의 단어는 어디에 강세가 있는지 파악해 두세요.
· 문장의 강세	문장 내에서 **어떤 단어를 강하게 읽고 어떤 단어를 약하게 읽어야** 의미를 효과적으로 전달할 수 있는지 파악해 두세요.

● **억양 파악하기**

· 끊어 읽기	문장을 **어디서 끊어 읽어야** 의미를 정확히 전달할 수 있는지 파악해 두세요.
· 억양	문장에서 **내려 읽어야 할 부분과 올려 읽어야 할 부분**을 파악해 두세요.

예

Ladies and gentlemen, / Flight BK 342 bound for Paris is now ready
for departure.(↘) // At this time, / please direct your attention to the
monitors / on the **back** of the seat in **front** of you.(↘) // We will show
you a short, / informational program / that covers flight information,(↗) /
in- flight entertainment,(↗) / and **safety** precautions.(↘) // In the **meantime**, /
please sit upright and **fasten** your **seatbelts** / as we prepare for **takeoff**.(↘)

발음　⬭로 표시된 부분: 연음되는 단어
　　　▭로 표시된 부분: 고유명사 및 외래어

강세　**밑줄로 표시된 부분**: 2음절 이상 단어들의 강세
　　　굵게 표시된 단어: 문장 내에서 강하게 읽어야 하는 단어

억양　**/ 로 표시된 부분**: 끊어 읽어야 하는 부분
　　　(↘), (↗)로 표시된 부분: 내려 읽거나 올려 읽어야 하는 부분

STEP 2 파악한 내용 바탕으로 읽기

45초의 답변 시간 동안, STEP 1에서 파악한 발음, 강세, 억양을 기억하며 아래와 같은 방법으로 **지문을 읽으세요.**

① 시간은 충분하므로, 주변에 있는 응시자들이 읽는 속도에 신경 쓰지 말고 **자신의 페이스에 맞게 읽으세요.**

② 자신감을 가지고 **큰 소리로 또박또박** 읽으세요.

③ 지문의 종류에 맞는 **자연스러운 억양으로 리듬감 있게** 읽으세요.

④ 도중에 **잘못 읽은 경우**, 긴장하지 말고 **잘못 읽은 단어부터 다시** 읽으세요.

예

> Ladies and gentlemen, / Flight **BK 342** bound for **Paris** is now ready for departure.(↘) // At this time, / please direct your attention to the **monitors** / on the **back** of the seat **in front** of you.(↘) // We will show you a short, / informational program / that covers flight inform**a**tion,(↗) / **in-flight** entert**ai**nment,(↗) / and **safety** prec**au**tions.(↘) // In the **meantime**, / please sit upright and **fasten** your **seatbelts** / as we prepare for t**a**keoff.(↘)

해석 신사 숙녀 여러분, 파리행 항공 BK 342편이 방금 출발 준비를 마쳤습니다. 이제, 승객 여러분의 앞좌석의 뒤에 있는 화면에 주목해 주시기 바랍니다. 저희는 비행 정보, 기내 오락거리, 그리고 안전 수칙들을 다루는 짧은 정보를 담은 프로그램을 보여 드릴 것입니다. 그동안, 저희가 이륙을 준비하고 있으니 똑바로 앉아서 안전벨트를 착용하시기 바랍니다.

Check-up

앞에서 배운 전략을 사용하여 발음, 강세, 억양을 파악한 후, 파악한 것을 바탕으로 지문을 읽어보세요.

🎧 (Q1&2_스텝) 02_CU

1

STEP 1 발음, 강세, 억양 파악하며 읽어보기

STEP 2 파악한 내용 바탕으로 읽기

> **Attention**, passengers.(↘) // This is your **conductor** speaking.(↘) // Our **train** for Athens is delayed momentarily due to a **signaling problem**.(↘) // **Please** do not be alarmed as we expect the **problem** to clear up **shortly**.(↘) // It **may** be due to the **sudden hail**,(↗) / **congestion** at the **previous station**,(↗) / or a simple **human error**.(↘) // We will resume when the **signal** clears.(↘)

2

STEP 1 발음, 강세, 억양 파악하며 읽어보기

STEP 2 파악한 내용 바탕으로 읽기

> Thank you for calling Westwood Cable Services.(↘) // All of our representatives are **currently busy** assisting other customers.(↘) // Please stay on the line.(↘) // You may also press **one** to request a home visit,(↗) / press **two** to leave comments about your recent experience,(↗) / or press **star** for assistance in Spanish.(↘)

3

STEP 1 발음, 강세, 억양 파악하며 읽어보기

STEP 2 파악한 내용 바탕으로 읽기

> If you are looking for a **place** for your child's next **birthday** party,(↗) / **look** no further!(↘) // Fantasy Land, / a children's playroom on Barrington Boulevard, / is hosting **all** kinds of **themed parties**!(↘) // Visit our website to check out some of our **latest** pictures, / including **superhero**,(↗) / **princess**,(↗) / and **jungle-themed parties**.(↘) // We have **no** doubt your kid will have the **best** birthday here!(↘)

4

STEP 1 발음, 강세, 억양 파악하며 읽어보기

STEP 2 파악한 내용 바탕으로 읽기

Welcome to the |Franklin Hotel|, / where we **proudly** offer the **most comfortable** (rooms in) town.
(↘) // Breakfast will be served from **6 A.M.** to **9 A.M.** / in the |Burton Restaurant| on the **first floor**.(↘)
// We **also** (offer a) **fully** equipped |fitness center|,(↗) / a **heated** indoor (and outdoor) pool,(↗) and
breathtaking views (from our) **rooftop garden**.(↘) // We (hope you) enjoy your stay (with us).(↘)

5

STEP 1 발음, 강세, 억양 파악하며 읽어보기

STEP 2 파악한 내용 바탕으로 읽기

This is |Rockford News|.(↘) // Bringing you **real-time** (updates on) this morning's traffic is
|Tori Markus|, / reporting (from our) helicopter.(↘) // The (roads are) **jammed** as (residents are)
making their way (out of) town to visit relatives for the **holidays**.(↘) // **Especially** (congested are)
|Farmer Road|,(↗) / the |Mills Intersection|,(↗) / (and the |Southwest Roundabout|.(↘) // (If you're)
heading out **now**,(↗) / please plan your itinerary (with **this** in) mind.(↘)

6

STEP 1 발음, 강세, 억양 파악하며 읽어보기

STEP 2 파악한 내용 바탕으로 읽기

Tonight on |*Sports Talk*|, / our guest Is |Malcolm Jordan|, / this year's **most valuable** (player of) the
professional **basketball** league.(↘) // In his very first year (with the) |Chicago Hawks|, / he (led his)
team to **its** (first title).(↘) // Yet (success is) nothing new to |Malcolm| / as he has **previously** won
many championships at the **high school**,(↗) / **college**,(↗) / and **professional levels**.(↘) // We are
(delighted) to have him (with us) on the show today.(↘)

모범답변·해석·해설 p. 2

Course 01 공지 / 안내

공지와 안내는 Q1-2에서 가장 자주 출제되는 지문이에요. 지문의 종류에 맞게 읽을 수 있도록 유형별 예시와 핵심 읽기 포인트를 익혀두세요. 🎧 (Q1&2_코스1) 03

1 공지

공지는 상점의 고객, 교통수단의 승객들 또는 회사의 직원들에게 **전달 사항이나 변경 사항을 알리는** 지문이에요. 알리는 내용을 정확하게 전달하기 위해서는 **단어의 강세와 문장의 강세를 지켜 또박또박 읽는 것**이 중요해요.

예 🎧

> Your attention, please. This is an **announcement** about the **construction work** in our **lobby area**. Until the work is **completed**, please be advised that you **cannot enter** through the **main entrance**. Use the **appropriate alternatives**, such as the **East Gate**, the **underground walkway**, or the **side entrances** to **access** the building's elevators.

> 로비 공사로 인해 정문을 이용할 수 없고 다른 통로를 통해 엘리베이터를 이용하라는 내용을 강세를 지켜 또박또박 읽으세요.

해석 주목해 주십시오. 저희 로비 구역의 공사 작업에 대한 공지입니다. 공사가 완료되기 전까지, 정문을 이용하실 수 없다는 것을 알아두시기 바랍니다. 건물의 엘리베이터를 이용하기 위해서는, 동쪽 출입구, 지하 통로, 또는 옆문과 같은 적절한 다른 통로를 이용해 주십시오.

핵심 읽기 포인트

✦ 단어의 강세 지켜 읽기

영어의 2음절 이상의 단어에는 강하게 읽어야 하는 음절과 그렇지 않은 음절이 있어요.

🎧 <u>a</u>ccess[ǽkses] 이용하다   f<u>a</u>bulous[fǽbjuləs] 멋진   ann<u>ou</u>ncement[ənáunsmənt] 공지
<u>a</u>tmosphere[ǽtməsfiər] 분위기   appr<u>o</u>priate[əpróupriət] 적절한   distr<u>i</u>bute[distríbju:t] 배포하다
<u>i</u>nnovative[ínəvèitiv] 혁신적인   h<u>e</u>sitate[hézətèit] 망설이다   complim<u>e</u>ntary[kàmpləméntəri] 무료의

✦ 문장의 강세 지켜 읽기

문장을 읽을 때는 중요한 부분을 상대적으로 더 강하게 읽어요. 정보를 담고 있는 단어들(명사, 동사, 형용사, 부사)은 강하게 읽고, 문법적인 역할을 하는 단어들(be동사, 조동사, 전치사, 대명사, 관사)은 약하게 읽으세요.

🎧 1. This is an **announcement** about the **construction work** in our **lobby area**.
로비 구역의 공사 작업에 대한 공지입니다.

2. Be advised that we **expect full participation** from **all employees**.
저희는 모든 직원들의 전원 참가를 기대하고 있다는 것을 알려 드립니다.

안내는 관광객에게 **목적지나 일정을 안내**하거나, 미술관이나 박물관과 같은 **시설을 안내**하는 지문이에요. 안내 내용을 알아듣기 쉽고 효과적으로 전달하기 위해서는 문장을 적절한 위치에서 끊어 읽는 것이 중요해요.

예

Thank you for choosing Starline Cruise / **and** welcome aboard. //
Our staff is always ready to help you, / so if you need anything at all, / just ask. // **Dinner prepared by Chef Milton** / will be served from 7 P.M. in the dining hall. // He and his team have prepared a wide selection of dishes / **along with the finest wines**.

> 직원들에게 도움을 요청하라는 것과 저녁 식사 시간에 관한 내용을 적절한 위치에서 끊어 읽으세요.

해석 Starline 유람선을 선택해 주셔서 감사드리며, 승선을 환영합니다. 저희 직원들은 항상 여러분을 도울 준비가 되어 있으니, 무엇이든 필요하시면 그저 물어보십시오. Milton 주방장이 준비하는 저녁 식사는 오후 7시부터 식당에서 제공될 것입니다. 그와 그의 팀은 최고급 와인과 함께 다양하게 엄선한 요리들을 준비했습니다.

핵심 읽기 포인트

☆ 끊어 읽기

① 마침표와 쉼표 뒤에서 끊어 읽어요. 마침표 뒤에서는 호흡을 충분히 쉬도록 하세요.

> 🎧 Our staff is always ready to help you, / so if you need anything at all, / just ask. //
> 저희 직원들은 항상 여러분을 도울 준비가 되어 있으니, 무엇이든 필요하시면 그저 물어보십시오.

② 'but, and, or'과 같은 접속사나, 'who, which, that'과 같은 관계대명사 앞에서 끊어 읽어요.

> 🎧 1. Thank you for choosing Starline Cruise, / **and** welcome aboard.
>   Starline 유람선을 선택해 주셔서 감사드리며, 승선을 환영합니다.
>
> 2. The nature museum doesn't usually show films, / **but** they made an exception this time.
>   자연 박물관은 보통 영화를 상영하지 않지만, 이번에는 예외를 두었습니다.

③ 여러 개의 단어로 이루어진 주어나 분사 구문 뒤에서 끊어 읽어요.

> 🎧 1. **Dinner prepared by Chef Milton** / will be served from 7 P.M. in the dining room.
>   Milton 주방장이 준비하는 저녁 식사는 오후 7시부터 식당에서 제공될 것입니다.
>
> 2. **Reflecting the diversity of art today**, / this gallery offers a huge collection of modern art pieces.
>   현대 미술의 다양함을 반영하여, 이 미술관은 막대한 현대 미술 소장품을 제공합니다.

④ 구 앞이나, 주어와 동사로 이루어진 절 앞에서 끊어 읽어요.

> 🎧 1. He and his team have prepared a wide selection of dishes / **along with the finest wines**.
>   그와 그의 팀은 최고급 와인과 함께 다양하게 엄선한 요리를 준비했습니다.
>
> 2. This is the starting point of the hiking trail / **you chose to hike today**.
>   이곳이 여러분이 오늘 도보 여행하기로 선택하신 등산로의 출발점입니다.

Hackers Test

1

> **TOEIC Speaking**   VOLUME 🔊
>
> The Parkland Zoo is home to over three hundred species of animals. We are especially famous for our collection of primates and large cats. If you want to see our primates, like chimpanzees, gorillas, and baboons, go to the east side. On the west side of the zoo, you'll find the large cats, such as lions and leopards.

2

> **TOEIC Speaking**   VOLUME 🔊
>
> Attention, customers. Georgetown Mall will be closing in twenty minutes. Please make your way to the upper, lower, or main exit right away. As a reminder, our hours are nine A.M. to seven P.M. Sunday through Thursday and nine A.M. to eight P.M. on Fridays and Saturdays, with the exception of bank holidays when we don't open until ten. Have a pleasant evening.

3

VOLUME

At the Orlando Children's Museum, your child can enjoy all sorts of cultural, artistic, and scientific activities. Our fun, educational games and displays encourage children to truly enjoy the learning experience. Some of these activities take place in our lovely garden, allowing children to see the subtle beauty of nature right here in the city. Be sure to attend the first afternoon activity, planting your very own tree.

4

VOLUME

Please join us next Friday night for Chairman Christensen's retirement party. The party will be held at the Castle English Pub next to our office building. British pub food, an assortment of beverages, and music will be provided. If you have any special dietary restrictions, let Jackie know by Monday. And you may bring a guest of your own. Attendance isn't mandatory, but your presence is requested.

5

Welcome to Century Cinema of Atlantic City. Please keep in mind that all mobile phones should be turned off or put in silent mode. Note that the emergency exits are in the front and back of the theater. Take any trash with you on your way out, and our cleaning staff will collect it from you at the door. Now, sit back, relax, and enjoy your movie.

6

Good afternoon, and thank you for choosing Dexter Tours for your trip to Venice. This organized tour consists of a variety of activities, including but not limited to wine tastings, gondola rides on the canal, and architecture walks. In the evening, there'll be some free time to explore the city on your own. Just remember that our schedule tomorrow starts at eight A.M., so be sure not to stay out too late.

7

We wholeheartedly welcome your visit to Clarendon Art Gallery. With over four hundred unique pieces in our collection, we are proud to offer the best artistic experience around. On the ground floor, we have a wide range of artwork such as digital art, mixed media paintings, and modern installation art. On the second and third floors, we exhibit classic art and sculpture pieces. Our facility also boasts a meticulously kept orchid garden for your enjoyment and relaxation.

8

This announcement is for seniors of Hanes University. The university will be sponsoring a job fair in the Webb Student Center on September twenty-fourth. The event will begin at ten in the morning and finish at three in the afternoon. Many local businesses and international companies will participate in it. Regardless of whether you're in the humanities, natural sciences, or social sciences, you'll benefit from attending this fair. We will announce more details of the fair soon.

Course 02 소개 / 광고

소개와 광고를 지문의 종류에 맞게 읽을 수 있도록 유형별 예시와 핵심 포인트를 익혀두세요. 🎧 (Q1&2_코스2) 05

1 소개

소개 지문은 방송 진행자나 행사 사회자가 초대 손님을 소개하는 지문이에요. 실제로 진행자나 사회자가 된 것처럼 초대 손님을 유창하게 소개하기 위해서는 연음되는 단어를 자연스럽게 이어 읽는 것이 중요해요.

 🎧

> For the *Pro Tips* section of tonight's show, we invited Annie Murdoch, a world-renowned chef. As **part of** a team of international celebrity chefs, Annie **traveled all over** the world and created **great dishes** for an impressive list of guests, **in addition** to successfully hosting her own cooking show. **Please stay** tuned to learn **Annie's s**mart grocery shopping ideas. We bet you'll never guess what her favorite aisle is at the store!

초대 손님의 경력과 특징을 part of, traveled all over, great dishes, in addition 등의 연음을 지켜 자연스럽게 이어 읽으세요.

해석 오늘밤 쇼의 '전문가의 팁' 섹션에, 세계적으로 유명한 요리사인 Annie Murdoch을 초대했습니다. 국제적인 유명 주방장 팀의 일원으로서, Annie 씨는 그녀의 요리 쇼를 성공적으로 진행하는 것뿐만 아니라 전 세계를 여행했고, 인상적인 명단의 손님들을 위한 훌륭한 요리를 만들어 냈습니다. Annie 씨의 현명한 식료품 쇼핑 방법을 배우기 위해서 채널을 고정하세요. 그녀가 상점에서 가장 좋아하는 통로가 어디인지 짐작하지 못하실 겁니다!

핵심 읽기 포인트

☆ 연음 읽기

① 앞 단어가 자음으로 끝나고 뒷 단어가 앞 단어와 같거나 유사한 자음으로 시작하면, 뒤의 자음만 발음해요.

🎧 **great dishes**[greit diʃis] → [greidiʃis]
permitted to[pərmírit tu] → [pərmíritu]

please stay[pliːz stei] → [pliːstei]
clearance sale[klíərəns seil] → [klírənseil]

② 앞 단어가 자음으로 끝나고 뒷단어가 모음으로 시작하면, 앞 단어의 자음을 그대로 모음에 연결해서 발음해요.

🎧 **traveled all over**[trǽvəld ɔːl ouvər] → [trǽvəldɔːlouvər]
this opportunity[ðis àpərtjúːnəti] → [ðisàpərtjúːnəti]

in addition[in ədíʃən] → [inədíʃən]
pick up[pik ʌp] → [pikʌp]

③ [t], [d] 다음에 모음이 나오면, [t], [d]를 우리말의 'ㄹ'과 비슷하게 발음해요.

🎧 **part of**[paːrt əv] → [paːrəv]
about us[əbáut əs] → [əbáurəs]

instead of[instéd əv] → [instérəv]
located at[lóukeitid æt] → [lóukeitiræt]

2 광고

광고는 제품이나 시설, 서비스를 홍보하는 지문이에요. 첫 문장에서 주의를 환기시키기 위해 의문문 억양을 살려 읽고, 광고 대상의 특징을 강조할 수 있도록 A, B, and/or C 구조의 억양을 살려 읽는 것이 중요해요.

예

> **Are** you looking for the perfect fridge?(↗) FreshGuard makes it easy to organize and store any type of food **with ample space,**(↗) **innovative design,**(↗) **and handy drawers.**(↘) Never again worry about your food going bad or not having enough space! To check out Zoila Corporation's lineup of the revamped FreshGuard refrigerators, visit www.ZoilaCorp.com.

듣는 사람의 흥미를 끄는 첫 문장을 의문문 억양을 살려 읽고, 광고하는 냉장고의 특징을 A, B and/or C의 구조의 억양을 살려 읽으세요.

해석 완벽한 냉장고를 찾으시나요? FreshGuard는 넉넉한 공간, 혁신적인 디자인, 그리고 편리한 서랍들로 어떤 종류의 음식이든 저장하고 정리하는 것을 쉽게 만듭니다. 두번 다시 음식이 상하거나 충분한 공간을 갖지 못하는 것을 걱정하지 마세요! Zoila사의 개조된 냉장고 FreshGuard의 라인업을 확인하시려면, www.ZoilaCorp.com을 방문해 주십시오.

핵심 읽기 포인트

☆ 의문문 억양 살려 읽기

① Be 동사 또는 조동사로 시작하는 일반 의문문이나 조동사가 생략된 구어체 의문문은 끝을 올려 읽어요.

🎧 1. **Are** you looking for the perfect fridge?(↗) 완벽한 냉장고를 찾으시나요?
　 2. **Going** to trade in your old mobile phone for a new one?(↗) 당신의 낡은 휴대전화를 새것으로 바꾸려고 하시나요?

② 의문사로 시작하는 의문문은 끝을 내려 읽어요.

🎧 **When** was the last time you took a vacation?(↘) 언제 마지막으로 휴가를 갔나요?

☆ A, B, and/or C 구조의 억양 살려 읽기

and/or와 같은 접속사 앞에 나열된 요소들은 올려 읽고, 접속사 뒤에 오는 것은 내려 읽으세요. 다만, 문장이 끝나지 않은 경우에는 억양을 완전히 내리지 않도록 주의하세요.

🎧 1. **FreshGuard** makes it easy to organize and store any types of food with ample space,(↗) innovative design,(↗) and handy drawers.(↘)
　　FreshGuard는 넉넉한 공간, 혁신적인 디자인, 그리고 편리한 서랍들로 어떤 종류의 음식이든 정리하고 저장하는 것을 쉽게 만듭니다.

　 2. **Tour** participants may choose a souvenir from a key chain,(↗) a cap,(↗) or a T-shirt(↘).
　　관광의 참가자들은 열쇠고리, 모자, 또는 티셔츠 중에서 기념품을 선택하실 수 있습니다.

　 3. **For** the handicapped,(↗) the elderly,(↗) and anyone else in need of assistance,(→) we can provide special accommodation.
　　장애인, 연장자, 그리고 도움이 필요한 모든 분들을 위해, 저희는 특별 좌석을 제공할 수 있습니다.

Hackers Test

실제로 시험에 응시하는 것처럼, 45초 동안 준비하여 45초 동안 녹음하며 지문을 읽어보세요. (Q1&2_코스2) 06_HT

1

TOEIC Speaking

Tonight on *Working Mothers*, we will have a very special guest speaker. Sally Warren is a world-renowned scientist. Not only is she a pioneer in computer programming, mathematics, and database management, she is also an amazing mom. She will be speaking to us about the challenges of juggling a career and motherhood. Please welcome Sally Warren to the studio.

2

TOEIC Speaking

Are you looking for a fun new hobby? If so, head right over to the Branson Library! We are launching a book club for community members like you. Members will read a book a month, have weekly discussions, and write a report about their favorite character. We will meet on Wednesday evenings at seven o'clock. Contact Betty at the front desk for more information.

3

TOEIC Speaking

VOLUME

Live Well Incorporated is proud to unveil the latest beverage designed for the health-conscious consumer. Our Vitality Forty-Five vegetable drink is a delicious blend of over a dozen vegetable juices, and each bottle is packed with a full day's supply of essential vitamins and nutrients. Visit your nearest retailer to get yours now! Drink well, live well, and be well with Vitality Forty-Five, the healthiest drink on earth!

4

TOEIC Speaking

VOLUME

I have the honor of introducing an incredible young man by the name of Joshua Harrington, who won this year's award for Outstanding Young Inventor. He created a remarkable portable device that collects, purifies, and stores water. Joshua says he got the idea when he was exhausted because he ran out of water while on a hiking trip. Let's hear more about this ingenious invention from Joshua himself.

5

Good morning, everyone. As you know, our company has a new president, and today he is here to talk to us about his mission and goals for taking us into the next fiscal year. Mr. Carver has over twenty years of experience in upper management at his previous employer, Torrence Materials. There, he spent time as accounting manager, chief financial officer, and chief executive officer. Please welcome Mr. Patrick Carver.

6

Are you a serious gardener in need of serious equipment? Here at Gardening World, we've got everything you need! With a full line-up of the toughest machines, we only carry the best of the best, and all purchases come with a one-year warranty. Whether you want to create a fabulous lawn, plant a flower garden, or grow your own vegetables, we're your one-stop shop. Call us at 307-2905 for more information!

7

With the largest selection of office furniture in town, Clint's Office Furnishings is the best choice for supplying your workplace with the latest in furniture for all of your working needs. We stock hundreds of comfortable office chairs, highly functional work desks, and portable storage units. We even provide complimentary assembly of larger units of furniture, as well as same-day delivery within city limits. Come by today and see what we can do for you.

8

Welcome to the annual conference of the Society of Research in Psychology. It is my pleasure to introduce our keynote speaker, Tom Schwartz, who will be speaking to us about the newest development in our field. Not only is Mr. Schwartz a top-rated professor at Chapper College, he is also well known for his research in character formation, attachment styles, and close relationships. Please give Mr. Schwartz a warm welcome to the podium.

Q1-2

Q3-4

Q5-7

Q8-10

Q11

10일 만에 끝내는 해커스 토익스피킹

모범답변·해석·해설 p. 8

Course 03 뉴스 / 자동 응답 메시지

뉴스와 자동 응답 메시지를 지문의 종류에 맞게 읽을 수 있도록 유형별 예시와 핵심 읽기 포인트를 익혀두세요.

🎧 (Q1&2_코스3) 07

1 뉴스

뉴스는 방송 매체를 통해 **사건을 보도하거나, 교통정보 또는 일기예보를 전하는** 지문이에요. 보도 내용을 효과적으로 전달하기 위해서는, 뉴스에 등장하는 **고유명사나 외래어를 정확한 영어식 발음으로 읽는 것**이 중요해요.

 예
🎧

> This traffic report is brought to you by News 51. The traffic in **Manhattan** is especially dense today, given that roads are blocked because of the city **marathon**. If you are traveling south to Little Italy, north to Harlem, or anywhere in-between, just be aware that it will take you at least double the usual amount of time. We recommend taking public transit whenever possible.

마라톤으로 인한 맨해튼의 교통 정체에 대한 뉴스를 잘 전달할 수 있도록 고유명사와 외래어를 정확한 영어식 발음으로 읽으세요.

해석 이 교통정보는 News 51에서 전해드립니다. 도시 마라톤으로 인해 도로가 봉쇄된 것을 고려하면, 맨해튼의 교통은 오늘 특히 정체가 심합니다. Little Italy로 향하는 남쪽, Harlem으로 향하는 북쪽, 그리고 그 사이 어디로든 이동한다면, 평소보다 최소 두 배의 시간이 걸릴 것이라는 것을 알아 두세요. 가능하다면 대중교통을 이용하시기를 권장합니다.

핵심 읽기 포인트

⭐ 고유명사 읽기

🎧 Manhattan [맨하탄] [mænhǽtn]	Cuba [쿠바] [kjúːbə]	Jordan [요르단] [dʒɔ́ːrdn]
Argentina [아르헨티나] [àːrdʒəntíːnə]	Chile [칠레] [tʃíli]	Moscow [모스크바] [máskou]
Athens [아테네] [ǽθinz]	Hungary [헝가리] [hʌ́ŋgəri]	Paris [파리] [pǽris]
Belgium [벨기에] [béldʒəm]	Italy [이탈리아] [ítəli]	Vietnam [베트남] [viètnáːm]

⭐ 외래어 읽기

🎧 marathon [마라톤] [mǽrəθàn]	catalog [카탈로그] [kǽtəlɔ̀ːg]	radio [라디오] [réidiòu]
amateur [아마추어] [ǽmətʃùər]	cafeteria [카페테리아] [kæ̀fətíəriə]	theme [테마] [θiːm]
allergy [알레르기] [ǽlərdʒi]	massage [마사지] [məsáːʒ]	leisure [레저] [líːʒər]
buffet [뷔페] [bəféi]	profile [프로필] [próufail]	vitamin [바타민] [váitəmin]

2 자동 응답 메시지

자동 응답 메시지는 회사나 병원 등의 **자동 응답기를 통해 이용 시간이나 연결 정보를 안내하는 지문**이에요. 자동 응답기에서 안내하는 것처럼 내용을 정확히 전달하기 위해서는, **If절의 억양을 살려 읽는 것**이 중요해요.

예

> You've reached Dr. Rowe's psychological clinic, where your mental health is our utmost priority. **If** you're calling to schedule an appointment,(↗) press one.(↘) **If** you're calling about an existing appointment,(↗) press two.(↘) **If** you'd like to speak to a member of our team,(↗) please hold.(↘) As a reminder, our hours are Monday to Friday from 10 A.M. to 8 P.M. Thank you.

상담소에 전화한 용건에 따라 몇 번을 눌러야 하는지를 정확히 전달할 수 있도록 If절의 억양을 살려 읽으세요.

해석 당신의 정신 건강을 최우선으로 하는 Dr. Rowe의 심리 상담소에 연결되셨습니다. 예약을 하기 위해 전화하셨다면, 1번을 눌러주세요. 기존 예약에 대해 전화하셨다면, 2번을 눌러주세요. 저희 팀의 직원과 통화를 원하신다면, 기다려 주시기 바랍니다. 참고로 알려드리자면, 저희의 진료 시간은 월요일부터 금요일 오전 10시부터 오후 8시까지입니다. 감사합니다.

핵심 읽기 포인트

☆ If절 억양 살려 읽기

If절로 시작하는 문장은 쉼표 앞의 부사절은 올려 읽고, 문장의 끝은 내려 읽어요.

1. If you're calling to schedule an appointment,(↗) press one.(↘)
   예약을 하기 위해 전화하셨다면, 1번을 눌러주세요.

2. If you'd like to speak to a representative, (↗) please remain on the line.(↘)
   상담원과 통화를 원하시면, 전화를 끊지 말고 기다려 주세요.

3. If you have any other questions, (↗) please call us between 10 A.M. and 7 P.M. Monday through Friday.(↘)
   다른 질문이 있으시면, 월요일부터 금요일 오전 10시에서 오후 7시 사이에 전화해 주세요.

4. If you're calling to check the status of your order, (↗) please have your order confirmation number ready.(↘)
   주문 상태를 확인하기 위해 전화하셨다면, 주문 확인 번호를 준비해 주세요.

Q1-2

Q3-4

Q5-7

Q8-10

Q11

10일 만에 끝내는 해커스 토익스피킹

Hackers Test

실제로 시험에 응시하는 것처럼, 45초 동안 준비하여 45초 동안 녹음하며 지문을 읽어보세요. 🎧 (Q1&2_코스3) 08_HT

1

TOEIC Speaking

VOLUME 🔊

You have reached the automated customer assistance line for Harry Flander's first solo concert in Berlin. The concert is scheduled for April 24th and 25th. If you're calling to purchase tickets, press one. If you're calling for information regarding the venue, the seats, or to request special accommodation, please press two. For other miscellaneous inquiries, please hold.

2

TOEIC Speaking

VOLUME 🔊

The weekend weather forecast for Honolulu looks excellent, so it is a great time to plan some leisure activities. Expect a pleasant increase in temperature, clear skies, and a slight breeze on Saturday and Sunday. Starting Monday morning, however, we will see increasing clouds and a chance of showers. Enjoy your weekend everyone, as cooler temperatures will return next week.

3

Thank you for calling Zeller Electronics, where you can count on getting a great deal! We are away for a workshop, so we won't be able to answer your call until Thursday. Please accept our apology for any inconvenience. If you have questions about our products, upcoming sales, or your recent order, please visit our website and leave a message. The customer service team will respond as soon as possible.

4

Hello, this is Harvey Parker reporting live from Paris for *Holidays around the World*. Thousands of natives and tourists have gathered here for the biggest Christmas celebration in the city's history. Participants can hear live music, see amazing fireworks, and enjoy beautiful decorations. Despite the cold weather, people are having a blast! Paris sure is embracing the spirit of the season. Let's move on to our next destination, Moscow, Russia.

5

You have reached First Bank's credit card activation line. To activate your card, we need your name exactly as it appears on the card, the sixteen-digit credit card number, and the security code that is listed on the back of your card. If you have your card ready, please hold for instructions. If you prefer, you can visit your nearest First Bank branch and have a teller activate your card for you.

6

This is Claire Vermont reporting for CFC News. A record number of people are visiting the largest water park in the state, to cool down from this impossible heat wave we're currently experiencing. Many families with young children have come to splash around, get a tan, and enjoy an icy cold drink from the poolside cafeteria. The heat wave is supposed to last until the end of the month. We'll be back soon with more weather updates.

7

Your call is important to us, so please stay on the line. At Alexander Athletic Wear, we value customer satisfaction above all. If you're calling to inquire about a recent order, please have your address, the e-mail receipt you received, and your order confirmation number ready. If you wish to speak to a customer service representative directly, please press the pound key. We will be happy to answer any of your questions regarding our products.

8

And now for your radio traffic report from News Two. The heavy fog, drizzling rain, and slick streets have caused a number of accidents blocking roadways this morning. If you're heading east into Philadelphia on Interstate Two Ninety, consider taking an alternate route as a truck has overturned. There are also two separate wrecks south of the city on I-Ninety, but tow trucks are already on the scene and all lanes will reopen again as soon as possible.

모범답변·해석·해설 p. 12

Review Test

🎧 (Q1&2_리뷰테스트) 09_RT

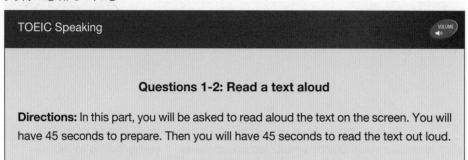

TOEIC Speaking

VOLUME 🔊

Questions 1-2: Read a text aloud

Directions: In this part, you will be asked to read aloud the text on the screen. You will have 45 seconds to prepare. Then you will have 45 seconds to read the text out loud.

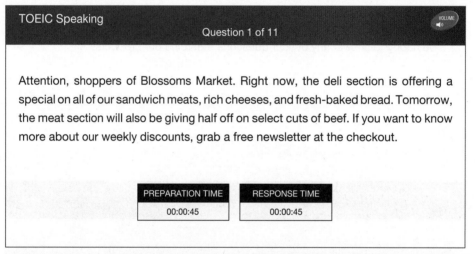

TOEIC Speaking

VOLUME 🔊

Question 1 of 11

Attention, shoppers of Blossoms Market. Right now, the deli section is offering a special on all of our sandwich meats, rich cheeses, and fresh-baked bread. Tomorrow, the meat section will also be giving half off on select cuts of beef. If you want to know more about our weekly discounts, grab a free newsletter at the checkout.

PREPARATION TIME	RESPONSE TIME
00:00:45	00:00:45

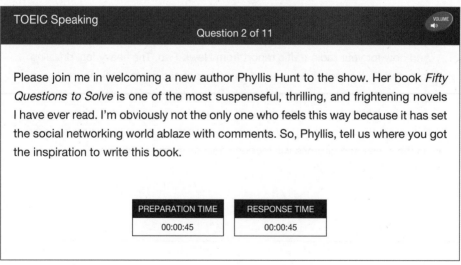

TOEIC Speaking

VOLUME 🔊

Question 2 of 11

Please join me in welcoming a new author Phyllis Hunt to the show. Her book *Fifty Questions to Solve* is one of the most suspenseful, thrilling, and frightening novels I have ever read. I'm obviously not the only one who feels this way because it has set the social networking world ablaze with comments. So, Phyllis, tell us where you got the inspiration to write this book.

PREPARATION TIME	RESPONSE TIME
00:00:45	00:00:45

모범답변·해석·해설 p. 16

Q 1-2 학습이 끝났습니다. 여기까지 오느라 수고 많으셨습니다. Review Test를 푼 결과를 기준으로 지금까지 학습한 내용을 점검하고 자신이 부족한 부분이 어디인지 확인하여 해당 부분을 복습하세요.

1. 나는 두 문제 모두 45초의 준비 시간 동안 지문을 천천히 소리 내어 읽으며 발음, 강세, 억양을 파악할 수 있었다.

Yes ☐　　No ☐

➡ No를 표시한 경우, **스텝별 전략 익히기**로 돌아가 **STEP 1. 발음, 강세, 억양 파악하며 읽어보기**를 복습하세요.

2. 나는 지문의 종류별로 주의하여 읽어야 하는 읽기 포인트에 맞게 지문을 정확히 읽을 수 있었다.

Yes ☐　　No ☐

➡ No를 표시한 경우, **Course 학습**으로 돌아가 **지문 종류별 핵심 읽기 포인트**를 복습하세요.

3. 나는 지문의 종류별로 강조하여 읽어야 하는 부분을 알고 읽을 수 있었다.

Yes ☐　　No ☐

➡ No를 표시한 경우, **Course 학습**으로 돌아가 **지문의 종류별 내용과 강조하여 읽어야 하는 부분**을 복습하세요.

4. 나는 두 문제 모두 45초의 답변 시간 내에 준비 시간 동안 파악한 내용을 바탕으로 자연스럽고 정확하게 읽을 수 있었다.

Yes ☐　　No ☐

➡ No를 표시한 경우, **스텝별 전략 익히기**로 돌아가 **STEP 2. 파악한 내용 바탕으로 읽기**를 복습하세요.

Q1-2

Q3-4

Q5-7

Q8-10

Q11

10일 만에 끝내는 해커스 토익스피킹

Q 3-4
사진 묘사하기

스텝별 전략 익히기

Review Test

Q 3-4 한눈에 보기

Q3-4는 화면에 제시되는 **사진을 보고 자세히 묘사하는** 유형입니다.

👁 Q3-4 정보

문제 번호	Questions 3, 4	평가 기준	☑ 발음이 정확한지
문제 수	2문제		☑ 억양과 강세가 자연스러운지
준비 시간	각 45초		☑ 문법적 오류가 없는지
답변 시간	각 30초		☑ 사진에 관련된 정확한 어휘를 사용하는지
			☑ 사진에 관련된 내용을 답변하는지

👁 출제 유형

Q3-4에 등장하는 사진은 **가장 잘 보이는 대상이 무엇인지에 따라** 사람이 중심인 사진과, 배경이나 사물이 중심인 사진으로 나누어져요.

1. 사람이 중심인 사진	소수의 사람이 중심인 사진	여러 사람이 중심인 사진
2. 배경이나 사물이 중심인 사진	배경이 주를 이루는 사진	사물이 중심인 사진

Q1-2

Q3-4

Q5-7

Q8-10

Q11

10일 만에 끝내는 해커스 토익스피킹

👁 시험 진행 순서

01 디렉션

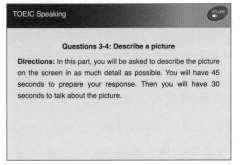

45초의 준비 시간 후 사진에 대해 이야기하는 데 30초가 주어
질 것이라는 디렉션이 음성과 함께 화면에 제시됩니다.

02 Question 3 준비 시간

3번 사진이 화면에 제시되고, 'Begin preparing now.'라는
음성이 나온 후 45초의 준비 시간이 시작됩니다.

03 Question 3 답변 시간

준비 시간이 끝나고, 'Begin speaking now.'라는 음성이 나
온 후 30초의 답변 시간이 시작됩니다.

04 Question 4 준비 시간

4번 사진이 화면에 제시되고, 'Begin preparing now.'라는
음성이 나온 후 45초의 준비 시간이 시작됩니다.

05 Question 4 답변 시간

준비 시간이 끝나고, 'Begin speaking now.'라는 음성이 나
온 후 30초의 답변 시간이 시작됩니다.

스텝별 전략 익히기

준비 시간 동안 사진을 최대한 자세히 관찰하며 적절한 표현을 떠올린 후, 답변 시간 동안 짜임새 있게 말할 수 있도록 스텝별 전략을 익혀두세요. 🎧 (Q3&4_스텝) 01

STEP 1 │ 사진 관찰하며 표현 떠올리기

45초의 **준비 시간** 동안 아래의 순서로 **사진을 관찰하며 표현을 떠올려** 보고, 핵심적인 내용은 간략하게 적어 두세요.

① **사진이 찍힌 장소** 배경 또는 사진 속 사물을 통해 사진이 찍힌 장소를 파악하고 관련 표현을 떠올리세요.

② **중심 대상** 사진에서 중심이 되는 사람의 행동이나 복장, 또는 사물의 상태를 관찰하고 관련 표현을 떠올리세요.

고득점 Tip 관계대명사나 분사와 같은 다양한 구문을 사용하여 표현을 연결하면 고득점을 받을 수 있어요.
예) What I notice first is two office workers looking at a document.
The man who is wearing a red tie and a suit is flipping through the document.

③ **주변 대상** 중심 대상 이외에 보이는 사람이나 사물의 위치, 동작, 상태를 나타내는 표현을 떠올리세요. 묘사할 만한 주변 대상이 많은 경우, 사진의 중심에서 주변으로, 또는 왼쪽에서 오른쪽의 순서로 관찰하세요.

④ **느낌 및 의견** 사람들의 행동, 날씨, 분위기를 보고 느낀 점이나 자신의 의견을 나타내는 표현을 떠올리세요.

예

1 사진이 찍힌 장소
- in an office

2 중심 대상
- two office workers, looking at a document
- the man, wearing a red tie and a suit, flipping through the document
- the woman, sitting next to the man

3 주변 대상
- a phone, a laptop, and some office supplies
- some office furniture

4 느낌 및 의견
- two coworkers, discussing something

STEP 2 떠올린 표현을 템플릿에 넣어 말하기

30초의 답변 시간 동안 준비 시간에 **떠올린 표현을** 아래의 **템플릿에 넣어 말하세요.**

만능 답변 템플릿

사진이 찍힌 장소 •—

> **This picture(photo) was taken** 사진이 찍힌 장소   이 사진은 ~에서 찍혔습니다.
>
> 또는
>
> **This is a picture(photo) of** 사진이 찍힌 장소   이것은 ~의 사진입니다.

중심 대상 •—

> **What I notice first is** 가장 눈에 띄는 대상   처음에 보이는 것은 ~입니다.
>
> 또는
>
> **The first thing I see is** 가장 눈에 띄는 대상   처음에 보이는 것은 ~입니다.
>
> 또는
>
> **The first thing that catches my eye is** 가장 눈에 띄는 대상   가장 먼저 눈길을 끄는 것은 ~입니다.

주변 대상 •—

> **Next to/To the left(right) of/In front of/Behind/Across from -,** 주변 대상 묘사
> -의 옆에는/왼쪽(오른쪽)에는/앞에/뒤에는/건너편에는, ~이 있습니다.
>
> **On the left(right) side of the picture/On both sides of the picture,** 주변 대상 묘사
> 사진의 왼쪽(오른쪽)에는/사진 양쪽에는, ~이 보입니다
>
> **At the top(bottom) of the picture,** 주변 대상 묘사   사진의 상단(하단)에, ~이 보입니다.
>
> **In the foreground(background)/middle of the picture,** 배경 묘사
> 사진의 전경(배경)에는/중앙에는 ~이 있습니다.
>
> **In the distance,** 배경 묘사   멀리에 ~이 있습니다.

*주변 대상이나 배경을 묘사할 때는 I can see~, there is(are)~의 표현을 사용하여 말하세요.

느낌 및 의견 •—

> **Overall, it seems(looks) like** 느낌 및 의견   전반적으로, ~인 것 같습니다(같아 보입니다).
>
> 또는
>
> **Generally, it appears that** 느낌 및 의견   전반적으로, ~인 것처럼 보입니다.

예 🎧

	떠올린 표현		답변
사진이 찍힌 장소	• in an office	…▸	This picture was taken in an office.
중심 대상	• two office workers, looking at a document • the man, wearing a red tie and a suit, flipping through the document • the woman, sitting next to the man	…▸	What I notice first is two office workers looking at a document. The man who is wearing a red tie and a suit is flipping through the document. The woman is sitting next to the man.
주변 대상	• a phone, a laptop, and some office supplies • some office furniture	…▸	In front of them, there's a phone, a laptop, and some office supplies. Behind them, some office furniture can be seen.
느낌 및 의견	• two coworkers, discussing something	…▸	Overall, it seems like two coworkers are discussing something.

해석 이 사진은 사무실에서 찍혔습니다. 처음에 보이는 것은 서류를 보고 있는 두 회사원입니다. 빨간 넥타이와 정장을 입고 있는 남자는 서류를 획획 넘기고 있습니다. 여자는 남자 옆에 앉아 있습니다. 그들 앞에, 전화기, 노트북, 그리고 사무용품들이 있습니다. 그들 뒤에, 사무실 가구가 보입니다. 전반적으로, 두 명의 동료가 무언가에 대해 의논하고 있는 것 같습니다.

Check-up

스텝별 전략을 바탕으로, 관찰한 순서대로 표현을 떠올려 STEP 1의 빈칸에 써 본 후, STEP 2에 우리말로 적혀있는 부분을 영어로 바꾸어 답변해 보세요. 🎧 (Q3&4_스텝) 02_CU

1

STEP 1 사진 관찰하며 표현 떠올리기

① 사진이 찍힌 장소 _____

② 중심 대상 _____

③ 주변 대상 _____

④ 느낌 및 의견 _____

STEP 2 떠올린 표현을 템플릿에 넣어 말하기

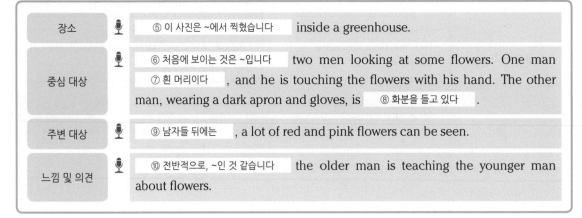

장소	🎤	⑤ 이 사진은 ~에서 찍혔습니다 inside a greenhouse.
중심 대상	🎤	⑥ 처음에 보이는 것은 ~입니다 two men looking at some flowers. One man ⑦ 흰 머리이다, and he is touching the flowers with his hand. The other man, wearing a dark apron and gloves, is ⑧ 화분을 들고 있다.
주변 대상	🎤	⑨ 남자들 뒤에는, a lot of red and pink flowers can be seen.
느낌 및 의견	🎤	⑩ 전반적으로, ~인 것 같습니다 the older man is teaching the younger man about flowers.

2

Q1-2

Q3-4

Q5-7

Q8-10

Q11

10일 만에 끝내는 해커스 토익스피킹

STEP 1 사진 관찰하며 표현 떠올리기

① 사진이 찍힌 장소 _____

② 중심 대상 _____

③ 주변 대상 _____

④ 느낌 및 의견 _____

STEP 2 떠올린 표현을 템플릿에 넣어 말하기

장소	🎤	⑤ 이것은 ~의 사진입니다 an office.
중심 대상	🎤	⑥ 처음에 보이는 것은 ~입니다 five people in a meeting. Four are ⑦ 흰색 탁자에 앉아 있다 , and one man is standing next to a board. ⑧ 앉아 있는 사람들 중에 , one is ⑨ 질문을 하기 위해 손을 들고 있다 . The others seem ⑩ 발표에 집중한 .
주변 대상	🎤	⑪ 그들의 앞에는 , I see some cups and writing materials.
느낌 및 의견	🎤	⑫ 짐작건대, ~인 것처럼 보입니다 they are having a brainstorming session.

모범답변·해석·해설 p. 17

Course 01 사람이 중심인 사진

사람이 중심인 사진은 **사진 속의 사람에 초점**이 맞춰진 사진으로, **소수의 사람이 중심인 사진**과 **여러 사람이 중심인 사진**으로 나눌 수 있어요. 🎧 (Q3&4_코스1) 03

1 소수의 사람이 중심인 사진

소수의 사람이 중심인 사진은 **1~3명 정도의 사람들에 초점**이 맞춰진 사진이에요. 레스토랑이나 커피숍에 앉아 무언가를 하거나 상점에서 물건을 고르는 사람들, 사무실에서 발표나 회의를 하는 사람들의 사진 등이 자주 출제돼요.

묘사 방법

사진이 찍힌 장소를 말한 뒤, **중심 대상의 행동이나 복장의 공통점을 먼저 언급**하세요. 그 후, 개별 외모나 복장, 행동을 **가능한 한 자세히 묘사**하고 주변 대상을 한두 가지 설명하세요. 사진에 대한 느낌이나 의견을 말하며 답변을 마무리하세요.

 예

사진이 찍힌 장소 • in a café

중심 대상 • two women, looking at a laptop

• the woman on the left - resting her chin on her hand	• the other woman - in a gray cardigan - holding a mug

주변 대상
• a plate of cake and a sugar shaker on the table

느낌 및 의견 • the women, having a great time together

🎤 **모범 답변**

사진이 찍힌 장소	**This picture was taken** in a café.
중심 대상	**The first thing I see is** two women looking at a laptop. The woman on the left is resting her chin on her hand. The other woman, in a gray cardigan, is holding a mug.
주변 대상	**At the bottom left of the picture**, I can see a plate of cake and a sugar shaker on the table.
느낌 및 의견	**Overall, it seems like** the women are having a great time together.

해석 이 사진은 카페에서 찍혔습니다. 처음에 보이는 것은 노트북을 보고 있는 두 여자입니다. 왼쪽의 여자는 손에 턱을 괴고 있습니다. 회색 가디건을 입고 있는 다른 여자는 머그잔을 들고 있습니다. 사진 왼쪽 하단에는, 탁자 위에 놓인 케이크 한 접시와 설탕을 뿌리는 용기가 보입니다. 전반적으로, 여자들이 함께 즐거운 시간을 보내고 있는 것 같습니다.

2 여러 사람이 중심인 사진

여러 사람이 중심인 사진은 **다수의 사람들에** 초점이 맞춰진 사진이에요. 번화가를 지나가는 사람들, 야외에서 활동을 하고 있는 여러 무리의 사람들의 사진 등이 자주 출제돼요.

묘사 방법

모든 사람을 묘사할 시간이 없으므로, 사진이 찍힌 장소를 말한 뒤 **여러 사람의 행동이나 복장의 공통점을 구체적으로 언급**하세요. 그 후, 눈에 띄는 **몇몇 사람의 외모나 복장, 행동을 묘사**하세요. 주변에 보이는 대상과 사진에 대한 느낌이나 의견을 말하며 답변을 마무리하세요.

사진이 찍힌 장소	• on a busy street
중심 대상	• people, walking in various directions, wearing short-sleeve T-shirts • a woman, wearing a striped purple shirt
주변 대상	• the road leads uphill, buildings on both sides
느낌 및 의견	• a scene from a busy pedestrian zone

🎤 **모범 답변**

사진이 찍힌 장소	**This photo was taken** on a busy street.
중심 대상	**What I notice first is** people walking in various directions. * Some of them are wearing short-sleeve T-shirts, so it must be warm. **In the middle of the picture,** there is a woman wearing a striped purple shirt.
주변 대상	**In the background,** the road leads uphill, **and there are** buildings on both sides.
느낌 및 의견	**Overall, it looks like** a scene from a busy pedestrian zone.

해석 이 사진은 혼잡한 거리에서 찍혔습니다. 처음에 보이는 것은 여러 방향으로 걷고 있는 사람들입니다. 그들 중 몇 명은 짧은 소매의 티셔츠를 입고 있어서, 날씨가 따뜻한 것이 분명합니다. 사진의 중앙에는, 보라색 줄무늬 셔츠를 입고 있는 여자가 있습니다. 배경에는, 도로가 언덕으로 이어지고, 그 양쪽에 건물들이 있습니다. 전반적으로, 번화한 보행자 구역의 광경 같아 보입니다.

고득점 Tip 모든 사람들의 공통적인 특징을 묘사할 때는 all of them을, 많은 사람들 중 눈에 띄는 몇몇 사람의 특징을 묘사할 때는 some of them을 사용하여 말할 수 있어요.

예) People are sitting on the grass. **All of them** are wearing caps.
사람들이 잔디에 앉아 있습니다. 그들 모두가 모자를 쓰고 있습니다.

People are walking in various directions. **Some of them** are wearing short-sleeve T-shirts.
사람들이 여러 방향으로 걷고 있습니다. 그들 중 몇 명은 짧은 소매의 티셔츠를 입고 있습니다.

자주 쓰이는 표현 🎧 (Q3&4_코스1) 04

사람이 중심인 사진에서 자주 사용되는 표현들입니다. 문장을 들으며 소리 내어 따라 말하면서 익혀보세요.

 외모/복장을 묘사할 때 쓰는 표현

• 외모를 묘사할 때 🎧

그 소년은 금발 머리입니다.	1	The boy has blond hair.
그 여자는 하나로 묶은 머리입니다.	2	The woman has a ponytail.
그 소녀는 땋은 머리입니다.	3	The girl has braided hair.
그 여자는 긴 파마머리입니다.	4	The woman has long, curly hair.
그 남자는 대머리입니다.	5	The man is bald.
그 남자는 흰 머리이고 턱수염이 있습니다.	6	The man has gray hair and a beard.
그 남자는 콧수염이 있습니다.	7	The man has a mustache.

• 복장을 묘사할 때 🎧

한 남자가 짧은 소매의 줄무늬 티셔츠를 입고 있습니다.	8	A man is wearing a short-sleeve, striped T-shirt.
한 여자가 반바지와 민소매 셔츠를 입고 있습니다.	9	A woman is wearing shorts and a sleeveless shirt.
한 소년이 청바지와 체크무늬 셔츠를 입고 있습니다.	10	A boy is wearing jeans and a checkered shirt.
한 소녀가 꽃무늬 모자를 쓰고 있습니다.	11	A girl is wearing a flower-printed hat.
한 노부인이 조끼를 입고 장갑을 끼고 있습니다.	12	An old lady is wearing a vest and a pair of gloves.
그 남자는 안경을 쓰고 정장을 입고 있습니다.	13	The man is wearing glasses and a business suit.
그 남자는 작업복을 입고 있습니다.	14	The man is wearing working clothes.
몇몇 사람들이 전통 의상을 입고 있습니다.	15	Some people are wearing traditional clothes.
한 소녀가 물방울 무늬의 수영복을 입고 샌들을 신고 있습니다.	16	A girl is wearing a polka-dot swimsuit and sandals.
그 남자는 왼쪽 손목에 시계를 차고 있습니다.	17	The man is wearing a watch on his left wrist.

 동작을 묘사할 때 쓰는 표현

• 거리에서 🎧

사람들이 횡단보도에 서 있습니다.	18	People are standing at a crosswalk.
몇몇 보행자들이 길을 건너고 있습니다.	19	Some pedestrians are crossing the street.
한 남자가 보도를 따라 걷고 있습니다.	20	A man is walking down the sidewalk.
한 소년이 양손을 주머니에 넣고 있습니다.	21	A boy has his hands in his pockets.
사람들이 여러 방향으로 걸어가고 있습니다.	22	People are walking in various directions.

몇몇 사람들이 버스 정류장에서 한 줄로 서서 기다리고 있습니다.	23 Some people are waiting in a line at the bus stop.
한 남자가 비닐봉지를 들고 있습니다.	24 A man is carrying a plastic bag.
한 여자가 유모차를 밀고 있습니다.	25 A woman is pushing a baby stroller.
한 남자가 허리에 손을 얹고 주위를 둘러보고 있습니다.	26 A man is looking around with his hands on his waist.
몇몇 인부들이 도구를 가지고 작업하고 있습니다.	27 Some workers are working with tools.
노점상들이 가판대에서 물건을 팔고 있습니다.	28 Street vendors are selling some items from their stalls.
그 남자는 등을 보인 채로 가게 앞에 서 있습니다.	29 The man is standing in front of the store, showing his back.
한 남자와 한 여자가 자전거를 타고 있습니다.	30 A man and a woman are riding bicycles.

● 공원에서 🎧

한 커플이 손을 잡고 산책하고 있습니다.	31 A couple is taking a walk, holding hands.
한 남자가 길을 따라 조깅하고 있습니다.	32 A man is jogging along the path.
두 소년이 길을 따라 개를 산책시키고 있습니다.	33 Two boys are walking a dog down the street.
한 남자가 다리를 꼰 채로 벤치에 앉아 있습니다.	34 A man is sitting on a bench with his legs crossed.
두 여자가 나란히 앉아 있습니다.	35 Two women are sitting next to each other.
한 남자가 잔디 위에서 휴식을 취하고 있습니다.	36 A man is relaxing on the grass.
한 남자가 신발끈을 묶으려고 무릎을 꿇고 있습니다.	37 A man is kneeling to tie his shoe.
두 여자가 사진을 찍으려고 포즈를 취하고 있습니다.	38 Two women are posing for a picture.
한 무리의 사람들이 악기를 연주하고 있습니다.	39 A group of people are playing musical instruments.

● 사무실에서 🎧

한 여자가 노트북으로 타자를 치고 있습니다.	40 A woman is typing on a laptop computer.
그 남자는 자신의 책상을 정리하고 있습니다.	41 The man is organizing his desk.
한 남자가 전화 통화를 하며 메모를 하고 있습니다.	42 A man is talking on the phone and taking notes.
한 남자가 서류 가방을 뒤지고 있습니다.	43 A man is searching through a briefcase.
한 여자가 의자에 등을 기대고 서류를 읽고 있습니다.	44 A woman is leaning back in her chair and reading a document.
그 여자는 복사를 하고 있습니다.	45 The woman is making photocopies.
한 남자가 서류를 휙휙 넘기고 있습니다.	46 A man is flipping through a document.
그 남자는 질문을 하기 위해 손을 들고 있습니다.	47 The man is raising his hand to ask questions.
몇몇 사람들이 회의를 하고 있습니다.	48 Some people are having a meeting.
한 남자가 종이 상자들을 옮기고 있습니다.	49 A man is moving some cartons.

Q1-2

Q3-4

Q5-7

Q8-10

Q11

10일 만에 끝내는 해커스 토익스피킹

상점에서 🎧

한 여자가 물건을 자세히 살펴보고 있습니다.	50	A woman is looking closely at an item.
몇몇 사람들이 농산물을 살펴보기 위해 멈춰 서 있습니다.	51	Some people have stopped to take a look at the produce.
한 남자가 선반에서 물건을 고르고 있습니다.	52	A man is picking out an item from the shelf.
한 노부인이 쇼핑 카트를 밀고 있습니다.	53	An old lady is pushing a shopping cart.
한 여자가 팔짱을 낀 채로 계산대에 서 있습니다.	54	A woman is standing at the checkout with her arms crossed.
그 여자는 컨베이어 벨트 위에 식료품을 놓고 있습니다.	55	The woman is placing her groceries on the conveyor belt.
그 점원은 손님에게 약을 건네고 있습니다.	56	The clerk is handing medication to a customer.
한 점원이 포장된 물건을 쇼핑백에 담고 있습니다.	57	A clerk is putting a wrapped item inside a shopping bag.
한 점원이 바닥을 쓸고 있습니다.	58	A clerk is sweeping the floor.

레스토랑/커피숍에서 🎧

그 남자는 손으로 턱을 괴고 메뉴를 보고 있습니다.	59	The man is looking at the menu while resting his chin on his hand.
두 남자가 손에 유리병을 들고 있습니다.	60	Two men are holding glass bottles in their hands.
한 종업원이 테이블 쪽으로 몸을 굽히고 있습니다.	61	A waiter is bending over the table.
한 여종업원이 손님들에게 음식을 나르고 있습니다.	62	A waitress is serving food to the customers.
한 여종업원이 테이블을 치우고 있습니다.	63	A waitress is clearing off the table.
한 종업원이 유리잔에 물을 붓고 있습니다.	64	A waiter is pouring water into a glass.
사람들이 레스토랑에서 식사를 하고 있습니다.	65	People are eating at a restaurant.

도서관에서 🎧

그 남자는 깍지를 낀 채로 책상에 앉아 있습니다.	66	The man is sitting at the desk, clasping his hands.
그 남자는 무언가를 쓰고 있습니다.	67	The man is writing something.
한 소녀가 책장에서 책을 꺼내고 있습니다.	68	A girl is taking a book from the bookshelf.
몇몇 사람들이 탁자에 둘러앉아 있습니다.	69	Some people are sitting around a table.
한 여자가 카운터에서 책을 대출하고 있습니다.	70	A woman is checking out a book at the counter.
한 남자가 책을 정리하고 있습니다.	71	A man is arranging some books.

가정에서 🎧

한 여자가 식사를 준비하고 있습니다.	72	A woman is preparing a meal.
한 남자가 냉장고에서 음식을 꺼내고 있습니다.	73	A man is taking out some food from a refrigerator.
그 여자는 밀대로 반죽을 밀어서 펴고 있습니다.	74	The woman is rolling out the dough with a rolling pin.

한 남자가 진공 청소기로 소파를 청소하고 있습니다.	75	A man is vacuuming a couch with a vacuum cleaner.
한 여자가 빨랫줄에 옷을 널고 있습니다.	76	A woman is hanging clothes on a clothesline.
그 노인은 꽃에 물을 주고 있습니다.	77	The old man is watering the flowers.
한 여자가 설거지를 하고 있습니다.	78	A woman is washing the dishes.

● 박물관/미술관에서 🎧

그 남자는 그림을 감상하고 있습니다.	79	The man is admiring a painting.
한 여자가 조각상 옆을 지나가고 있습니다.	80	A woman is passing by a sculpture.
몇몇 사람들이 예술 작품들에 대해 이야기하고 있습니다.	81	Some people are discussing the art pieces.

● 해변에서 🎧

한 여자가 물을 향해 걸어가고 있습니다.	82	A woman is walking toward the water.
몇몇 아이들이 모래성을 만들고 있습니다.	83	Some children are making a sandcastle.
몇몇 사람들이 해변에서 일광욕을 하고 있습니다.	84	Some people are sunbathing on the beach.
사람들이 접이식 의자에 앉아 있습니다.	85	People are sitting on the deck chairs.

💬 느낌 및 의견을 말할 때 쓰는 표현

● 전반적인 느낌을 말할 때 🎧

그 사람들은 좋은 시간을 보내고 있는 것 같습니다.	86	It seems that the people are having a good time.
번화한 도시의 전형적인 광경 같아 보입니다.	87	It looks like a typical scene from a busy city.
그 사람들은 경치를 즐기고 있는 것 같습니다.	88	It seems that the people are enjoying the scenery.

● 구체적인 의견을 말할 때 🎧

그 여자는 그 상품에 관심이 있는 것 같습니다.	89	It seems that the woman is interested in that product.
그 사람들은 잠시 일에서 휴식을 취하고 있는 것 같아 보입니다.	90	It looks like the people are taking a break from work.
그 여자는 자신의 일에 집중하고 있는 것 같습니다.	91	It seems like the woman is focusing on her work.
사람들이 그들의 짐을 찾기 위해 컨베이어 벨트 주위에 모인 것 같습니다.	92	It seems that people are gathered around the conveyor belt to pick up their luggage.

Q1-2
Q3-4
Q5-7
Q8-10
Q11

10일 만에 끝내는 해커스 토익스피킹

Hackers Test

실제로 시험에 응시하는 것처럼, 45초 동안 준비하여 30초 동안 녹음하며 사진을 묘사해 보세요. 🎧 (Q3&4_코스1) 05_HT

1

2

3

TOEIC Speaking

VOLUME

🎤

10일 만에 끝내는 해커스 토익스피킹

4

TOEIC Speaking

VOLUME

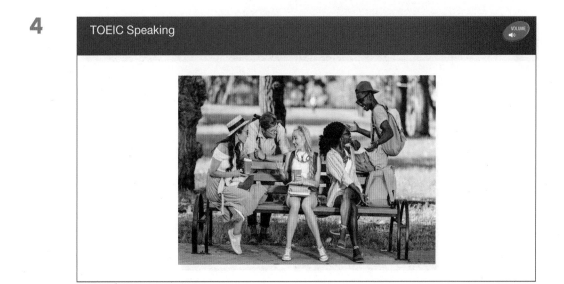

🎤

5

VOLUME

6

VOLUME

7

🎤

8

TOEIC Speaking

Q1-2

Q3-4

Q5-7

Q8-10

Q11

10일 만에 끝내는 해커스 토익스피킹

9

VOLUME

🎤

10

VOLUME

🎤

TOEIC Speaking

VOLUME

🎤

TOEIC Speaking

VOLUME

🎤

모범답변·해석·해설 p. 19

Q1-2

Q3-4

Q5-7

Q8-10

Q11

10일 만에 끝내는 해커스 토익스피킹

Course 02 배경이나 사물이 중심인 사진

배경이나 사물이 중심인 사진은 사진에서 **사람보다 배경이나 사물이 더 눈에 띄는 사진**이에요. 🎧 (Q3&4_코스2) 06

묘사 방법

사진이 찍힌 장소를 말한 뒤, 사진의 **중심에서 주변으로**, 또는 **왼쪽에서 오른쪽으로** 보이는 것들을 하나씩 언급하세요. 눈에 띄는 사물이 있을 경우, 그것의 **위치, 상태, 색깔** 등을 자세히 묘사하세요. 그 후, 사진에 대한 자신의 느낌이나 의견을 말하세요.

사진이 찍힌 장소 • a small street

중심 대상
• a red car parked on the side of the street
• a woman, standing with her left hand on her waist

주변 대상
• a person on a motorcycle
• a tall structure, looks like a bell tower

느낌 및 의견 • a quiet residential street

🎙 모범 답변

사진이 찍힌 장소	**This is a picture of** a small street.
중심 대상	**What I notice first is** a red car parked on the side of the street. **On its right**, a woman is standing with her left hand on her waist next to some red flowers.
주변 대상	**On the left side**, I see a person on a motorcycle. **In the distance**, there is a tall structure, which looks like a bell tower.
느낌 및 의견	**Generally, it seems like** a quiet residential street.

해석 이것은 작은 거리의 사진입니다. 처음에 보이는 것은 도로 옆에 주차된 빨간 자동차입니다. 그것의 오른쪽에는, 한 여자가 왼손을 허리에 얹고 빨간 꽃들 옆에 서 있습니다. 왼쪽에는, 오토바이를 탄 사람이 보입니다. 멀리에는, 종탑처럼 보이는 높은 건축물이 있습니다. 전반적으로, 조용한 거주지의 도로인 것 같습니다.

> **고득점 Tip** 사진 속 사물의 위치나 상태를 묘사할 때는, 수동태나 과거분사를 사용하여 말할 수 있어요.
>
> **수동태**: 사물 + be + p.p.
> 예) Some houses **are painted** in different shades. 몇몇 집들이 다른 색조로 칠해져 있습니다.
>
> **과거분사**: 사물 + p.p. + 장소
> 예) There is a red car **parked** on the side of the street. 도로 옆에 주차된 빨간 자동차가 있습니다.

자주 쓰이는 표현 🎧 (Q3&4_코스2) 07

배경이나 사물이 중심인 사진에서 자주 사용되는 표현들입니다. 문장을 들으며 소리 내어 따라 말하면서 익혀보세요.

🌸 배경 및 사물을 묘사할 때 쓰는 표현

• 거리에서 🎧

전차가 역에 정차해 있습니다.	1	A streetcar is stopped at the station.
차들이 도로에 줄지어 서 있습니다.	2	Cars are lined up along the road.
다양한 차량들이 길을 따라 주차되어 있습니다.	3	Various vehicles are parked along the street.
몇몇 차들이 신호가 바뀌기를 기다리고 있습니다.	4	Some cars are waiting for the traffic light to change.
지붕이 없는 이층 버스가 있습니다.	5	There is a double-decker bus with an open top.
신호등이 도로 위에 걸려 있습니다.	6	Some traffic lights are hanging over the road.
길이 사람들과 차량들로 붐빕니다.	7	The road is crowded with people and vehicles.
가로등이 한 줄로 배열되어 있습니다.	8	The street lamps are arranged in a row.
인도를 따라 전봇대 몇 개가 있습니다.	9	There are some utility poles along the sidewalk.
간판이 많이 붙어 있는 건물들이 보입니다.	10	I can see some buildings with many signboards.
불이 켜지지 않은 가로등이 있습니다.	11	There is a streetlamp that isn't lit.

• 공원에서 🎧

관목이 화단을 둘러싸고 있습니다.	12	Bushes are surrounding the flower beds.
축구공이 바닥에 놓여 있습니다.	13	A soccer ball is sitting on the ground.
나무들이 길을 따라 심어져 있습니다.	14	Trees have been planted along the road.
길이 숲으로 나 있습니다.	15	The path is leading towards the woods.
그 길은 낙엽으로 덮여 있습니다.	16	The road is covered with fallen leaves.

• 상점에서 🎧

몇몇 상품들이 판매대 위에 펼쳐져 있습니다.	17	Some products are spread out on the stand.
몇몇 식료품들이 판매를 위해 진열되고 있습니다.	18	Some groceries are being displayed for sale.
옷들이 걸이에 걸려 있습니다.	19	Clothes are hanging on the racks.
진열장이 벽에 줄지어 서 있습니다.	20	Display cases are lined up against the wall.
상점은 사람들로 가득 차 있습니다.	21	The store is packed with people.
많은 상자들이 과일과 채소로 채워져 있습니다.	22	Many crates are filled with fruits and vegetables.
큰 파라솔이 상품들을 가려주고 있습니다.	23	Huge umbrellas are shading the products.
상점에는 빨간색의 차양이 있습니다.	24	The store has a red awning.

Q1-2
Q3-4
Q5-7
Q8-10
Q11

10일 만에 끝내는 해커스 토익스피킹

도서관에서 🎧

책상 위에 쌓여 있는 몇 권의 책들이 보입니다.	25 I can see some books stacked on a desk.
액자에 들어 있는 사진들이 벽에 걸려 있습니다.	26 Framed pictures are hanging on the wall.
책장들이 일정한 간격으로 세워져 있습니다.	27 Bookshelves are set up at regular intervals.

공항/역에서 🎧

기차가 역에 들어오고 있습니다.	28 A train is approaching the station.
기차가 플랫폼을 빠져나가고 있습니다.	29 A train is moving away from the platform.
역에 표 판매기들이 설치되어 있습니다.	30 Ticket machines are installed at a station.
비행기가 탑승구에 대기하고 있습니다.	31 A plane is parked at the boarding gate.
컨베이어 벨트에 놓인 여행 가방들이 보입니다.	32 I can see suitcases put on the conveyor belt.
전광판이 비행 일정을 보여주고 있습니다.	33 An electronic display board is showing flight schedules.

바다/강에서 🎧

몇몇 집들이 바다를 내려다보고 있습니다.	34 Some houses are overlooking the ocean.
몇몇 보트들이 호수 위에 떠 있습니다.	35 Some boats are floating on a lake.
배가 부두에 묶여 있습니다.	36 A ship is tied to the dock.
여객선이 부두를 떠나고 있습니다.	37 The ferry is leaving the dock.
새들이 강 위로 날아가고 있습니다.	38 Birds are flying over a river.
햇빛이 물에 반사되고 있습니다.	39 The sunlight is reflected on the water.

사무실에서 🎧

영사기가 천장에 달려 있습니다.	40 A projector is attached to the ceiling.
몇몇 인쇄물이 게시판에 붙어 있습니다.	41 Some printed materials are posted on the board.
몇몇 서류들이 탁자 위에 흩어져 있습니다.	42 Some documents are scattered on the table.
각각의 책상은 칸막이에 의해 분리되어 있습니다.	43 Each desk is separated by a partition.
몇몇 사무용품들이 책상 위에 있습니다.	44 Some office supplies are on the desk.

레스토랑/커피숍에서 🎧

메뉴판이 벽에 붙어 있습니다.	45 A menu is displayed on the wall.
각각의 테이블은 식탁보로 덮여 있습니다.	46 Each table is covered with a tablecloth.
많은 음식이 테이블 위에 차려져 있습니다.	47 A lot of food is set up on the table.
테이블 위에 놓인 몇몇 식기들이 보입니다.	48 I can see some silverware set up on the table.
그 레스토랑은 야외 좌석이 있습니다.	49 The restaurant has outdoor seating.

Q1-2

Q3-4

Q5-7

Q8-10

Q11

10일 만에 끝내는 해커스 토익스피킹

• 가정에서 🎧

화분이 계단 위에 정렬되어 있습니다.	50	Flowerpots are arranged on the stairway.
그 커튼은 닫혀져 있습니다.	51	The curtains are closed.
기둥이 전구로 장식되어 있습니다.	52	A column is decorated with light bulbs.
거실은 벽난로를 갖추고 있습니다.	53	The living room is equipped with a fireplace.

• 공사장에서 🎧

공사장에 경고 표지판들이 세워져 있습니다.	54	Warning signs are put up at the construction site.
바닥에 벽돌이 쌓여 있습니다.	55	Bricks are piled up on the ground.
트럭에서 건축 자재들이 내려지고 있습니다.	56	Building materials are being unloaded from the truck.

💬 느낌 및 의견을 말할 때 쓰는 표현

• 전반적인 느낌을 말할 때 🎧

시골 어딘가인 것 같아 보입니다.	57	It looks like somewhere in the countryside.
평화로운 소도시인 것 같습니다.	58	It seems like a peaceful small town.
따뜻한 날 같습니다.	59	It appears that it's a warm day.
주말이나 휴일인 것 같습니다.	60	It seems to be a weekend or a holiday.
대도시의 혼잡함이 느껴집니다.	61	I can feel the hustle and bustle of a big city.
야외 시장이 열릴 것 같습니다.	62	It seems like there is going to be an outdoor market.
이 사진은 아시아의 어딘가에서 찍힌 것 같습니다.	63	It seems like this picture was taken somewhere in Asia.

• 구체적인 의견을 말할 때 🎧

도서관이 아주 깨끗하고 정돈된 것 같아 보입니다.	64	It looks like the library is very clean and neat.
건축 자재들이 바닥에 쌓여 있어서 이 장소는 위험해 보입니다.	65	This place seems dangerous because building materials are stacked on the ground.
사람들이 기념품을 살 수 있도록 관광 버스가 상점에 잠시 들른 것처럼 보입니다.	66	It looks like the tour bus has stopped by the stores so that people can buy some souvenirs.

Hackers Test

실제로 시험에 응시하는 것처럼, 45초 동안 준비하여 30초 동안 녹음하며 사진을 묘사해 보세요. 🎧 (Q3&4_코스2) 08_HT

1

2

3

🎤

4

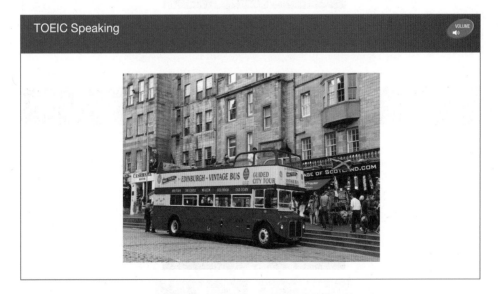

🎤

모범답변·해석·해설 p. 31

Q1-2

Q3-4

Q5-7

Q8-10

Q11

10일 만에 끝내는 해커스 토익스피킹

Review Test

🎧 (Q3&4_리뷰테스트) 09_RT

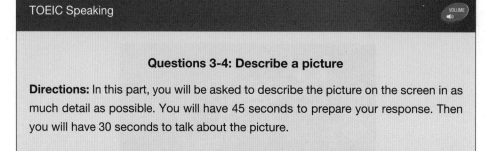

TOEIC Speaking

Questions 3-4: Describe a picture

Directions: In this part, you will be asked to describe the picture on the screen in as much detail as possible. You will have 45 seconds to prepare your response. Then you will have 30 seconds to talk about the picture.

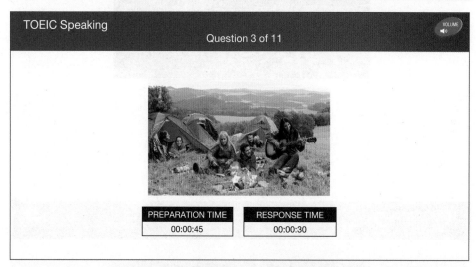

PREPARATION TIME
00:00:45

RESPONSE TIME
00:00:30

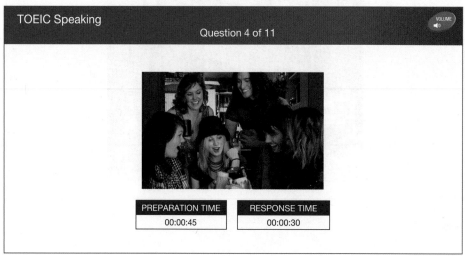

PREPARATION TIME
00:00:45

RESPONSE TIME
00:00:30

모범답변·해석·해설 p. 35

Q1-2

Q3-4

Q5-7

Q8-10

Q11

10일 만에 끝내는 해커스 토익스피킹

Q3-4 학습이 끝났습니다. 여기까지 오느라 수고 많으셨습니다. Review Test를 푼 결과를 기준으로 지금까지 학습한 내용을 점검하고 자신이 부족한 부분이 어디인지 확인하여 해당 부분을 복습하세요.

1. 나는 두 문제 모두 45초의 준비 시간 동안 사진을 관찰하며 사진이 찍힌 장소, 중심 대상, 주변 대상, 느낌 및 의견의 순서로 표현을 떠올릴 수 있었다.

Yes □   No □

➡ No를 표시한 경우, **스텝별 전략 익히기**로 돌아가 **STEP 1. 사진 관찰하며 표현 떠올리기**를 복습 하세요.

2. 나는 두 문제 모두 사진을 관찰하면서 외모 및 복장, 동작, 배경 및 사물 관련, 느낌 및 의 견 관련 표현들을 바로 떠올릴 수 있었다.

Yes □   No □

➡ No를 표시한 경우, **Course 학습**으로 돌아가 **사진 유형별로 자주 쓰이는 표현**을 복습하세요.

3. 나는 두 문제 모두 사진의 중심 대상에 맞게 사진을 묘사하였다.

Yes □   No □

➡ No를 표시한 경우, **Course 학습**으로 돌아가 **사진의 중심 대상에 따른 묘사 방법**을 복습하세요.

4. 나는 두 문제 모두 떠올린 표현들을 순서대로 템플릿에 넣어 답변할 수 있었다.

Yes □   No □

➡ No를 표시한 경우, **스텝별 전략 익히기**로 돌아가 **STEP 2. 떠올린 표현을 템플릿에 넣어 말하기**를 복습하세요.

Q 5-7
질문에 답하기

스텝별 전략 익히기

Review Test

Q 5-7 한눈에 보기

Q5-7은 하나의 토픽에 대해 전화로 **지인과 통화**를 하고 있거나 **설문 조사**에 참여하고 있다는 설정 속에서, 토픽과 관련된 세 개의 질문에 답하는 유형입니다.

👁 Q 5-7 정보

문제 번호	Questions 5, 6, 7	평가 기준	☑ 발음이 정확한지
문제 수	3문제		☑ 억양이 자연스럽고 강세가 정확한지
준비 시간	각 3초		☑ 문법적 오류가 없는지
답변 시간	5, 6번 15초 / 7번 30초		☑ 적절한 어휘를 사용하는지

			☑ 답변에 일관성이 있는지
			☑ 답변이 질문과 관련된 내용인지
			☑ 답변이 완성되었는지

👁 출제 유형

Q5-7에서 묻는 내용은 문제 번호별로 아래와 같이 구분되며, **실생활, 취미/여가, 제품/서비스 관련** 토픽이 자주 출제돼요.

· 문제 번호별로 묻는 내용

문제 번호	묻는 내용
Question 5	주로 빈도, 시기, 대상, 장소와 같은 간단한 정보 한두 가지를 한 번에 물어요. 예 **How often** do you go to a coffee shop, and **when** do you go? 얼마나 자주 커피숍에 가고, 언제 가?
Question 6	종류, 취향 등을 주로 물으며, 5번과 같이 간단한 정보를 묻기도 해요. 예 And **what** do you usually do when you go to one? 그리고 그곳에 갈 때는 주로 무엇을 해?
Question 7	제안을 요청하거나, 중요하게 여기는 사항 또는 장·단점과 같은 의견을 주로 물어요. 예 I'm planning to meet with a friend at a coffee shop. **Where** do you suggest we go? 나는 커피숍에서 친구를 만날 계획이야. 우리가 어디로 가기를 추천하니?

· 빈출 토픽

토픽	자주 나오는 내용
1. 실생활 관련 토픽	친구, 재활용, 선물 등의 일상 관련 토픽이나 직업과 같은 회사 관련 토픽, 또는 공부 습관과 같은 학교 관련 토픽이 자주 출제돼요.
2. 취미/여가 관련 토픽	운동, 라이브 공연 등의 취미 활동 관련 토픽이나 놀이공원, 박물관 등 여가 장소 관련 토픽이 자주 출제돼요.
3. 제품/서비스 관련 토픽	옷, 카메라 등의 제품 관련 토픽이나 이메일, 온라인 쇼핑, 고객 서비스 등 서비스 관련 토픽이 자주 출제돼요.

Q1-2

Q3-4

Q5-7

Q8-10

Q11

10일 만에 끝내는 해커스 토익스피킹

👁 시험 진행 순서

01 디렉션

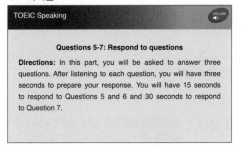

세 개의 질문에 대답하게 된다는 것과, 질문별 준비 시간 및 답변 시간을 알려주는 디렉션이 음성과 함께 화면에 제시됩니다.

02 상황 설명

친구 또는 동료와 같은 지인과 통화 중이거나 마케팅 회사나 방송국에서 진행하는 전화 설문 조사에 참여하고 있다는 상황 설명과 질문 토픽이 음성과 함께 화면에 제시됩니다.

03 Question 5

5번 질문이 음성과 함께 화면에 제시됩니다. 이후, 'Begin preparing now.'라는 음성과 함께 3초의 준비 시간이 주어지며, 'Begin speaking now.'라는 음성이 나온 후 15초의 답변 시간이 시작됩니다.

04 Question 6

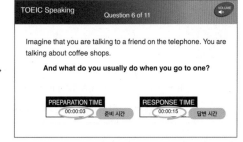

5번 질문이 사라지면 바로 6번 질문이 음성과 함께 화면에 제시됩니다. 이후, 'Begin preparing now.'라는 음성과 함께 3초의 준비 시간이 주어지며, 'Begin speaking now.'라는 음성이 나온 후 15초의 답변 시간이 시작됩니다.

05 Question 7

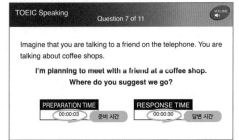

6번 질문이 사라지면 바로 7번 질문이 음성과 함께 화면에 제시됩니다. 이후, 'Begin preparing now.'라는 음성과 함께 3초의 준비 시간이 주어지며, 'Begin speaking now.'라는 음성이 나온 후 30초의 답변 시간이 시작됩니다.

스텝별 전략 익히기

질문에서 묻는 내용을 정확히 파악하고, 각 질문에 대한 적절한 내용으로 답변할 수 있도록 스텝별 전략을 익혀두세요.

🎧 (Q56&7_스텝) 01

STEP 1 토픽 파악하고 질문 및 답변 예상하기

지인과 통화 또는 전화 설문에 참여하는 상황에 대한 설명이 약 10초 간 음성과 함께 화면에 제시됩니다. 아래와 같이 나와 전화 통화를 하는 상대와 토픽을 파악한 뒤, 토픽과 관련된 질문과 답변을 예상해 보세요.

Imagine that [a British marketing firm] is doing research in your country. You have agreed to participate in a telephone interview about [parks].

● **전화 통화 상대 파악하기**

● **질문 토픽 파악하기**

지인과의 통화인지 설문 상황인지를 파악하세요. 지인인 경우 a friend, a colleague 등이, 설문 상황인 경우 a marketing firm, a radio station 등이 전화 통화 상대로 제시됩니다.

마지막 문장의 about 다음에 제시되는 내용을 보고 토픽을 파악해 보세요.

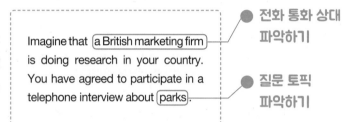

예 🎧

Imagine that you are talking to [**a friend**] on the telephone. You are talking about [**coffee shops**].

전화 통화 상대 파악하기
a friend(친구)

질문 토픽 파악하기
coffee shops(커피숍)

해석 당신이 친구와 전화 통화를 하고 있다고 가정해 봅시다. 당신은 커피숍에 대해 이야기하고 있습니다.

토픽 관련 예상 질문 및 답변

얼마나 자주?	일주일에 두 번
언제?	오후에
어디?	도서관 근처
무엇을?	책 읽기, 숙제하기
왜?	직원들이 친절해서, 내부 디자인이 산뜻해서

질문을 읽어주는 시간을 활용하여, 아래의 방법으로 묻는 내용을 파악한 뒤 답변하세요.

Question 5, 6 (준비 시간: 각 3초, 답변 시간: 각 15초)

Question 5, 6는 질문을 듣고 3초 동안 준비하여 15초 동안 답변하는 문제입니다. 두 가지 정보를 한 번에 묻는 경우와 한 가지 정보만 묻는 경우가 있어요.

두 가지 정보를 묻는 경우

주로 Question 5에서 출제되며, 의문사 의문문을 and로 연결한 형태로 **빈도**(How often~, How many times~), **시기**(When~), **대상**(What~), **장소**(Where~), **사람**(Who~), **기간**(How long~, How many hours~)과 같은 간단한 정보 두 가지를 한 번에 물어요.

빈출 질문 형태	**How often** and **where** do you usually listen to music?
	When was the last time you went to the movies and **what** did you see?
	What is your favorite mountain to climb? **Where** is it located?
	When do you usually eat lunch, and **who** do you eat with?

질문 파악 및 답변 방법	1. **의문사**와 뒤에 이어 나오는 내용을 통해 각각의 **의문문이 묻는 내용**을 파악하세요.
	2. **질문에 쓰인 표현을 활용**하여 각각의 **답변을 접속사 and로 자연스럽게 연결**하여 답변하세요. **반드시 두 질문 모두에 답변**해야 높은 점수를 받을 수 있어요.

예 🎧 **Q5.** How often do you go to a coffee shop, and when do you go?
　　　얼마나 자주 커피숍에 가고, 언제 가?

🎤 답변 I go to a coffee shop about twice a week, and I go there in the afternoons.
　　　나는 일주일에 두 번 커피숍에 가고, 오후에 가.

한 가지 정보만 묻는 경우

주로 Question 6에서 출제되며, 의문사 의문문의 형태로 **종류**(What kinds of~), **장소**(Where~), **방식**(How~), **시기** (When~, On what occasions~)를 묻고, 일반 의문문의 형태로 **취향**(Do you~, Are you~), **선호**(Do you prefer~), **의견** (Do you think~), **경험**(Have you~) 등에 대해 물어요. 지인과 통화하는 경우, 앞의 질문과 연결된 정보에 대해 묻기도 해요.

빈출 질문 형태	When you relax, **what kind of** music do you enjoy listening to? **Where** do you usually go to watch a movie and why? Sounds interesting. **How** can I get there? I want to eat something. **Do you** like to have snacks between meals?
질문 파악 및 답변 방법	1. 의문사나 조동사 뒤에 이어 나오는 내용을 통해 **묻는 내용**을 파악하세요. 2. 질문에 쓰인 표현을 활용하여 **핵심 응답**을 말하세요. 3. 질문의 끝에 why를 붙여 이유를 함께 묻는 경우에는 핵심 응답에 대한 **이유도 답변**해야 해요. 4. 시간이 남는 경우에는 핵심 응답과 관련된 **이유, 경험, 습관, 예시, 추가 정보 등**의 관련 내용을 한 문장 정도 덧붙여 말하세요.

예 🎧 **Q6.** And what do you usually do when you go to one? 그리고 그곳에 갈 때는 주로 무엇을 해?

🎤 **핵심 응답** When I go to a coffee shop, I usually read a book or do homework.
커피숍에 갈 때, 나는 주로 책을 읽거나 숙제를 해.

관련 내용 This is because it's quiet and cozy there. (이유)
그곳은 조용하고 아늑하기 때문이야.

고득점 TIP 핵심 응답에 덧붙일 수 있는 관련 내용

경험	I used to go there to meet with classmates, but now I often go there alone. 반 친구들을 만나러 가곤 했었는데, 이제는 그곳에 자주 혼자 가.
습관	I always do my assignments first, and then read a book for about an hour. 나는 항상 과제를 먼저 하고, 그 후 한 시간 정도 책을 읽어.
예시	I typically read novels or do writing assignments. 나는 보통 소설책을 읽거나 작문 과제를 해.
추가 정보	Sometimes, I go there with my friends to chat. 가끔은, 친구들과 이야기를 하기 위해 가.

Question 7 (준비 시간: 3초, 답변 시간: 30초)

토픽에 관련된 제안을 요청하거나 구체적인 의견을 묻는 질문이 자주 나와요. 제안을 요청하는 경우, 추천하는 장소(Where do you suggest~, Can you~), 활동(What would you~)에 대해 주로 물어요. 구체적인 의견을 묻는 경우, 중요하게 여기는 사항(What do you consider most~), 장단점(What are the advantages/disadvantages of~), 의견(Do you think~), 선호(Do you prefer~) 등에 대해 주로 물어요.

| 빈출 질문 형태 | **What do you consider most** when purchasing a music device? •Size •Brand •Design
In your opinion, **what are the advantages of** watching movies at home?
Could you tell me what I need when going mountain climbing?
Do you think lunch is the most important meal of the day? Why? |

질문 파악 및
답변 방법

1. **의문사나 조동사 뒤에 이어 나오는 내용**을 통해 **묻는 내용**을 파악하세요.

2. **질문에 쓰인 표현을 활용**하여 **핵심 응답인 첫 번째 문장**을 말하세요.

3. 그 후, 그에 대한 **근거를 두 가지 정도** 덧붙이고, **시간이 남으면 다시 한번 의견**을 말하며 답변을 마무리하세요.

답변 표현

제안을 말할 때	I suggest / recommend ~ 저는 ~을 추천합니다.
근거를 말할 때	First of all / This is because 첫째로 / 왜냐하면 Also / In addition / Besides 또한 / 이 외에도 / 게다가
답변을 마무리할 때	So / Therefore 그래서 / 그러므로 These are why ~ 이것들이 ~한 이유입니다

예 🎧 **Q7.** I'm planning to meet with a friend at a coffee shop. Where do you suggest we go?
나는 커피숍에서 친구를 만날 계획이야. 우리가 어디로 가기를 추천하니?

🎤 **핵심 응답** I suggest you go to the coffee shop near the library.
나는 도서관 근처에 있는 커피숍에 가는 것을 추천해.

근거 1 **First of all,** this coffee shop has very friendly staff and delicious coffee.
첫째로, 이 커피숍은 매우 친절한 직원들과 맛있는 커피가 있어.

근거 2 **Also,** the interior design is fresh and modern, so you'd like the atmosphere there.
또한, 내부 디자인이 산뜻하고 현대적이어서, 너는 그곳의 분위기가 마음에 들 거야.

마무리 **So,** I think you should definitely go there.
그래서 네가 확실히 그곳에 가봐야 한다고 생각해.

Q1-2
Q3-4
Q5-7
Q8-10
Q11
10일 만에 끝내는 해커스 토익스피킹

Check-up

스텝별 전략을 바탕으로, STEP 1의 빈칸에 토픽과 예상할 수 있는 질문 및 답변을 채운 뒤, STEP 2의 질문에 빈칸을 채워 답변해 보세요. 🎧 (Q56&7_스텝) 02_CU

1

> Imagine that a British marketing firm is doing research in your country. You have agreed to participate in a telephone interview about casual clothes.

STEP 1 토픽 파악하고 질문 및 답변 예상하기

① 토픽 파악하기 _____

② 질문 및 답변 예상하기　질문 _____　답변 _____

　　　　　　　　　　　　　　　 _____　　　 _____

STEP 2 질문 파악하고 답변하기

Question 5

🎧 Q: When was the last time you bought casual clothes, and what did you buy?

🎤 A: _____ ③ _____ two weeks ago. I bought ④ 청바지와 재킷을 at a department store.

Question 6

🎧 Q: Are you planning to buy new casual clothes soon?

🎤 A: Yes, _____ ⑤ _____. It's because I have ⑥ 친구들과의 캠핑 여행 next month, and I want to be prepared for it.

Question 7

🎧 Q: Do you think online shopping is a good way to buy clothes? Why or why not?

🎤 A: I don't think online shopping is the best way to shop for clothes ⑦ 몇 가지 이유로 . ⑧ 왜냐하면 it's not possible to know for sure ⑨ 온라인으로 사는 옷이 나에게 잘 맞을지 . ⑩ 또한 , I have to wait for delivery and ⑪ 이것은 불편할 수 있다 if I need something right away. ⑫ 이것들이 ~한 이유이다 I don't think online shopping is a good way to buy clothes.

Q1-2

Q3-4

Q5-7

Q8-10

Q11

10일 만에 끝내는 해커스 토익스피킹

2

Imagine that you are talking on the telephone with a friend. You are talking about social activities.

STEP 1 토픽 파악하고 질문 및 답변 예상하기

① 토픽 파악하기 _____

② 질문 및 답변 예상하기　질문 _____　답변 _____

_____

STEP 2 질문 파악하고 답변하기

Question 5

🎧 Q: What do you usually do at parties?

🎤 A: Usually, I dance to the music or try to ③ 새로운 사람들을 만나다 at parties.

Question 6

🎧 Q: Sounds fun. So, do you prefer to host a party or to be invited to one?

🎤 A: I ④ 파티를 주최하는 것을 선호한다 rather than to be invited to one. I enjoy being able to ⑤ 좋아하는 사람들과 시간을 보내다 , in the comfort of my own home.

Question 7

🎧 Q: Well, then what do you do to make your party successful?

🎤 A: I ⑥ 재미있는 사람들을 초대하다 to make my party successful. ⑦ 첫째로 , the point of a party is ⑧ 다른 사람들과 함께하는 것을 즐기는 것 , so good company trumps all. ⑨ 게다가 , even if the food or the music is bad, fun people ⑩ 분위기를 띄울 수 있다 . ⑪ 그래서 , I definitely think that fun people ⑫ .

모범답변·해석·해설 p. 37

Q5-7 질문에 답하기 스텝별 전략 익히기　**99**

Course 01 실생활 관련 토픽

실생활 관련 토픽에서는 **일상 생활, 회사 또는 학교**에 관련된 질문이 출제됩니다. 제시되는 질문에 바로 답변할 수 있도록, 빈출 토픽별로 자주 나오는 질문에 대한 답변 아이디어와 표현을 익혀두세요. 🎧 (Q56&7_코스1) 03

1 친구

언제?	**Q.1 언제 주로 친구를 만나나요?**	
	A. 핵심응답 거의 매주 토요일에 만나요.	I meet my friends almost every Saturday.
	관련내용 영화를 보고 그 후에 저녁을 먹어요.	We go to the movies, and eat dinner afterward.
누구 & 얼마나 오래?	**Q.2 가장 친한 친구는 누구이고, 얼마나 오래 서로 알고 지냈나요?**	
	A. 핵심응답 미나이고, 10년 넘게 알고 지냈어요.	My best friend is Mina, and we have known each other for over ten years.
	관련내용 우리는 초등학교에서 만났어요.	We met in elementary school.
무엇?	**Q.3 친구가 많은 것의 이점은 무엇인가요?**	
	A. 핵심응답 의지할 사람이 있다는 것이요.	The good thing about having many friends is that you have people to rely on.
	관련내용 가족과 멀리 떨어져 살아서 친구에게 의지할 수 있는 것은 위안이 돼요.	Being able to rely on my friends is comforting to me because I live far away from my family.
어떻게?	**Q.4 어떻게 친구들과의 갈등을 해결하나요?**	
	A. 핵심응답 직접적인 대화로 해결해요.	I resolve conflicts with my friends by having face-to-face conversations.
	관련내용 전화나 문자 메시지를 통해서는 서로를 오해할 수 있어요.	It's possible to misunderstand each other on the phone or via text messages.
왜?	**Q.5 SNS를 이용하는 것이 새로운 친구를 사귀는 좋은 방법이라고 생각하나요? 이유는요?**	
	A. 핵심응답 좋은 방법이라고 생각해요.	I think making friends through social networking sites is a great idea.
	근거 1 한 번도 만난 적 없는 멀리 사는 사람들과도 친구가 될 수 있어요.	You can make friends with people in faraway places that you have never met before.
	근거 2 온라인으로 항상 대화할 수 있어서 서로의 근황을 알기 쉬워요.	It's easy to keep up to date with each other because you can always communicate online.

언제 & 누구?	**Q.6 최근에 언제 선물을 샀고 누구를 위한 것이었나요?**		
	A. 핵심응답	일주일 전쯤 어머니를 위해 샀어요.	I bought a present for my mother about a week ago.
	관련내용	어머니 생신이셔서 꽃과 목걸이를 사 드렸어요.	It was her birthday, so I got her some flowers and a necklace.
어디?	**Q.7 주로 어디에서 선물을 사나요?**		
	A. 핵심응답	주로 백화점에서 사요.	I usually buy gifts at department stores.
	관련내용	다양한 고급 상품들을 팔아서, 좋은 것을 살 수 있어요.	They carry many high-quality items, so I can get something nice.
무엇?	**Q.8 무엇이 가장 좋은 선물이라고 생각하나요?**		
	A. 핵심응답	오랫동안 간직할 수 있는 것이요.	The best present is something I can keep for a long time.
	관련내용	사진첩이나 사랑하는 사람들의 사진이 인쇄된 장식품이 좋은 선물이 될 거예요.	A photo album or an ornament with pictures of loved ones printed on it would make a great present.
왜?	**Q.9 선물을 살 때 다른 사람의 의견을 물어보나요? 이유는요?**		
	A. 핵심응답	물어보지 않아요.	I don't ask for opinions when deciding on a gift.
	근거 1	선물은 제 의견을 반영해야 한다고 생각해요.	I think the gift should reflect my own opinion.
	근거 2	받는 사람이 좋아할 만한 선물을 고르는 과정이 좋아요.	I like the process of choosing a gift that the receiver would like.
왜?	**Q.10 친구에게 선물로 현금을 줄 건가요? 이유는요?**		
	A. 핵심응답	친구에게 선물로 현금을 줄 거예요.	I would give cash as a present to a friend of mine.
	근거 1	친구가 정확히 사고 싶은 것을 고를 수 있어요.	With the cash, my friend can choose exactly what he or she would like to buy.
	근거 2	친구 계좌로 돈을 보낼 수 있어서 편리해요.	It's convenient because I can transfer money to my friend's account.

3 재활용

<table>
<tr><td rowspan="2">얼마나
자주?</td><td colspan="3">Q.11 얼마나 자주 분리수거를 하나요?</td></tr>
<tr><td>A. 핵심응답</td><td>일주일에 한 번 해요.</td><td>I put out recyclables once a week.</td></tr>
<tr><td></td><td>관련내용</td><td>제가 사는 곳에는 트럭이 수요일마다 재활용품을 수거하러 와요.</td><td>A truck comes to pick up recyclables every Wednesday where I live.</td></tr>
<tr><td rowspan="2">어디?</td><td colspan="3">Q.12 어디에서 주로 재활용품을 구매하나요?</td></tr>
<tr><td>A. 핵심응답</td><td>주로 친환경 제품을 파는 가게에서 사요.</td><td>I usually purchase recycled products from eco friendly stores.</td></tr>
<tr><td></td><td>관련내용</td><td>그런 가게들은 우유갑으로 만든 바구니 같은 친환경 제품을 판매해요.</td><td>Those stores sell environmentally friendly products, such as baskets made from milk cartons.</td></tr>
<tr><td rowspan="2">왜?</td><td colspan="3">Q.13 재활용품을 사용하나요? 이유는요?</td></tr>
<tr><td>A. 핵심응답</td><td>재활용된 재료로 만들어진 공책을 사용해요.</td><td>I use notebooks made from recycled materials.</td></tr>
<tr><td></td><td>관련내용</td><td>새 종이의 흰색보다 재활용 종이의 갈색을 더 좋아해요.</td><td>I prefer the brown color of recycled paper to the white color of new paper.</td></tr>
<tr><td rowspan="3">어떻게?</td><td colspan="3">Q.14 어떻게 사람들이 재활용을 더 많이 하도록 장려할 수 있을까요?</td></tr>
<tr><td>A. 핵심응답</td><td>물건을 재활용하면 돈을 돌려줌으로써 재활용에 대한 보상을 해야 해요.</td><td>We should reward people for recycling by giving them cash back when they recycle certain items.</td></tr>
<tr><td>근거 1</td><td>어떤 나라에서는, 사용한 병을 돌려주면 일부 금액을 환불받을 수 있어요.</td><td>In some countries, if you return used bottles to the grocery store, you can get a partial refund.</td></tr>
<tr><td></td><td>근거 2</td><td>사람들이 더 환경친화적이 되도록 동기를 부여할 거예요.</td><td>Getting a reward for a good deed like recycling will motivate people to be environmentally friendly.</td></tr>
<tr><td rowspan="3">왜?</td><td colspan="3">Q.15 아이들이 가정에서 재활용하는 법을 배워야 한다고 생각하나요? 이유는요?</td></tr>
<tr><td>A. 핵심응답</td><td>아이들이 가정에서 재활용하는 법을 배워야 한다고 생각해요.</td><td>I think children need to learn how to recycle at home.</td></tr>
<tr><td>근거 1</td><td>환경을 소중히 하는 것의 중요성을 자연스럽게 배울 수 있어요.</td><td>Children can naturally learn the importance of taking care of the environment.</td></tr>
<tr><td></td><td>근거 2</td><td>좋은 습관을 기를 수 있고 다른 사람들에게 모범이 될 수 있어요.</td><td>Children who learn how to recycle can form a good habit and set a good example for others.</td></tr>
</table>

언제 & 무엇?	**Q.16** 언제 주로 도서관에 가고 그곳에서 무엇을 하나요?	
	A. 핵심응답 보통 매일 점심 후에 가고, 한 시간 정도 신문이나 잡지를 봐요.	I typically go to the library every day after lunch and I read the newspaper or a magazine there for about an hour or so.
얼마나 멀리 & 어떻게?	**Q.17** 집에서 가장 가까운 도서관이 얼마나 멀리 있고, 어떻게 가나요?	
	A. 핵심응답 15분 거리이고, 버스가 없기 때문에 보통 걸어서 가요.	The closest library to my home is fifteen minutes away, and I normally walk there as there are no buses.
왜?	**Q.18** 도서관에서 책을 빌리는 것과 책을 사는 것 중 무엇을 선호하나요? 이유는요?	
	A. 핵심응답 도서관에서 책을 빌리는 것을 선호해요.	I prefer to borrow books from the library rather than buy them at a bookstore.
	관련내용 돈을 쓰지 않고도 원하는 것을 읽을 수 있어요.	I can read what I want without spending any money.
무엇?	**Q.19** 좋은 책 외에, 도서관에서 방문자들에게 무엇을 제공해야 한다고 생각하나요?	
	A. 핵심응답 넓은 책상과 편안한 의자를 제공해야 해요.	It should offer large desks and comfortable chairs for visitors.
	근거 1 어떤 사람들은 종일 공부를 하거나 책을 읽어요.	Some people study or read books there all day long.
	근거 2 시설이 좋은 도서관은 일반적으로 이용자들 사이에서 인기가 있어요.	Libraries that are well equipped are generally popular among users.
무엇?	**Q.20** 다음 중 도서관을 선택할 때 가장 고려하는 것은 무엇인가요? · 위치　· 운영 시간　· 소장한 책의 양	
	A. 핵심응답 도서관이 소장한 책의 양을 가장 고려해요.	I consider most the amount of books a library has when I choose a library.
	근거 1 다양한 장르와 형식의 책을 읽는 것을 즐겨요.	I enjoy reading various genres and styles of books.
	근거 2 도서관에 여러 분류의 책이 있으면, 흥미를 끄는 책을 찾기 쉬워요.	If a library has a wide assortment of books, I'm more likely to find books that interest me.

5 직업

어디 & 얼마나 멀리?	**Q.21 어디에서 가장 오래 일했고 그곳은 집에서 얼마나 멀리 떨어져 있었나요?**	
	A. 핵심응답 'Jacob's 커피'라는 커피숍이었고, 집에서 걸어서 10분 거리였어요.	The job I held the longest was at a coffee shop called Jacob's Coffee, and it was a ten-minute walk from my house.
언제?	**Q.22 언제 처음으로 돈을 받는 일을 했나요?**	
	A. 핵심응답 대학에 입학한 직후에요.	I got my first paid job right after I entered college.
	관련내용 학교 근처 은행에서 고객 보조로 아르바이트를 했어요.	I had a part-time job as a customer assistant at a bank near my campus.
어떤 종류?	**Q.23 가장 최근에 어떤 종류의 직업을 가졌나요?**	
	A. 핵심응답 편의점 점원이었어요.	The job I had most recently was as a convenience store attendant.
	관련내용 매일 아침 매장에 물건을 들이고 계산대를 맡았어요.	I stocked the store every morning and tended to the cash register.
왜?	**Q.24 왜 요즘에 사람들이 과거보다 직업을 더 자주 바꾼다고 생각하나요?**	
	A. 핵심응답 과거 사람들에 비해 교육 수준이 더 높기 때문이에요.	People nowadays have higher levels of education compared to people from the past.
	근거 1 지식이 더 많아서, 다양한 직업에서 잘 해낼 수 있어요.	They have more knowledge, so it's possible for them to perform well at different jobs.
	근거 2 여러 분야에 관심이 있어서, 진로를 정하기 전에 다양한 일을 시도해요.	People also have a wider range of interests, so they try out various jobs before deciding on a career.
무엇?	**Q.25 직업을 선택할 때 무엇이 가장 중요한가요? 이유는요?**	
	A. 핵심응답 그 일을 즐길 것인지가 가장 중요해요.	The most important thing when choosing a job is if I'll enjoy the work.
	근거 1 일하는 데 많은 시간을 보낼 것이기 때문이에요.	I'll spend a lot of time doing it.
	근거 2 제가 하는 일을 좋아하면, 업무를 잘하고 빨리 승진할 거예요.	If I like what I do, I'll do a good job and get promoted fast.

얼마나 많이 & 무엇?	Q.26 일주일에 몇 시간을 공부하는 데 쓰고 주로 무엇을 공부하나요?	
	A. 핵심응답	20시간 정도 쓰고, 몇 주 후에 있을 중국어 시험을 공부하고 있어요.	I spend about twenty hours a week, and I have been studying for a Chinese test that's in a couple of weeks.

어디 & 왜?	Q.27 주로 어디에서 공부하고 왜 그곳에서 공부하나요?	
	A. 핵심응답	보통 집의 제 방에서 하는데, 그곳에서는 집중할 수 있기 때문이에요.	I normally study at home in my room because I can concentrate there.
	관련내용	제 방에서는, 다른 사람들에게 방해받는 것을 걱정하지 않아도 돼요.	In my room, I don't have to worry about being disturbed by others.

무엇?	Q.28 고등학교 때 무슨 과목을 공부하는 것을 좋아했나요?	
	A. 핵심응답	사회 과목을 공부하는 것을 좋아했어요.	I liked to study social studies when I was in high school.
	관련내용	다른 나라의 정부와 사람들이 어떻게 사는지에 대해 배우는 것이 흥미로웠어요.	I found it interesting to learn about governments and how people live in different countries.

무엇?	Q.29 밤에 공부하는 것에 비해 낮에 공부하는 것의 장점은 무엇인가요?	
	A. 장점 1	낮에 더 기운이 있어서, 더 효율적으로 공부할 수 있어요.	I have more energy in the daytime, so it makes me study much more effectively.
	장점 2	밤에 충분히 잘 수 있어서, 건강한 생활 방식을 유지할 수 있어요.	I can keep a healthy lifestyle because I can get enough sleep at night.

어떻게?	Q.30 어린 시절 이후로 당신의 공부 습관은 어떻게 변화해 왔나요?	
	A. 핵심응답	초등학교와 중학교 때는 교과서를 한 줄씩 암기했지만, 더 이상 그것을 하지 않아요.	In elementary and junior high school, I used to memorize the textbooks line by line, but I no longer do that.
	설명 1	교과서의 모든 것에 밑줄을 치느라 몇 시간씩 쓰지 않고, 대신 이제는 중요한 부분을 메모해요.	I don't spend hours underlining everything in textbooks but instead, I now make notes of key points.
	설명 2	다른 사람에게 설명할 수 있을 때까지 내용을 완전히 이해하려고 해요.	I try to fully understand the material until I can explain it to someone else.

*실생활에 관련된 추가 토픽과 답변 아이디어는 '**목표 등급 달성을 보장하는 아이디어 & 표현 자료집**' (HackersIngang.com)에서 학습하실 수 있습니다.

Hackers Test

실제로 시험에 응시하는 것처럼, 문제별로 3초 동안 준비하여 Question 5, 6는 15초 동안, Question 7은 30초 동안 녹음하며 답변해 보세요.

 (Q56&7_코스1) 04_HT

1

TOEIC Speaking

Imagine that someone wants to open a new restaurant in your area. You have agreed to participate in a telephone interview about breakfast.

Q5. What kind of food do you normally eat for breakfast?

Q6. If you were going to have breakfast at a restaurant on a Sunday, when in the morning would you go? Why?

Q7. If your company offered a free breakfast every morning, would you eat it? Why or why not?

2

TOEIC Speaking

Imagine that an Australian magazine is doing research to write an article about close relationships. You have agreed to participate in a telephone interview about friends.

Q5. How often do you meet with your friends and what do you usually do with them?

Q6. When you meet with your closest friends, what do you normally talk about?

Q7. Which of the following do you think is the best way to make new friends?

- Using social networking services
- Joining a social club
- Being introduced by friends

Q1-2

Q3-4

Q5-7

Q8-10

Q11

10일 만에 끝내는 해커스 토익스피킹

3

TOEIC Speaking

Imagine that a friend will be visiting where you live. You are having a telephone conversation about public transportation in your area.

Q5. How often do you take a bus, and are you usually with somebody or alone?

Q6. When was the last time you took a bus, and how long was the trip?

Q7. If I visit your neighborhood, would you recommend that I use the local bus service? Why or why not?

4

TOEIC Speaking

Imagine that a national bank is doing research in your country. You have agreed to participate in a telephone interview about banks.

Q5. How long have you been using the bank that you use the most?

Q6. Do you use online banking often? Why or why not?

Q7. Which aspect do you consider the most when choosing which bank to use?
- Business hours
- Convenient location
- Recommendations from friends

5

Imagine that you are talking on the telephone with a colleague who just moved to your neighborhood. You are talking about your neighborhood's amenities.

Q5. When was the last time you went to the grocery store?

Q6. Oh, I see. Do they offer a delivery service? If so, do you use it often?

Q7. I need to get some fresh vegetables later. Where do you suggest I go?

6

Imagine that you are talking on the telephone with a friend who just moved into a new house. You are talking about homes.

Q5. How long have you been living in your place? Is it an apartment or a house?

Q6. If you had a chance to repair your place, what specifically would you want to fix? Why?

Q7. What do you think are the disadvantages of repairing a house by yourself?

TOEIC Speaking

Imagine that a British magazine is writing an article about students in your country. You have agreed to participate in a telephone interview about studying habits.

Q5. What time of the day do you like to study and where do you usually study?

Q6. Do you prefer to study alone or with a group? Why?

Q7. Describe the way your studying habits have changed since you were in junior high school.

TOEIC Speaking

Imagine that your supervisor wants to learn a new skill. You are having a telephone conversation about learning a new language.

Q5. When did you last learn a foreign language, and how did you learn it?

Q6. So, do you think it's important to learn more than one foreign language?

Q7. From your experience, what do you think I should do to learn a foreign language quickly?

모범답변·해석·해설 p. 39

Q1-2

Q3-4

Q 5-7

Q8-10

Q11

10일 만에 끝내는 해커스 토익스피킹

Course 02 취미 / 여가 관련 토픽

취미/여가 관련 토픽에서는 **취미 활동**이나 **여가를 즐기는 장소**와 관련된 문제들이 출제됩니다. 제시되는 질문에 바로 답변할 수 있도록, 빈출 토픽별로 자주 나오는 질문에 대한 답변 아이디어와 표현을 익혀두세요. 🎧 (Q56&7_코스2) 05

1 운동

언제 & 어디?	**Q.1 언제 마지막으로 운동했고 어디에서 했나요?**	
	A. 핵심응답	어제 했고 회원권이 있는 집 근처 체육관에서 했어요.	The last time I exercised was yesterday, and it was at the gym near my house where I have a membership.
얼마나 자주?	**Q.2 일주일에 얼마나 자주 운동을 하나요?**	
	A. 핵심응답	일주일에 세 번 이상 해요.	I work out more than three times a week.
	관련내용	최근 건강상의 이유로 체중을 감량하고 있어요.	I've been trying to lose some weight recently for health reasons.
어떤 종류 & 왜?	**Q.3 어떤 종류의 운동을 하는 것을 좋아하고, 왜 좋아하나요?**	
	A. 핵심응답	상쾌한 바깥 공기를 마실 수 있고 재미있어서 자전거 타기를 좋아해요.	I like riding a bicycle because I can breathe in the fresh outside air, and it's fun.
	관련내용	보통 한두 시간 정도 타요.	Ordinarily, I ride it for an hour or two.
무엇?	**Q.4 다른 종류의 운동에 비해 달리기의 장점은 무엇인가요?**	
	A. 장점 1	상체와 하체를 동시에 사용하기 때문에, 훌륭한 전신 운동이에요.	Running uses your upper and lower body at the same time, so it's a great full-body workout.
	장점 2	특별한 장비가 필요하지 않아서, 돈을 쓰지 않아도 돼요.	It doesn't require any special equipment, so I don't have to spend any money.
왜?	**Q.5 실내 운동과 실외 운동 중 무엇을 선호하나요? 이유는요?**	
	A. 핵심응답	실내 운동을 선호해요.	I prefer to exercise indoors rather than outdoors.
	근거 1	체육관에는 여러 종류의 기구가 있어서, 다양한 활동을 할 수 있어요.	I can do different activities at the gym because it has various kinds of equipment.
	근거 2	날씨가 나쁠 수 있어서, 실외 운동은 가끔은 불편해요.	Exercising outdoors is sometimes inconvenient because the weather can be bad.

2 라이브 공연

얼마나 많이 & 언제?	**Q.6 일 년에 몇 번이나 라이브 공연에 가고, 일 년 중 주로 언제 가나요?**	
	A. 핵심응답 일 년에 세 번 정도 가고 주로 여름에 야외 콘서트에 가요.	I attend live performances about three times a year and I usually go to outdoor concerts in the summer.

왜?	**Q.7 올해 라이브 공연에 갈 계획이 있나요? 이유는요?**	
	A. 핵심응답 12월에 갈 계획이에요.	I am planning to attend a live performance in December.
	관련내용 크리스마스에 오케스트라 연주회에 가는 것이 저희 가족의 전통이에요.	My family has an annual tradition of attending an orchestra concert for Christmas.

왜?	**Q.8 라이브 공연에 친구들이나 가족을 데려가나요? 이유는요?**	
	A. 핵심응답 일행을 데려가는 편이에요.	I tend to bring company to live performances.
	관련내용 경험을 공유하고 나중에 공연에 대해 이야기할 사람이 있는 것이 좋아요.	It's nice to have people to share the experience with and to talk about the performances with later.

무엇?	**Q.9 온라인이 아니라 직접 표를 사는 것의 단점은 무엇인가요? 이유는요?**	
	A. 단점 1 매표소에서 줄을 서서 기다려야 해요.	I have to wait in line at the ticket booth.
	단점 2 도착했을 때 표가 매진되었을 수 있어서 공연을 보지 못할 수도 있어요.	The tickets may be sold out by the time I get there so I might not be able to attend the performance.

왜?	**Q.10 당신의 지역에 새 공연장이 생긴다면 공연을 보러 갈 건가요? 이유는요?**	
	A. 핵심응답 틀림없이 방문할 거예요.	I would certainly visit a new theater if one were to open in my area.
	근거 1 연극과 뮤지컬 보기를 좋아해서, 가까이에 공연장이 생기면 신이 날 거예요.	I like seeing plays and musicals, so I would be excited if a new theater opened close to me.
	근거 2 새로 지어져서 시설이 좋고 깨끗할 거예요.	The facilities would be nice and clean because they are newly built.

무엇?	**Q.11 가격 외에, 관람할 라이브 공연을 고를 때 무엇을 가장 고려하나요?** • 배우 • 공연장의 위치 • 공연 주제	
	A. 핵심응답 배우를 가장 고려해요.	Aside from price, I consider the cast of the live performance the most.
	근거 1 배우들의 연기력이 공연의 질을 높여요.	The cast's acting skills raise the quality of the performance.
	근거 2 좋아하는 배우들이 공연하는 것을 직접 보고 싶어요.	I want to see my favorite actors perform in person.

3 영화 관람

어디 & 누구?	Q.12 주로 어디로 영화를 보러 가고 누구와 가나요?	
	A. 핵심응답 보통 시내에 있는 영화관에서 가족들과 함께 영화를 봐요.	I typically see movies at the theater downtown with my family.

어떤 종류 & 왜?	Q.13 어떤 종류의 영화를 보는 것을 좋아하고, 영화를 본 후에 감상평을 쓰나요?	
	A. 핵심응답 블록버스터 영화를 보는 것을 좋아하고 영화를 본 후에 감상평을 써요.	I love watching blockbuster movies and I do write reviews after I see them.
	관련내용 다른 사람들에게 제가 봤던 영화와 좋았던 점에 대해 말하는 것을 즐겨요.	I enjoy telling others about the movies I've seen and what I liked about them.

어떻게?	Q.14 무슨 영화를 볼지 어떻게 결정하나요?	
	A. 핵심응답 온라인에서 후기를 확인하거나 친구에게 추천해 달라고 부탁해요.	I check reviews online or ask my friends for recommendations.
	관련내용 가끔은 그냥 극장에 있는 포스터만 보고 결정하기도 해요.	Sometimes I decide by just looking at the posters in the theater.

무엇?	Q.15 영화관에서 영화를 볼 때, 다음 중 무엇이 가장 중요한가요? · 편한 좌석　　· 스크린의 크기　　· 음향 장비	
	A. 핵심응답 스크린의 크기가 가장 중요해요.	The size of the screen is the most important.
	근거 1 영화에 완전히 둘러싸인 것처럼 느끼게 만들어요.	It makes me feel like I'm fully surrounded by the movie.
	근거 2 어떤 자리에서든 잘 볼 수 있어서 바로 앞에 앉지 않아도 돼요.	If the screen is big, I can see it well from any seat, so it's okay if I'm not sitting directly in front of the movie.

무엇?	Q.16 가장 인상 깊게 본 영화를 설명하세요.	
	A. 핵심응답 '타이타닉'이에요.	The most impressive movie I've ever seen is *Titanic*.
	설명 1 상류층 여자와 가난한 예술가가 유람선에서 만나 사랑에 빠져요.	An upper-class woman and a poor artist meet and fall in love on a cruise ship called Titanic.
	설명 2 조난 사고가 일어나 여자만 구조되고, 그녀는 그를 영영 잊지 않고 살아가요.	There is a terrible shipwreck from which only the woman gets saved, and she lives on without ever forgetting the man.

4 놀이공원

언제 & 누구?	**Q. 17 언제 처음으로 놀이공원에 갔고 누구와 갔나요?**	
	A. 핵심응답 다섯 살 때쯤 처음 갔고 부모님과 사촌과 함께 갔어요.	I first visited an amusement park when I was about five years old, **and I went** with my parents and my cousin.
얼마나 오래?	**Q. 18 놀이공원에 가면 주로 얼마나 오래 시간을 보내나요?**	
	A. 핵심응답 주로 온종일 시간을 보내요.	I usually spend a full day at amusement parks.
	관련내용 모든 것을 이용해서 하루를 최대한 활용하고 싶어요.	I want to make the most of my day by taking advantage of everything.
무엇 & 왜?	**Q. 19 놀이공원에서 가장 좋아하는 놀이기구가 무엇인가요? 좋아하는 이유는요?**	
	A. 핵심응답 롤러코스터를 가장 좋아해요.	I like roller coasters the most.
	관련내용 무서우면서도 재미있기 때문이에요.	It's because they are scary and exciting at the same time.
왜?	**Q. 20 당신의 도시에 있는 놀이공원이 입장료를 올린다면 계속 방문할 건가요? 이유는요?**	
	A. 핵심응답 계속 방문할 거예요.	I would still visit the amusement park in my town despite the higher fee.
	근거 1 일 년에 한두 번만 가서, 더 높은 요금이 아주 많은 영향을 주지는 않아요.	I only go once or twice a year, so the higher fee wouldn't affect me too much anyway.
	근거 2 그곳에 있는 것을 정말 즐기기 때문에, 더 높은 가격만큼의 가치가 있을 거예요.	I really enjoy being there, so it would be worth the higher price.
무엇?	**Q. 21 다른 여가 장소에 비해 놀이공원의 장점은 무엇인가요?**	
	A. 장점 1 여러 종류의 놀이기구가 있어서 지루하지 않아요.	There are many different kinds of rides, so I don't get bored.
	장점 2 입장료에 포함되어 있어서 추가 비용 없이 공연과 퍼레이드를 볼 기회가 있어요.	I have a chance to see performances and parades with no extra charge as they are included in the entrance fee.

5 박물관

무엇 & 어떻게?	Q. 22 최근에 어떤 박물관을 방문했고, 어떻게 그곳에 갔나요?		
	A. 핵심응답	지난 주말에 해양 생물 박물관에 갔고, 지하철로 갔어요.	I went to the Museum of Marine Biology last weekend and I went there by subway.
	관련내용	오가는 데 2시간 30분 정도 걸렸어요.	It took me about two and a half hours for the round trip.
해본 적?	Q. 23 혼자서 박물관에 가 본 적이 있나요?		
	A. 핵심응답	유럽에서 배낭 여행을 할 때 혼자 갔고, 잊을 수 없는 경험이었어요.	I went to a museum by myself when I was backpacking in Europe, and it was a memorable experience.
무엇?	Q. 24 만약 당신의 도시에 새 박물관을 열 수 있다면, 무엇을 전시할 건가요?		
	A. 핵심응답	현대 미술 작품을 전시할 거예요.	I would exhibit modern art pieces.
	관련내용	여러 연령대의 사람들 사이에 인기 있어서, 많은 관심을 끌 거예요.	Modern art is popular among many people of different age groups, so it will draw a lot of interest.
왜?	Q. 25 같은 박물관에 한 번 이상 방문할 건가요? 이유는요?		
	A. 핵심응답	같은 박물관에 여러 번 방문할 거예요.	I would visit the same museum multiple times.
	근거 1	보통 한 번에 보기에는 전시품이 너무 많아요.	There are normally too many exhibits to see at one time.
	근거 2	처음에 놓쳤을 수도 있는 새로운 것들을 배우고 발견할 수 있어요.	I can learn and discover new things that I might have missed the first time.
왜?	Q. 26 역사 박물관과 미술관 중 어떤 곳을 방문하는 것을 선호하나요? 이유는요?		
	A. 핵심응답	역사 박물관을 선호해요.	I prefer to visit history museums to art museums.
	근거 1	역사 박물관은 아주 유익해요.	History museums are so informative.
	근거 2	사람들이 오래전에 사용했던 유물을 전시하는데, 저는 그것에 매료돼요.	They exhibit artifacts that people used a long time ago, and I am fascinated by them.

6 커피숍

언제 & 얼마나 오래?	**Q.27** 하루 중 언제 커피숍을 방문하고, 그곳에서 얼마나 오래 시간을 보내나요?		
	A. 핵심응답	이른 오후에 가고 주로 1시간 30분 정도 시간을 보내요.	I go to a coffee shop in the early afternoon and I usually spend about an hour and a half there.
	관련내용	친구와 앉아 이야기를 나눠요.	I sit down with my friends for a chat.
얼마나 멀리?	**Q.28** 가장 좋아하는 커피숍은 당신이 사는 곳에서 얼마나 멀리 있나요?		
	A. 핵심응답	버스로 두 정거장 거리예요.	My favorite coffee shop is two bus stops away from where I live.
	관련내용	아늑하고 붐비지 않아서, 책을 읽으러 가요.	It's cozy there and not crowded, so I go there to read.
무엇 & 왜?	**Q.29** 커피숍에서 주로 무엇을 마시나요? 이유는요?		
	A. 핵심응답	블랙 커피를 마셔요.	I ordinarily drink black coffee.
	관련내용	원두 본연의 향을 즐겨요.	I enjoy the natural scent of the coffee bean.
왜?	**Q.30** 커피숍에 커피 외에도 다양한 메뉴가 있어야 한다고 생각하나요? 이유는요?		
	A. 핵심응답	메뉴에 다른 것들이 있어야 한다고 생각해요.	I think coffee shops should have other things on their menu besides coffee.
	근거 1	더 많은 사람들이 커피숍에서 간단하게 끼니를 때우는 것을 좋아해요.	More and more people like having a bite to eat at a coffee shop.
	근거 2	샌드위치처럼 배를 채울 수 있는 음식을 판매하면 매출이 오를 거예요.	If coffee shops sell food items that can fill people up, such as sandwiches, their sales will increase.
무엇?	**Q.31** 커피숍에서 회의를 하는 것의 장점은 무엇인가요?		
	A. 장점 1	듣기 편한 음악을 틀기 때문에, 사람들이 더 편안할 거예요.	People will feel more relaxed because most coffee shops play easy listening music.
	장점 2	다양한 간식과 음료가 있어서, 회의 동안 맛있는 것을 먹을 수 있어요.	There is a variety of snacks and drinks, so people can have something tasty during the meeting.

*취미/여가에 관련된 추가 토픽과 답변 아이디어는 '**목표 등급 달성을 보장하는 아이디어 & 표현 자료집**' (HackersIngang.com)에서 학습하실 수 있습니다.

Hackers Test

실제로 시험에 응시하는 것처럼, 문제별로 3초 동안 준비하여 Question 5, 6는 15초 동안, Question 7은 30초 동안 녹음하며 답변해 보세요.

실제로 시험에 응시하는 것처럼, 문제별로 3초 동안 준비하여 Question 5, 6는 15초 동안, Question 7은 30초 동안 녹음하며 답변해 보세요.

🎧 (Q56&7_코스2) 06_HT

1

TOEIC Speaking

VOLUME

Imagine that a colleague will be starting an exercise program. You are having a telephone conversation about physical activities.

Q5. How often do you exercise, and what type of exercise do you enjoy?

🎤

Q6. Do you prefer to exercise indoors or outdoors?

🎤

Q7. If I were to join an exercise session with you, what would you suggest I prepare as a beginner?

🎤

2

TOEIC Speaking

VOLUME

Imagine that someone is writing an article about helping others. You have agreed to participate in a telephone interview about volunteering.

Q5. When was the last time you volunteered and where did you do it?

🎤

Q6. Have you ever volunteered in a foreign country?

🎤

Q7. Do you think all students should participate in volunteer work? Why?

🎤

3

TOEIC Speaking

Imagine that an English language radio station wants to feature your area. You have agreed to participate in a telephone interview about amusement parks.

Q5. How many times a year do you visit an amusement park and with whom do you usually go?

🎤

Q6. Would you still visit the amusement park in your town if it raised its entrance fee? Why or why not?

🎤

Q7. What are the advantages of visiting an amusement park on a weekday?

🎤

4

TOEIC Speaking

Imagine that your neighbor is planning to go on a weekend trip. You are talking on the telephone with that neighbor about outdoor activities.

Q5. What time of the year do you go camping, and who do you go with?

🎤

Q6. When you go camping, what kinds of activities do you do?

🎤

Q7. That sounds really great! Is there a campsite near here that I could go to?

🎤

5

Imagine that someone is preparing a report about water sports. You have agreed to participate in a telephone interview about swimming and leisure activities.

Q5. How often do you go swimming and where do you usually go?

Q6. What is your favorite activity to do when you go to the beach?

Q7. Describe your most recent experience with water sports.

6

Imagine that a British marketing company is doing research in your country. You have agreed to participate in a telephone interview about staying at hotels.

Q5. When was the last time you traveled, and who did you travel with?

Q6. How do people in your country generally make hotel reservations?

Q7. Which is the most important factor when deciding on a hotel to stay at?

- Convenient location
- Reasonable prices
- Room amenities

TOEIC Speaking

Imagine that you are having a telephone conversation with your friend. You are talking about sporting events.

Q5. How far is the nearest stadium from your house? What is the most popular sporting event at that stadium?

Q6. If you could, who would you take to a sporting event and why?

Q7. I've never seen a live sporting event. Do you think I should and why?

TOEIC Speaking

Imagine that a Canadian marketing firm is doing research in your country. You have agreed to participate in a telephone interview about going to the movies.

Q5. How often do you go to the movies and what kinds of movies do you usually watch?

Q6. Do you think the size of the screen is important when you watch a movie in a theater? Why or why not?

Q7. Do you prefer to buy movie tickets online or at a ticket booth?

모범답변·해석·해설 p. 47

Course 03 제품 / 서비스 관련 토픽

제품/서비스 관련 토픽에서는 **옷, 카메라 등의 제품**이나 **이메일, 고객 서비스 등 서비스**에 관련된 문제들이 출제됩니다. 제시되는 질문에 바로 답변할 수 있도록, 빈출 토픽별로 자주 나오는 질문에 대한 답변 아이디어와 표현을 익혀두세요.

🎧 (Q56&7_코스3) 07

1 옷

언제 & 어디?	Q.1 최근에 언제 어디서 옷을 샀나요?	
	A. 핵심응답 나흘 전에 정장과 코트를 샀고, 시내에 있는 한 할인 매장에서 샀어요.	I bought a suit and a coat four days ago, and I purchased it at an outlet downtown.
얼마나 오래?	Q.2 보통 옷 한 벌을 얼마나 오래 입나요?	
	A. 핵심응답 몇 년씩 입어요.	I normally wear my clothes for several years.
	관련내용 옷을 잘 관리해서, 가장 좋아하는 스웨터는 5년째 입고 있어요.	I take care of them well, so I have worn some items like my favorite sweater for five years now.
어떤 종류?	Q.3 평소에 어떤 종류의 옷을 주로 입나요?	
	A. 핵심응답 편안한 옷을 주로 입어요.	I usually wear comfortable clothes in my daily life.
	관련내용 여섯 가지 종류의 청바지가 있고 일주일에 3일 정도는 청바지를 입어요.	I have six different kinds of jeans and I wear them about three days out of the week.
왜?	Q.4 살 옷을 결정할 때 광고가 강한 영향을 준다고 생각하나요? 이유는요?	
	A. 핵심응답 영향을 많이 준다고 생각해요.	I think advertisements influence me a lot.
	근거 1 사람들은 광고가 좋으면 제품에도 더 관심을 갖는 경향이 있어요.	People tend to become more interested in a product if they like the advertisement.
	근거 2 유명한 여배우들이 광고한 제품들은 실제로 아주 잘 팔려요.	Products advertised by famous actresses actually sell very well.
무엇?	Q.5 옷을 살 때 무엇을 가장 고려하나요? ·상표 ·가격 ·디자인	
	A. 핵심응답 상표를 가장 고려해요.	I consider the brand name the most.
	근거 1 유명한 상표의 제품은 질이 더 좋기 때문에 보통 더 믿을 만해요.	The products from famous brands are typically more reliable because they are of higher quality.
	근거 2 옷에 문제가 있으면, 바로 고객 서비스를 받을 수 있어요.	When I have a problem with my clothes, I can get customer service right away.

2 카메라

얼마나 자주?	Q.6 얼마나 자주 카메라를 사용하나요?	
	A. 핵심응답 매주 주말에 사진 여행을 갈 때 사용해요.	I use my camera every weekend when I go on photography trips.
	관련내용 식물, 새, 그리고 석양과 같은 자연을 찍는 것을 좋아해요.	I love to take pictures of nature, such as plants, birds, and the sunset.
왜?	Q.7 사진을 찍는 것이 어떤 것을 기록하는 가장 좋은 방법이라고 생각하나요? 이유는요?	
	A. 핵심응답 어떤 일을 기록하기에 가장 좋은 방법이라고 생각해요.	I believe that taking pictures is the best way to document an event.
	관련내용 사람들의 얼굴 표정을 포함한 세부 사항까지 담을 수 있어요.	Photographs can capture close-up details, including people's facial expressions.
어떤 경우?	Q.8 어떤 경우에 휴대전화의 카메라 대신 일반 카메라로 사진을 찍나요?	
	A. 핵심응답 야경을 찍을 때 일반 카메라로 사진을 찍어요.	I take pictures with a regular camera when I take photos of night scenes.
	관련내용 야경 모드를 설정할 수 있어서 더 멋진 사진을 찍을 수 있어요.	With a regular camera, I can take better pictures because I can set it to night scene mode.
왜?	Q.9 누군가에게 카메라를 선물로 줄 건가요? 이유는요?	
	A. 핵심응답 선물로 줄 거예요.	I would give someone a camera as a gift.
	근거 1 휴대하기 쉬워서 실용적인 선물이에요.	They are a practical gift because they are portable.
	근거 2 일상을 쉽게 기록할 수 있어요.	Cameras let you easily record your day-to-day life.
무엇?	Q.10 필름 카메라에 비해 디지털 카메라의 장점은 무엇이라고 생각하나요?	
	A. 장점 1 사진을 찍자마자 볼 수 있어서, 마음에 들지 않으면 또 찍을 수 있어요.	Digital cameras show me the picture right after I take it, so I can take another one if I don't like it.
	장점 2 사진을 컴퓨터에 저장하고 다른 사람들과 공유할 수 있어요.	I can save the pictures on my computer and share them with others.

3 휴대전화

언제 & 얼마나 오래?	**Q. 11** 언제 휴대전화를 샀고 얼마나 오래 사용하고 있나요?
	A. 핵심응답 작년 여름에 샀고, 이제 7개월째 사용하고 있어요. / I bought my mobile phone last summer, and I have been using it for seven months now.
어디?	**Q. 12** 어디에서 최신 휴대전화에 대한 정보를 찾나요?
	A. 핵심응답 블로그나 소셜 네트워킹 서비스를 통해 최신 정보를 찾아요. / I look for the latest information on mobile phones through blogs or social networking services.
	관련내용 제품에 대해 알 수 있을 뿐만 아니라 사용자 후기도 읽을 수 있어요. / I can read user reviews as well as learn about the products.
얼마나 자주?	**Q. 13** 휴대전화의 화상 통화 기능을 얼마나 자주 사용하나요?
	A. 핵심응답 일주일에 한 번 정도 사용해요. / I use the video call function about once a week.
	관련내용 자주 못 뵙는 조부모님과 통화하는 데 주로 사용해요. / I usually use it to call my grandparents who I don't get to see very often.
무엇?	**Q. 14** 휴대전화를 상점 대신에 인터넷에서 사는 것의 단점은 무엇인가요?
	A. 단점 1 배송되는 데 시간이 걸려서, 구매한 후에 바로 사용할 수 없어요. / It takes time for the product to be delivered to my house, so I can't use it right after I buy it.
	단점 2 제품을 확인할 수 없어서, 불량품을 받을 수도 있어요. / I may receive a defective one because I can't check the product when I make a purchase online.
무엇?	**Q. 15** 당신이 휴대전화를 산다면 다음 중 가장 고려할 것은 무엇인가요? • 배터리가 얼마나 오래 지속되는지 • 몇 개의 기능을 보유하고 있는지 • 언제 출시되었는지
	A. 핵심응답 몇 개의 기능을 보유하고 있는지에요. / What I would consider most if I were buying a mobile phone is how many functions it has.
	근거 1 MP3 플레이어나 노트북 같은 다른 기기를 가지고 다니지 않아도 돼요. / I don't have to carry around other devices, like an MP3 player or a laptop.
	근거 2 혼자 있을 때에도 지루하지 않을 거예요. / I won't get bored even when I'm alone.

4 이메일

누구?	**Q.16 주로 누구와 이메일을 가장 많이 주고받나요?**		
	A. 핵심응답	보통 여동생과 가장 많이 주고받아요.	I typically exchange the most e-mails with my sister.
	관련내용	그녀는 캐나다에 살고 있어서, 이메일을 통해 연락해요.	She is staying in Canada, so we keep in touch via e-mail.
어떤 종류?	**Q.17 주로 어떤 종류의 이메일을 받나요?**		
	A. 핵심응답	주로 소식지를 받아요.	I usually get newsletters.
	관련내용	온라인 상점의 최신 정보를 신청해 놓아서, 저에게 많은 소식지를 보내요.	I have signed up for updates from many online stores, and they send me a lot of newsletters.
왜?	**Q.18 1년 전보다 요즘 이메일을 더 많이 사용하나요? 이유는요?**		
	A. 핵심응답	요즘 더 많이 사용해요.	I use e-mail more now than I did a year ago.
	관련내용	이번 학년에는 온라인 수업을 많이 들어서, 이메일을 통한 온라인 커뮤니케이션을 더 많이 해요.	I'm taking a lot of online classes this year, so I communicate online more via e-mail.
왜?	**Q.19 직장이나 학교에서 의사소통하기 위해 이메일을 쓰는 것과 전화를 하는 것 중 무엇을 선호하나요?**		
	A. 핵심응답	이메일을 쓰는 것을 선호해요.	I prefer to write e-mails to communicate at school.
	근거 1	다양한 관련 자료를 보낼 수 있어서, 더 효율적으로 소통하도록 도와요.	I can send multiple relevant documents with e-mail so it helps me communicate more effectively.
	근거 2	전화로 의사소통하는 것은 두 사람 모두 시간이 있을 때만 가능해요.	Communicating over the phone is only possible when both parties are available.
어떻게?	**Q.20 컴퓨터가 이메일 바이러스에 감염되는 것을 어떻게 방지하나요?**		
	A. 핵심응답	믿을 만한 발신인에게 온 이메일만 열어봐요.	I only open e-mails I get from trusted senders.
	근거 1	바이러스는 스팸 메일로 퍼지기 때문에 알 수 없는 발신인에 특히 주의해요.	Many viruses are spread through spam e-mails, so I'm especially careful with unknown senders.
	근거 2	스팸 필터를 설정하는데, 그러면 스팸 메일들이 자동적으로 분류돼요.	I set up a spam filter because then spam e-mails are sorted out automatically.

5 온라인 쇼핑

얼마나 많이?	**Q. 21 일주일에 몇 시간을 온라인 쇼핑에 쓰나요?**		
	A. 핵심응답	일주일에 두 시간 정도 쇼핑 사이트를 둘러보는 데 쓰고, 보통 점심 후 자유시간에 해요.	I spend about two hours a week browsing my favorite shopping sites, and I normally do it in my free time after lunch.
어떤 종류?	**Q. 22 주로 어떤 종류의 온라인 쇼핑 사이트에서 구매하나요?**		
	A. 핵심응답	옷을 판매하는 웹사이트에서요.	I make purchases from websites that sell clothes.
	관련내용	입어볼 수는 없지만, 더 저렴한 가격에 많은 선택권을 제공해요.	Although I can't try on items, those websites offer many options at lower prices.
무엇?	**Q. 23 온라인으로 물건을 사는 것과 상점에 가서 사는 것 중 무엇을 선호하나요?**		
	A. 핵심응답	실제 상점에 가서 사는 것을 선호해요.	I prefer to buy things by visiting the actual stores.
	관련내용	구매하기 전에 사고 싶은 제품의 샘플을 사용해 볼 수 있어요.	I can try samples of the products I want to buy before I make the purchase.
무엇?	**Q. 24 무엇이 당신을 온라인 쇼핑몰에 더 자주 방문하게 할까요?**		
	A. 핵심응답	할인과 좋은 고객 후기요.	Discounts and good customer reviews would make me visit certain online shopping malls more often.
	근거 1	주말에 10퍼센트 할인을 제공해서 습관적으로 방문하는 사이트가 있어요.	There's a website I visit every weekend by force of habit because it offers a 10% discount on the weekends.
	근거 2	직접 사용해 본 사람들의 호의적인 평가를 볼 때, 그 웹사이트에 더 신뢰가 생겨요.	When I see favorable reviews by people who have actually used the products, I have more confidence in the website.
왜?	**Q. 25 온라인으로 사는 물건들에 만족하나요? 이유는요?**		
	A. 핵심응답	보통 만족하지 않아요.	I'm not usually satisfied with what I buy online.
	근거 1	화면으로 본 것과 재질이나 색상이 다른 경우가 많아요.	Many times when I receive the product, the quality or color is different from what I saw on the screen.
	근거 2	상품에 하자가 있어서 교환을 해야 할 때도 있어요.	I sometimes have to exchange an item because it is defective.

6 고객 서비스

Q1-2

Q3-4

Q5-7

Q8-10

Q11

10일 만에 끝내는 해커스 토익스피킹

언제 & 무엇?	**Q.26 언제 마지막으로 고객 서비스를 이용해야 했고, 무엇에 관한 것이었나요?**	
	A. 핵심응답 지난 금요일에 이용했고, 신용카드를 재발급하기 위해서였어요.	The last time I used customer service was last Friday, and it was to reissue my credit card.
얼마나 자주?	**Q.27 보통 일 년에 얼마나 자주 고객 서비스를 사용하나요?**	
	A. 핵심응답 일 년에 두세 번 정도 사용해요.	I think I use customer service about two or three times a year.
	관련내용 구매한 제품에 문제가 있을 때 이용해요.	I use it when there is a problem with the products I bought.
어떻게?	**Q.28 온라인을 제외하고, 어떻게 고객 서비스 부서에 연락하나요?**	
	A. 핵심응답 전화로 연락해요.	Aside from via the web, I contact customer service by calling them on the phone.
	관련내용 대부분의 경우 전화 통화로 문제가 쉽게 해결돼서 편리해요.	These days, most of the times problems are easily solved with a phone call, so it's convenient.
왜?	**Q.29 특정 종류의 고객 서비스는 하루 24시간 이용 가능해야 한다고 생각하나요? 이유는요?**	
	A. 핵심응답 어떤 종류의 고객 서비스는 24시간 내내 가능해야 한다고 생각해요.	I think some kinds of customer service should be available around the clock.
	근거 1 생활 관련 문제일 경우, 바로 해결되지 않으면 불편해요.	If it's an issue of livelihood, it may cause great inconvenience if it isn't settled right away.
	근거 2 낮에 시간이 없는 사람들에게 유용할 거예요.	It would be helpful for people who don't have time during the day.
무엇?	**Q.30 고객 서비스를 이용하여 문제를 해결했던 당신의 경험을 이야기해보세요.**	
	A. 핵심응답 실수로 잘못된 상품을 주문했을 때 고객 서비스로 문제를 해결했어요.	I solved my problem through customer service when I accidentally ordered the wrong item last month.
	설명 1 잘못된 사이즈의 운동화를 주문해서, 바로 이메일을 보냈어요.	I ordered sneakers in the wrong size, so I sent an e-mail right away to the service center.
	설명 2 발송 전에 주문 정보를 변경해 주어서, 맞는 사이즈를 문제 없이 받았어요.	They changed my order information before it was shipped, so I got the correct size with no trouble.

*제품/서비스에 관련된 추가 토픽과 답변 아이디어는 **'목표 등급 달성을 보장하는 아이디어 & 표현 자료집'** (HackersIngang.com)에서 학습하실 수 있습니다.

Hackers Test

실제로 시험에 응시하는 것처럼, 문제별로 3초 동안 준비하여 Question 5, 6는 15초 동안, Question 7은 30초 동안 녹음하며 답변해 보세요.

1

TOEIC Speaking

Imagine that an Australian marketing company is doing research in your country. You have agreed to participate in a telephone interview about magazines.

Q5. When was the last time you purchased a magazine and what did you buy?

Q6. Do you look at the advertisements in magazines carefully? Why or why not?

Q7. Would you use an e-reader to read magazines?

2

TOEIC Speaking

Imagine that a magazine is going to write an article about shopping habits. You have agreed to participate in a telephone interview about online shopping.

Q5. How often do you do online shopping and what do you usually buy?

Q6. When do you use online shopping malls instead of actual stores?

Q7. When you decide on an online shopping site to use, which factor do you consider the most?

- If free delivery is available
- Whether the exchange policy is flexible
- If a wide range of items are offered

3

Imagine that you are talking on the telephone with a friend. You are having a conversation about ice cream.

Q5. How often do you eat ice cream, and what kind of ice cream do you like?

Q6. Where do you usually buy ice cream and why?

Q7. When you buy ice cream, which factor do you consider the most?
- Flavor
- Amount
- Healthy ingredients

4

TOEIC Speaking

Imagine that you are talking with a friend who is going to buy some sports equipment. You are having a telephone conversation about sports equipment.

Q5. When was the last time you bought some sports equipment? What did you buy?

Q6. What are the disadvantages of buying sports equipment online instead of at a store?

Q7. Which do you consider more when buying sports equipment—your friends' recommendations or online reviews? Why?

10일 만에 끝내는 해커스 토익스피킹

5

Imagine that you are talking to a colleague on the telephone. You are having a conversation about buying a car.

Q5. How many times a week would you drive your car?

🎤

Q6. If you bought a car, would you let your family use it?

🎤

Q7. Do you think the brand name is important when buying a car? Why or why not?

🎤

6

Imagine that a US marketing firm is preparing a report about e-mail use. You have agreed to participate in a telephone interview about using e-mails.

Q5. How many e-mail accounts do you have and what time of the day do you check them?

🎤

Q6. How do you prevent e-mail viruses from getting into your computer?

🎤

Q7. What are the advantages of sending e-mails compared to paper mail?

🎤

TOEIC Speaking

Imagine that you are talking with a colleague who wants to buy a new computer. You are having a conversation about buying a computer.

Q5. When was the last time you bought a new computer, and how often do you use it?

Q6. Are you satisfied with your personal computer? Why or why not?

Q7. When buying a new computer, where do you think I should get detailed information? Why?

TOEIC Speaking

Imagine that a British marketing firm is preparing a report about the use of telecommunication devices in your country. You have agreed to participate in a telephone interview about mobile phones.

Q5. For what do you use your mobile phone the most?

Q6. Do you think it's important that a mobile phone has a lot of functions? Why?

Q7. Do you prefer to try out new applications on your phone or stick with the older ones that you are used to? Why?

모범답변·해석·해설 p. 55

Review Test

TOEIC Speaking

Questions 5-7: Respond to questions

Directions: In this part, you will be asked to answer three questions. After listening to each question, you will have three seconds to prepare your response. You will have 15 seconds to respond to Questions 5 and 6 and 30 seconds to respond to Question 7.

TOEIC Speaking

Imagine that a British marketing firm is doing research about dining habits in your country. You have agreed to participate in a telephone interview about going out to eat at restaurants.

TOEIC Speaking

Question 5 of 11

When was the last time you went to a restaurant, and how did you get there?

PREPARATION TIME	RESPONSE TIME
00:00:03	00:00:15

TOEIC Speaking

Question 6 of 11

What kinds of restaurants do you like and why?

PREPARATION TIME	RESPONSE TIME
00:00:03	00:00:15

TOEIC Speaking

Question 7 of 11

What are some ways to encourage people to try out a new restaurant?

PREPARATION TIME	RESPONSE TIME
00:00:03	00:00:30

모범답변·해석·해설 p. 63

SELF CHECKLIST

Q1-2
Q3-4
Q5-7
Q8-10
Q11
10일 만에 끝내는 해커스 토익스피킹

Q5-7 학습이 끝났습니다. 여기까지 오느라 수고 많으셨습니다. Review Test를 푼 결과를 기준으로 지금까지 학습한 내용을 점검하고 자신이 부족한 부분이 어디인지 확인하여 해당 부분을 복습하세요.

1. 나는 상황 설명 음성이 나오는 동안 **about** 뒤에 제시된 것을 보고 토픽을 파악한 뒤, 토픽에 대한 질문과 답변을 예상할 수 있었다.

Yes ☐   No ☐

➡ No를 표시한 경우, **스텝별 전략 익히기**로 돌아가 **STEP 1. 토픽 파악하고 질문 및 답변 예상하기**를 복습하세요.

2. 나는 세 개의 질문에 적절한 답변과 근거를 3초의 준비 시간 동안 바로 떠올릴 수 있었다.

Yes ☐   No ☐

➡ No를 표시한 경우, **Course 학습**으로 돌아가 **빈출 토픽별로 자주 나오는 질문과 그에 대한 답변 아이디어**를 복습하세요.

3. 나는 질문을 파악하고 그에 맞는 답변 방법으로 답변할 수 있었다.

Yes ☐   No ☐

➡ No를 표시한 경우, **스텝별 전략 익히기**로 돌아가 **STEP 2. 질문 파악하고 답변하기**를 복습하세요.

4. 나는 핵심 응답을 뒷받침할 관련 내용을 덧붙여 답변할 수 있었다.

Yes ☐   No ☐

➡ No를 표시한 경우, **스텝별 전략 익히기**로 돌아가 **STEP 2. 질문 파악하고 답변하기**를 복습하세요.

Q8 -10
표 보고 질문에 답하기

스텝별 전략 익히기

Review Test

Q 8-10 한눈에 보기

Q8-10은 주어진 **표를 관찰한 후** 표를 보며 **세 개의 문의 사항에 답하는** 유형입니다.

👁 Q 8-10 정보

문제 번호	Questions 8, 9, 10		☑ 발음이 정확한지
문제 수	3문제		☑ 억양이 자연스럽고 강세가 정확한지
정보 읽는 시간	45초	평가 기준	☑ 문법적 오류가 없는지
			☑ 적절한 어휘를 사용하는지
준비 시간	각 3초		☑ 답변에 일관성이 있는지
			☑ 답변이 질문과 관련된 내용인지
답변 시간	8, 9번 15초 / 10번 30초		☑ 답변이 완성되었는지

👁 출제 유형

Q8-10에 나오는 표의 종류는 **표의 형태와 내용에 따라** 아래와 같이 네 가지로 나누어 볼 수 있어요.

표 종류	자주 나오는 내용
1. 일정표	· 강연이나, 행사 일정을 시간이나 주제별로 보여주는 표 · 개인의 출장이나 여행 일정을 시간이나 날짜별로 보여주는 표 · 면접관의 면접 일정을 시간별로 보여주는 표
2. 이력서	· 회사에 지원한 지원자의 경력이나 학력, 자격 사항을 보여주는 표
3. 예약표	· 리조트나 레스토랑 등의 시설이나 자동차 등의 장비 이용을 위한 예약 정보를 보여주는 표
4. 주문서	· 주문 내역 및 배송 정보, 지불 관련 사항 등의 구매 정보를 보여주는 표

🕶 시험 진행 순서

01 디렉션

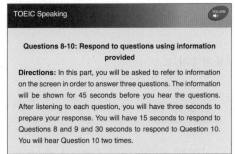

주어진 표를 보며 세 개의 질문에 대답하게 된다는 것과 정보 읽는 시간, 질문별 준비 시간 및 답변 시간을 알려주는 디렉션이 음성과 함께 화면에 제시됩니다.

03 인트로 음성

정보 읽는 시간이 끝난 후, 표는 그대로 제시된 채 표에 대한 문의 사항이 있다는 내용의 인트로 음성이 나옵니다.

예) Hello, this is Sandy Clark from the marketing department. I missed the notice about today's staff meeting, so could you give me some information about it?

05 Question 9

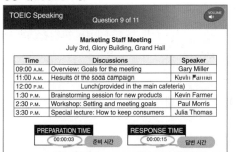

8번 문제가 끝나면 9번 질문이 음성으로 제시됩니다. 이후, 'Begin preparing now.'라는 음성과 함께 3초의 준비 시간이 주어지며, 'Begin speaking now.'라는 음성이 나온 후 15초의 답변 시간이 시작됩니다.

02 정보 읽는 시간

화면에 표가 제시되고, 표의 내용을 파악할 수 있는 45초의 정보 읽는 시간이 시작됩니다.

04 Question 8

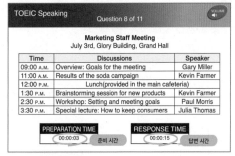

8번 질문이 음성으로 제시됩니다. 이후, 'Begin preparing now.'라는 음성과 함께 3초의 준비 시간이 주어지며, 'Begin speaking now.'라는 음성이 나온 후 15초의 답변 시간이 시작됩니다.

06 Question 10

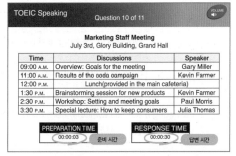

9번 문제가 끝나면 10번 질문이 음성으로 두 번 제시됩니다. 이후, 'Begin preparing now.'라는 음성과 함께 3초의 준비 시간이 주어지며, 'Begin speaking now.'라는 음성이 나온 후 30초의 답변 시간이 시작됩니다.

Q1-2
Q3-4
Q5-7
Q8-10
Q11

10일 만에 끝내는 해커스 토익스피킹

스텝별 전략 익히기

정보 읽는 시간을 효율적으로 활용하여 표 내용을 정확히 파악하고, 질문에서 묻는 정보를 바로 표에서 찾아 답변할 수 있도록 스텝별 전략을 익혀두세요. 🎧 (Q89&10_스텝) 01

STEP 1 표 내용 파악하기

45초의 정보 읽는 시간 동안, 다음과 같은 순서로 표를 훑어보며 내용을 파악하세요.

제목 날짜, 시간, 장소, 비용	● 전체 관련 정보 파악하기	표의 종류, 날짜, 시간, 장소, 비용 등 표 전체와 관련된 정보를 파악하세요.
세부 내용	● 세부 정보 파악하기	시간대별 일정을 자세히 파악하고, 취소되거나 변경된 일정이 있는지 파악하세요. 괄호 안에 있는 내용도 기억해 두세요.
기타 정보	● 기타 정보 파악하기	회의 자료 수령 장소나 지불 완료 여부 등 부가적인 정보를 파악하세요. 기타 정보는 항상 제시되는 것은 아니에요.

예

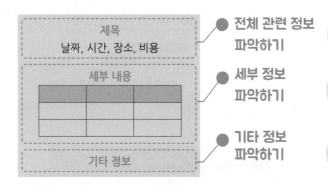

전체 관련 정보 파악하기
- 마케팅 직원 회의 일정
- 7월 3일에 Glory 빌딩의 Grand Hall에서 열림

세부 정보 파악하기
- 오전 일정: 개관, 캠페인 결과 논의
- 오후 일정: 브레인스토밍, 워크숍, 특별 강연
- 점심은 본관 식당에서 제공됨

기타 정보 파악하기
- 회의 자료는 안내 데스크의 Ellen에게 수령 가능

Marketing Staff Meeting 마케팅 직원 회의
July 3rd, Glory Building, Grand Hall
7월 3일, Glory 빌딩, Grand Hall

Time	Discussions	Speaker
09:00 A.M.	Overview: Goals for the meeting 개관: 회의 목적	Gary Miller
11:00 A.M.	Results of the soda campaign 탄산음료 캠페인 결과	Kevin Farmer
12:00 P.M.	Lunch (provided in the main cafeteria) 점심 (본관 식당에서 제공됨)	
1:30 P.M.	Brainstorming session for new products 신제품을 위한 브레인스토밍	Kevin Farmer
2:30 P.M.	Workshop: Setting and meeting goals 워크숍: 목표 설정과 목표 달성	Paul Morris
3:30 P.M.	Special lecture: How to keep consumers 특별 강연: 고객을 유지하는 법	Julia Thomas

* Meeting materials available from Ellen at the information desk.
회의 자료는 안내 데스크의 Ellen에게 수령 가능

Q1-2

Q3-4

Q5-7

Q8-10

Q11

10일 만에 끝내는 해커스 토익스피킹

STEP 2 질문 파악 후 표에서 정보 찾아 답변하기

아래의 방법으로 질문 내용을 파악한 후 표에서 정보를 찾아 답변하세요.

Question 8, 9 (준비 시간: 각 3초, 답변 시간: 각 15초)

Question 8, 9은 질문을 듣고 3초 동안 준비하여 15초 동안 답변하는 문제입니다. 의문사 의문문으로 묻는 경우와 일반 의문문 또는 확인 의문문으로 묻는 경우가 있어요.

의문사 의문문으로 묻는 경우

시간(What time), 날짜(When, What date), 장소(Where, What place), 담당자(Who), 비용(How much) 등의 기본적인 정보를 물으며, 두 가지 정보를 한 번에 묻는 경우가 많아요. 주로 **Question 8**에서 출제돼요.

빈출 질문 형태	**When** is the meeting and **where** will it be held?
	What time does my first interview start and **whom** will I be interviewing?
	What is her current job and **what** is the position she is seeking?

질문 파악 및 답변 방법	1. 의문사와 뒤에 이어서 나오는 내용을 듣고 **각각의 의문문이 묻는 내용을 파악**하세요.
	2. STEP 1에서 파악한 내용을 바탕으로 **표에서 필요한 내용을 찾으세요.** 질문 내용이 어디에 있었는지 기억이 나지 않으면 질문의 핵심어를 재빨리 표에서 찾아 주변에서 질문 정보를 찾으세요.
	3. **질문에서 사용된 표현에 표에서 찾은 정보를 더하여** 답변하세요.

예 🎧 **Q8.** When is the meeting going to be held and where does it take place?
회의는 언제 열리고 어디에서 열리나요?

Marketing Staff Meeting

July 3rd, Glory Building, Grand Hall

Time	Discussions	Speaker
09:00 A.M.	Overview: Goals for the meeting	Gary Miller
11:00 A.M.	Results of the soda campaign	Kevin Farmer
12:00 P.M.	Lunch (provided in the main cafeteria)	
1:30 P.M.	Brainstorming session for new products	Kevin Farmer
2:30 P.M.	Workshop: Setting and meeting goals	Paul Morris
3:30 P.M.	Special lecture: How to keep consumers	Julia Thomas

* Meeting materials available from Ellen at the information desk.

When: July 3rd

Where: Glory building, Grand Hall

🎤 답변 **The meeting is going to be held** on July 3rd, and it **takes place** in the Grand Hall in the Glory Building.

해석 회의는 7월 3일에 열릴 것이고, Glory 빌딩의 Grand Hall에서 열립니다.

일반 의문문이나 확인 의문문으로 묻는 경우

자신이 알고 있던 **정보가 맞는지, 일정 조정이 가능한지, 또는 조건에 맞는 일정이 있는지** 등을 물으며, 질문을 하는 사람이 **잘못된 정보를 가지고 있는** 경우가 많아요. 이러한 일반/확인 의문문으로 묻는 경우는 주로 Question 9에서 출제돼요.

빈출 질문 형태	**I heard that** the meeting is in Room 142. **Is this correct**?
	The training program starts in May. **Am I right**?
	We are looking for a person who speaks Chinese. **Is he qualified**?

질문 파악 및 답변 방법

1. **평서문**과 그 뒤에 이어서 나오는 **의문문을 듣고** 질문 내용을 파악하세요.

2. STEP 1에서 파악한 내용을 바탕으로 **표에서 필요한 정보를 찾으세요.** 질문 내용이 어디에 있었는지 기억이 나지 않으면 질문의 핵심어를 재빨리 표에서 찾아 주변에서 필요한 정보를 찾으세요.

3. 질문의 내용이 표와 **다른 경우, 잘못 알고 있다는 것을 알려준 후,** 표에서 찾은 **올바른 정보를 알려주세** 요. 질문의 내용이 **표와 같을 경우,** 알고 있는 내용이 **맞다는 것을 알려준 후,** 표에서 찾은 **올바른 정보를 다시 한번** 말하세요.

답변 표현

질문의 내용이 표와 **다른 경우**	Well, actually, + 표의 정보 I'm sorry, but you have the wrong information. + 표의 정보 I'm sorry, but that information is incorrect. + 표의 정보
질문의 내용이 표와 **같을 경우**	Let me see, yes. + 표의 정보 That's correct. + 표의 정보

예 🎧 **Q 9.** I heard that I have to bring my own lunch to the meeting. Is this correct?
회의에 점심을 가져와야 한다고 들었어요. 맞나요?

Marketing Staff Meeting
July 3rd, Glory Building, Grand Hall

Time	Discussions	Speaker
09:00 A.M.	Overview: Goals for the meeting	Gary Miller
11:00 A.M.	Results of the soda campaign	Kevin Farmer
12:00 P.M.	Lunch (provided in the main cafeteria)	
1:30 P.M.	Brainstorming session for new products	Kevin Farmer
2:30 P.M.	Workshop: Setting and meeting goals	Paul Morris
3:30 P.M.	Special lecture: How to keep consumers	Julia Thomas

* Meeting materials available from Ellen at the information desk.

질문 내용
회의에 점심을 싸 가야 하는지 묻고 있음

표 내용
점심은 본관 식당에서 제공됨

🎤 **답변** **Well, actually,** lunch will be provided in the main cafeteria at noon, so you don't need to bring lunch to this event.

해석 사실, 정오에 본관 식당에서 점심이 제공될 예정이므로, 이 행사에 점심을 가져오지 않으셔도 됩니다.

Question 10 (준비 시간: 3초, 답변 시간: 30초)

Question 10은 질문을 두 번 듣고 3초 동안 준비하여 30초 동안 답변하는 문제입니다. 오전 또는 오후 일정이나, 특정인이 진행하는 강연, 지원자의 경력 등 표에 있는 항목 중 조건에 맞는 두세 가지를 나열하도록 묻는 경우가 많아요.

빈출 질문 형태

Can you tell me all the details of **the schedule after lunch**?

Could you let me know **all the lectures that are related to technology**?

What are **the sessions led by Michael Pinkston**?

I'd like to know about his **work experience** in detail, please.

질문 파악 및 답변 방법

1. **의문사 뒤에 나오는** 내용을 듣고 **질문의 조건**에 해당하는 내용을 파악하세요.

2. STEP 1에서 파악한 내용을 바탕으로 표에서 필요한 내용을 찾으세요. 나열할 항목이 두 가지인 경우 'First'와 'Also/Next/And then/After that'을 사용하고, 세 가지인 경우 'Finally/Lastly'를 추가하여 답변하세요.

템플릿

도입	**There are** 조건에 맞는 항목의 개수
첫 번째 항목	**First**, 첫 번째 항목
두 번째 항목	**Also/Next/And then/After that**, 두 번째 항목
마지막 항목	**Finally/Lastly**, 마지막 항목

예 🎧 **Q10.** Can you tell me all the details of the schedule after lunch? 점심 후 일정의 모든 세부 사항을 말해 주시겠어요?

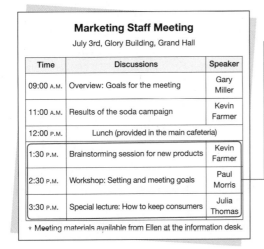

Marketing Staff Meeting
July 3rd, Glory Building, Grand Hall

Time	Discussions	Speaker
09:00 A.M.	Overview: Goals for the meeting	Gary Miller
11:00 A.M.	Results of the soda campaign	Kevin Farmer
12:00 P.M.	Lunch (provided in the main cafeteria)	
1:30 P.M.	Brainstorming session for new products	Kevin Farmer
2:30 P.M.	Workshop: Setting and meeting goals	Paul Morris
3:30 P.M.	Special lecture: How to keep consumers	Julia Thomas

+ Meeting materials available from Ellen at the information desk.

┤ **조건에 맞는 항목**

점심 후 일정

🎤 **답변** **There are** three sessions that are scheduled after lunch. **First**, at 1:30 P.M., there will be a brainstorming session for new products which will be led by Kevin Farmer. **And then**, at 2:30 P.M., Paul Morris will lead a workshop about setting and meeting goals. **Finally**, at 3:30 P.M., Julia Thomas will give a special lecture about how to keep consumers.

해석 점심 후에 세 가지 세션이 예정되어 있습니다. 첫째로, 오후 1시 30분에 Kevin Farmer가 진행하는 신제품을 위한 브레인스토밍 세션이 있을 것입니다. 그러고 나서, 오후 2시 30분에 Paul Morris가 목표 설정과 목표 달성에 대한 워크숍을 진행할 것입니다. 마지막으로, 오후 3시 30분에 Julia Thomas가 고객을 유지하는 법에 대한 특별 강연을 할 것입니다.

Check-up

앞에서 배운 전략을 사용하여, 표의 내용을 파악하여 STEP 1의 빈칸을 채운 후, 표를 보며 STEP 2 의 질문과 답변 부분에 빈칸을 채워 답변해 보세요. 🎧 (Q89&10_스텝) 02_CU

1

Teamwork Skill Training Program

March 31, Olivia Building, Room 427

Time	Session	Presenter
9:30	Team-based approaches to facilitating communication	Lisa Pattinson
11:00	Dangers of groupthink and how to avoid it	Phil Christopher
12:30	Lunch	
2:00	Ideas for activities to promote diversity in learning	Lisa Pattinson
3:30	~~Building trust: games for building trust~~ *canceled*	~~Carson Newman~~

* Groups of 10 or more get a 15% discount.

STEP 1 표 내용 파악하기

① 전체 관련 정보 _____

② 세부 정보 _____

③ 기타 정보 _____

STEP 2 질문 파악 후 표에서 정보 찾아 답변하기

Question 8

🎧 Q: What date is the training and where will it take place?

🎤 A: [____④____] is March 31, and it [____⑤____] in Room 427 of the Olivia Building.

Question 9

🎧 Q: I heard that there is a session where we learn to establish trust among team members. Am I right?

🎤 A: [⑥ 죄송하지만, 그 정보는 잘못되었습니다]. There was a scheduled session about games for building trust, [⑦ 하지만 그것은 취소되었습니다].

Question 10

🎧 Q: Can you tell me about the sessions led by Lisa Pattinson?

🎤 A: [⑧ 두 개의 세션이 있다] led by Lisa Pattinson. [⑨ 첫째로], at 9:30, [⑩ 그녀는 ~에 관해 이야기할 것이다] team-based approaches to facilitating communication. [⑪ 그리고 나서], at 2 P.M., she will be presenting [____⑫____]. These are the sessions she will present.

2

Laura Jane Roker

laura.jane78@email.com
+1-480-572-9901
780 Southern Avenue, Phoenix

Position Sought Marketing Team Manager
Current Position Assistant Manager, Plumb Marketing

Experience

Assistant Manager, Plumb Marketing	2009 – present
Supervisor, Market Solutions Phoenix	2007 – 2009
Administrative Assistant, Leary Media	2006 – 2007

Education

University of the Valley, Master's degree, Market Research, 2006
Phoenix College, Bachelor's degree, Business, 2003

STEP 1 표 내용 파악하기

① 전체 관련 정보 _____

② 세부 정보 _____

③ 기타 정보 _____

STEP 2 질문 파악 후 표에서 정보 찾아 답변하기

Question 8

🎧 Q: What is her current job and what is the position she is seeking?

🎙️ A: Well, her current job is _____④_____ and she works at Plumb Marketing.
_____⑤_____ is the marketing team manager position.

Question 9

🎧 Q: We are looking for a person who is able to interpret current research. Is she qualified?

🎙️ A: Yes, I think she will be comfortable with current research ____⑥ 그녀의 학력 때문에____ .
She ____⑦ 석사 학위를 받았다____ in Market Research from University of the Valley.

Question 10

🎧 Q: Could you let me know about her work experience in detail, please?

🎙️ A: Sure, ____⑧ 세 가지 항목이 있습니다____ she listed under job experience. First, she worked
_____⑨_____ at Leary Media, and she was there for a year from 2006.
____⑩ 그 후에____ , she worked as a supervisor ____⑪ 2년 동안____ at Market Solutions Phoenix.
____⑫ 마지막으로____ she took a job at Plumb Marketing, and she's been their assistant
manager ____⑬ 2009년 이래로____ .

모범답변·해석·해설 p. 64

Course 01 일정표

일정표는 Q8-10에서 **가장 많이 나오는 표** 형태로, 강연이나 행사 일정, 개인의 출장이나 여행 일정, 면접관의 면접 일정 등을 보여주는 표예요. 질문에서 묻는 정보를 빠르게 파악하여 답변할 수 있도록 일정표의 형태와 파악할 내용, 자주 나오는 질문을 익혀두세요. 🎧 (Q89&10_코스1) 03

1 강연 및 행사 일정표

세미나, 워크숍, 회의, 수업 등의 강연 일정이나 **연회, 축제** 등의 행사 일정 정보를 보여주는 표

표 형태 및 파악할 내용

Women in the Workplace Seminar
직장 여성 세미나

Thursday, March 27, Festinger Business Center
3월 27일 목요일, Festinger 비즈니스 센터

Registration fee: $50 for members / $80 for non-members
등록비: 회원 50달러 / 비회원 80달러

Time 시간	Topic 주제	Speaker 발표자
10:00 - 11:00	Review: Occupational Safety Issues 재검토: 직업 안전 문제	Philip Zelda
11:00 - 12:00	Lecture: Being a Working Mom 강연: 워킹맘 되기	Fiona Lenner
12:00 - 13:00	Workshop: Welfare Policy for Mothers 워크숍: 어머니를 위한 복지 정책	Clarissa Kim
13:00 - 14:00	Lunch (included in fee) 점심 (등록비에 포함됨)	
14:00 - 15:00	Lecture: Becoming a Female CEO 강연: 여성 최고 경영자 되기	Tina Shuster
15:00 - 16:00	Speech: Self-Protection Skills for Personal Safety 연설: 개인 안전을 위한 자기 방어 기술	Fiona Lenner
16:00 - 17:00	Closing remarks: The Future of Gender equality 폐회사: 양성 평등의 미래	Ian Dickson

* Registration is open until March 20 3월 20일까지 등록 가능

전체 관련 정보
- 강연 및 행사의 종류
  세미나, 워크숍, 회의, 수업, 연회, 축제
- 열리는 날짜 및 시간, 장소
- 등록 비용

세부 정보
- 오전 일정(점심 전)
- 오후 일정(점심 후)
- 같은 주제를 다루는 일정
- 같은 사람이 진행하는 일정
  여러 개의 일정을 진행하는 사람이 있는지 여부
- 점심 제공 여부

기타 정보
등록 기한 및 등록 장소, 참석자 준비 사항

1. 열리는 날짜 및 장소를 묻는 질문	예) **Q. When and where is the seminar going to be held?** 세미나는 언제 어디에서 열리나요? 🎙 **A. The seminar is going to be held** on Thursday, March 27 in the Festinger Business Center. 세미나는 3월 27일 목요일에 Festinger 비즈니스 센터에서 열릴 것입니다.
2. 등록 비용을 묻는 질문	예) **Q. Can you tell me how much the registration fee for the seminar is?** 세미나의 등록비가 얼마인지 말해줄 수 있나요? 🎙 **A. The registration fee for the seminar is** $50 if you are a member, and $80 if you are not. You have to register by March 20. 세미나의 등록비는 당신이 회원이면 50달러, 회원이 아니면 80달러입니다. 3월 20일까지 등록하셔야 합니다.
3. 점심 제공 여부를 묻는 질문	예) **Q. Can you recommend any affordable restaurants nearby where I could go for lunch?** 주변에 제가 점심을 먹으러 갈 수 있는 적당한 가격의 식당을 추천해 줄 수 있나요? 🎙 **A.** Well, actually, lunch is included in the registration fee, so there's no need for you to look for a restaurant. 음, 사실, 점심은 등록비에 포함되어 있으므로 식당을 찾으실 필요가 없습니다.
4. 같은 주제를 다루는 일정을 묻는 질문	예) **Q. Can you tell me all the details about the sessions related to safety issues?** 안전 문제와 관련된 세션에 대한 모든 세부 사항을 말해줄 수 있나요? 🎙 **A.** Sure, there are two sessions related to safety issues. First, at 10 A.M., Philip Zelda will lead a review about occupational safety issues. Then, at 3 P.M., Fiona Lenner will give a speech about self-protection skills for personal safety. These two are the sessions you're looking for. 물론이죠, 안전 문제에 관련된 두 개의 세션이 있습니다. 첫째로, 오전 10시에, Philip Zelda가 직업 안전 문제에 관한 재검토를 진행할 것입니다. 그러고 나서, 오후 3시에 Fiona Lenner가 개인 안전을 위한 자기 방어 기술에 관해 연설을 할 것입니다. 이 두 가지가 당신이 찾는 세션들입니다.
5. 오후 일정을 묻는 질문	예) **Q. Could you let me know what is scheduled after lunch?** 점심 후에 무엇이 예정되어 있는지 알려줄 수 있나요? 🎙 **A.** Of course. There are three sessions after lunch. First, from 2 P.M. to 3 P.M., Tina Shuster will give a lecture about becoming a female CEO. Then, at 3 P.M., Fiona Lenner will talk about self-protection skills for personal safety. Lastly, Ian Dickson will make closing remarks about the future of gender equality at 4 P.M. Each session will last for an hour. 물론이죠. 점심 후에 세 개의 세션이 있습니다. 첫째로, 오후 2시부터 3시까지, Tina Shuster가 여성 최고 경영자 되기에 관한 강연을 할 것입니다. 그러고 나서 오후 3시에, Fiona Lenner가 개인 안전을 위한 자기 방어 기술에 관해 이야기할 것입니다. 마지막으로, Ian Dickson이 오후 4시에 양성 평등의 미래에 관해 폐회사를 할 것입니다. 각 세션은 한 시간 동안 지속될 것입니다.

개인의 출장이나 여행 등의 일정을 보여주는 표

표 형태 및 파악할 내용

전체 관련 정보

- 개인 일정의 종류
  출장, 여행

Business trip Itinerary for Henry Cooper, CEO
최고 경영자 Henry Cooper의 출장 일정

Wednesday, Nov. 15 11월 15일 수요일

10:00 A.M.	Depart Chicago (Clouds Airlines #728) 시카고 출발 (Clouds 항공 728편)
2:30 P.M.	Arrive in San Francisco (Pine Hotel) 샌프란시스코 도착 (Pine 호텔)
6:00 P.M.	Dinner with Samuel Pattinson, Chief of e-Commerce 전자 상거래팀 과장 Samuel Pattinson과 저녁 식사

Thursday, Nov. 16 11월 16일 목요일

10:00 A.M.	e-Commerce Performance Review 전자 상거래팀 업무 평가
12:30 P.M.	Lunch with Lana Reed, Branch Manager 지점장 Lana Reed와 점심 식사
3:00 P.M.	Depart San Francisco (Clouds Airlines #117) 샌프란시스코 출발 (Clouds 항공 117편)
7:30 P.M.	Arrive in Chicago 시카고 도착

세부 정보

- 항공편 정보
  항공사, 항공편 번호
- 출발지 및 도착지
- 출발 시간 및 도착 시간
- 숙박 장소
- 요일별 세부 일정
  회의, 식사 약속, 현장 견학 등

자주 나오는 질문 및 답변 🎧

1. 항공편 정보 및 숙박 장소를 묻는 질문	예) **Q. What time do I arrive in San Francisco, and which hotel am I staying in?** 저는 몇 시에 샌프란시스코에 도착하고, 어떤 호텔에 묵게 되나요? 🎤 **A. The time you arrive in San Francisco** is 2:30 P.M., and **the hotel you are staying in is** Pine Hotel. 당신이 샌프란시스코에 도착하는 시간은 오후 2시 30분이고, 당신이 묵게 되는 호텔은 Pine 호텔입니다.
2. 개인 용무 가능 여부를 묻는 질문	예) **Q. I'd like to meet a friend of mine for dinner on Wednesday. Is that a problem?** 수요일에 친구와 만나서 저녁을 먹고 싶어요. 문제가 되나요? 🎤 **A.** Yes, it would be a problem because you will have dinner at 6 P.M. on Wednesday with Samuel Pattinson who is the chief of e-Commerce. 네, 전자 상거래팀 과장인 Samuel Pattinson과 수요일 오후 6시에 저녁 식사를 할 것이므로 문제가 될 것입니다.
3. 특정 요일의 세부 일정을 묻는 질문	예) **Q. What is my schedule like on Thursday?** 목요일에 제 일정이 어떻게 되나요? 🎤 **A.** There are a few items on your schedule on Thursday. First, at 10 A.M., there is an e-Commerce performance review, and then, at 12:30 P.M., you will have lunch with Lana Reed, the branch manager. Lastly, you will depart San Francisco at 3 P.M. on Clouds Airlines flight number 117 and arrive in Chicago at 7:30 P.M. 목요일에 당신의 일정에 몇 가지 항목이 있습니다. 첫째로, 오전 10시에 전자 상거래팀 업무 평가가 있으며, 그 후 오후 12시 30분에 지점장 Lana Reed와 점심 식사를 할 것입니다. 마지막으로, 오후 3시에 Clouds 항공 117편으로 샌프란시스코를 출발하여, 오후 7시 30분에 시카고에 도착할 것입니다.

3 면접 일정표

면접관의 하루 동안의 면접 일정을 보여주는 표

표 형태 및 파악할 내용

Interview Schedule of Norse Imports
Norse Imports사 면접 일정

May 3, Steele Building Room 2 5월 3일, Steele 빌딩 2호실

Time 시간	Applicant 지원자	Position Sought 희망 직무	Experience 경력
10:00A.M.	Amber Greene	Marketing Assistant 마케팅 보조	1 year 1년
11:00A.M.	Emily Flank	Assistant Manager 대리	3 years 3년
12:00P.M.	~~Harriet Tibbot~~ *canceled* 취소됨	~~Sales Director~~ 영업 본부장	~~8 years~~ 8년
1:30 P.M.	Shayna Choi	Assistant Manager 대리	4 years 4년

전체 관련 정보
- 면접 날짜 및 장소

세부 정보
- 면접 시작 시간
- 첫 번째 면접 일정
- 면접 시간별 지원자 정보
  이름 및 희망 직무, 경력
- 공통된 직무에 지원한 지원자
- 취소 및 변경된 일정

자주 나오는 질문 및 답변 🎧

1. 첫 번째 면접 일정을 묻는 질문	예) **Q. When does my first interview start and whom will I interview?** 첫 번째 면접은 언제 시작하며 저는 누구를 면접하게 되나요? 🎙 **A. Your first interview starts** at 10:00 A.M. and **you will interview** Amber Greene for the marketing assistant position. 첫 번째 면접은 오전 10시에 시작하며, 마케팅 보조직에 지원한 Amber Greene을 면접할 것입니다.
2. 취소 및 변경된 일정을 묻는 질문	예) **Q. I have a doctor's appointment today at noon. Will I need to reschedule it?** 오늘 정오에 병원에 가야 해요. 제가 일정을 변경해야 하나요? 🎙 **A.** No, the interview at 12:00 P.M. is canceled, so you can meet with your doctor at that time. 아니요, 오후 12시 면접은 취소되었으므로, 그 시간에 병원에 가실 수 있습니다.
3. 공통된 직무에 지원한 지원자 정보를 묻는 질문	예) **Q. How many applicants do we have for the assistant manager position? Can you tell me about them in detail?** 대리직의 지원자들이 몇 명인가요? 그들에 대해 사세히 말해줄 수 있나요? 🎙 **A.** Sure, there are two applicants who applied for the assistant manager position. First, at 11 A.M. you will interview Emily Flank, who has 3 years of experience. Then you'll have an interview with Shayna Choi, at 1:30 P.M. She has 4 years of professional experience. 물론입니다, 대리직에 지원한 지원자는 두 명이 있습니다. 첫째로, 당신은 오전 11시에 3년의 경력이 있는 Emily Flank를 면접할 것입니다. 그리고 나서 오후 1시 30분에 Shayna Choi와 면접을 할 것입니다. 그녀는 4년의 실무 경력을 가지고 있습니다.

실제로 시험에 응시하는 것처럼, 45초 동안 표를 관찰한 후 문제별로 3초 동안 준비하여 Question 8, 9은 15초 동안, Question 10은 30초 동안 녹음하며 답변해 보세요. 🎧 (Q89&10_코스1) 04_HT

1

TOEIC Speaking

Early Elementary Teacher Seminar

Elmwood Elementary School Library, Saturday, June 23
Fee: $10 for teaching assistants / $20 for teachers

Time	Session	Presenter
9:00-10:00	Lecture: Classroom Management	Jack Wheeler
10:00-12:00	Demonstration: Using Toys as a Teaching Tool	Katie Fremont
12:00-1:30	Lunch (provided at the cafeteria)	
1:30-2:30	Demonstration: Decorating the Classroom	Sylvia Walt
2:30-3:30	Lecture: Issues in Special Education	Petra Dunn
3:30-4:30	Tips: Parent-Teacher Conferences	Adam Flint

Q8 🎤

Q9 🎤

Q10 🎤

SureFire Corporation Interview Schedule

October 5, Room 302, Convoy Building

Time	Job Candidates	Experience	Additional Qualifications
10:00 A.M.-11:00 A.M.	Michael Casey	2 years	Master's degree in Marketing
11:00 A.M.-12:00 P.M.	Kenichi Watanabe	7 years	Chinese
12:00 P.M.-1:00 P.M.	Lunch		
1:00 P.M.-2:00 P.M.	Lindsey Matterson	3 years 1 month	
2:00 P.M.-3:00 P.M.	Owen Weiss	4 years 6 months	French
3:00 P.M..-4:00 P.M.	Paula Dupree	6 years	
4:00 P.M.-5:00 P.M.	Neeraj Kumar	2 years 5 months	

Q8 🎙

Q9 🎙

Q10 🎙

Kenner Corporation Interview Schedule

December 17, Board Room A

Time	Name of Applicant	Position Sought	Experience
10:30 A.M.	Siena Sanford	Accounting Manager	3 years 2 months
11:30 A.M.	Malcolm Keen	Accounting Assistant	3 months
12:30 P.M.	Dorothy Wood	Web Marketing Manager	4 years
~~1:30 P.M.~~	~~Jamie Miles~~ *canceled*	~~Accounting Assistant~~	~~2 months~~
2:30 P.M.	Brett Graves	Accounting Manager	3 years
3:30 P.M.	Sheila Johnson	Web Marketing Manger	7 years
4:30 P.M.	Elliot Upton	Web Marketing Manger	5 years 1 month

*Applicants were told interviews would last around 40 minutes.

Q8 🎤

Q9 🎤

Q10 🎤

VOLUME

Environmental Protection Conference

Saturday, February 26
Marigold Convention Center

TIME	SUBJECT	TITLE	SPEAKER
10:00 a.m.	Global Warming	Greenhouse Gases: Where do they come from?	Ariana Martinez
11:00 a.m.	Recycling	Why and How to Recycle	Leonard Short
12:00 p.m.	Lunch		
1:00 p.m.	Sustainable Energy	Recent Developments in Green Energy	Carrie Powell
2:00 p.m.	Animal Conservation	Conservation Efforts in the World's Oceans	William Chen
3:00 p.m.	Global Ecosystems	How our Ecosystems are Interrelated	Jillian Miller
4:00 p.m.	Recycling	Today's Recycling Technologies	Gianna Loretti

*Fee: $30 for members / $50 for non-members

Q8 🎤

Q9 🎤

Q10 🎤

10일 만에 끝내는 해커스 토익스피킹

Business Travel for Michael Ross, Director

Monday, April 11

11:00 A.M.	Depart Portland Airport (Blue Airways #612)
5:00 P.M.	Arrive in New York (Madison Garden Hotel)
7:00 P.M.	Dinner with Jacob Richardson

Tuesday, April 12

9:00 A.M.	Conference call with Europe branch managers
10:00 A.M.	Attend quarterly budget update presentation
12:00 P.M.	Lunch meeting with members of the board
1:30 P.M.	~~Meeting with human resources manager~~ *canceled*
2:30 P.M.	Depart New York (Blue Airways #391)
8:30 P.M.	Arrive in Portland

Q8 🎤

Q9 🎤

Q10 🎤

TOEIC Speaking

Q1-2

Q3-4

Q5-7

Q8-10

Q11

10일 만에 끝내는 해커스 토익스피킹

Sports Equipment Marketing Seminar

July 15, Greenview Hotel

Time	Session	Presenter
10:00 A.M.-11:00 A.M.	Athlete Endorsement	Whitney Rosenburg
11:00 A.M.-12:00 P.M.	Social Media Marketing	Ray Kingsford
12:00 P.M.-1:30 P.M.	Lunch	
1:30 P.M.-3:00 P.M.	Marketing to Sports Fans	Kelsey O'Connell
3:00 P.M.-5:00 P.M.	Global Sporting Goods Marketing	Ray Kingsford
5:00 P.M.-6:00 P.M.	Customer Relationship Management	Kelsey O'Connell

*Day care services for children aged 12 and under will be provided during the seminar in the Diamond Room.

Q8 🎤

Q9 🎤

Q10 🎤

TOEIC Speaking

Charterville Community Festival

West Stoop District
Sunday, September 4

Time	Event	Location
10:30-11:00	Welcome Speech, Mayor Landis	Community Center Room 4
11:00-noon (choose 1)	Lecture: Historical Overview of the Town	Community Center Room 7
	Lecture: Changes in Demographics	Community Center Room 3
noon-1:30	Concert: Charterville Choir and Orchestra	Loving Neighbors Church
1:30-2:30	Lecture: Keeping Our Neighborhood Safe	Community Center Room 7
2:30-6:00	Community Fair: Snacks and Outdoor Rides*	District Community Park

*Tickets for rides must be purchased at the ticket booth.

Q8 🎤

Q9 🎤

Q10 🎤

Technology Training Center

Registration Period: September 23 – September 30
(Late registration will not be allowed)

Class	Time	Level	Instructor
Programming 1	8:00 A.M.-9:00 A.M.	Beginner	Charlie Winters
Mobile Software	9:00 A.M.-10:00 A.M.	Advanced	Regina Franklin
Spreadsheet Programs	10:00 A.M.-11:00 A.M.	Beginner	Kevin Delmont
Web Development Tools	1:00 P.M.- 2:00 P.M.	Beginner to Intermediate	Regina Franklin
Programming 3	2:00 P.M.-3:00 P.M.	Advanced	Regina Franklin
Programming 2	3:00 P.M.-4:00 P.M.	Intermediate	Yang Liu

*All necessary equipment will be provided during each class.

Q8 🎤

Q9 🎤

Q10 🎤

모범답변·해석·해설 p. 68

Course 02 이력서

이력서는 **지원자의 희망 직무, 경력, 학력, 자격 사항** 등에 대해 알려주는 표에요. 질문에서 묻는 지원자의 정보를 빠르게 파악하여 답변할 수 있도록 이력서의 형태와 파악할 내용, 자주 나오는 질문을 익혀두세요. 🎧 **(Q89&10_코스2) 05**

표 형태 및 파악할 내용

<table>
<tr>
<td>

Aaron P. Sloan

Phone: 425-2645 / E-mail: aaron.p.sloan@email.com
전화번호: 425-2645 / 이메일: aaron.p.sloan@email.com

Current position: Web Developer at D&M Media
현재 직업: 웹 개발자, D&M Media

Position sought: Senior Web Developer 희망 직무: 선임 웹 개발자

Work experience 경력

Web Developer, D&M Media 웹 개발자, D&M Media	**2010-present** 2010년-현재
Web Developer Assistant, Northside Labs 웹 개발자 보조, Northside 연구실	**2008-2010**
Clerk, Plankton Games 사무원, Plankton Games	**1998-2001**

Education 학력

University of Brighton, Master's degree, Computer Science (2003)
Brighton 대학교, 석사, 컴퓨터 공학 (2003)

Plymouth University, Bachelor's degree, Computer Science (2001)
Plymouth 대학교, 학사, 컴퓨터 공학 (2001)

Other Qualifications 기타 자격

Fluent in French 불어에 능통

Certificate in advanced computer programming
고급 컴퓨터 프로그래밍 자격증

Reference 추천인

John Demagio, Senior Researcher, Northside Labs
John Demagio, 선임 연구원, Northside 연구실

Dr. Ellen Pratt, Department of Computer Science, University of Brighton Dr. Ellen Pratt, 컴퓨터 공학부, Brighton 대학교

</td>
<td>

전체 관련 정보

- 지원자 기본 정보
  현재 직업 및 근무처
  희망 직무

세부 정보

- 지원자의 경력
  이전 직업 및 근무처
  근무 기간
- 지원자의 학력
  출신 학교 및 전공
  취득 학위
  졸업 연도
- 지원자의 기타 자격
  어학 능력
  자격증
  지원 직무 관련 능력

기타 정보

- 추천인
  추천인의 이름 및 소속

</td>
</tr>
</table>

자주 나오는 질문 및 답변 🎧

1. 지원자의 현재 직업 및 근무처를 묻는 질문

예) **Q. What is his current job and where does he work?**

그의 현재 직업은 무엇이고 그는 어디에서 일하나요?

🎙️ **A. His current job** is a web developer, and **he works at** D&M Media.

그의 현재 직업은 웹 개발자이고, D&M Media에서 일합니다.

---

2. 지원자의 출신 학교 및 전공을 묻는 질문

예) **Q. Where did he get his Bachelor's degree and what did he study?**

그는 어디에서 학사 학위를 취득했고 무엇을 공부했나요?

🎙️ **A. He got his Bachelor's degree** from Plymouth University in 2001 and **he studied** Computer Science.

그는 2001년에 Plymouth 대학교에서 학사 학위를 취득했고 컴퓨터 공학을 공부했습니다.

---

3. 지원 직무 관련 능력을 묻는 질문

예) **Q. We need someone who is able to work in a French-speaking environment since we frequently collaborate on projects with our French partner firm. Is he qualified?**

저희는 종종 프랑스의 협력 회사와 공동으로 프로젝트를 진행해서 불어를 쓰는 환경에서 일할 수 있는 사람이 필요해요. 그가 적합한가요?

🎙️ **A. Yes, he is.** He is fluent in French, so working with French-speaking partners shouldn't be a problem for him.

네, 그렇습니다. 그는 불어에 능통하므로 불어를 쓰는 동료들과 일하는 것은 그에게 문제가 되지 않을 것입니다.

---

4. 지원자의 경력을 묻는 질문

예) **Q. Can you tell me about his work experience in detail?**

그의 경력을 자세히 말해줄 수 있나요?

🎙️ **A. Sure,** he has worked at three different companies. First, he worked as a clerk at Plankton Games for three years during college. Then, he was a web developer assistant at Northside Labs for a few years. And since 2010, he has been at D&M Media as a web developer.

물론이죠, 그는 3개의 다른 회사에서 근무했습니다. 첫째로, 대학 시절 3년 동안 Plankton Games에서 사무원으로 일했습니다. 그 후에, 몇 년 동안 Northside 연구실에서 웹 개발자 보조였습니다. 그리고 2010년 이후로, 웹 개발자로 D&M Media에 있습니다.

---

5. 지원자의 학력을 묻는 질문

예) **Q. Can you describe his educational background in detail?**

그의 학력을 자세히 설명할 수 있나요?

🎙️ **A. Of course I can.** First, he graduated from Plymouth University with a bachelor's degree in Computer Science in 2001. Afterwards, he earned a master's degree in Computer Science from University of Brighton in 2003. This is information you're looking for.

물론 설명해 드릴 수 있습니다. 첫째로, 그는 2001년에 컴퓨터 공학 학사 학위로 Plymouth 대학교를 졸업했습니다. 그 후, 2003년에 Brighton 대학교에서 컴퓨터 공학 석사 학위를 받았습니다. 이것이 당신이 찾는 정보입니다.

Q1-2

Q3-4

Q5-7

Q8-10

Q11

10일 만에 끝내는 해커스 토익스피킹

Hackers Test

실제로 시험에 응시하는 것처럼, 45초 동안 표를 관찰한 후 문제별로 3초 동안 준비하여 Question 8, 9는 15초 동안, Question 10은 30초 동안 녹음하며 답변해 보세요. 🎧 (Q89&10_코스2) 06_HT

1

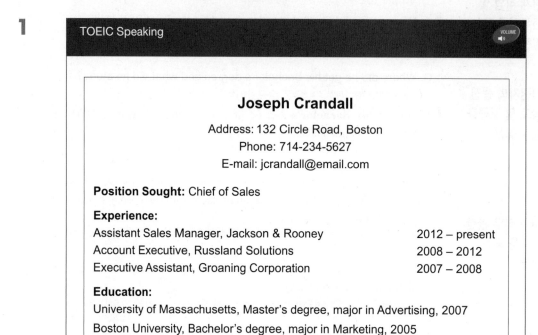

Vanessa Charles 11 Fairview Lane, Claremont
304.456.7788 | vanessa.ch@goodmail.com

Position Sought | Human Resources Manager

Experience	Human Resources Analyst, Faufer Inc.	2013 – present
	Recruitment Representative, Smart Savings	2011 – 2013
	Sales Assistant, Minnie's Market	2010 – 2011

Education | University of California, Master's degree,
Business Management, 2010

Claremont College, Bachelor's degree,
Fashion Merchandising, 2008

Skills | Proficient in Excel and word processing

Reference | Kevin Parker, Head of Sales, Smart Savings

Q1-2

Q3-4

Q5-7

Q 8-10

Q11

10일 만에 끝내는 해커스 토익스피킹

Q8 🎤

Q9 🎤

Q10 🎤

TOEIC Speaking

John David Feinberg

jdfeinberg13@fastmail.com
5234 Point West Ave., New York

Position Sought	Chief Reporter	
Education	Chapman University, Master's degree, 2012 Major: Journalism	
	Hunter College, Bachelor's degree, 2010 Major: Communications	
Work Experience	Columnist for Daily News Online	2011 – present
	Political Correspondent for the KTN News	2010 – 2011
	Writer for The Hunter College News	2008 – 2010
Other Skills	Fluent in Arabic, Conversational Chinese	

Q8

Q9

Q10

VOLUME

Beth Matten

3241 89th Street, Vancouver
(623) 710-1319

Position Sought: Senior Statistician

Experience:	Statistician, PR Solutions	2009 – present
	Database Manager, Jensens Laboratory	2006 – 2009
	Statistical Technician, Clancy	2004 – 2006

Education: Queen's University, Master's degree, 2006
Major: Statistics

Victoria University, Bachelor's degree, 2003
Major: Mathematics

References: Prof. Chris Alpine, Department of Statistics, Queen's University

Prof. Misty Flanner, Department of Mathematics, Victoria University

Volunteer Experience: First Aid Volunteer at Reese Center
Volunteer at the Animal Shelter of Vancouver

Q8 🎤

Q9 🎤

Q10 🎤

모범답변·해석·해설 p. 84

Course 03 예약표 / 주문서

예약표는 시설 이용을 위한 정보를 알려주는 표이고, 주문서는 물건 구매 내역을 보여주는 표예요. 질문에서 묻는 정보를 빠르게 파악하여 답변할 수 있도록 예약표와 주문서의 형태와 파악할 내용, 자주 나오는 질문을 익혀두세요. 🎧 (Q89&10_코스3) 07

1 예약표

리조트나 호텔, 레스토랑 등의 시설이나 자동차 등의 장비 이용을 위한 예약 정보를 보여주는 표

표 형태 및 파악할 내용

Guide to Activities at Rosemary Resort Rosemary 리조트 활동 안내 19 Milford Avenue, Boulder, Colorado Milford가 19번지, Boulder, 콜로라도		
Activity 활동	**Price** 가격	**Features** 특징
Snorkeling 스노클링	$50 per person 1인당 50달러	· Family-friendly activity 가족친화적 활동
Jet Ski 제트 스키	$50 for 30 min rental 30분 대여에 50달러	· Excellent for thrill seekers 스릴을 찾는 사람들에게 좋음
Fish Feeding 물고기 먹이 주기	$5 per person 1인당 5달러	· Watch fish eat food off your hands 물고기가 손에서 먹이 먹는 것 보기 · Safe for children 어린이들에게 안전함

전체 관련 정보
- 시설 기본 정보
  주소, 영업 시간

세부 정보
- 시설에서 제공하는 제품 및 서비스 종류
  리조트 활동, 호텔 예약, 자동차 대여
- 이용 요금
- 기타 특징
  제품/서비스에 대한 부가 설명

자주 나오는 질문 및 답변 🎧

1. 시설의 주소를 묻는 질문	예) **Q. Where is your resort located?** 당신의 리조트는 어디에 위치해 있나요? 🎙 **A. Our resort is located** at 19 Milford Avenue in Boulder, Colorado. 저희 리조트는 콜로라도 Boulder의 Milford가 19번지에 위치해 있습니다.
2. 서비스의 이용 요금을 묻는 질문	예) **Q. As far as I hear, it costs $30 for half an hour of jet ski rental. Am I right?** 제가 듣기로는 제트 스키 30분 대여에 30달러가 든다고 하던데요. 맞나요? 🎙 **A.** No, you're mistaken. The jet ski activity costs $50 for 30 minutes rental. 아니요, 잘못 알고 계십니다. 제트 스키 활동은 30분 대여에 50달러가 듭니다.
3. 시설의 서비스 종류를 묻는 질문	예) **Q. Can you recommend any activities for a family with children?** 아이들이 있는 가족들을 위한 활동을 추천해 줄 수 있나요? 🎙 **A.** I can recommend two activities for a family with children. First, you could go snorkeling for $50 a person. Next, you could also do the fish feeding activity for $5 per person. 아이들이 있는 가족들에게 두 개의 활동을 추천할 수 있습니다. 첫째로, 1인당 50달러에 스노클링을 가실 수 있습니다. 다음으로, 1인당 5달러에 물고기 먹이 주기 활동을 하실 수 있습니다.

2 주문서

물건 주문 내역 및 배송 정보, 지불 관련 사항 등의 구매 정보를 보여주는 표

표 형태 및 파악할 내용

Order Summary 주문 내역

From: John's Office Products 발신: John's 사무용품점
12 Timothy Road, Santa Ana, 10 A.M. – 8 P.M.
Timothy가 12번지, Santa Ana, 오전 10시 - 오후 8시

To: Deluca Inc. 수신: Deluca사
2772 Cloud Street, Creighton Cloud가 2772번지, Creighton

Items 항목	Quantity 수량	Description 종류	Price 가격
Pens 펜	10 boxes 10상자	black 검정색	$5/box 상자당 5달러
Paper clips 종이 클립	50 boxes 50상자	silver 은색	$3/box 상자당 3달러
Printer paper 인쇄용지	25 reams 25묶음	recycled 재생용지	$4/ream 묶음당 4달러

*Payment due upon pick up
*물건 찾을 시 지불

전체 관련 정보
· 판매자의 주소 및 영업 시간
· 구매자의 주소 및 배송 예정일

세부 정보
· 주문 세부 내역
  항목, 수량, 종류, 가격 등
· 총 주문 금액

기타 정보
· 지불 관련 정보
  지불 완료 여부, 결제 수단

자주 나오는 질문 및 답변 🎧

1. 판매자의 주소 및 영업 시간을 묻는 질문

예) **Q. What is your company's address and what are your business hours?**
당신 회사의 주소는 무엇이고 영업 시간은 어떻게 되나요?

🎤 **A. Our company's address is** 12 Timothy Road in Santa Ana and **our business hours are** from 10 A.M. to 8 P.M. 저희 가게는 Santa Ana의 Timothy가 12번지에 있고, 오전 10시부터 오후 8시까지 영업합니다.

2. 지불 완료 여부를 묻는 질문

예) **Q. As I remember, I paid you already. Am I right?**
제가 기억하기로는 제가 이미 돈을 지불했는데요. 맞나요?

🎤 **A.** No, you chose to pay upon pickup, so you'll have to pay when you come to get the items. 아니요, 물건을 찾아갈 때 결제하기로 하셨으므로, 물건을 찾으러 오실 때 비용을 지불하셔야 합니다.

3. 주문 세부 내역을 묻는 질문

예) **Q. Can you give me some detailed information about my purchase?**
제가 구매한 것에 대해 자세한 정보를 줄 수 있나요?

🎤 **A.** Sure. There are three items you ordered from our store. First, you ordered 10 boxes of black pens at $5 each. Also, you ordered 50 boxes of silver paper clips which cost $3 per box, and lastly, you ordered 25 reams of printer paper each of which costs $4 per ream.
물론이죠. 당신은 저희 가게에서 세 가지 항목을 주문하셨습니다. 첫째로, 상자당 5달러에 검은색 펜 10상자를 주문하셨습니다. 또한, 상자당 3달러에 은색 종이 클립 50상자도 주문하셨고, 마지막으로 묶음당 4달러에 인쇄용지 25묶음을 주문하셨습니다.

Hackers Test

실제로 시험에 응시하는 것처럼, 45초 동안 표를 관찰한 후 문제별로 3초 동안 준비하여 Question 8, 9은 15초 동안, Question 10은 30초 동안 녹음하며 답변해 보세요. 🎧 (Q89&10_코스3) 08_HT

1

TOEIC Speaking

Order Summary
Order No. 13D3JZF

Farleigh Groceries, 53 Hana Street, Seattle

Recipient:
Joanne Kim, 415 Westwood Avenue, Apt. 3
Deliver on November 11, between 3 P.M. - 5 P.M.

Order Summary:

Item	Unit	Cost
Kitchen towels	6 rolls	$7.95
Bottled water	1 box	$5.75
Lemon soda	10 cans	$4.90
Milk	1 carton	$1.29
Apples	2 bags	$6.39
Potatoes	1 bag	$2.99
Total		$29.27

*Payment received online.
**Delivery fee of $5 must be paid when delivery is made.

Q8 🎤

Q9 🎤

Q10 🎤

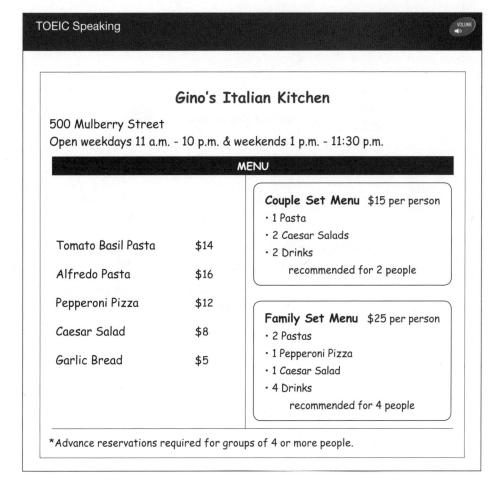

Q1-2

Q3-4

Q5-7

Q8-10

Q11

10일 만에 끝내는 해커스 토익스피킹

TOEIC Speaking

VOLUME

Gino's Italian Kitchen

500 Mulberry Street
Open weekdays 11 a.m. - 10 p.m. & weekends 1 p.m. - 11:30 p.m.

MENU

Tomato Basil Pasta	$14
Alfredo Pasta	$16
Pepperoni Pizza	$12
Caesar Salad	$8
Garlic Bread	$5

Couple Set Menu $15 per person
• 1 Pasta
• 2 Caesar Salads
• 2 Drinks
    recommended for 2 people

Family Set Menu $25 per person
• 2 Pastas
• 1 Pepperoni Pizza
• 1 Caesar Salad
• 4 Drinks
    recommended for 4 people

*Advance reservations required for groups of 4 or more people.

Q8 🎤

Q9 🎤

Q10 🎤

Hotel Loretta – Spa Services

71 Priest Parkway, Ottawa

(Prices include a complimentary 10-minute foot bath)

Services	Price	Features
Facial and Scalp Massage	$40	· Organic facial to rejuvenate your skin · 10-minute scalp massage
Aroma Oil Session	$30 for one herbal oil $50 for a mix of two	· Your choice of essential herbal oils to soothe your skin (full body)
Hot Stone Massage	$60	· Heated stones provide longer lasting relaxation for your body
Happy Feet	$35	· Milk and honey foot soak and sugar scrub for your feet

Q8 🎤

Q9 🎤

Q10 🎤

Order Summary

Flanders Furnishing Company
3 Huntington Road, College Park
Business Hours: 9 A.M. – 5 P.M.

Order Number: ZDZFJE11443

Deliver to: Innovation Corporation, 515 Merlene Square, Pittsburgh

Deliver by: May 23

Items	Quantity	Price Per Unit
Chairs	12	$45
Couch	1	$220
Clocks	3	$15
Tables	2	$90
Total		**$985**

*Payment received in full by John Smith.

**Delivery is free of charge for orders over $500.

Q8 🎤

Q9 🎤

Q10 🎤

모범답변·해석·해설 p. 92

Review Test

🎧 (Q89&10_리뷰테스트) 09_RT

Questions 8-10: Respond to questions using information provided

Directions: In this part, you will be asked to refer to information on the screen in order to answer three questions. The information will be shown for 45 seconds before you hear the questions. After listening to each question, you will have three seconds to prepare your response. You will have 15 seconds to respond to Questions 8 and 9 and 30 seconds to respond to Question 10. You will hear Question 10 two times.

TOEIC Speaking

Questions 8-10 of 11

Schedule for the Young Entrepreneurs Conference

July 1, Hill Building
Registration fee: $75 (includes lunch)

TIME	PRESENTER	ROOM	TITLE
9:00	Angela Williams	212	Basic Marketing Principles for Long-Term Success
10:30	Robert Shapiro	124	Starting a Business: Essentials that Every Entrepreneur Should Know
noon			Lunch (Served in the lobby)
1:30	Carlos Dixon	212	Franchising in the 21st Century
3:00	Gina Hamilton	124	Making your Brand Stand Out from the Competition
4:30	Lance Stevens	124	Using a Website to Attract More Customers

PREPARATION TIME
00:00:45

PREPARATION TIME	RESPONSE TIME
00:00:03	00:00:15

PREPARATION TIME	RESPONSE TIME
00:00:03	00:00:15

PREPARATION TIME	RESPONSE TIME
00:00:03	00:00:30

모범답변·해석·해설 p. 100

Q8-10 학습이 끝났습니다. 여기까지 오느라 수고 많으셨습니다. Review Test를 푼 결과를 기준으로 지금까지 학습한 내용을 점검하고 자신이 부족한 부분이 어디인지 확인하여 해당 부분을 복습하세요.

1. 나는 45초의 준비 시간과 인트로 음성이 나오는 동안 표에 제공된 내용을 파악하였다.

Yes ☐   No ☐

➡ No를 표시한 경우, **스텝별 전략 익히기**로 돌아가 **STEP 1. 표 내용 파악하기**를 복습하세요.

2. 나는 표의 종류를 파악하고 종류에 맞는 표의 형태와 나올 질문을 예상할 수 있었다.

Yes ☐   No ☐

➡ No를 표시한 경우, **Course 학습**으로 돌아가 **종류별 표 형태 및 파악할 내용과 자주 나오는 질문 및 답변**을 복습하세요.

3. 나는 질문의 내용을 정확히 파악할 수 있었다.

Yes ☐   No ☐

➡ No를 표시한 경우, **스텝별 전략 익히기**로 돌아가 **STEP 2. 질문 파악 후 표에서 정보 찾아 답변하기**를 복습하세요.

4. 나는 질문별 답변 방법에 맞게 답변할 수 있었다.

Yes ☐   No ☐

➡ No를 표시한 경우, **스텝별 전략 익히기**로 돌아가 **STEP 2. 질문 파악 후 표에서 정보 찾아 답변하기**를 복습하세요.

Q1-2
Q3-4
Q5-7
Q8-10
Q11

10일 만에 끝내는 해커스 토익스피킹

Q11
의견 제시하기

스텝별 전략 익히기

Review Test

Q11 한눈에 보기

Q11은 특정 주제에 대한 **질문에 자신의 의견을 밝힌 후 그에 대한 이유와 근거를 말하는** 유형입니다.

👁 Q11 정보

문제 번호	Question 11	평가 기준	☑ 발음이 정확한지
문제 수	1문제		☑ 억양이 자연스럽고 강세가 정확한지
			☑ 문법적 오류가 없는지
준비 시간	45초		☑ 적절한 어휘를 사용하는지
			☑ 답변에 일관성이 있는지
답변 시간	60초		☑ 답변이 질문과 관련된 내용인지
			☑ 답변이 완성되었는지

👁 출제 유형

Q11에 나오는 질문 유형은 **묻는 내용에 따라** 찬반형 질문, 선택형 질문, 장·단점 질문으로 나누어지며, **직장 생활, 일상 생활, 교육 관련** 주제의 문제가 주로 출제돼요.

· 질문 유형

질문 유형	유형 정보
1. 찬반형 질문	진술에 동의하는지, 동의하지 않는지를 물어요. 예 **Do you agree or disagree** with the following statement? *A creative person should become a leader.* 다음의 진술에 동의하나요? 창의적인 사람이 리더가 되어야 한다.
2. 선택형 질문	세 가지 중 중요하게 생각하는 것을 묻거나, 두 가지 중 선호하는 것을 물어요. 예 **Which of the following do you think is the most important** attribute of a business partner? · Patience · Politeness · Credibility 다음 중 사업 파트너의 가장 중요한 자질은 무엇이라고 생각하나요? ·인내심 ·예의 ·신뢰성
3. 장·단점 질문	장점 또는 단점이 무엇인지를 물어요. 예 **What is the advantage of** using the latest technology in the classroom? 교실에서 최신 기술을 사용하는 것의 장점은 무엇인가요?

· 빈출 주제

주제	자주 나오는 내용
1. 직장 생활	· 광고를 하는 것이 회사의 성공에 필수적이라는 것에 동의하는지, 동의하지 않는지 · 사업을 시작할 때 가장 어려운 것은 무엇인지
2. 일상 생활	· 인생에서 성공을 결정하는 가장 중요한 요소는 무엇인지 · 룸메이트와 함께 사는 것의 단점은 무엇인지
3. 교육	· 어려운 과제가 학생들의 학습 동기를 유발한다는 것에 동의하는지, 동의하지 않는지

👁 시험 진행 순서

01 디렉션

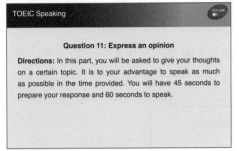

특정 주제에 대해 자신의 의견을 말할 것이며, 45초의 준비 시특정 주제에 대해 자신의 의견을 말할 것이며, 45초의 준비 시간과 60초의 답변 시간이 주어질 것이라는 디렉션이 음성과 함께 화면에 제시됩니다.

02 질문 제시

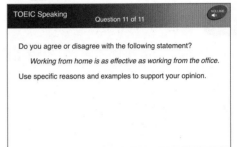

디렉션이 끝난 후, 질문이 음성과 함께 화면에 제시됩니다.

03 준비 시간

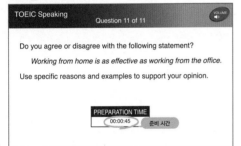

질문 음성이 끝나고, 'Begin preparing now.'라는 음성이 나온 후 45초의 준비 시간이 시작됩니다.

04 답변 시간

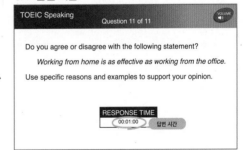

준비 시간이 끝나고, 'Begin speaking now.'라는 음성이 나온 후 60초의 답변 시간이 시작됩니다.

Q1-2

Q3-4

Q5-7

Q8-10

Q11

10일 만에 끝내는 해커스 토익스피킹

스텝별 전략 익히기

문제를 읽어주는 시간과 준비 시간을 활용하여 문제에 대한 나의 의견과 근거를 효과적으로 떠올리고, 템플릿에 맞는 답변을 할 수 있도록 스텝별 전략을 익혀두세요. 🎧 (Q11_스텝) 01

STEP 1 질문 파악하기

화면에 **제시된 질문을 보며 찬반형 질문**인지, **선택형 질문**인지, 또는 **장·단점 질문**인지를 파악하세요. 그 후, **무엇에 대해 묻고 있는지**를 파악하세요.

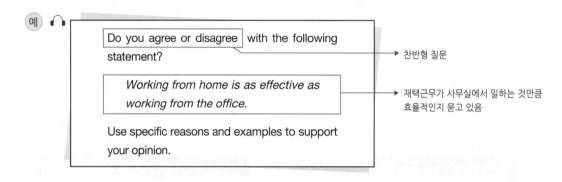

예 🎧

Do you agree or disagree with the following statement? → 찬반형 질문

Working from home is as effective as working from the office. → 재택근무가 사무실에서 일하는 것만큼 효율적인지 묻고 있음

Use specific reasons and examples to support your opinion.

45초의 **준비 시간** 동안, 말할 거리가 더 많이 떠오르는 것을 **나의 의견**으로 정하고, 의견을 뒷받침하기 위한 **두 가지 정도의 이유**를 떠올리세요. 그리고 나서, 각각의 이유에 대한 구체적인 설명이나 예시와 같은 **근거를 영어로** 떠올리세요.

질문: 재택근무가 사무실에서 일하는 것만큼 효율적이라는 것에 동의하나요?

> **동의함**
> • 인터넷을 통해 언제 어디서든 정보를 얻을 수 있음
> • 이러한 복지는 직원들이 더 열심히 일하도록 동기 부여함

> **동의하지 않음**
> • 일에 온전히 집중하지 못할 수도 있음

나의 의견 ㅣ 동의함

이유 1 ㅣ 언제 어디서든 인터넷을 통해 업무와 관련된 정보를 얻을 수 있음
can get work-related information on the Internet anytime, anywhere

근거 ㅣ 업무에 필요한 자료들은 디지털화되어 있어서 집에서도 사무실에서와 같은 정보를 접할 수 있음
the materials I need for work are digitized so I can access the same information at home as I could at the office

이유 2 ㅣ 회사가 재택근무 같은 복지를 제공한다면, 직원들이 더 열심히 일하도록 동기를 부여할 것임
if a company offered benefits like working from home, it would motivate employees to work harder

근거 ㅣ 가족들을 더 잘 돌볼 수 있도록 회사가 나에게 집에서 일을 하게 해 준다면, 회사에 더 충실할 것임
if my company let me work from home, so I could take better care of my family, I'd feel more loyal to my company

---

이유와 근거가 술술 나오는 답변 Know-How

자주 쓰이는 아래의 답변 아이디어를 기억해 두면 나의 의견에 대한 이유와 근거를 쉽게 떠올릴 수 있어요.

답변 아이디어	예)
동기부여 해 주니까!	직원들이 더 열심히 일하도록 동기부여 함 motivate employees to work harder 긍정적인 사람은 동료들에게 동기를 부여할 수 있음 positive individuals can motivate their colleagues
인터넷이 최고니까!	언제 어디서든 인터넷에서 정보를 얻을 수 있음 get information on the Internet anytime, anywhere 인터넷에는 풍부한 정보가 있음 a wealth of information is available on the Internet SNS를 통해 쉽게 연락함 easily communicate through social networking services
경쟁력을 가져야 하니까!	사회가 점점 더 경쟁적으로 되어 감 society is getting more and more competitive 기업의 경쟁력에 기여함 contribute to a company's competitiveness
요즘 중요한 건 이거니까!	건강/여가/복지를 중시함 place importance on physical health/leisure/benefits 현장 경험을 하는 것이 중요함 important to have field experience

Q1-2

Q3-4

Q5-7

Q8-10

Q11

10일 만에 끝내는 해커스 토익스피킹

60초의 **답변 시간** 동안, 앞서 정한 의견과 떠올린 이유 및 근거를 **템플릿에 넣어 말하세요.**

만능 답변 템플릿

나의 의견

I agree[disagree] that 나의 의견 for a few reasons.
저는 몇 가지 이유로 ~에 동의합니다(동의하지 않습니다).

또는

I agree[disagree] with the statement that 진술 for a couple of reasons.
저는 몇 가지 이유로 ~라는 진술에 동의합니다(동의하지 않습니다).

또는

I think / believe that 나의 의견 for the following reasons.   저는 다음의 이유로 ~이라고 생각합니다.

또는

I prefer 나의 의견 than 반대 의견 for a few reasons.
저는 몇 가지 이유로 ~보다 ~를 선호합니다. [선택형 질문의 경우]

이유 1

First / First of all, 첫 번째 이유   첫째로, ~

또는

To start with / To begin with, 첫 번째 이유   우선, ~

또는

The main reason is that 첫 번째 이유   첫 번째 이유는 ~라는 것입니다.

근거

To be specific, 이유에 대한 구체적인 설명   구체적으로 말하면, ~ 입니다.

또는

For example / For instance, 이유에 대한 예시   예를 들면 , ~입니다.

이유 2

Secondly / Second of all, 두 번째 이유   둘째로, ~

또는

Also / Additionally, 두 번째 이유   또한 / 게다가, ~

또는

Another reason is that 두 번째 이유   다른 이유는 ~라는 것입니다.

근거

To be specific, 이유에 대한 구체적인 설명   구체적으로 말하면, ~ 입니다.

또는

For example / For instance, 이유에 대한 예시   예를 들면, ~입니다.

마무리

For these reasons, I think 나의 의견   이러한 이유로, 저는 ~이라고 생각합니다.

또는

Therefore, I believe 나의 의견   그러므로, 저는 ~이라고 생각합니다.

예 🎧

정한 의견과 떠올린 이유 및 근거	답변
나의 의견 • 동의함 ┈➤	I agree that working from home is as effective as working from the office for a few reasons.
이유 1 • can get work-related information on the Internet anytime, anywhere ┈➤	First of all, I can get work-related information on the Internet anytime, anywhere.
근거 • the materials I need for work are digitized so I can access the same information at home as I could at the office ┈➤	To be specific, the materials I need for work are digitized so I can access the same information at home as I could at the office.
이유 2 • if a company offered benefits like working from home, it would motivate employees to work harder ┈➤	Secondly, if a company offered benefits like working from home, it would motivate employees to work harder.
근거 • if my company let me work from home so I could take better care of my family, I'd feel more loyal to my company ┈➤	For example, if my company let me work from home so I could take better care of my family, I'd feel more loyal to my company.
마무리 • 재택근무를 하는 것이 사무실에 가는 것만큼 좋음 ┈➤	For these reasons, I think that working from home is as good as going in to the office.

해석 저는 몇 가지 이유로 재택근무를 하는 것이 회사에서 일하는 것만큼 효율적이라는 데 동의합니다. 첫째로, 언제 어디서든 인터넷을 통해 업무와 관련된 정보를 얻을 수 있습니다. 구체적으로 말하면, 업무를 위해 제가 필요한 자료들은 디지털화되어 있어서 집에서도 사무실에서와 같은 정보를 접할 수 있습니다. 둘째로, 회사가 재택근무 같은 복지를 제공한다면, 직원들이 더 열심히 일하도록 동기를 부여할 것입니다. 예를 들면, 가족들을 더 잘 돌볼 수 있도록 회사가 저에게 집에서 일을 하게 해준다면, 회사에 더 충실할 것입니다. 이러한 이유로, 저는 재택근무를 하는 것이 사무실에 가는 것만큼 좋다고 생각합니다.

Q1-2
Q3-4
Q5-7
Q8-10
Q11
10일 만에 끝내는 해커스 토익스피킹

Check-up

앞에서 배운 전략을 사용하여, STEP 1에 질문 내용을 한글로 정리한 후, STEP 2의 의견, 이유 및 근거를 영어로 작성해 보세요. 그 후, STEP 3의 우리말로 적혀 있는 부분을 영어로 바꾸어 답변해 보세요. 🎧 (Q11_스텝) 02_CU

1

> Do you agree or disagree with the following statement?
> *Children these days study more than in the past.*
> Use specific reasons and examples to support your opinion.

STEP 1 질문 파악하기

① 질문 내용 _____

STEP 2 의견 정하고 이유와 근거 떠올리기

② 나의 의견 | 동의함 _____

③ 이유 1 | 교육에 있어서 경쟁이 심해짐 _____

④ 근거 | 사람들은 좋은 대학의 졸업장이 직장을 구하는데 필수적이라고 생각함

⑤ 이유 2 | 기술의 발전은 시간과 장소의 제약을 없앰 _____

⑥ 근거 | 동영상 강의로 교실 밖에서도 쉽게 공부할 수 있음

STEP 3 의견, 이유, 근거를 템플릿에 넣어 말하기

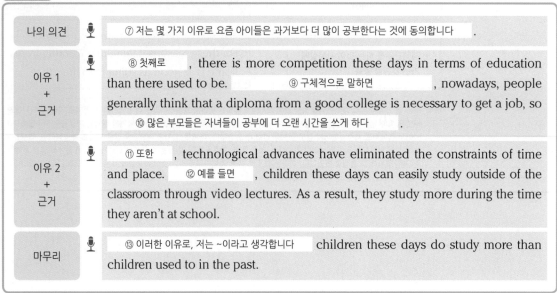

나의 의견 🎤	⑦ 저는 몇 가지 이유로 요즘 아이들은 과거보다 더 많이 공부한다는 것에 동의합니다 .
이유 1 + 근거 🎤	⑧ 첫째로 , there is more competition these days in terms of education than there used to be. ⑨ 구체적으로 말하면 , nowadays, people generally think that a diploma from a good college is necessary to get a job, so ⑩ 많은 부모들은 자녀들이 공부에 더 오랜 시간을 쓰게 하다 .
이유 2 + 근거 🎤	⑪ 또한 , technological advances have eliminated the constraints of time and place. ⑫ 예를 들면 , children these days can easily study outside of the classroom through video lectures. As a result, they study more during the time they aren't at school.
마무리 🎤	⑬ 이러한 이유로, 저는 ~이라고 생각합니다 children these days do study more than children used to in the past.

2

Which of the following would you be most likely to spend money on if you got a raise?

- *Clothes*
- *Travel*
- *Entertainment*

Choose ONE of the options and use specific reasons and details to support your opinion.

Q1-2

Q3-4

Q5-7

Q8-10

Q11

10일 만에 끝내는 해커스 토익스피킹

STEP 1 질문 파악하기

① 질문 내용 _____

STEP 2 의견 정하고 이유와 근거 떠올리기

② 나의 의견 ┃ 여행 _____

③ 이유 1 ┃ 사람이 살 수 있는 어떤 실재하는 것들보다 더 가치 있음 _____

④ 근거 ┃ 잊을 수 없는 기억을 줌 _____

⑤ 이유 2 ┃ 휴가를 가고 느긋함을 느낄 기회를 줌 _____

⑥ 근거 ┃ 여행 중에 화창한 바닷가에서 쉬는 것은 기운이 나게 함 _____

STEP 3 의견, 이유, 근거를 템플릿에 넣어 말하기

나의 의견	🎤 If I got a raise, I think I would most likely spend the money on travel ⑦ 몇 가지 이유로 .
이유 1 + 근거	🎤 ⑧ 우선 , ⑨ 여행의 경험은 is worth more than any tangible item that one can buy. ⑩ 구체적으로 말하면 , ⑪ 새로운 곳을 여행하는 것은 can give you unforgettable memories. These memories become a part of who you are and can even change how you view the world.
이유 2 + 근거	🎤 ⑫ 게다가 , traveling ⑬ 휴가를 가서 느긋함을 느낄 기회를 주다 . ⑭ 예를 들면 , chilling out at a sunny beach can really lift my spirits. When I return to work, I'll be able to ⑮ 더 잘 그리고 더 효율적으로 일하다 because I feel totally refreshed.
마무리	🎤 ⑯ 그러므로, 저는 ~이라고 생각합니다 , I'd probably spend money on travel if I got a raise.

모범답변·해석·해설 p. 102

Course 01 직장 생활

직장 생활 관련 주제에서는 **회사의 성공 요인, 직원의 자질, 근무 조건** 등에 관련된 질문이 출제됩니다. 제시되는 질문에 대한 나의 의견과 이유 및 근거를 바로 떠올릴 수 있도록, 직장 생활 관련 주제에서 자주 나오는 질문과 답변 표현을 익혀두세요.

🎧 (Q11_코스1) 03

1 찬반형 질문

① 광고를 하는 것이 회사의 성공에 필수적이라는 것에 동의하나요?

나의 의견	동의함	I agree that advertising is vital for a company to succeed.
이유 1	잠재 고객을 끌어올 수 있음	It can attract potential customers to the company.
근거	나는 가끔 광고만 보고도 처음 들어본 회사의 제품을 삼	I sometimes buy products of a company I've never heard of only after watching its advertisement.
이유 2	대중들에게 회사의 이미지를 각인시킬 수 있음	The advertisement can leave an imprint of the company's image in the public's mind.
근거	성공적인 광고는 사람들이 제품을 보고 바로 그 회사를 떠올리게 함	Successful advertisements remind people of the company right away when they see the product.

② 직원들에게 투자하는 것이 회사가 성공하는 가장 좋은 방법이라는 것에 동의하나요?

나의 의견	동의함	I agree that investing in employees is the best way to lead a company to success.
이유 1	직원들은 회사의 가장 중요한 구성 요소임	Employees are the most important elements of a company.
근거	훌륭한 기계나 많은 자본이 할 수 없는 사람의 고유한 업무를 할 수 있음	They do uniquely human jobs that machines or even money can't do.
이유 2	회사가 빠르게 성장함	The company will grow faster.
근거	직원 교육의 결과로 생산성이 빠르게 향상될 것임	As a result of employee training, productivity will increase rapidly.

③ 창의적인 사람이 리더가 되어야 한다는 것에 동의하나요?

나의 의견	동의함	I agree with the statement that a creative person should become a leader.
이유 1	새롭고 다른 방식으로 문제를 해결함	A creative person solves problems in new and different ways.
근거	참신한 해결책이 틀에 박힌 방법보다 효과적일 수 있음	Novel solutions can be more effective than conventional methods.
이유 2	자신이 이끄는 기업을 앞서 나가게 함	A creative leader can help the company get ahead.
근거	창의적인 아이디어로 더 경쟁력 있는 기업을 만들 수 있음	With creative ideas, leaders can help their companies become more competitive with other organizations.

④ 친절한 사람이 가장 좋은 동료라는 것에 동의하나요?

나의 의견	동의하지 않음	I disagree that a person who is friendly makes the best colleague.
이유 1	친절하다고 해서 일을 잘 하는 것은 아님	Being friendly doesn't mean that a person is a good worker.
근거	남을 돕는 것에 지나치게 신경을 쓰지만, 자신의 일은 제대로 못 하는 동료가 있음	I have a colleague who's overly concerned with helping others, but not with doing his own job well.
이유 2	좋은 동료는 솔직한 의견을 줄 수 있어야 함	A good colleague should be able to give honest feedback.
근거	친절한 사람들은 다른 사람의 기분을 상하게 하지 않기 위해 의견 남기는 것을 주저함	But sometimes friendly people hesitate to leave some feedback to avoid hurting other people's feelings.

⑤ 업무 방식이 다른 두 직원이 함께 일하는 것이 효과적이라는 것에 동의하나요?

나의 의견	동의함	I agree that it is effective for two employees with different working styles to work together.
이유 1	서로의 단점을 보완할 수 있어서 더 나은 최종 결과물이 나옴	They can make up for each other's shortcomings, resulting in a better end product.
근거	나와 달리 꼼꼼한 동료와 함께 작업했을 때, 프로젝트는 크게 성공함	When I collaborated with a coworker who, unlike me, is meticulous, our project became a huge success.
이유 2	두 직원 모두를 성장하게 함	The difference in working styles allows for the growth of both workers.
근거	상대의 업무 방식으로부터 배우고 그것을 자기계발에 적용할 수 있음	Both coworkers can learn from the other's working style and apply it to their own self-improvement.

6 급여가 직업 만족도에 가장 큰 영향을 주는 요소라는 것에 동의하나요?

나의 의견	동의하지 않음	I disagree that salary is the biggest factor that influences job satisfaction.
이유 1	업무가 적성에 맞는지가 더 중요함	Whether I have an aptitude for the work is more important.
근거	전공과 관련된 업무를 한다면 내가 하는 일을 더 즐길 것임	If I can do work that is closely related to my major, I'll be more likely to enjoy what I do.
이유 2	돈을 버는 것이 회사를 다니는 유일한 이유는 아님	Making money isn't the only reason I go to work.
근거	회사에서 인정받지 못한다면 급여가 높아도 행복하지 않을 것임	If I can't gain recognition at work, I won't be happy even with a high salary.

7 최신 기술을 사용하는 것은 회사에 성공을 가져온다는 것에 동의하나요?

나의 의견	동의함	I agree that using the latest technology brings success to a company.
이유 1	업무 효율을 증가시킴	Implementing new technology in the workplace can boost work efficiency.
근거	직원들이 새롭고 개선된 방식으로 일할 수 있음	Employees can work in new and improved ways.
이유 2	사람들이 그 회사의 역량을 더 신뢰할 것임	People will trust in the company's competency more.
근거	신기술을 일찍 받아들이는 것은 회사가 그 분야의 선도자가 되게 함	Adopting new technology early will make the company a leader in the field.

8 도덕성이 기업인에게 중요한 자질이라는 것에 동의하나요?

나의 의견	동의함	I agree that morality is an important quality for businesspeople.
이유 1	기업인에게는 사회적 책임이 있음	Businesspeople have social responsibility.
근거	사회에 영향력을 끼치므로 윤리적이고 책임감 있게 행동해야 함	Businesspeople can influence the society as a whole, so they must act ethically and responsibly.
이유 2	직원들에게 동기를 부여하는 원천이 될 수 있음	A moral business owner can be a source of motivation to employees.
근거	사회적으로 존경받는 리더 밑에서 일하는 것을 자랑스러워 할 것임	Employees will be proud to work for a leader who is socially respected.

1 사업을 시작할 때 가장 어려운 것은 무엇인가요? ·자금 확보 ·유능한 직원 채용 ·다양한 제품 생산

나의 의견	자금 확보가 가장 어려움	The most difficult thing when starting your own business is to secure capital.
이유 1	신생 회사는 투자자를 찾기 어려움	It's hard to find investors for start-ups.
근거	안정적이지 않으므로 사람들이 투자를 피함	Many people shy away from investing in a start-up because it is not yet established.
이유 2	소기업 대출을 받기가 더 어려워짐	It has gotten more difficult to get a small business loan.
근거	어려운 경제 때문에 은행에서 돈을 빌려주기를 꺼림	Due to the difficult economy, banks are reluctant to give out loans.

2 직원을 채용할 때 가장 고려해야 하는 것은 무엇인가요? ·업무 경험 ·긍정적인 태도 ·학력

나의 의견	긍정적인 태도를 가장 고려해야 함	I think a positive attitude is the most important thing to consider when making a hiring decision.
이유 1	일하면서 겪는 어려움을 잘 이겨 냄	A person with a positive attitude is better at getting through challenges he or she faces at work.
근거	정신적으로 더 강하고 쉽게 포기하지 않음	They tend to be mentally stronger and less likely to give up so readily.
이유 2	좋은 업무 분위기를 조성함	Someone with a positive attitude creates a good work atmosphere.
근거	동료들을 격려하고 동기부여 할 수 있음	Positive individuals can encourage and motivate their colleagues.

3 지원한 회사의 면접을 볼 때, 그룹 면접과 1:1 면접 중 무엇을 선호하나요?

나의 의견	그룹 면접을 더 선호함	I prefer group interviews to one-on-one interviews when applying for jobs.
이유 1	경쟁자들 가운데서 나의 위치를 알 수 있음	I can learn where I stand among the competition.
근거	다른 지원자들의 답변을 들으면서 나의 자격과 비교할 수 있음	I can compare my qualifications with those of the other candidates while listening to their responses.
이유 2	1:1 면접보다 덜 부담스러움	It'll feel less burdensome compared to a one-on-one interview.
근거	면접관이 나에게만 모든 질문을 계속 하지 않아서 압박을 덜 느낌	There is less pressure because the interviewer isn't continuously asking me all of the questions.

Q1-2

Q3-4

Q5-7

Q8-10

Q11

10일 만에 끝내는 해커스 토익스피킹

④ 좋은 인성을 가진 상사와 일을 잘 하는 상사 중 어떤 상사와 함께 일하는 것을 선호하나요?

나의 의견	일을 잘 하는 상사와 함께 일하는 것을 선호함	I prefer to work for a boss who is very good at his job rather than a boss who has a good personality.
이유 1	일이 더 효율적으로 진행됨	Tasks will be conducted more efficiently.
근거	팀을 잘 조직하고 업무를 효율적으로 분담함	A competent boss organizes teams well and distributes tasks efficiently.
이유 2	실용적인 업무 기술을 배울 수 있음	I can learn practical job skills.
근거	상사의 발표 기술이나 추진력을 배우는 것은 내가 업무를 더 잘하도록 도와줌	Acquiring his presentation skills and drive can help me perform better.

⑤ 다양한 업무를 하는 것과 한 가지 업무만 하는 것 중 무엇을 선호하나요?

나의 의견	한 가지 업무를 하는 것을 선호함	I prefer to focus on one task than to do various tasks.
이유 1	더 좋은 결과를 얻는 경향이 있음	My results tend to be better when I do only one thing at a time.
근거	많은 곳에 관심을 분산시킬 필요가 없어 더 집중할 수 있음	I can concentrate better because I don't have to divide my attention between many.
이유 2	스트레스를 덜 받음	I get less stressed when I do only one thing at a time.
근거	동시에 처리해야 할 것들이 더 적어서, 업무를 파악하고 있기 쉬움	There are fewer things to manage simultaneously, so it's easier to keep track of the task.

⑥ 직업을 구할 때 누구에게 조언을 구하나요? · 교수님 · 부모님 · 친구

나의 의견	친구에게 조언을 구함	I ask for advice from friends when I am job-searching.
이유 1	구직 시장에 대한 정보를 가지고 있음	They have information about the job market.
근거	비슷한 시기에 졸업을 해서 함께 면접을 준비할 것임	We graduated around the same time, so we'll prepare for job interviews together.
이유 2	내 입장을 잘 이해함	They understand my position well.
근거	내가 좋은 소식을 듣지 못하면 다른 누구보다 나를 잘 위로해 줄 수 있음	If I don't hear good news, they can comfort me better than anyone else can.

3 장·단점 질문

1 관심 분야에서 인턴을 하는 것의 장점은 무엇인가요?

장점 1	직업에 대해 직접적인 경험을 할 수 있음	I can get hands-on experience at a job by doing an internship.
근거	학교에서는 배울 수 없는 다양한 상황을 겪게 됨	I'll experience various situations I can't learn in school.
장점 2	이미 그 분야에 있는 사람들과 인맥을 형성하게 함	The internship will allow me to network with people who are already in the field.
근거	인턴을 하며 만난 사람들과 계속 연락하는 것은 취업 기회로 이어질 수 있음	Keeping in touch with people I meet while interning could possibly lead to job opportunities.

2 신생 회사에 취직하는 것의 단점은 무엇인가요?

단점 1	직무 내용이 정해져 있지 않음	There isn't a set job description.
근거	인력이 부족해서 많은 부가 업무를 해야 함	You may have to do a lot of side jobs because start-up companies are usually short-staffed.
단점 2	경력을 쌓기에는 위험한 방법임	It might be a risky way to build a career.
근거	회사가 아직 불안정해서 도산할 수도 있음	The company isn't quite stable yet so it might fail.

3 상사에게 직업 기술을 배우는 것의 장점은 무엇인가요?

장점 1	기술을 업무에 어떻게 적용할지 더 쉽게 알 수 있음	It will be easier for me to know how to apply the skill to my job.
근거	내가 할 업무를 알기 때문에, 관련된 설명을 해 줄 수 있음	My boss knows what tasks I'll be working on, so he can give instructions that are relevant.
장점 2	상사와 더 잘 지낼 수 있을 것임	I will get along better with my boss.
근거	때로는 긴장할 수도 있지만 함께 이야기하며 친해질 수 있음	Although I might get nervous at times, I can try to become closer to my boss by chatting with him.

*직장 생활에 관련된 추가 질문과 답변 아이디어는 '**목표 등급 달성을 보장하는 아이디어 & 표현 자료집**' (HackersIngang.com)에서 학습하실 수 있습니다.

Hackers Test

실제로 시험에 응시하는 것처럼, 45초 동안 준비하여 60초 동안 녹음하며 답변해 보세요. 🎧 (Q11_코스1) 04_HT

1

Do you agree or disagree with the following statement?

Focusing on one task rather than doing various tasks simultaneously results in higher productivity.

Use specific reasons and examples to support your opinion.

2

Which of the following qualities is the most important to be a good supervisor?

- *Having a lot of experience*
- *Having a sense of humor*
- *Being encouraging*

Choose ONE of the options and use specific reasons and details to support your opinion.

3

TOEIC Speaking

Do you agree or disagree with the following statement?

Using the latest technologies brings success to a company.

Use specific reasons and examples to support your opinion.

🎤

4

TOEIC Speaking

What are the advantages of pursuing an internship in one's field of interest?

Give reasons and specific examples to support your opinion.

🎤

10일 만에 끝내는 해커스 토익스피킹

5

If all else were equal, would you prefer to work in a marketing department or an HR department?

Give specific reasons and examples to support your opinion.

6

Do you agree or disagree with the following statement?

The best way to learn a new work skill is by reading a manual.

Give specific reasons and details to support your opinion.

7

What are the disadvantages of making decisions with a group of people at work?

Use specific reasons and details to support your opinion.

8

Which of the following do you think is the most important attribute of a business partner?

- *Patience*
- *Politeness*
- *Credibility*

Give specific reasons and examples to support your opinion.

모범답변·해석·해설 p. 104

Course 02 일상 생활

일상 생활 관련 주제에서는 과거와 현재 세대의 비교, 미래의 변화 예측, 인터넷, 광고, 환경, 주거 등에 관련된 질문이 출제됩니다. 제시되는 질문에 대한 나의 의견과 이유 및 근거를 바로 떠올릴 수 있도록, 일상 생활 관련 주제에서 자주 나오는 질문과 답변 표현을 익혀두세요. 🎧 (Q11_코스2) 05

1 찬반형 질문

① 인터넷이 정보를 얻는 가장 좋은 방법이라는 것에 동의하나요?

나의 의견	동의함	I agree that the Internet is the best way to obtain information.
이유 1	다양한 정보를 구할 수 있음	A wealth of information is available on the Internet.
근거	세계 각지에서 올린 뉴스 기사, 사진, 동영상을 볼 수 있음	I can see news articles, photos, and videos that were uploaded from various parts of the world.
이유 2	언제 어디서든 정보를 찾아볼 수 있음	The information on the Internet is accessible anytime, anywhere.
근거	늦은 밤이나 이른 아침에 궁금한 게 있더라도 답을 찾을 수 있음	Even if I have a question late at night or early in the morning, I can find the answer online.

② 요즘 사람들이 과거 사람들보다 의사소통 능력이 뛰어나다는 것에 동의하나요?

나의 의견	동의하지 않음	I disagree with the statement that people nowadays are better at communicating than those in the past.
이유 1	타인과 소통할 기회가 적음	There are fewer opportunities to communicate with other people than there were in the past.
근거	이웃이나 친척과 많이 교류하지 않고, 이웃이 누구인지도 모름	We don't interact with our neighbors or relatives as much, and a lot of people don't even know who their neighbors are.
이유 2	대중 앞에서 말하는 능력이 저하됨	People's ability to speak in public has decreased.
근거	소셜 네트워크 서비스의 출현으로, 많은 사람들이 온라인으로 의사소통을 함	With the advent of social networking services, many people communicate online.

3 전자 미디어가 미래에 인쇄물이 사라지게 만들 거라는 것에 동의하나요?

나의 의견	동의하지 않음	I disagree that electronic media will make printed materials obsolete in the future.
이유 1	인쇄물이 눈에 덜 피로함	Printed materials are less tiring to the eyes.
근거	전자 기기 화면에서 나오는 해로운 전자파가 없음	There are no harmful electromagnetic waves coming from the screen of an electronic device.
이유 2	사람들은 여전히 인쇄된 형태의 출판물을 선호함	People still prefer the printed forms of publications like newspapers to their online versions.
근거	많은 사람들이 종이로 된 페이지를 넘기는 느낌을 좋아함	Many people like the feeling of flipping through paper pages as they go through the book.

4 건강한 삶이 부유한 삶보다 더 가치 있다는 것에 동의하나요?

나의 의견	동의함	I agree that a healthy life is worth more than a materialistically wealthy life.
이유 1	건강은 한 번 잃으면 되찾기 어려움	Once you lose your health, it's hard to get it back.
근거	돈은 잃거나 빼앗겨도 다시 벌 수 있지만 건강은 그렇지 않음	You can make money if you lose it or get it stolen, but it's not like that with health.
이유 2	건강하면 훨씬 더 많은 활동을 할 수 있음	If you're healthy, you can participate in many more activities.
근거	여행이나 운동은 체력을 필요로 해서 건강하지 않은 사람들은 할 수 없음	Traveling or doing exercise requires physical strength, so it's not easy for unhealthy people to do it.

5 컴퓨터가 우리 사회에 가장 기여한 발명품이라는 것에 동의하나요?

나의 의견	동의함	I agree that the computer is the invention that contributes most to our society.
이유 1	다른 전자 기기들의 발명을 가능하게 했음	Computers made it possible to invent other electronic devices.
근거	스마트폰과 같이 매일 사용하는 기기도 컴퓨터가 없었다면 만들어지지 않았을 것임	Everyday devices such as smartphones wouldn't have been created if it wasn't for computers.
이유 2	사회 자체가 컴퓨터 기술에 기반을 두고 기능함	Our society itself functions based on computer technology.
근거	집, 학교, 직장 등 모든 곳에서 컴퓨터가 사용됨	Computers are used everywhere, including in the home, at school, and in the workplace.

6 물건을 대량으로 구매하는 것이 돈을 절약하는 데 도움이 된다는 것에 동의하나요?

나의 의견	동의하지 않음	I disagree that buying products in bulk helps save money.
이유 1	충동 구매를 하게 함	It encourages impulse buying.
근거	양에 비해 저렴해 보여서 필요 이상으로 많이 사기 쉬움	Bulk items seem cheap considering the amount that you get, so you'll likely buy more than you need.
이유 2	산 것을 다 쓰지 않으면 낭비임	It is a big waste if you don't consume everything you buy.
근거	나는 혼자 살아서, 대량으로 사면 아마 다 쓰지 못할 것임	I live alone, so if I bought things in bulk, I probably couldn't use it all and it would be wasted.

7 요즘 사람들이 과거 사람들에 비해 스트레스를 더 쉽게 해소한다는 것에 동의하나요?

나의 의견	동의함	I agree that people these days have an easier time relieving their stress than people did in the past.
이유 1	스트레스를 손쉽게 해소할 방법이 더 많음	There are more ways to readily relieve stress.
근거	운동이나 다른 취미 활동을 통해 쉽게 기분 전환을 할 수 있음	People can easily lift their spirits through exercise or other hobbies.
이유 2	원할 때 언제든지 떠나서 기분 전환을 할 수 있음	People can get away and enjoy a change of scenery anytime they want.
근거	교통이 발달해서 즉흥적으로 당일치기 여행을 갈 수 있음	You can take day trips on a whim because transportation has developed significantly.

8 가까운 미래에 대부분의 건물이 태양열로 작동할 거라는 것에 동의하나요?

나의 의견	동의하지 않음	I disagree that most buildings will be solar powered in the near future.
이유 1	태양 전지판 설치는 돈이 많이 듦	Installing solar panels costs a lot.
근거	설치비가 비싸고, 정기적인 유지비를 내야 함	The installation fees are expensive, and you also have to pay a regular maintenance fee.
이유 2	많은 신축 건물들은 태양 전지판 설치를 허용하지 않음	A lot of newly constructed buildings do not allow for the installation of solar panels.
근거	설치하기 위해 넓은 표면적이 필요한데, 최근에 지어진 건물들은 옥상이 좁음	Installing solar panels requires a large open space, but recently built buildings have small rooftops.

1 인생에서의 성공을 결정하는 가장 중요한 요소는 무엇인가요? ・물질적 풍요 ・행복한 가족 ・진정한 우정

나의 의견	행복한 가족이 가장 중요함	I believe that having a happy family is the most important factor that contributes to a successful life.
이유 1	내가 하는 모든 일에 자신감을 가질 것임	I will be confident in everything I do.
근거	행복한 가족을 갖는 것은 진정한 지지자가 있다는 것을 의미함	Having a happy family means that I have real supporters.
이유 2	일에 더 집중할 수 있음	I can focus on work better.
근거	가정의 불화 등이 없어서 신경 써야 할 문제가 적음	There is no such thing as family trouble, so there are fewer points of concern.

2 스스로 여행을 계획하는 것과 여행사를 이용하는 것 중 무엇을 선호하나요?

나의 의견	스스로 여행을 계획하는 것을 더 선호함	I prefer to plan my own travel than to use a travel agency.
이유 1	원하는 대로 여행 계획을 짤 수 있음	I can customize my trip just the way I want to.
근거	내가 보고 싶은 것을 보고 먹고 싶은 것을 먹을 수 있음	I can see what I want to see and eat what I want to eat.
이유 2	일정이 더 융통성 있음	I can have more flexibility in my schedule.
근거	마음이 바뀌거나 다른 더 흥미로운 것을 찾으면 일정을 조정할 수 있음	If I have a change of heart, or find something else more interesting, I can rearrange my schedule.

3 새로운 취미를 선택하는 가장 중요한 기준은 무엇인가요? ・소요 시간 ・비용 ・만나게 되는 사람

나의 의견	소요 시간이 가장 중요함	I consider the amount of time required to do the hobby the most when I'm choosing a new hobby.
이유 1	할애할 수 있는 시간이 많지 않음	I don't have a lot of time to spare.
근거	학교 공부나 취업을 위한 자격증을 공부하는 데 많은 시간을 쏟음	I have to spend most of my time on my studies for school and other certificates so I can get a job.
이유 2	취미를 오래 유지하기 위해서는 시간이 적게 들어야 함	The hobby shouldn't be too time-consuming if I want to keep it for a long time.
근거	많은 시간을 따로 잡아야 한다면 부담을 느끼고 하지 않게 될 것임	If I had to set aside a lot of time for my hobby, I'd become stressed out and not do it.

④ 20년 후에 어떤 분야가 가장 변화할 것이라고 생각하나요? ・건축 ・의학 ・출판

나의 의견	의학이 가장 변화할 것이라고 생각함	I think the medical field will see the greatest changes in the next 20 years.
이유 1	다양한 전자 기기들을 사용해서 환자들을 진단하는 새로운 방법이 생길 것임	New methods of diagnosing patients using various electronic devices will become available.
근거	이미 심장 박동과 뇌파를 확인할 수 있는 기기들이 있고, 이것들은 더 발전할 것임	There are already devices that check heartbeat and brain waves, and these devices will only improve.
이유 2	많은 사람들이 건강하게 장수하는 삶을 원함	Many people have a desire for a long, healthy life.
근거	불치병을 위한 치료법이나 약품이 계속 개발될 것임	New cures and medicines for currently incurable diseases will continue to be developed.

⑤ 개인 스포츠와 단체 스포츠 중 무엇을 선호하나요?

나의 의견	단체 스포츠를 선호함	I prefer team sports to individual sports.
이유 1	다른 사람과 협동하는 법을 가르쳐 줌	Team sports teach me how to cooperate with other people.
근거	공동의 목표를 이루기 위해 모든 팀원들과 함께하는 것을 요구함	They require working with every team member to achieve a shared goal.
이유 2	새로운 친구를 사귈 수 있음	I can make new friends.
근거	서로 교류하고 운동하는 것이 자연스럽게 우정을 길러 줌	Interacting and working out with each other naturally fosters friendships.

⑥ 콘서트에 가는 것과 음반을 듣는 것 중 무엇을 선호하나요?

나의 의견	콘서트에 가는 것을 선호함	I prefer to go to a concert rather than listen to recorded music.
이유 1	좋아하는 가수들을 직접 보고 그들의 노래를 들을 수 있음	I can see my favorite singers in person and listen to their songs live.
근거	내가 좋아하는 가수와 같은 공간에 있는 것은 특별한 경험임	It's a special experience to be in the same space as my favorite singer.
이유 2	같은 열정을 공유하는 사람들과 친해질 기회임	It's a chance to connect with others who share the same passion as me.
근거	음악을 따라 노래하고 춤추는 다른 관중들과 유대감을 느낌	I feel togetherness with other members of the audience who are singing and dancing along the music.

Q1-2

Q3-4

Q5-7

Q8-10

Q11

10일 만에 끝내는 해커스 토익스피킹

3 장·단점 질문

1 새로운 것을 추구하고 모험을 즐기는 것의 장점은 무엇인가요?

장점 1	시야를 넓힐 수 있음	Pursuing new things and enjoying adventures can expand my horizons.
근거	다양한 환경을 경험하며 새로운 것을 배움	I can learn new things as I experience diverse environments.
장점 2	창의력을 키워 줌	New experiences can make me become more creative.
근거	예상치 못한 상황에서 문제를 해결할 새로운 방법을 떠올릴 수 있음	I can come up with new ways to solve problems in unexpected situations.

2 온라인에서 새로운 사람을 만나는 것의 단점은 무엇인가요?

단점 1	거짓말을 하거나 무례하게 굴 수 있음	Some people you meet online may lie or act rudely.
근거	사이버 공간에 있는 사람들은 익명이기 때문에 덜 책임감 있게 행동함	People you meet online may act less responsibly, as people in cyber space are anonymous.
단점 2	환경의 차이로 우정을 유지하기 어려움	It's hard to maintain a friendship because of the contrasts in our environments.
근거	시차 때문에 다른 나라에 사는 친구와 연락하기 어려움	Keeping in touch with someone in a different country is tough because of the time differences.

3 룸메이트와 함께 사는 것의 단점은 무엇인가요?

단점 1	사생활의 침해가 있을 수 있음	There can be an invasion of privacy when living with roommates.
근거	혼자 있고 싶을 때 나를 방해할 수도 있음	My roommates might disturb me when I want to be alone.
단점 2	주거 공간이 쉽게 더러워짐	The living quarters will get dirty easily.
근거	여러 사람이 같은 공간에 살면 쓰레기가 많이 생김	When many people live in a shared space, more trash is created.

*일상 생활에 관련된 추가 질문과 답변 아이디어는 '**목표 등급 달성을 보장하는 아이디어 & 표현 자료집**' (HackersIngang.com)에서 학습하실 수 있습니다.

Hackers Test

1

TOEIC Speaking

VOLUME

Do you agree or disagree with the following statement?

The public has a right to know about celebrities' private lives.

Use specific reasons and details to support your opinion.

🎙

2

TOEIC Speaking

VOLUME

Which of the following do you think is the best electronic device?

- • *A smartphone*
- • *An e-book reader*
- • *A laptop computer*

Choose ONE of the options and use specific reasons and details to support your opinion.

🎙

3

Q1-2

TOEIC Speaking

VOLUME

Do you agree or disagree with the following statement?

People nowadays relieve their stress more easily than people did in the past.

Use specific reasons and examples to support your opinion.

4

TOEIC Speaking

VOLUME

Do you prefer watching TV or reading books during your spare time?

Use specific ideas and examples to support your opinion.

5

Do you agree or disagree with the following statement?

Customer reviews on social media are the most effective way to advertise a product.

Give specific reasons and details to support your opinion.

6

When you travel overseas, do you prefer to visit many different countries or stay in just one country?

Support your answer with reasons or examples.

7

What are the disadvantages of living in an apartment compared to living in a house?

Give specific ideas and examples to support your opinion.

8

Which of the following do you think is the best means of obtaining information?

- *TV*
- *Blogs*
- *Newspapers*

Choose ONE of the options and use specific reasons and details to support your opinion.

모범답변·해석·해설 p. 112

교육 관련 주제에서는 **자녀 양육, 학생 교육, 아이들의 행동 방식** 등에 관련된 질문이 출제됩니다. 제시되는 질문에 대한 나의 의견과 이유 및 근거를 바로 떠올릴 수 있도록, 교육 관련 주제에서 자주 나오는 질문과 답변 표현을 익혀두세요.

🎧 (Q11_코스3) 07

1 찬반형 질문

① 어려운 과제가 학생들에게 학습 동기를 부여한다는 것에 동의하나요?

나의 의견	동의하지 않음	I disagree with the statement that difficult assignments motivate students to learn.
이유 1	적절한 수준의 과제가 학생들에게 성취감을 느끼게 함	Level-appropriate assignments will make students feel a sense of accomplishment.
근거	과제가 너무 어렵다면, 학생들의 의욕이 꺾이고 학습에 흥미를 잃을 것임	If the assignment is too difficult, students will feel discouraged and lose interest in studying.
이유 2	진정한 학습이 이루어지지 않음	Difficult assignments will prevent real learning from taking place.
근거	많은 학생들이 스스로 하려고 하지 않고 온라인에서 답을 찾을 것임	Many students will look for answers online instead of trying on their own.

② 학생들을 가르치는 것이 과거에 비해 더 어려워졌다는 것에 동의하나요?

나의 의견	동의함	I agree that teaching students has become harder than it was in the past.
이유 1	주의를 산만하게 하는 것들이 더 많아서 학생들이 덜 집중함	Students focus less at school because they have more distractions now.
근거	스마트폰과 태블릿이 학생들이 수업에 집중하기보다 개인적인 활동을 하게 함	Smartphones and tablets make students engage in individual behaviors rather than focus in class.
이유 2	교사에게 무례하거나 반항적인 학생들이 많음	There is an increasing number of students who are impolite to or rebel against their teachers.
근거	교사의 지도에 따르지 않아 가르치기 힘듦	These students don't follow their teachers' instructions, which makes it harder to teach them.

3 어릴 때 외국어를 배우는 것이 성인이 되어서 배우는 것보다 더 효과적이라는 것에 동의하나요?

나의 의견	동의함	I agree that learning foreign languages as a child is more effective than learning them as an adult.
이유 1	어린이는 정보를 더 잘 받아들임	Children absorb information more easily.
근거	초등학생인 내 여동생은 새로운 지식을 매우 빨리 습득함	My younger sister who is in elementary school picks up new knowledge very quickly.
이유 2	어릴 때 배우면 더 좋은 억양을 가질 가능성이 큼	You are more likely to have a better accent if you learn a language as a child.
근거	어린이는 성인들보다 소리를 더 쉽게 모방함	Children can emulate sounds more easily than grown-ups can.

4 부모의 엄격한 훈육이 자녀들의 성격 형성에 긍정적인 영향을 준다는 것에 동의하나요?

나의 의견	동의하지 않음	I disagree that the strict discipline of parents positively impacts children's character formation.
이유 1	긍정적인 효과보다 부작용이 더 클 것임	The side effects would be greater than any positive effects.
근거	칭찬을 충분히 받지 못한 아이들은 스스로에 대한 확신이 없고 소심함	Children who don't get enough compliments are unsure of themselves and they feel timid.
이유 2	자녀들에게 애정을 표현하는 것이 중요함	It's important to express affection toward children.
근거	아이들이 소속감과 안정감을 느끼게 해서, 성공적인 성격 형성을 도움	It makes the children feel a sense of belonging and stability, which helps with successful personality formation.

5 대학을 선택할 때 졸업생의 취업률이 가장 중요하다는 것에 동의하나요?

나의 의견	동의함	I agree that the employment rate of fresh graduates is most important when choosing a university.
이유 1	학교의 평판이 좋음	The university has a good reputation.
근거	졸업생들이 이미 여러 기업에서 일하고 있으므로 기업들이 학교를 좋게 생각함	Many graduates are already working at different corporations, so companies view the school favorably.
이유 2	진로를 설정하는 데 도움이 됨	Schools with a high graduate employment rate can help set a career path.
근거	이런 학교들은 보통 많은 직업 관련 정보를 제공함	These schools normally provide a lot of job-related information.

6 요즘 아이들이 과거에 비해 더 협동적이라는 것에 동의하나요?

나의 의견	동의하지 않음	I disagree that children nowadays are more cooperative compared to children of the past.
이유 1	과거보다 개인주의적인 성향을 가진 아이들이 많음	There are more children with individualistic tendencies compared to the past.
근거	요즘은 형제자매가 없는 아이들이 많음	Many children today have no siblings.
이유 2	기술의 발달로, 항상 다른 사람들과 협동할 필요가 없음	Due to improvements in technology, it's not always necessary to cooperate with others.
근거	인터넷으로 문제를 해결할 수 있어서 협동의 중요성을 알지 못함	Many children aren't aware of the importance of cooperation as they can solve problems by using the Internet.

7 고등학생들에게 직업 교육을 해야 한다는 것에 동의하나요?

나의 의견	동의함	I agree that high school students should get vocational training.
이유 1	대학에 진학하지 않더라도 경쟁력을 갖출 수 있음	They can have a competitive edge even if they don't go to college.
근거	실제 직업 환경을 경험하는 것은 그들이 졸업 후에 직업을 얻는 데 도움이 됨	Experiencing real work settings through vocational training will help them get a job after they graduate.
이유 2	직업을 결정하기 전에 자신을 더 잘 이해할 좋은 기회가 될 것임	It will be a great opportunity for them to understand themselves better before planning their careers.
근거	학생들은 직업 교육을 통해 무엇이 되고 싶은지 깨달을 것임	Students will realize what they want to be through the hands-on experience of vocational training.

8 성적이 학생의 유망한 미래를 나타내는 가장 중요한 지표라는 것에 동의하나요?

나의 의견	동의하지 않음	I disagree that grades in school are the most important indicator of a student's promising future.
이유 1	학교 성적에만 근거하여 학생의 잠재력을 평가하기 어려움	It's difficult to evaluate a student's potential based only on his or her grades.
근거	많은 유명한 과학자들도 학교 다닐 때 성적이 나빴음	Many famous scientists didn't get good grades when they were in school.
이유 2	올바른 인성을 갖추는 것이 더 중요함	Building good character is more important.
근거	성적이 좋더라도 자만하거나 사회성이 부족하면 성공하기 어려울 것임	Even with good grades, if the student is arrogant or lacks social skills, he may not succeed in the future.

2 선택형 질문

(1) 아이들은 누구에게 가장 영향을 많이 받는다고 생각하나요? ・친구 ・부모님 ・선생님

나의 의견	친구에게 가장 많은 영향을 받음	I think children are influenced by their friends the most.
이유 1	친구들과 더 자주 이야기를 함	Children talk to their friends more often compared to other people in their lives.
근거	학교에서 매일 많은 시간을 함께 보냄	They spend a lot of time together every day at school.
이유 2	친구들은 많은 공통점을 가지고 있음	Friends have a lot of common ground.
근거	친구들과는 세대 차이가 없어서 잘 어울림	Children can get along well with their friends because there's no generation gap.

(2) 학비가 저렴한 학교와 좋은 교수진이 있는 학교 중 어느 곳을 선호하나요?

나의 의견	학비가 저렴한 학교를 선호함	I prefer a school with a lower tuition compared to a school with famous faculty.
이유 1	부모님으로부터 경제적 지원을 받지 않음	I don't get any financial support from my parents for college.
근거	아르바이트를 해서 학비를 내기 때문에 저렴한 학비가 더 충당하기 쉬움	Lower tuition is more affordable for me as I pay my own tuition with a part-time job.
이유 2	인터넷을 통해 좋은 자료들을 쉽게 접할 수 있음	I can easily access excellent materials through the Internet.
근거	여러 웹사이트에서 세계적으로 유명한 교수들의 무료 녹화 강의를 볼 수 있음	I can watch free, recorded lectures of world-famous professors on many different websites.

(3) 교사가 수업을 효과적으로 이끌기 위해 가장 필요한 자질은 무엇인가요? ・정보 전달력 ・유머 ・카리스마

나의 의견	유머가 가장 필요함	I think that humor is the most important trait a teacher needs to lead class effectively.
이유 1	수업 분위기가 좋아짐	The atmosphere of the classroom will be enhanced.
근거	학생들이 졸거나 딴짓을 하지 않을 것임	Students will not doze off or do other things in class.
이유 2	학생들이 수업 내용을 더 잘 이해하게 할 수 있음	Humor can help students understand the material better.
근거	유머를 통해 어려운 수업 내용을 더 쉽게 전달할 수 있음	Using humor, the teacher is able to make difficult materials more accessible.

④ 온라인 수업과 전통적인 수업 중 무엇을 선호하나요?

나의 의견	온라인 수업을 더 선호함	I prefer to take online classes rather than traditional classes.
이유 1	교실까지 이동할 필요가 없어서 시간을 절약할 수 있음	I don't have to travel to the classroom, so I can save time.
근거	수업 자료를 복습하거나 추가 학습을 할 시간이 더 많음	There is more time for me to review the material or do extra work related to the course.
이유 2	온라인 강의의 화질과 음질이 뛰어남	The quality of the picture and the sound of online classes are excellent.
근거	온라인 강의를 수강했는데, 교실 강의와 크게 다른 점을 찾지 못함	I took an online course and I didn't find it to be much different from a traditional class.

⑤ 십대들에게 가르쳐야 할 가장 중요한 것은 무엇인가요? ·사교성 ·돈 관리 ·화술

나의 의견	돈 관리를 가르치는 것이 가장 중요함	I think money management is the most important thing that teenagers should be taught.
이유 1	책임감 있는 어른이 되게 함	It helps them become responsible adults.
근거	요즘 많은 청년들은 지출 관리에 어려움을 겪고 빚을 짐	So many young adults these days have difficulty managing their spending, so they get into debt.
이유 2	돈의 소중함을 배울 수 있음	They can learn the value of money.
근거	돈을 쓰는 것은 쉽지만 저축하기는 어렵다는 것을 스스로 알 수 있음	They can see firsthand that spending money is easy but saving is difficult.

⑥ 자녀를 양육할 때 부모님과 친구들 중 누구의 조언을 받는 것을 선호하나요?

나의 의견	부모님의 조언을 받는 것을 선호함	I prefer to get advice about child-rearing from my parents than from my friends.
이유 1	부모님은 자녀를 직접 양육한 경험이 있음	My parents have direct experience in raising children, including me.
근거	더 많은 정보를 알아서 그들의 경험에서 배울 수 있음	They are more well-informed, so I can learn from their experience.
이유 2	내 또래의 친구들은 아이를 양육한 경험이 없음	Most of my friends who are my age have no experience in raising children.
근거	아직 어린 나이라서, 누군가를 돌보는 것보다 보호받는 것에 더 익숙함	We are still young, so we're more used to being protected rather than taking care of someone else.

3 장·단점 질문

① 홈스쿨링의 장점은 무엇인가요?

장점 1	아이의 타고난 재능이 자랄 수 있음	Your children's natural talent can thrive.
근거	재능을 양성하기 위한 교과 과정을 직접 계획할 수 있음	You can plan your curriculum to nurture your children's talent.
장점 2	아이들의 약점을 보완하는 것에 집중하기 더 쉬움	It's easier to focus on making up for your children's weak points.
근거	도움을 필요로 하는 부분에 더 깊고 개인적인 관심을 줄 수 있음	You can give your children in-depth and personal attention where they need help.

② 디지털 기기를 수업에 활용하는 것의 단점은 무엇인가요?

단점 1	학습을 방해할 수 있음	Digital devices may hinder learning.
근거	게임을 하거나 메신저를 사용하는 것은 학생들이 수업에 집중하기 어렵게 만듦	Playing games or using instant messenger services in class makes it hard for students to focus.
단점 2	학생들의 건강에 좋지 않은 영향을 줄 수 있음	Using digital devices may negatively affect students' health.
근거	디지털 기기가 하루 종일 수업에 사용되면 시력을 손상시킬 수 있음	If digital devices are used all day at school, the prolonged use could damage students' eyesight.

③ 그룹으로 과제를 하는 것의 단점은 무엇인가요?

단점 1	결정을 내리는 데 더 많은 시간이 걸림	It takes more time to make decisions.
근거	그룹 구성원들이 반대 의견을 가질 수 있고, 그런 차이를 해결하는 데 시간이 걸림	Group members may have opposing opinions, so resolving such differences can take a while.
단점 2	모두가 자신의 역할을 다하지 않을 수도 있음	It's possible that not everyone will do their part.
근거	팀에서 모두가 핑계를 대고 역할을 다하지 않아서 대부분을 내가 해야 했던 경험이 있음	I had an experience where everyone in my team made excuses and didn't do their part, so I had to do most of the work.

*교육에 관련된 추가 질문과 답변 아이디어는 '목표 등급 달성을 보장하는 아이디어 & 표현 자료집' (HackersIngang.com)에서 학습하실 수 있습니다.

Hackers Test

실제로 시험에 응시하는 것처럼, 45초 동안 준비하여 60초 동안 녹음하며 답변해 보세요. 🎧 (Q11_코스3) 08_HT

1

TOEIC Speaking

Do you agree or disagree with the following statement?

Parents should not help children with their homework.

Use specific ideas and examples to support your opinion.

🎤

2

TOEIC Speaking

Which place do you think is more important for children to visit – an art museum or a science museum?

Support your answer with reasons or examples.

🎤

3

Q1-2 Q3-4 Q5-7 Q8-10 Q11 10일 안에 끝나는 해커스 토익스피킹

TOEIC Speaking

Do you agree or disagree with the following statement?

Teenagers should learn how to manage money.

Use specific ideas and examples to support your opinion.

4

TOEIC Speaking

Do you agree or disagree with the following statement?

Learning foreign languages during childhood is more effective than learning them as an adult.

Use specific ideas and examples to support your opinion.

5

Do you agree or disagree with the following statement?

Computers have more of a negative effect on education than a positive one.

Give specific reasons and examples to support your opinion.

6

Who do you think children are most influenced by?

- *Friends*
- *Parents*
- *Teachers*

Choose ONE of the options and use specific reasons and details to support your opinion.

7

Do you prefer to study under the guidance of a teacher or to study by yourself?

Use specific reasons and examples to support your opinion.

8

Do you agree or disagree with the following statement?

A teacher's qualifications are more important than his or her personality.

Use specific ideas and examples to support your opinion.

모범답변 · 해석 · 해설 p. 120

Review Test

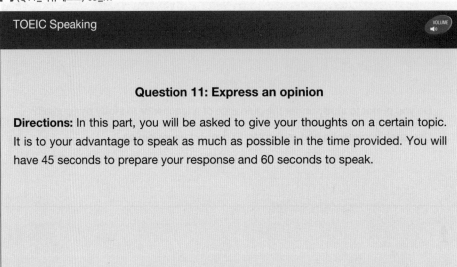

TOEIC Speaking

Question 11: Express an opinion

Directions: In this part, you will be asked to give your thoughts on a certain topic. It is to your advantage to speak as much as possible in the time provided. You will have 45 seconds to prepare your response and 60 seconds to speak.

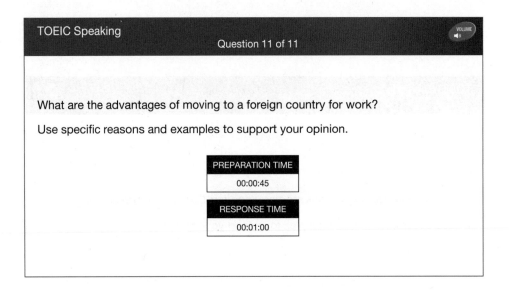

TOEIC Speaking

Question 11 of 11

What are the advantages of moving to a foreign country for work?

Use specific reasons and examples to support your opinion.

PREPARATION TIME
00:00:45

RESPONSE TIME
00:01:00

모범답변·해석·해설 p. 128

Q11 학습이 끝났습니다. 여기까지 오느라 수고 많으셨습니다. Review Test를 푼 결과를 기준으로 지금까지 학습한 내용을 점검하고 자신이 부족한 부분이 어디인지 확인하여 해당 부분을 복습하세요.

1. 나는 질문 음성이 나오는 동안 질문의 유형 및 주제를 파악할 수 있었다.

Yes ☐   No ☐

➡ No를 표시한 경우, **스텝별 전략 익히기로 돌아가 STEP 1. 질문 파악하기**를 복습하세요.

2. 나는 45초의 준비 시간 동안 질문에 대한 나의 의견을 바로 결정하고 이유와 근거를 떠올릴 수 있었다.

Yes ☐   No ☐

➡ No를 표시한 경우, **스텝별 전략 익히기로 돌아가 STEP 2. 의견 정하고 이유와 근거 떠올리기**를 복습하세요.

3. 나는 45초의 준비 시간 동안 나의 의견에 대한 이유와 근거가 될 수 있는 아이디어를 구체적으로 떠올릴 수 있었다.

Yes ☐   No ☐

➡ No를 표시한 경우, **Course 학습으로 돌아가 주제별로 자주 나오는 질문과 답변 표현**을 복습하세요.

4. 나는 준비 시간 동안 떠올린 의견 및 근거를 템플릿에 넣어 답변할 수 있었다.

Yes ☐   No ☐

➡ No를 표시한 경우, **스텝별 전략 익히기로 돌아가 STEP 3. 의견, 이유, 근거를 템플릿에 넣어 말하기**를 복습하세요.

Q1-2

Q3-4

Q5-7

Q8-10

Q11

10일 만에 끝내는 해커스 토익스피킹

Actual Test

Actual Test 1

Actual Test 2

Actual Test 3

잠깐!
테스트 전
확인사항

☐ 휴대전화의 전원을 껐습니다.
☐ 시간을 체크할 시계가 준비되었습니다.
☐ 답변을 녹음할 녹음기가 준비되었습니다.
모두 완료되었으면 실제 시험을 본다는 생각으로 테스트를 시작합니다.

🎧 MP3는 6_Actual Test 폴더 안에 있습니다.

Actual Test 1

🎧 (AT) Test1

TOEIC Speaking   CONTINUE   VOLUME

Speaking Test Directions

The TOEIC Speaking Test comprises 11 questions and evaluates a wide range of speaking skills. The entire test will take approximately 20 minutes to complete.

> **Questions 1-2 <Read a text aloud>**
> • Evaluation criteria: pronunciation, intonation and stress
>
> **Questions 3-4 <Describe a picture>**
> • Evaluation criteria: all of the above, plus grammar, vocabulary, and cohesion
>
> **Questions 5-7 <Respond to questions>**
> • Evaluation criteria: all of the above, plus relevance of content, and completeness of content
>
> **Questions 8-10 <Respond to questions using information provided>**
> • Evaluation criteria: all of the above
>
> **Question 11 <Express an opinion>**
> • Evaluation criteria: all of the above

For each question, the amount of time given for preparation and speaking will be clearly stated.

It is to your advantage to speak as much as possible in the allotted time. It is also important to speak clearly and to follow the directions carefully.

Click on **Continue** to go on.

TOEIC Speaking

Questions 1-2: Read a text aloud

Directions: In this part, you will be asked to read aloud the text on the screen. You will have 45 seconds to prepare. Then you will have 45 seconds to read the text out loud.

TOEIC Speaking

Question 1 of 11

Dear shoppers, may we have a minute of your time? We need your help locating a missing child who has wandered off in the store. Her name is Maria and she is four years old. She is wearing a pink cap, a black sweater, and blue pants. If you see a girl dressed like that, please notify an employee in the store immediately. Thank you for your assistance.

PREPARATION TIME	RESPONSE TIME
00:00:45	00:00:45

TOEIC Speaking

Question 2 of 11

TBC News has exciting weather updates. The snowstorm from yesterday will finally subside this morning. Be careful when you drive, as the roads are icy because of the snow. The temperatures are still quite low, so make sure you have your scarves, gloves, and hats on when going out. We expect a sunny afternoon, with temperatures slightly higher than last week.

PREPARATION TIME	RESPONSE TIME
00:00:45	00:00:45

Questions 3-4: Describe a picture

Directions: In this part, you will be asked to describe the picture on the screen in as much detail as possible. You will have 45 seconds to prepare your response. Then you will have 30 seconds to talk about the picture.

PREPARATION TIME	RESPONSE TIME
00:00:45	00:00:30

VOLUME

PREPARATION TIME

00:00:45

RESPONSE TIME

00:00:30

Actual Test 1

Actual Test 2

Actual Test 3

10일 만에 끝내는 해커스 토익스피킹

Questions 5-7: Respond to questions

Directions: In this part, you will be asked to answer three questions. After listening to each question, you will have three seconds to prepare your response. You will have 15 seconds to respond to Questions 5 and 6 and 30 seconds to respond to Question 7.

Imagine that a friend is talking about pastimes. You are having a telephone conversation about music.

Imagine that a friend is talking about pastimes. You are having a telephone conversation about music.

What time of the day do you listen to music?

PREPARATION TIME	RESPONSE TIME
00:00:03	00:00:15

Imagine that a friend is talking about pastimes. You are having a telephone conversation about music.

And what kind of music do you enjoy listening to?

PREPARATION TIME	RESPONSE TIME
00:00:03	00:00:15

Imagine that a friend is talking about pastimes. You are having a telephone conversation about music.

That sounds good. Where do you get your music from?

PREPARATION TIME	RESPONSE TIME
00:00:03	00:00:30

Questions 8-10: Respond to questions using information provided

Directions: In this part, you will be asked to refer to information on the screen in order to answer three questions. The information will be shown for 45 seconds before you hear the questions. After listening to each question, you will have three seconds to prepare your response. You will have 15 seconds to respond to Questions 8 and 9 and 30 seconds to respond to Question 10. You will hear Question 10 two times.

Trip Schedule for Jennifer Torr, Production Manager

Monday, March 10

3:00 P.M.	Depart San Francisco (North Airways #152)
5:30 P.M.	Arrive in Dallas (accommodations: Griffith Hotel)
7:00 P.M.	Dinner meeting with James Lurkins, Director

Tuesday, March 11

10:00 A.M.	Factory visits
noon	Lunch with new assistant managers
2:00 P.M.	Tour of Dallas, sightseeing
5:00 P.M.	Provide training for new assistant managers
8:00 P.M.	Depart Dallas (North Airways #347)
10:30 P.M.	Arrive in San Francisco

PREPARATION TIME
00:00:45

PREPARATION TIME	PREPARATION TIME	PREPARATION TIME
00:00:03	00:00:03	00:00:03

RESPONSE TIME	RESPONSE TIME	RESPONSE TIME
00:00:15	00:00:15	00:00:30

Question 11: Express an opinion

Directions: In this part, you will be asked to give your thoughts on a certain topic. It is to your advantage to speak as much as possible in the time provided. You will have 45 seconds to prepare your response and 60 seconds to speak.

Do you agree or disagree with the following statement?

It is better to stay with the same job for many years than to switch jobs frequently.

Use specific ideas and examples to support your opinion.

PREPARATION TIME
00:00:45

RESPONSE TIME
00:01:00

모범답변 · 해석 · 해설 p. 129

Actual Test 2

TOEIC Speaking

Speaking Test Directions

The TOEIC Speaking Test comprises 11 questions and evaluates a wide range of speaking skills. The entire test will take approximately 20 minutes to complete.

Questions 1-2 <Read a text aloud>
- Evaluation criteria: pronunciation, intonation and stress

Questions 3-4 <Describe a picture>
- Evaluation criteria: all of the above, plus grammar, vocabulary, and cohesion

Questions 5-7 <Respond to questions>
- Evaluation criteria: all of the above, plus relevance of content, and completeness of content

Questions 8-10 <Respond to questions using information provided>
- Evaluation criteria: all of the above

Question 11 <Express an opinion>
- Evaluation criteria: all of the above

For each question, the amount of time given for preparation and speaking will be clearly stated.

It is to your advantage to speak as much as possible in the allotted time. It is also important to speak clearly and to follow the directions carefully.

Click on **Continue** to go on.

Questions 1-2: Read a text aloud

Directions: In this part, you will be asked to read aloud the text on the screen. You will have 45 seconds to prepare. Then you will have 45 seconds to read the text out loud.

The newest and best hair salon in Forest Meadows is here! Metro Style welcomes everyone in the community to join us for our grand opening on August 3rd. The first ten customers will receive a free haircut, and we will also be handing out gift cards worth 10 dollars, 20 dollars, or 30 dollars in store credit. Don't miss out!

PREPARATION TIME	RESPONSE TIME
00:00:45	00:00:45

All of Richland Science Museum's customer service representatives are currently busy with other calls, but your call will be answered in the order in which it was received. If you do not wish to speak to a representative and are calling about museum hours, current exhibits, or directions to the museum, please press zero. You will be redirected to our automated menu. Thank you.

PREPARATION TIME	RESPONSE TIME
00:00:45	00:00:45

Questions 3-4: Describe a picture

Directions: In this part, you will be asked to describe the picture on the screen in as much detail as possible. You will have 45 seconds to prepare your response. Then you will have 30 seconds to talk about the picture.

PREPARATION TIME	RESPONSE TIME
00:00:45	00:00:30

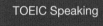

VOLUME

PREPARATION TIME	RESPONSE TIME
00:00:45	00:00:30

Questions 5-7: Respond to questions

Directions: In this part, you will be asked to answer three questions. After listening to each question, you will have three seconds to prepare your response. You will have 15 seconds to respond to Questions 5 and 6 and 30 seconds to respond to Question 7.

Imagine that someone is writing a story about traveling. You have agreed to participate in a telephone interview about going on vacations and trips.

Imagine that someone is writing a story about traveling. You have agreed to participate in a telephone interview about going on vacations and trips.

When was the last time you took a vacation, and what did you do?

PREPARATION TIME	RESPONSE TIME
00:00:03	00:00:15

Imagine that someone is writing a story about traveling. You have agreed to participate in a telephone interview about going on vacations and trips.

Where was the most impressive place you visited while on vacation?

PREPARATION TIME	RESPONSE TIME
00:00:03	00:00:15

Imagine that someone is writing a story about traveling. You have agreed to participate in a telephone interview about going on vacations and trips.

If you are planning a trip with some of your friends, what is the best way to plan a vacation?

- **Making a list of activities to do**
- **Asking others for recommendations**
- **Reading travel books**

PREPARATION TIME	RESPONSE TIME
00:00:03	00:00:30

Actual Test 1

Actual Test 2

Actual Test 3

10일 만에 끝내는 해커스 토익스피킹

Questions 8-10: Respond to questions using information provided

Directions: In this part, you will be asked to refer to information on the screen in order to answer three questions. The information will be shown for 45 seconds before you hear the questions. After listening to each question, you will have three seconds to prepare your response. You will have 15 seconds to respond to Questions 8 and 9 and 30 seconds to respond to Question 10. You will hear Question 10 two times.

Kurt V. Prinner

57 Orange Lane, Toronto, Ontario

Position Sought
- Sales Coordinator

Experience
- 2010-present: Assistant Sales Manager, A&B Bookstore
- 2008-2010: Sales Assistant, Food and More
- 2006-2008: Sales Clerk, 15th St. Corner Store

Education
- Franklin University, Master's degree, Marketing, May 2008
- University of Tabata, Bachelor's degree, Economics, June 2006

Relevant Qualifications
- Management Leadership Certification, 2010
- Fluent in German and Italian

PREPARATION TIME
00:00:45

PREPARATION TIME	PREPARATION TIME	PREPARATION TIME
00:00:03	00:00:03	00:00:03

RESPONSE TIME	RESPONSE TIME	RESPONSE TIME
00:00:15	00:00:15	00:00:30

Question 11: Express an opinion

Directions: In this part, you will be asked to give your thoughts on a certain topic. It is to your advantage to speak as much as possible in the time provided. You will have 45 seconds to prepare your response and 60 seconds to speak.

Do you prefer a work environment with a strict dress code, or one where you can dress casually?

Give specific reasons and details to support your opinion.

PREPARATION TIME
00:00:45

RESPONSE TIME
00:01:00

모범답변·해석·해설 p. 136

Actual Test 3

TOEIC Speaking

Speaking Test Directions

The TOEIC Speaking Test comprises 11 questions and evaluates a wide range of speaking skills. The entire test will take approximately 20 minutes to complete.

> **Questions 1-2 <Read a text aloud>**
> • Evaluation criteria: pronunciation, intonation and stress
>
> **Questions 3-4 <Describe a picture>**
> • Evaluation criteria: all of the above, plus grammar, vocabulary, and cohesion
>
> **Questions 5-7 <Respond to questions>**
> • Evaluation criteria: all of the above, plus relevance of content, and completeness of content
>
> **Questions 8-10 <Respond to questions using information provided>**
> • Evaluation criteria: all of the above
>
> **Question 11 <Express an opinion>**
> • Evaluation criteria: all of the above

For each question, the amount of time given for preparation and speaking will be clearly stated.

It is to your advantage to speak as much as possible in the allotted time. It is also important to speak clearly and to follow the directions carefully.

Click on **Continue** to go on.

Questions 1-2: Read a text aloud

Directions: In this part, you will be asked to read aloud the text on the screen. You will have 45 seconds to prepare. Then you will have 45 seconds to read the text out loud.

Thank you for joining Aaronson Fitness. Please acquaint yourself with the location of our equipment in order to maximize your fitness experience. Starting from near the entrance, we have the weight machines, the free weights section, and the cardio machines. Farther in the back, you can see the group exercise rooms and the locker rooms. In the lower level, there is our state-of-the-art pool, which features seven wide lanes.

PREPARATION TIME	RESPONSE TIME
00:00:45	00:00:45

You are watching *Simple Life Tips* on Channel Thirteen. In this segment, you will learn simple tricks to make your day-to-day life easier and more convenient. We'll start off with tips for cleaning your house, fail-proof time management, and making sure you never lose a thing again. If this sparks your interest, make sure you stay with us! Our program will begin shortly.

PREPARATION TIME	RESPONSE TIME
00:00:45	00:00:45

Questions 3-4: Describe a picture

Directions: In this part, you will be asked to describe the picture on the screen in as much detail as possible. You will have 45 seconds to prepare your response. Then you will have 30 seconds to talk about the picture.

PREPARATION TIME	RESPONSE TIME
00:00:45	00:00:30

PREPARATION TIME	RESPONSE TIME
00:00:45	00:00:30

TOEIC Speaking

Questions 5-7: Respond to questions

Directions: In this part, you will be asked to answer three questions. After listening to each question, you will have three seconds to prepare your response. You will have 15 seconds to respond to Questions 5 and 6 and 30 seconds to respond to Question 7.

TOEIC Speaking

Imagine that an American marketing firm is conducting research in your country. You have agreed to participate in a telephone interview about discount coupons.

Imagine that an American marketing firm is conducting research in your country. You have agreed to participate in a telephone interview about discount coupons.

What kind of discount coupons are you most likely to use?

PREPARATION TIME	RESPONSE TIME
00:00:03	00:00:15

Imagine that an American marketing firm is conducting research in your country. You have agreed to participate in a telephone interview about discount coupons.

Do you use discount coupons more often now than you did in the past?
Why or why not?

PREPARATION TIME	RESPONSE TIME
00:00:03	00:00:15

Imagine that an American marketing firm is conducting research in your country. You have agreed to participate in a telephone interview about discount coupons.

What is the most effective way to distribute discount coupons?

- **By e-mail**
- **Via text message**
- **Through brochures and fliers**

PREPARATION TIME	RESPONSE TIME
00:00:03	00:00:30

Questions 8-10: Respond to questions using information provided

Directions: In this part, you will be asked to refer to information on the screen in order to answer three questions. The information will be shown for 45 seconds before you hear the questions. After listening to each question, you will have three seconds to prepare your response. You will have 15 seconds to respond to Questions 8 and 9 and 30 seconds to respond to Question 10. You will hear Question 10 two times.

New Technology Fair

Frederickson Convention Center, New Hampshire
Saturday, January 5
Fee: $120 [20% off ($96) for last year's attendees]

Time	Event	Location
9:30-10:00	Welcome speech – Don Corker	Main Hall
10:00-11:00	Using robots in the classroom	Room 300
11:00-12:30	Poster session: Real-life examples of robots making life easier	Lurie Hall
12:30-2:00	Lunch*	Joe's Diner
2:00-3:00	Environmentally friendly technological advances	Waldorf Room
3:00-4:00	Robots in the household for daily chores	Room 305
4:00-5:00	Technological advances around the world	Room 142
5:00-6:00	Closing remarks	Room 142

*Included in cost of registration

PREPARATION TIME
00:00:45

PREPARATION TIME	PREPARATION TIME	PREPARATION TIME
00:00:03	00:00:03	00:00:03

RESPONSE TIME	RESPONSE TIME	RESPONSE TIME
00:00:15	00:00:15	00:00:30

Question 11: Express an opinion

Directions: In this part, you will be asked to give your thoughts on a certain topic. It is to your advantage to speak as much as possible in the time provided. You will have 45 seconds to prepare your response and 60 seconds to speak.

What is the most important thing a university student should achieve while he/she is in college?

- *Good grades*
- *Foreign languages*
- *Social bonds*

Choose ONE of the options and use specific reasons and details to support your opinion.

PREPARATION TIME
00:00:45

RESPONSE TIME
00:01:00

모범답변·해석·해설 p. 143

10일 만에 끝내는
해커스
토익 스피킹

개정 5판 3쇄 발행 2023년 7월 3일
개정 5판 1쇄 발행 2022년 5월 30일

지은이	해커스 어학연구소
펴낸곳	㈜해커스 어학연구소
펴낸이	해커스 어학연구소 출판팀

주소	서울특별시 서초구 강남대로61길 23 ㈜해커스 어학연구소
고객센터	02-537-5000
교재 관련 문의	publishing@hackers.com
동영상강의	HackersIngang.com

ISBN	978-89-6542-487-1 (13740)
Serial Number	05-03-01

외국어인강 1위,
해커스인강 HackersIngang.com

ⓗ 해커스인강

- 원어민 발음으로 실전 대비하는 무료 교재 MP3
- 최신 기출경향이 완벽 반영된 무료 온라인 토스 실전모의고사
- 해커스 스타강사의 단기 고득점 전략이 담긴 본 교재 인강

영어 전문 포털,
해커스토익 Hackers.co.kr

ⓗ 해커스토익

- 실제 토스시험 문항을 분석한 무료 토스 기출유형특강
- 스피킹 첨삭 게시판 및 실전 토스학습 등 다양한 무료 학습 콘텐츠

10일 만에 끝내는

해커스
토익 스피킹

모범답변·해석·해설

해커스 어학연구소

10일 만에 끝내는

해커스
토익 스피킹

모범답변·해석·해설

해커스 어학연구소

Q1-2 지문 읽기

스텝별 전략 익히기

Check-up 🎧 (Q1&2_스텝) 02_CU

p. 38

1 공지

> ┌─ 연음
> **Attention**, p̲a̲s̲s̲e̲n̲g̲e̲r̲s̲.(↘) // (This is) your **conductor** speaking.(↘)
> ┌─ 고유명사·외래어
> // Our **train** for Athens is delayed moment̲a̲rily due to a **signaling**
> p̲r̲o̲b̲l̲e̲m̲.(↘) // **Please** do not be (al̲a̲rmed as) we (expe̲ct the)
> p̲r̲o̲b̲l̲e̲m̲ to (clear up) shortly.(↘) // It **may** be due to the **sudden**
> **hail**,(↗) / **congestion** at the (previous stat̲i̲o̲n),(↗) / (or a) **simple**
> (human error).(↘) // We will resu̲me when the **signal** clears.(↘)

승객 여러분, 주목해 주십시오. 저는 차장입니다. 아테네로 가는 저희 열차는 신호 문제로 인해 잠시 지연되었습니다. 문제가 곧 해결될 것으로 예상하니 놀라지 마십시오. 이것은 갑작스러운 우박, 이전 역에서의 정체 또는 단순히 사람의 실수 때문일 수도 있습니다. 신호가 다시 원활해지면 운행을 재개할 것입니다.

어휘 conductor[kənd́ʌktər] 차장   momentarily[mòuməntérəli] 잠시, 곧   alarm[əlɑ́:rm] 놀라게 하다   sudden[sʌ́dn] 갑작스러운
hail[heil] 우박, 싸락눈   congestion[kəndʒéstʃən] 정체, 혼잡   resume[rizú:m] 재개하다

2 자동 응답 메시지

> ┌─ 연음
> (Thank you) for calling Westwood Cable Services.(↘) // (All of our)
> repres̲e̲ntatives are **currently busy** ass̲i̲sting other customers.(↘) //
> (Please stay) on the line.(↘) // You may also press **one** to requ̲est a
> home visit,(↗) / press **two** to leave (comments about) your recent
> exper̲i̲ence,(↗) / or (press **star**) (for assist̲a̲nce) in Spanish.(↘)

Westwood 케이블 서비스에 전화해 주셔서 감사합니다. 현재 저희의 모든 상담원들은 다른 고객들을 돕느라 통화 중입니다. 전화를 끊지 말고 기다려 주십시오. 또한, 가정 방문을 요청하시려면 1번을, 최근 경험에 대한 의견을 남기시려면 2번을, 스페인어로 도움을 원하시면 별표를 누르십시오.

어휘 representative[rèprizéntətiv] (고객 서비스) 상담원, 대표   request[rikwést] 요청하다   home visit 가정 방문   comment[kάment] 의견, 비평

3 광고

> ┌─ 연음
> (If you) are looking (for a) **place** for your child's next **birthday** party,
> (↗) / **look** no further!(↘) // Fantasy Land, / a children's playroom on
> ┌─ 고유명사·외래어
> Barrington Boulevard, / is hosting **all** (kinds of) **themed parties!**(↘) //
> (Visit our) website to check out (some of our) **latest** pictures, / including
> **superhero**,(↗) / **princess**,(↗) / and **jungle-themed parties.**(↘) //
> We have **no** (doubt your) kid will have the **best** birthday here!(↘)

당신의 자녀의 다음 생일 파티를 위한 장소를 찾고 계신다면, 더는 찾지 마세요! Barrington 대로에 있는 어린이 놀이방인 Fantasy Land는 모든 종류의 테마 파티를 주최하고 있습니다! 저희 웹사이트를 방문하셔서 슈퍼히어로, 공주, 정글을 주제로 한 파티를 포함한 저희의 최근 사진들을 확인하세요. 저희는 당신의 자녀가 이곳에서 최고의 생일을 맞을 것이라고 확신합니다!

어휘 playroom[pléirù:m] 놀이방   latest[léitist] 최근의, 최신의   have no doubt 확신하다, 의심의 여지가 없다

4 안내

고유명사·외래어

Welcome to the **Franklin** Hotel , / where we **proudly** offer the **most comfortable** rooms in town.(↘) // Breakfast will be served from **6 A.M. to 9 A.M.** / in the **Burton** Restaurant on the **first floor**.(↘) // We **also** offer a **fully** equipped fitness center ,(↗) / a **heated** indoor and outdoor pool,(↗) / and **breathtaking** views from our **rooftop garden**.(↘) // We hope you enjoy your stay with us .(↘)

도시에서 가장 편안한 방을 자랑스럽게 제공하는 Franklin 호텔에 오신 것을 환영합니다. 아침 식사는 오전 6시부터 오전 9시까지 1층의 Burton 레스토랑에서 제공될 것입니다. 저희는 또한 완벽한 설비를 갖춘 피트니스 센터, 난방을 한 실내 및 야외 수영장, 그리고 옥상 정원의 숨이 멎는 듯한 전망을 제공합니다. 저희와 함께 머무시는 동안 즐거운 시간 되시기를 바랍니다.

어휘 equipped[ikwípt] 설비(장비)를 갖춘 heated[hí:tid] 난방을 한 breathtaking[bréθtèikiŋ] (너무 아름다워서) 숨이 멎는 듯한 rooftop[rú:ftàp] 옥상

5 뉴스

고유명사·외래어

This is **Rockford News** .(↘) // Bringing you **real-time** updates on this morning's traffic is **Tori Markus** , / reporting from our helicopter.(↘) // The roads are **jammed** as residents are making their way out of town to visit relatives for the **holidays**.(↘) // **Especially** congested are **Farmer Road** ,(↗) / the **Mills Intersection** ,(↗) / and the **Southwest Roundabout** .(↘) // If you're heading out **now**,(↗) / please plan your itinerary with **this** in mind.(↘)

Rockford 뉴스입니다. 오늘 아침 교통의 실시간 최신 정보를 제공해 드리는 Tori Markus가 저희 헬리콥터에서 전해드립니다. 주민들이 휴일에 친척들을 방문하기 위해 도시를 빠져나가고 있어, 도로가 매우 붐빕니다. 특히 혼잡한 곳들은 Farmer로, Mills 교차로, 그리고 Southwest 로터리입니다. 만약 지금 출발하신다면, 이것을 염두에 두고 일정을 계획하세요.

어휘 jammed[dʒæmd] 매우 붐비는, 빽빽히 찬 resident[rézədənt] 주민 congested[kəndʒéstid] 혼잡한 intersection[ìntərsékʃən] 교차로
roundabout[ráundəbaut] 로터리 head out 출발하다, ~로 향하다 itinerary[aitínərèri] 일정, 여정

6 소개

고유명사·외래어

Tonight on *Sports Talk* , / our guest is **Malcolm Jordan** , / this year's **most valuable** player of the professional **basketball** league.(↘) // In his very first year with the **Chicago Hawks** , / he led his team to its **first title** .(↘) // Yet success is nothing new to **Malcolm** / as he has **previously** won **many** championships at the **high school**,(↗) / **college**,(↗) / and professional **levels**.(↘) // We are **delighted** to have him with us on the show today.(↘)

오늘 밤 '스포츠 이야기'의 게스트는 올해의 프로 농구 리그의 최우수 선수인 Malcolm Jordan입니다. Chicago Hawks에서의 바로 첫 번째 해에, 그는 팀을 첫 타이틀로 이끌었습니다. 그러나 성공은 Malcolm에게는 새로운 것이 아닌데, 이는 그가 이전에 고등학교, 대학, 그리고 프로 수준의 많은 선수권 대회에서 우승했기 때문입니다. 저희는 오늘 쇼에서 그와 함께하게 되어 기쁩니다.

어휘 most valuable player 최우수 선수, MVP professional[prəféʃənl] 프로의; 직업 선수 title[taitl] 타이틀, 선수권 previously[prí:viəsli] 이전에
championship[tʃǽmpiənʃìp] 선수권 대회, 결승전 delighted[diláitid] 기뻐하는, 즐거워하는

Q1-2

Q3-4

Q5-7

Q8-10

Q11

10일 만에 끝내는 해커스 토익스피킹

Hackers Test 🎧 (Q1&2_코스1) 04_HT

p. 42

1 안내

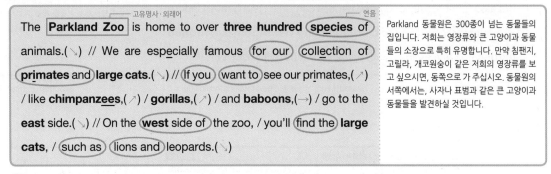

Parkland 동물원은 300종이 넘는 동물들의 집입니다. 저희는 영장류와 큰 고양이과 동물들의 소장으로 특히 유명합니다. 만약 침팬지, 고릴라, 개코원숭이 같은 저희의 영장류를 보고 싶으시면, 동쪽으로 가 주십시오. 동물원의 서쪽에서는, 사자나 표범과 같은 큰 고양이과 동물들을 발견하실 것입니다.

답변Tip zoo[zuː], chimpanzee[tʃìmpænzíː], baboon[bæbúːn]에 포함된 장모음(oo, ee)은 길게 읽으세요.

어휘　species[spíːʃiːz] 종　collection[kəlékʃən] 소장(한 것), 소장품　primate[práimeit] 영장류　baboon[bæbúːn] 개코원숭이

2 공지

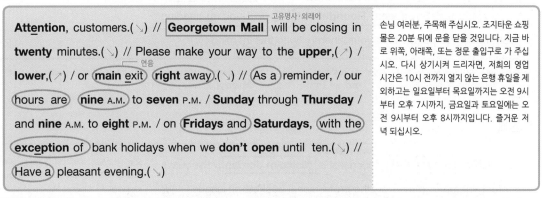

손님 여러분, 주목해 주십시오. 조지타운 쇼핑몰은 20분 뒤에 문을 닫을 것입니다. 지금 바로 위쪽, 아래쪽, 또는 정문 출입구로 가 주십시오. 다시 상기시켜 드리자면, 저희의 영업시간은 10시 전까지 열지 않는 은행 휴일을 제외하고는 일요일부터 목요일까지는 오전 9시부터 오후 7시까지, 금요일과 토요일에는 오전 9시부터 오후 8시까지입니다. 즐거운 저녁 되십시오.

답변Tip 쇼핑몰에서의 공지 지문이므로, 폐점 시간과 요일별 운영 시간 등의 내용을 강조하여 읽으세요.

어휘　exit[égzit] 출구　through[θru] ~부터 -까지, ~동안 내내　exception[iksépʃən] 예외　pleasant[plézənt] 즐거운

3 안내

At the **Orlando Children's Museum**,(↗) / your child can enjoy
all sorts of **cultural**,(↗) / **artistic**,(↗) / and **scientific** activities.(↘) //
Our **fun, educational** games and displays / enc**ou**rage children to
truly enjoy the learning exper**ie**nce.(↘) // Some of these activities
take place in our **lovely garden**, / allowing children to see the
subtle beauty of **nature** / **right** here in the city.(↘) // Be **sure** to
attend the **first** afternoon activity, planting your **very own tree**.(↘)

올랜도 어린이 박물관에서, 당신의 자녀는 모든 종류의 문화적, 예술적, 그리고 과학적 활동들을 즐길 수 있습니다. 저희의 재미있고 교육적인 게임들과 전시들은 아이들이 진정으로 배움의 경험을 즐기도록 장려합니다. 이 활동들의 일부는 저희의 멋진 정원에서 열리며, 아이들이 도시 속 바로 이곳에서 자연의 신비한 아름다움을 보게 해 줍니다. 저희의 첫번째 오후 활동인 자신만의 나무 심기에 꼭 참석하세요.

답변Tip 어린이 박물관에서 제공하는 활동에 대해 안내하는 지문이므로, 안내하는 활동의 종류를 강조하여 읽으세요.

어휘 cultural[kʌ́ltʃərəl] 문화적인, 문화의 artistic[ɑːrtístik] 예술적인 scientific[sàiəntífik] 과학적인, 과학의 encourage[inkɔ́ːridʒ] 장려하다
subtle[sʌ́tl] 신비한, 미묘한 plant[plǽnt] (식물을) 심다

4 공지

Please join us **next Friday night** for / Chairman Christensen's
retirement party.(↘) // The party will be held at the Castle English
Pub **next to** our **office building**.(↘) // British **pub** food,(↗) /
an **assortment** of **b**everages,(↗) / and **music** will be provided.
(↘) // If you have any special **dietary** restrictions,(↗) / let Jackie
know by Monday.(↘) // And you may bring a **guest** of your own.
(↘) // Attendance **isn't mandatory**,(↘) / but your **presence** is
requested.(↘)

다음 주 금요일 밤 Christensen 사장님의 은퇴 파티에 저희와 함께 해 주십시오. 파티는 저희 사무실 건물 옆에 있는 Castle 영국 술집에서 열릴 것입니다. 영국 술집 음식, 여러 가지 음료, 그리고 음악이 제공될 것입니다. 특별한 식단 제한이 있으시면, 월요일까지 Jackie에게 알려주십시오. 그리고 당신의 손님을 데려오셔도 됩니다. 참석이 의무는 아니지만, 참석해 주시기 바랍니다.

답변Tip party에서 강세를 받지 않는 't'는 ㄹ과 같이 약하게 발음하세요.

어휘 retirement[ritáiərmənt] 은퇴 pub[pʌb] 술집, 호프집 assortment[əsɔ́ːrtmənt] 여러 가지의 (것) dietary[dáiətèri] 식단의, 식이 요법의
restriction[ristríkʃən] 제한 attendance[əténdəns] 참석, 출석 mandatory[mǽndətɔ̀ːri] 의무의 presence[prézns] 참석

Q1-2

Q3-4

Q5-7

Q8-10

Q11

10일 만에 끝내는 해커스 토익스피킹

5 공지

Welcome to **Century Cinema** of **Atlantic City**.(↘) // Please keep in mind / that **all mobile phones** should be turned off / or put in **silent** mode.(↘) // Note that the **emergency** exits are in the **front** / and back of the theater.(↘) // Take any **trash** with you on your **way out**,(↘) / and our cleaning staff will collect it from you at the door.(↘) // Now, / **sit back**,(↗) / **relax**,(↗) / and **enjoy** your movie.(↘)

애틀랜틱시티의 Century 영화관에 오신 것을 환영합니다. 모든 휴대전화는 전원이 꺼지거나 무음 모드로 두셔야 한다는 것을 명심해 주시기 바랍니다. 비상구는 극장의 앞과 뒤에 있다는 것을 유념해 주십시오. 나가시는 길에 쓰레기를 가지고 가시고, 저희 청소 직원들이 출입구에서 그것을 수거할 것입니다. 이제, 편안히 앉아서, 긴장을 푸시고, 영화를 즐기세요.

[답변Tip] 접속사 and나 or 앞에서 끊어 읽는 것에 주의하여 읽으세요.

어휘　keep in mind 명심하다　silent[sáilənt] 무음의　note[nout] 유념하다, 주목하다　emergency exit 비상구

6 안내

Good afternoon, / and thank you for choosing **Dexter** Tours for your trip to **Venice**.(↘) // This organized tour consists of a **variety** of activities, / including but not limited to **wine** tastings,(↗) / **gondola rides** on the canal,(↗) / and **architecture** walks.(↘) // In the **evening**, / there'll be some **free time** to explore the city on your own.(↘) // Just **remember** / that our schedule **tomorrow** starts at **eight** A.M., / so be sure not to stay out too late.(↘)

안녕하세요, 그리고 당신의 베니스 여행에 Dexter 여행사를 선택해 주셔서 감사합니다. 이 단체 여행은 와인 시음, 운하에서의 곤돌라 탑승, 그리고 건축물 산책을 포함하지만 이에 한정되지는 않는 다양한 활동으로 구성되어 있습니다. 저녁에는, 혼자서 도시를 탐험할 약간의 자유 시간이 있을 것입니다. 저희의 내일 일정이 오전 8시에 시작한다는 것을 기억하시고, 너무 늦게까지 돌아다니지 않도록 하십시오.

[답변Tip] consist of a[kənsístəvə]와 on your own[ənjuəroun]의 경우, 세 단어가 연음되므로 자연스럽게 연결하여 읽으세요.

어휘　organized tour 단체 여행　consist of ~을 포함하다　limited[límitid] 한정된, 제한의　tasting[téistiŋ] 시음, 시식　canal[kənǽl] 운하
architecture[á:rkətèktʃər] 건축물　explore[iksplɔ́:r] 탐험하다　schedule[skédʒu:l] 일정

7 안내

We wholeheartedly welcome your visit to **Clarendon Art Gallery**.
(↘) // With over **four hundred unique** pieces in our collection, /
we are **proud to** offer the **best** artistic experience around.(↘) //
On the **ground** floor, / we have a wide range of **artwork** / such as
digital art,(↗) / **mixed** media paintings,(↗) / and **modern** installation
art.(↘) // On the **second** and **third** floors, / we exhibit **classic art**
and **sculpture** pieces.(↘) // Our facility **also** boasts a **meticulously**
kept **orchid garden** for your **enjoyment** and relaxation.(↘)

Clarendon 미술관에 방문하신 것을 진심으로 환영합니다. 400점이 넘는 독특한 작품들을 소장하여, 저희는 이 부근에서 최고의 예술적 경험을 제공하게 되어 자랑스럽습니다. 1층에는, 디지털 아트, 혼합 미디어 회화, 그리고 현대 설치 미술과 같은 다양한 예술 작품들이 있습니다. 2층과 3층에는, 고전 예술과 조각 작품들을 전시합니다. 저희 시설은 또한 당신의 즐거움과 휴식을 위해 세심하게 관리되는 난초 정원을 자랑합니다.

답변Tip wholeheartedly[hòulháːrtidli]나 meticulously[mətíkjuləsli]와 같은 3음절 이상의 단어들의 강세를 잘 지켜 읽으세요.

어휘 wholeheartedly[hòulháːrtidli] 진심으로　installation[ìnstəléiʃən] 설치　exhibit[igzíbit] 전시하다　sculpture[skʌ́lptʃər] 조각(품)
boast[boust] 자랑하다　meticulously[mətíkjuləsli] 세심하게, 주의 깊게　orchid[ɔ́ːrkid] 난초

8 공지

This announcement is for **seniors** of **Hanes University**.(↘) // The
university will be sponsoring a **job fair** in the **Webb Student Center**
on September twenty-fourth.(↘) // The event will **begin at ten** in the
morning / and **finish** at **three** in the afternoon.(↘) // Many **local**
businesses and **international companies** will participate in it.
(↘) // **Regardless** of whether you're in the **humanities**,(↗) /
natural sciences,(↗) / or **social** sciences,(→) / you'll benefit from
attending this fair.(↘) // We will announce more **details** of the fair
soon.(↘)

이 공지는 Hanes 대학교의 졸업반 학생들을 위한 것입니다. 우리 학교는 9월 24일 Webb 학생 센터에서 있을 취업 박람회를 후원할 것입니다. 행사는 아침 10시에 시작하여 오후 3시에 끝날 것입니다. 많은 지역 회사들과 국제적인 기업들이 참여할 예정입니다. 당신이 인문학 전공인지, 자연과학 전공인지, 또는 사회과학 전공인지에는 관계없이, 이 박람회에 참석하는 것으로부터 혜택을 입을 것입니다. 박람회의 더 많은 세부 사항은 곧 공지하겠습니다.

답변Tip whether you're in the humanities, natural sciences, or social sciences, you'll benefit ~ 과 같이 세 가지 요소가 나열된 후 문장이 끝나지 않고 내용이 이어지는 경우, 마지막 요소를 완전히 내려 읽지 말고 뒤에 오는 내용을 자연스럽게 이어 읽으세요.

어휘 senior[síːnjər] 졸업반 학생　sponsor[spɑ́nsər] 후원하다　job fair 취업 박람회　international[ìntərnǽʃənl] 국제적인
participate[pɑːrtísəpèit] 참여하다　regardless of ~에 관계없이　humanities[hjuːmǽnətis] 인문학　natural science 자연과학
social science 사회과학

Hackers Test 🎧(Q1&2_코스2) 06_HT

p. 48

1 소개

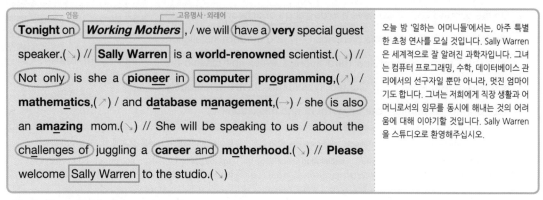

Tonight on Working Mothers, / we will have a very special guest speaker.(↘) // Sally Warren is a world-renowned scientist.(↘) // Not only is she a pioneer in computer programming,(↗) / mathematics,(↗) / and database management,(→) / she is also an amazing mom.(↘) // She will be speaking to us / about the challenges of juggling a career and motherhood.(↘) // Please welcome Sally Warren to the studio.(↘)

오늘 밤 '일하는 어머니들'에서는, 아주 특별한 초청 연사를 모실 것입니다. Sally Warren은 세계적으로 잘 알려진 과학자입니다. 그녀는 컴퓨터 프로그래밍, 수학, 데이터베이스 관리에서의 선구자일 뿐만 아니라, 멋진 엄마이기도 합니다. 그녀는 저희에게 직장 생활과 어머니로서의 임무를 동시에 해내는 것의 어려움에 대해 이야기할 것입니다. Sally Warren을 스튜디오로 환영해주십시오.

어휘 world-renowned[wə̀ːrldrináund] 세계적으로 잘 알려진 pioneer[pàiəníər] 선구자, 개척자 mathematics[mæ̀θəmǽtiks] 수학 management[mǽnidʒmənt] 관리 juggle[dʒʌ́gl] (두 가지 이상의 일을) 동시에 하다 motherhood[mʌ́ðərhùd] 어머니로서의 임무, 모성

2 광고

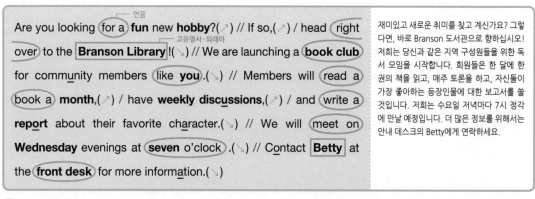

Are you looking for a fun new hobby?(↗) // If so,(↗) / head right over to the Branson Library !(↘) // We are launching a book club for community members like you.(↘) // Members will read a book a month,(↗) / have weekly discussions,(↗) / and write a report about their favorite character.(↘) // We will meet on Wednesday evenings at seven o'clock .(↘) // Contact Betty at the front desk for more information.(↘)

재미있고 새로운 취미를 찾고 계신가요? 그렇다면, 바로 Branson 도서관으로 향하십시오! 저희는 당신과 같은 지역 구성원들을 위한 독서 모임을 시작합니다. 회원들은 한 달에 한 권의 책을 읽고, 매주 토론을 하고, 자신들이 가장 좋아하는 등장인물에 대한 보고서를 쓸 것입니다. 저희는 수요일 저녁마다 7시 정각에 만날 예정입니다. 더 많은 정보를 위해서는 안내 데스크의 Betty에게 연락하세요.

발음Tip hobby[hábi]의 'o'는 '아'로, over[óuvər]의 'o'는 '오우'로, month[mʌ́nθ]의 'o'는 '어'와 같이 발음하세요.

어휘 launch[lɔːntʃ] 시작하다 community[kəmjúːnəti] 지역, 공동체 character[kǽriktər] (소설 등의) 등장인물

3 광고

Live Well In**corp**orated is (**proud** to) unv**ei**l the **latest** b**e**verage / designed for the **health**-c**o**nscious consumer.(↘) // Our Vit**a**lity Forty-Five ve**getable** (drink is a) **delicious** (blend of) (over a) **dozen** vegetable juices, / (and **each**) bottle is **packed** (with a) **full** (day's **supply**) of **essential** v**i**tamins and n**u**trients.(↘) // (**Visit** your) nearest **retailer** to (get yours) now!(↘) // **Drink** well,(↗) / **live** well, (↗) / and **be** well with Vit**a**lity Forty-Five,(→) / the (**healthiest** drink on earth)!(↘)

┌ 고유명사·외래어
└ 연음

Live Well 주식회사는 건강을 의식하는 소비자들을 위해 만들어진 최신 음료를 공개하게 된 것을 자랑스럽게 생각합니다. 저희의 Vitality Forty-Five 채소 음료는 열두 가지가 넘는 채소즙의 맛있는 혼합물이며, 각각의 병은 필수 비타민과 영양분의 하루 공급량으로 채워져 있습니다. 가장 가까운 소매점을 방문하셔서 지금 당신의 것을 구매하세요! 지상에서 가장 건강한 음료인 Vitality Forty-Five와 함께 잘 마시고, 잘 살고, 건강해지세요!

[답변Tip] vitamin[váitəmin]과 같은 외래어를 정확한 영어식 발음으로 읽으세요.

어휘 incorporated[inkɔ́:rpərèitid] 주식회사 　unveil[ʌ̀nvéil] (새로운 상품을) 공개하다, 발표하다 　design[dizáin] 만들다, 고안하다
health-conscious[helθkánʃəs] 건강을 의식하는 　blend[blend] 혼합(물) 　dozen[dʌzn] (같은 종류의 물건) 12개, 십여 개 　pack[pæk] 채우다
supply[səplái] 공급(량) 　essential[isénʃəl] 필수의 　nutrient[njú:triənt] 영양분 　retailer[rí:teilər] 소매점

4 소개

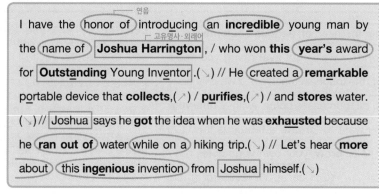

I have the (honor of) introducing (an **incredible**) young man by the (name of) Joshua Harrington, / who won **this** (year's) award for Outstanding Young Inventor.(↘) // He (created a) **remarkable** p**o**rtable device that **collects**,(↗) / **purifies**,(↗) / and **stores** water.(↘) // Joshua says he **got** the idea when he was **exhausted** because he (**ran out of**) water (while on a) hiking trip.(↘) // Let's hear (**more** about) (this **ingenious** invention) from Joshua himself.(↘)

┌ 연음
└ 고유명사·외래어

저는 올해의 뛰어난 젊은 발명가 상을 수상한 Joshua Harrington이라는 이름의 놀라운 청년을 소개하는 영광을 가지게 되었습니다. 그는 물을 모으고, 정화하고, 저장하는 놀라운 휴대용 장치를 만들어냈습니다. Joshua는 그가 하이킹 여행 중에 물이 다 떨어져 지쳤을 때 이 아이디어를 얻었다고 말합니다. 이 기발한 발명에 대해 Joshua 본인에게 더 들어봅시다.

[답변Tip] 묵음 'h'가 포함된 단어 exhaust[igzɔ́:st]의 발음에 주의하여 읽으세요.

어휘 incredible[inkrédəbl] 놀라운 　outstanding[àutstǽndiŋ] 뛰어난 　inventor[invéntər] 발명가 　remarkable[rimá:rkəbl] 놀라운
portable[pɔ́:rtəbl] 휴대용의 　device[diváis] 장치, 기구 　purify[pjúərəfài] 정화하다 　exhaust[igzɔ́:st] 지치다
run out of ~이 다 떨어지다, 고갈되다 　ingenious[indʒí:njəs] 기발한, 독창적인

10일 만에 끝내는 해커스 토익스피킹

5 소개

Good morning, everyone.(↘) // As you know,(↗) / our company has a new president, / and today he is here to talk to us / about his mission and goals / for taking us into the next fiscal year.(↘) // Mr. Carver has over twenty years of experience in upper management at his previous employer, / Torrence Materials.(↘) // There, / he spent time as accounting manager,(↗) / chief financial officer,(↗) / and chief executive officer.(↘) // Please welcome Mr. Patrick Carver.(↘)

여러분, 좋은 아침입니다. 아시다시피, 저희 회사는 새로운 사장님을 모시게 되었고, 오늘 그분은 저희를 다음 회계 연도로 이끌기 위한 자신의 사명과 목표에 대해 이야기하기 위해 이곳에 와 계십니다. Mr. Carver는 그의 이전 고용주인 Torrence Materials사에서 20년이 넘는 고위 경영진 경력을 가지고 계십니다. 그곳에서, 그는 회계부장, 최고 재무 책임자, 그리고 최고 경영자로서 시간을 보내셨습니다. Mr. Patrick Carver를 환영해 주시기 바랍니다.

답변Tip 연설을 할 인물을 소개하는 지문이므로, 소개하는 대상의 이름과 직위와 같은 인물의 특징을 강조하여 읽으세요.

어휘 president[prézədənt] 사장   mission[míʃən] 사명, 임무   fiscal year 회계 연도, 과세 연도   upper management 고위 경영진   previous[prí:viəs] 이전의   accounting manager 회계부장   chief officer 최고 책임자   financial[finǽnʃəl] 재무의, 재정의   chief executive officer 최고 경영자, CEO

6 광고

Are you a serious gardener in need of serious equipment?(↗) // Here at Gardening World, / we've got everything you need!(↘) // With a full line-up of the toughest machines, / we only carry the best of the best, / and all purchases come with a one-year warranty.(↘) // Whether you want to create a fabulous lawn,(↗) / plant a flower garden,(↗) / or grow your own vegetables,(→) / we're your one-stop shop.(↘) // Call us at 307-2905 for more information!(↘)

당신은 진정한 장비가 필요한 진정한 정원사이신가요? 이곳 Gardening World에서는, 당신이 필요로 하는 모든 것을 가지고 있습니다! 가장 튼튼한 기계들의 최고의 제품군으로, 저희는 오직 최고 중 최고의 것만 취급하며, 모든 구매에는 1년의 보증 기간이 따릅니다. 당신이 멋진 잔디밭을 만들기를 원하든지, 정원에 꽃을 심는 것을 원하든지, 또는 당신만의 채소를 키우는 것을 원하든지 간에, 저희는 당신이 한 곳에서 모든 것을 살 수 있는 가게입니다. 더 많은 정보를 위해서는 307-2905로 저희에게 전화 주세요!

답변Tip 전화번호를 읽을 때는 한 자리씩 차례로 읽고, 0은 'zero[zíərou]'가 아닌 'oh[ou]'로 읽으세요.
307-2905 → three oh seven, two nine oh five

어휘 serious[síəriəs] 진정한, 진지한   equipment[ikwípmənt] 장비   tough[tʌf] 튼튼한, 강한   carry[kǽri] 취급하다, (물품을) 팔다   warranty[wɔ́:rənti] 보증 기간, 보증   fabulous[fǽbjuləs] 멋진   lawn[lɔ:n] 잔디밭   one-stop 한 곳에서 모든 것을 살(할) 수 있는

7 광고

With the **largest** selection of **office** furniture in town, / Clint's
─ 연음
─ 고유명사·외래어
Office Furnishings is the **best** choice for **supplying** your **workplace**
/ with the **latest** in furniture for all of your working needs.(↘) //
We stock **hundreds** of comfortable office chairs,(↗) / **highly**
functional work desks,(↗) / and **portable** storage units.(↘) // We
even provide **complimentary** assembly of larger units of furniture, /
as well as **same-day delivery** within city limits.(↘) // Come by
today / and see what we can **do** for **you**.(↘)

도시에서 가장 큰 사무실 가구 선택권을 갖춘 Clint's 사무용 가구점은 당신의 직장에 업무하는 데 필요한 최신식 가구를 공급하기 위한 최고의 선택입니다. 저희는 수백 개의 편안한 사무용 의자, 매우 실용적인 업무용 책상, 그리고 휴대용 저장 장치를 보유하고 있습니다. 저희는 도시 내에서의 당일 배송뿐만 아니라, 더 큰 가구 세트들의 무료 조립도 제공합니다. 오늘 오셔서 저희가 당신에게 해 드릴 수 있는 것을 알아보세요.

답변Tip 광고 지문에서는, 자신이 가구점의 주인이 된 것처럼 가구점에서 보유한 다양한 제품과 서비스를 자랑하듯이 읽으세요.

어휘 selection[silékʃən] 선택 furniture[fə́ːrnitʃər] 가구 functional[fʌ́ŋkʃənl] 실용적인 storage unit 저장 장치
complimentary[kàmpləméntəri] 무료의, 칭찬하는 assembly[əsémbli] 조립, 의회

8 소개

Welcome to the annual conference of the Society of Research
─ 연음
─ 고유명사·외래어
in **Psychology**.(↘) // It is my pleasure to introduce our **keynote**
speaker, / Tom Schwartz, / who will be speaking to us about the
newest development in our field.(↘) // **Not only** is Mr. Schwartz
a **top-rated** professor at Chapper College ,(↗) / he is **also**
well-known for his research in **character** formation,(↗) / **attachment**
styles,(↗) / and **close** relationships.(↘) // **Please** give Mr. Schwartz
a **warm welcome** to the podium.(↘)

심리학 연구 학회의 연례 회의에 오신 것을 환영합니다. 우리 분야의 가장 최근의 발전에 대해 이야기해 주실 기조 연설자 Tom Schwartz를 소개하게 되어 기쁩니다. Mr. Schwartz는 Chapper 대학의 일류 교수이실 뿐만 아니라, 성격 형성, 애착 유형, 그리고 친밀한 관계에 대한 그의 연구로도 잘 알려져 있습니다. Mr. Schwartz를 연단으로 따뜻하게 맞아 주십시오.

답변Tip 묵음 'p'가 포함된 psychology[saikálədʒi]의 발음에 주의하여 읽으세요.

어휘 annual[ǽnjuəl] 연례의, 연간의 psychology[saikálədʒi] 심리(학) development[divéləpmənt] 발전, 개발 top-rated 일류의, 최고의
character[kǽriktər] 성격 attachment[ətǽtʃmənt] 애착 relationship[riléiʃənʃip] 관계 podium[póudiəm] 연단

Q1-2

Q3-4

Q5-7

Q8-10

Q11

10일 만에 끝내는 해커스 토익스피킹

Hackers Test 🎧 (Q1&2_코스3) 08_HT   p. 54

1 자동 응답 메시지

You have reached the automated customer assistance line / for
Harry Flander 's first solo concert in Berlin .(↘) // The concert is
scheduled for April 24th and 25th.(↘) // If you're calling to
purchase tickets,(↗) / press one.(↘) // If you're calling for
information regarding the venue,(↗) / the seats,(↗) / or to request
special accommodation,(↗) / please press two.(↘) // For other
miscellaneous inquiries, / please hold.(↘)

Harry Flander의 베를린에서의 첫 번째 단독 연주회의 자동화 고객 지원 전화에 연결되셨습니다. 연주회는 4월 24일과 25일로 예정되어 있습니다. 만약 표를 구매하기 위해 전화하셨다면, 1번을 눌러주세요. 장소, 좌석과 관련된 정보를 위해, 또는 특별 좌석을 요청하기 위해 전화하셨다면, 2번을 눌러주세요. 다른 여러 가지 문의를 위해서는, 기다려 주시기 바랍니다.

답변Tip Berlin[bərlín]과 같은 고유명사를 정확한 영어식 발음으로 읽으세요.

답변Tip 24th와 25th의 경우 twenty fourth, twenty fifth와 같이 서수로 읽으세요.

어휘 automated[ɔ́ːtəmèitid] 자동화된 assistance[əsístəns] 지원, 도움 purchase[pə́ːrtʃəs] 구매하다; 구매 venue[vénjuː] 장소
accommodation[əkàmədéiʃən] 좌석, 시설 miscellaneous[mìsəléiniəs] 여러 가지의, 다방면의 inquiry[ínkwəri] 문의

2 뉴스

The weekend weather forecast for Honolulu looks excellent,(↘) /
so it is a great time to plan some leisure activities.(↘) // Expect
a pleasant increase in temperature,(↗) / clear skies,(↗) / and a
slight breeze on Saturday and Sunday.(↘) // Starting Monday
morning, / however, / we will see increasing clouds and a chance
of showers.(↘) // Enjoy your weekend everyone, / as cooler
temperatures will return next week.(↘)

호놀룰루의 주말 날씨 예보가 아주 좋아 보여서 몇 가지 여가 활동들을 계획하기에 좋은 때입니다. 토요일과 일요일에는 쾌적한 기온 상승, 맑은 하늘, 그리고 약간의 산들바람을 예상합니다. 그러나 월요일 아침부터는, 점점 많아지는 구름과 소나기의 가능성을 예상합니다. 다음주에는 더 서늘한 기온이 다시 찾아올 것이니, 여러분 모두 주말을 즐기십시오.

답변Tip increase는 품사에 따라 강세가 달라지므로, 이에 주의하여 읽으세요.
increase[ínkriːs] 명 상승, 증가 — increasing[inkríːsiŋ] 형 증가하는

어휘 forecast[fɔ́ːrkæst] (날씨) 예보 activity[æktívəti] 활동 expect[ikspékt] 예상하다, 기대하다 pleasant[plézənt] 쾌적한
temperature[témpərətʃər] 기온 breeze[briːz] 산들바람 chance[tʃæns] 가능성, 기회 shower[ʃáuər] 소나기

3 자동 응답 메시지

Thank you for calling **Zeller Electronics**, / where you can **count** on getting a **great** deal!(↘) // **We are away** for a **workshop**, / so we **won't** be able to answer your **call until Thursday**.(↘) // **Please** accept our apology for **any** inconvenience.(↘) // **If you** have questions about our **products**,(↗) / **upcoming** sales,(↗) / or your **recent** order,(↗) / please **visit our** website and **leave a** message. (↘) // The **customer service team** will **respond as soon as possible**.(↘)

좋은 거래를 기대할 수 있는 Zeller 전자 기기에 전화 주셔서 감사합니다! 현재 저희는 워크숍을 가 있어서, 목요일까지는 전화에 답변해 드릴 수 없습니다. 불편을 드린 것에 사과드립니다. 저희의 상품, 다가오는 세일, 또는 최근 주문에 대해 문의가 있으시면, 저희 웹사이트를 방문하셔서 메시지를 남겨주세요. 고객 서비스팀이 가능한 한 빨리 응답할 것입니다.

답변 Tip inconvenience, visit, leave, service의 [v] 발음이 [b]처럼 들리지 않도록 윗니를 아랫입술에 붙였다가 떼며 발음하세요.

어휘 count on 기대하다, 믿다 　upcoming[ʌ́pkλ̀miŋ] 다가오는 　respond[rispánd] 응답하다

4 뉴스

Hello, / this is **Harvey Parker** reporting **live** from **Paris** for *Holidays around the World*.(↘) // **Thousands** of natives and tourists have gathered here / for the **biggest Christmas celebration** in the city's history.(↘) // Participants can hear **live music**,(↗) / see **amazing fireworks**,(↗) / and enjoy beautiful **decorations**.(↘) // **Despite the cold weather**, / people are having a **blast**!(↘) // **Paris** sure is **embracing** the **spirit** of the **season**.(↘) // **Let's move on** to our **next destination**, / **Moscow**, **Russia**.(↘)

안녕하세요, 저는 파리에서 생방송으로 '전 세계의 명절'을 보도하는 Harvey Parker입니다. 수천 명의 현지인과 관광객들은 시 역사상 가장 큰 크리스마스 축하 행사를 위해 이곳에 모였습니다. 참가자들은 라이브 음악을 듣고, 멋진 불꽃 놀이를 보며, 아름다운 장식을 즐길 수 있습니다. 추운 날씨에도 불구하고, 사람들은 아주 즐거운 한때를 보내고 있습니다! 파리는 확실히 이 시기의 활기를 받아들이고 있습니다. 우리의 다음 목적지인 러시아 모스크바로 넘어가 보겠습니다.

답변 Tip Paris[pǽris], Moscow[máskou], Russia[rʌ́ʃə]와 같은 고유명사를 정확한 영어식 발음으로 읽으세요.

어휘 celebration[sèləbréiʃən] 축하 행사 　firework[fáiərwə̀:rk] 불꽃 놀이 　have a blast 아주 즐거운 한때를 보내다
embrace[imbréis] 받아들이다, 포용하다 　spirit[spírit] 활기, 정신, 원기

Q1-2

Q3-4

Q5-7

Q8-10

Q11

10일 만에 끝내는 해커스 토익스피킹

5 자동 응답 메시지

You have reached **First Bank**'s credit card activation line. // To **activate** your card,(↘) / we need your name **exactly** as it appears on the card,(↗) / the **sixteen-digit** credit card number,(↗) / and the **security** code that is listed on the **back** of your card.(↘) // If you have your card ready,(↗) / **please** hold for instructions.(↘) // If you prefer,(↗) / you can visit your **nearest** First Bank branch / and have a **teller** activate your card for you.(↘)

First 은행의 신용카드 사용 등록 전화에 연결되셨습니다. 귀하의 카드를 활성화하기 위해서, 저희는 카드에 보이는 그대로의 귀하의 이름, 16자리 숫자의 신용카드 번호, 그리고 카드 뒷면에 기재된 보안 코드가 필요합니다. 카드를 준비하셨으면, 안내를 기다려 주십시오. 원하시면, 가장 가까운 First 은행 지점을 방문하셔서 행원이 귀하의 카드를 활성화하도록 하실 수 있습니다.

답변Tip activate는 품사에 따라 강세가 달라지므로, 이에 주의하여 읽으세요.
activate[ǽktəvèit] 동 활성화하다 activation[æ̀ktəvéiʃən] 명 (카드) 사용 등록, 활성화

어휘 credit card 신용카드 activation[æ̀ktəvéiʃən] (카드) 사용 등록, 활성화 activate[ǽktəvèit] 활성화하다 appear[əpíər] 보이다, 나타나다
digit[dídʒit] 숫자 security[sikjúərəti] 보안, 안전 instruction[instrʌ́kʃən] 안내, 지시 branch[bræntʃ] 지점 teller[télər] 행원

6 뉴스

This is **Claire Vermont** reporting for **CFC News**.(↘) // A **record** number of people are visiting the **largest water** park in the state, / to cool down from this **impossible heat wave** we're currently experiencing.(↘) // Many **families** with young children have come to **splash** around,(↗) / get a tan,(↗) / and enjoy an **icy cold drink** from the poolside cafeteria.(↘) // The heat wave is supposed to **last** until the **end of** the month.(↘) // We'll be back soon / with **more** weather updates.(↘)

저는 CFC 뉴스에서 보도하는 Claire Vermont입니다. 기록적인 수의 사람들이 현재 우리가 겪고 있는 참을 수 없는 무더위로부터 열기를 식히기 위해 주에서 가장 큰 워터 파크를 방문하고 있습니다. 어린 자녀들을 둔 많은 가족들이 물을 끼얹고, 선탠을 하고, 풀장 가에 있는 매점에서 얼음같이 차가운 음료를 즐기기 위해 방문했습니다. 무더위는 이달 말까지 계속될 것으로 예상됩니다. 저희는 곧 더 많은 최신 날씨 정보와 함께 돌아오겠습니다.

답변Tip record는 품사에 따라 발음이 달라지므로, 이에 주의하며 읽으세요.
record[rékərd] 형 기록적인 명 기록 — record[rikɔ́ːrd] 동 기록하다

어휘 record[rékərd] 기록적인; 기록 cool down (열기를) 식히다, 냉각시키다 impossible[impásəbl] 참을 수 없는, 불가능한 heat wave 무더위
splash[splæʃ] (물을) 끼얹다

7 자동 응답 메시지

Your **call is** **important to** us, / so **please stay** on the line.(↘) // At **Alexander Athletic Wear** , / we **value customer satisfaction** above all .(↘) // If you're calling to **inquire about a** **recent order**,(↗) / please have your **address**,(↗) / the **e-mail receipt** you received,(↗) / and your **order confirmation number** ready.(↘) // If you wish to speak to a customer service represent**ative** **directly**,(↗) // please press the **pound key**.(↘) // We will be **happy** to answer **any** of your questions regarding our products.(↘)

당신의 전화는 저희에게 중요하니, 전화를 끊지 마시고 잠시 기다려 주십시오. Alexander 운동복에서, 저희는 고객의 만족을 무엇보다도 소중하게 여깁니다. 만약 최근 주문에 관해 문의하기 위해 전화하셨다면, 당신의 주소, 받으신 이메일 영수증, 그리고 주문 확인 번호를 준비해 주십시오. 만약 고객 상담원과 직접 통화하기를 원하시면, 우물 정자를 눌러 주십시오. 저희 상품들에 관한 어떤 질문에도 기쁘게 답할 것입니다.

답변Tip 자동 응답 메시지 지문에서는, 고객의 전화 목적에 따른 준비 사항이나 눌러야 할 버튼과 같은 연결 정보를 강조하며 읽으세요.

어휘 athletic[æθlétik] 운동의, 운동 선수의   satisfaction[sӕtisfǽkʃən] 만족   inquire[inkwáiər] 문의하다   confirmation[kὰnfərméiʃən] 확인
pound key 우물 정자 (키)

8 뉴스

And **now** for your **radio tr**a**ffic report** from **News Two** .(↘) // The **heavy** fog,(↗) / **drizzling** rain,(↗) / and **slick** streets have caused a **number** of accidents **blocking roadways** this morning.(↘) // If you're heading **east** into **Philadelphia** on **Interstate Two Ninety**,(↗) / consider taking an **alternate** route as a truck has overt**urn**ed.(↘) // There are also **two separate** wrecks south of the city on **I-Ninety**,(↘) / but tow trucks are **already** on the scene and **all** lanes will reopen again as **soon** as possible.(↘)

이제 News Two의 라디오 교통 정보입니다. 짙은 안개, 이슬비, 그리고 미끄러운 도로가 오늘 아침 도로를 막는 다수의 사고들을 발생시켰습니다. 만일 290 주간 고속 도로인 필라델피아 방면인 동쪽을 향해가고 계시다면, 트럭이 전복되었으므로 다른 도로를 이용하는 것을 고려하십시오. 또한 도시 남쪽의 I-90 도로에서 각각 두 건의 사고가 있으나, 견인 트럭들이 이미 현장에 도착했고 모든 도로가 가능한 한 빨리 다시 개방될 예정입니다.

답변Tip 도로 상황에 대한 교통 정보를 알리는 뉴스 지문이므로, 교통 사고 소식과 현재 상황과 같은 보도의 핵심 내용을 강조하여 읽으세요.

어휘 drizzling rain 이슬비, 보슬비   slick[slik] 미끄러운   block[blɑk] 막다, 봉쇄하다   interstate[ìntərstéit] 주간 고속 도로; 주간의
alternate[ɔ́:ltərnèit] 다른, 대체의   overturn[ðuvərtɔ́:rn] 전복시키다   separate[sépərət] 각각의, 별도의   wreck[rek] (충돌) 사고
tow[tou] 견인; 견인하다   lane[lein] 도로, 길

Q1-2

Q3-4

Q5-7

Q8-10

Q11

10일 만에 끝내는 해커스 토익스피킹

🎧 (Q1&2_리뷰테스트) 09_RT   p. 58

1 공지

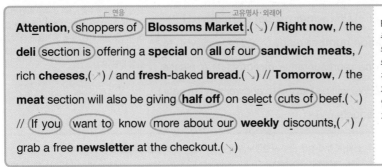

Attention, shoppers of **Blossoms Market**.(↘) / **Right now,** / the

deli section is offering a **special** on all of our **sandwich meats,** /

rich **cheeses,**(↗) / and **fresh**-baked **bread.**(↘) // **Tomorrow,** / the

meat section will also be giving half off on select cuts of beef.(↘)

// If you want to know more about our **weekly** discounts,(↗) /

grab a free **newsletter** at the checkout.(↘)

Blossoms 식료품점의 쇼핑객 여러분, 주목해 주십시오. 바로 지금, 식품 매장은 모든 샌드위치용 육류, 맛이 풍부한 치즈, 그리고 갓 구워낸 빵을 할인 가격으로 드립니다. 내일은, 정육 매장도 엄선된 소고기에 절반의 할인을 제공할 것입니다. 저희의 주간 할인에 대해 더 알고 싶으시면, 계산대에서 무료 소식지를 가져가세요.

답변Tip meat[mi:t], cheese[tʃi:z], beef[bi:f], weekly[wíːkli]에 포함된 장모음(ee, ea)은 길게 읽으세요.

어휘 deli[déli] 식품   section[sékʃən] 매장, 구역   offer a special on ~을 할인 가격으로 주다   rich[ritʃ] (맛이) 풍부한, 농후한
select[silékt] 엄선된; 선택하다   cuts of beef 소고기   newsletter[njúːzlètər] 소식지

2 소개

Please join me in welcoming a **new** author **Phyllis Hunt** to the

show.(↘) // Her book **Fifty Questions to Solve** is one of the most

suspenseful,(↗) / **thrilling,**(↗) / and **frightening** novels I have

ever read.(↘) // I'm **obviously** not the **only one** / **who** feels this

way / because it has set the social networking world ablaze

with comments.(↘) // So, / Phyllis , / tell us where you got the

inspiration / to write this book.(↘)

저와 함께 신인 작가 Phyllis Hunt를 쇼에 환영해 주십시오. 그녀의 책인 「풀어야 할 50가지 의문」은 제가 읽어본 가장 긴장감 넘치고, 스릴이 있으며, 무서운 소설 중 하나입니다. 이렇게 느끼는 사람은 저만이 아닌 것이 분명한데, 이 책이 논평들로 소셜 네트워크 세상을 불타오르게 했기 때문입니다. 그럼, Phyllis, 이 책을 쓰기 위한 영감을 어디에서 얻으셨는지 저희에게 말해주세요.

답변Tip the only one, the inspiration에서의 the는 뒤에 오는 단어가 모음으로 시작하므로 '디'로 발음하세요.

어휘 suspenseful[səspénsfəl] 긴장감 넘치는   frightening[fráitniŋ] 무서운   novel[návəl] 소설   obviously[ábviəsli] 분명히
set ~ ablaze ~을 불타오르게 하다   comment[kámənt] 논평, 비평   inspiration[ìnspəréiʃən] 영감

Q3-4 사진 묘사하기

스텝별 전략 익히기

Check-up 🎧 (Q3&4_스텝) 02_CU

Q1-2

Q3-4

Q5-7

Q8-10

Q11

10일 만에 끝내는 해커스 토익스피킹

1

STEP 1 사진 관찰하며 표현 떠올리기

① 사진이 찍힌 장소	• inside a greenhouse 온실 안
② 중심 대상	• two men, looking at some flowers 두 명의 남자, 꽃을 보고 있는
	• one man, has gray hair, touching the flowers 한 남자, 흰 머리인, 꽃을 만지고 있는
	• the other man, wearing a dark apron and gloves, holding the flowerpot
	다른 남자, 어두운색의 앞치마를 입고 장갑을 끼고 있는, 화분을 들고 있는
③ 주변 대상	• a lot of red and pink flowers 많은 빨간색과 분홍색 꽃들
④ 느낌 및 의견	• the older man, teaching the younger man about flowers 나이 든 남자, 젊은 남자에게 꽃에 대해 가르치고 있는

STEP 2 떠올린 표현을 템플릿에 넣어 말하기

장소	🎤	⑤ **This picture was taken** inside a greenhouse.	이 사진은 온실 안에서 찍혔습니다.
중심 대상	🎤	⑥ **The first thing I see is** two men looking at some flowers. One man ⑦ **has gray hair**, and he is touching the flowers with his hand. The other man, wearing a dark apron and gloves, is ⑧ **holding the flowerpot**.	처음에 보이는 것은 꽃을 보고 있는 두 명의 남자입니다. 한 남자는 흰 머리이고, 손으로 꽃을 만지고 있습니다. 어두운색의 앞치마를 입고 장갑을 끼고 있는 다른 남자는 화분을 들고 있습니다.
주변 대상	🎤	⑨ **Behind the men**, a lot of red and pink flowers can be seen.	남자들 뒤에는, 많은 빨간색과 분홍색 꽃들이 보입니다.
느낌 및 의견	🎤	⑩ **Overall, it seems like** the older man is teaching the younger man about flowers.	전반적으로, 나이 든 남자가 젊은 남자에게 꽃에 대해 가르치고 있는 것 같습니다.

어휘 greenhouse[grí:nhàus] 온실, 비닐하우스 apron[éiprən] 앞치마

2

STEP 1 사진 관찰하며 표현 떠올리기

① 사진이 찍힌 장소	• <u>an office</u> 사무실
② 중심 대상	• <u>five people in a meeting, four, seated at a white table, one man, standing next to a board</u> 회의를 하고 있는 다섯 명의 사람들, 네 명, 흰색 탁자에 앉아 있는, 한 명, 게시판 옆에 서 있는 • <u>one, raising his hand to ask a question</u> 한 명, 질문을 하기 위해 손을 들고 있는 • <u>the others, seem focused on the presentation</u> 다른 사람들, 발표에 집중한 것처럼 보이는
③ 주변 대상	• <u>some cups and writing materials</u> 컵 몇 개와 필기도구
④ 느낌 및 의견	• <u>having a brainstorming session</u> 브레인스토밍 시간을 가지고 있는

STEP 2 떠올린 표현을 템플릿에 넣어 말하기

장소	🎙	⑤ **This is a picture of** an office.	이것은 사무실의 사진입니다.
중심 대상	🎙	⑥ **What I notice first is** five people in a meeting. Four are ⑦ **seated at a white table**, and one man is standing next to a board. ⑧ **Among the people seated**, one is ⑨ **raising his hand to ask a question**. The others seem ⑩ **focused on the presentation**.	처음에 보이는 것은 회의를 하고 있는 다섯 명의 사람들입니다. 네 명은 흰색 탁자에 앉아 있고, 한 명은 게시판 옆에 서 있습니다. 앉아 있는 사람들 중에, 한 명이 질문을 하기 위해 손을 들고 있습니다. 다른 사람들은 발표에 집중한 것처럼 보입니다.
주변 대상	🎙	⑪ **In front of them**, I see some cups and writing materials.	그들의 앞에는, 컵 몇 개와 필기도구가 보입니다.
느낌 및 의견	🎙	⑫ **Generally, it appears that** they are having a brainstorming session.	전반적으로, 그들은 브레인스토밍 시간을 가지고 있는 것처럼 보입니다.

어휘   writing material 필기도구   session [séʃən] 시간, 회기

Hackers Test 🎧 (Q3&4_코스1) 05_HT

p. 76

1 소수의 사람이 중심인 사진

☺ 답변 표현

사진이 찍힌 장소 • at a café

중심 대상
• a man, wearing headphones while working on a laptop
• a man and a woman, chatting, both dressed in plaid shirts

주변 대상
• some white coffee mugs, some pens, and a notebook

느낌 및 의견
• everyone, relaxed in a peaceful café

⏱ 모범 답변

장소	🎤 This photo was taken **at a café**.	이 사진은 카페에서 찍혔습니다.
중심 대상	The first thing I see is **a man who is wearing headphones while working on a laptop**. Behind him, **a man and a woman are chatting**. They are **both dressed in plaid shirts**.	처음에 보이는 것은 노트북으로 일하면서 헤드폰을 쓰고 있는 남자입니다. 그의 뒤에는, 이야기를 하고 있는 남자와 여자가 있습니다. 그들은 둘 다 격자무늬 셔츠를 입고 있습니다.
주변 대상	In the middle of the picture, I can see **some white coffee mugs, some pens, and a notebook**.	사진의 중앙에는, 흰색 커피잔들, 몇 자루의 펜, 노트가 보입니다.
느낌 및 의견	Overall, it appears that **everyone is relaxed in a peaceful café**.	전반적으로, 모두 평화로운 카페에서 느긋해 보입니다.

답변Tip 대화를 나누고 있는 모습을 묘사할 때는 chatting 외에도 talking to one another, having conversation 등의 표현을 사용할 수 있어요.

어휘 plaid[plæd] 격자무늬; 격자무늬의 mug[mʌg] 잔 relaxed[rilǽkst] 느긋한, 여유 있는

2 여러 사람이 중심인 사진

🗨️ 모범 답변

장소	🎤 This photo was taken indoors at a restaurant.	이 사진은 식당의 실내에서 찍혔습니다.
중심 대상	The first thing I see is a waiter who has a beard serving wine to some customers. Next to him, there is a couple sitting at a table.	처음에 보이는 것은 손님들에게 와인을 제공하고 있는 수염이 있는 종업원입니다. 그의 옆에는, 탁자에 앉아 있는 커플이 있습니다.
주변 대상	In the background, there are three people at another table, and the windows are covered with drapes.	배경에는, 또 다른 탁자에 세 명의 사람들이 있고, 창문은 커튼으로 덮여 있습니다.
느낌 및 의견	Generally, it seems like the diners are enjoying their meals in a nice restaurant.	전반적으로, 식사하는 손님들이 멋진 식당에서 그들의 식사를 즐기고 있는 것처럼 보입니다.

답변Tip 레스토랑을 배경으로 한 사진이 나올 때, 다음과 같은 표현들을 사용하여 사진을 묘사할 수 있어요.
- 주문과 관련해서는, looking at the menu(메뉴를 보는 중이다), deciding what to eat/order(무엇을 먹을지/주문할지 결정하는 중이다)의 표현을 사용할 수 있어요.
- 음식과 관련해서는, food has been/has not been served(음식이 나왔다/나오지 않았다), finished meal(식사를 마쳤다), empty plate (빈 그릇) 등의 표현을 사용할 수 있어요.

어휘 **indoors**[indɔ́:rz] 실내에서, 실내에 **beard**[biərd] (턱)수염 **drape**[dreip] 커튼, 휘장, 드레이프 **diner**[dáinər] 식사하는 사람, 만찬의 손님

3 소수의 사람이 중심인 사진

📢 답변 표현

사진이 찍힌 장소 • at a supermarket

중심 대상
• a woman, wearing a turtleneck sweater, handing a pack of tomatoes to a cashier in a white jacket

주변 대상
• a man, standing in line
• many items, arranged on the shelves

느낌 및 의견
• a pretty common scene in a grocery store

⏱ 모범 답변

장소	🎤 This photo was taken at a supermarket.	이 사진은 슈퍼마켓에서 찍혔습니다.
중심 대상	The first thing that catches my eye is a woman wearing a turtleneck sweater. She is handing a pack of tomatoes to a cashier in a white jacket.	가장 먼저 눈길을 끄는 것은 터틀넥 스웨터를 입은 여자입니다. 그녀는 흰색 재킷을 입은 계산원에게 토마토 한 팩을 건네주고 있습니다.
주변 대상	Behind the woman, a man is standing in line. In the background of the picture, I can see many items arranged on the shelves.	그 여자의 뒤에는, 남자가 줄을 서 있습니다. 사진의 배경에는, 선반에 정렬되어 있는 많은 물건이 보입니다.
느낌 및 의견	Overall, this looks like a pretty common scene in a grocery store.	전반적으로, 이것은 식료품점의 꽤 흔한 광경인 것 같아 보입니다.

답변Tip 의상을 착용하고 있는 사람을 묘사할 때는 현재분사 wearing 또는 전치사 in/with를 사용해서 a woman wearing a turtleneck sweater(터틀넥 스웨터를 입은 여자), a cashier in a white jacket(흰색 재킷을 입은 계산원)으로 말할 수 있어요.

답변Tip 상점의 선반에 물건이 많이 있을 때, many items are arranged/displayed/placed on the shelves와 같은 표현을 사용하여 묘사할 수 있어요.

답변Tip 일상적인 풍경을 나타낼 때는 pretty common/typical/ordinary/regular와 같은 표현을 사용하여 느낌을 전달할 수 있어요.

어휘 hand[hænd] 건네주다 cashier[kæʃíər] 계산원 arrange[əréindʒ] 정렬시키다, 배열하다 shelf[ʃelf] 선반, 칸 common[kámən] 흔한 grocery store 식료품점

4 여러 사람이 중심인 사진

ⓘ 답변 표현

사진이 찍힌 장소 • at a park on a sunny day

중심 대상
• a group of five people, gathered together
• three people, talking to one another
• a woman with her legs crossed, speaking with a man wearing sunglasses

주변 대상
• some trees and a grassy field

느낌 및 의견
• people, having a nice day at the park

🕒 모범 답변

장소	🎙 This picture was taken at a park on a sunny day.	이 사진은 맑은 날 공원에서 찍혔습니다.
중심 대상	What I notice first is a group of five people gathered together. Three people on the left are talking to one another. Next to them, a woman with her legs crossed is speaking with a man wearing sunglasses.	처음에 보이는 것은 함께 모인 다섯 명의 무리입니다. 왼쪽에 있는 세 명의 사람들은 서로 대화를 나누고 있습니다. 그들 옆에는, 다리를 꼬고 있는 여자가 선글라스를 쓰고 있는 남자와 이야기하고 있습니다.
주변 대상	In the background, I see some trees and a grassy field.	배경에는, 몇몇 나무와 풀로 덮인 땅이 보입니다.
느낌 및 의견	Generally, it looks like these people are having a nice day at the park.	전반적으로, 이 사람들은 공원에서 즐거운 하루를 보내고 있는 것 같아 보입니다.

> 답변Tip 다리를 꼬거나 팔짱을 낀 인물의 상태는, cross를 사용하여 with his/her legs crossed(그/그녀의 다리를 꼰 상태로), with his/her arms crossed(그/그녀의 팔짱을 낀 상태로)를 통해 묘사할 수 있어요.

> 답변Tip 야외에서 찍은 사진은 마무리 문장에 having a nice day outside(야외에서 즐거운 하루를 보내고 있다), enjoying the weather outside(야외에서 날씨를 즐기고 있다)와 같은 표현을 사용하여 전반적인 분위기를 묘사할 수 있어요.

어휘   grassy [ɡrǽsi] 풀로 덮인, 풀이 우거진

5 소수의 사람이 중심인 사진

Q1-2

Q3-4

Q5-7

Q8-10

Q11

10일 만에 끝내는 해커스 토익스피킹

⚠ 답변 표현

사진이 찍힌 장소 • in a bakery kitchen

중심 대상
• three people, working in the same white uniforms
• a man, holding a large wooden paddle
• a woman, working with some dough

주변 대상
• another baker, looking at some bread on a rack

느낌 및 의견
• everyone, busy making bread and cakes

🕒 모범 답변

장소	🎤 This photo was taken in a bakery kitchen.	이 사진은 빵집 주방에서 찍었습니다.
중심 대상	What I notice first is three people working in the same white uniforms. In the middle of the picture, I see a man who is holding a large wooden paddle. Next to him, a woman is working with some dough.	처음에 보이는 것은 같은 흰색 유니폼을 입고 일하고 있는 세 명의 사람들입니다. 사진의 중앙에는, 큰 나무 수석을 쉬고 있는 남자가 보입니다. 그의 옆에는, 여자가 밀가루 반죽을 가지고 일하고 있습니다.
주변 대상	In the background, another baker is looking at some bread on a rack.	배경에는, 또 다른 제빵사가 선반에 있는 빵을 보고 있습니다.
느낌 및 의견	Generally, it appears that everyone is busy making bread and cakes.	전반적으로, 모든 사람은 빵과 케이크를 만드느라 바쁜 것처럼 보입니다.

> **답변Tip** 사진의 사물 혹은 대상이 공통점을 갖고 있으면, 모범 답변의 three people working in the same white uniforms(같은 흰색 유니폼을 입고 일하고 있는 세 명의 사람들)처럼 이를 먼저 말하면서 답변을 시작할 수 있어요.

어휘 paddle[pǽdl] 주걱 dough[dou] 밀가루 반죽 rack[ræk] 선반

6 여러 사람이 중심인 사진

사진이 찍힌 장소 • inside a classroom

중심 대상
- a professor, handing a male student a sheet of paper, which could be an exam or homework
- the student, wearing glasses and a pink shirt with rolled-up sleeves

주변 대상
- other students, sitting at their desks

느낌 및 의견
- a college class, just started

🕒 모범 답변

장소	🎙 This photo was taken inside a classroom.	이 사진은 강의실 안에서 찍혔습니다.
중심 대상	The first thing I see is a professor handing a male student a sheet of paper, which could be an exam or homework. The student is wearing glasses and a pink shirt with rolled-up sleeves.	처음에 보이는 것은 남학생에게 종이 한 장을 건네주는 교수인데, 이것은 시험 문제지 혹은 과제인 것 같습니다. 그 학생은 안경을 쓰고 있고 소매가 걷어 올려진 분홍색 셔츠를 입고 있습니다.
주변 대상	In the background, there are other students who are all sitting at their desks.	배경에는, 모두 책상에 앉아 있는 다른 학생들이 있습니다.
느낌 및 의견	Generally, it appears that a college class has just started.	전반적으로, 방금 대학 수업이 시작한 것 같아 보입니다.

답변Tip 강의실이나 교실이 배경인 사진이 나올 때, 아래와 같은 표현을 사용할 수 있어요.
- 학생들이 수업을 듣는 중인 경우, taking lectures(강의를 듣는 중이다)나 attend class(수업에 출석하다)와 같은 표현을 사용할 수 있어요.
- 집중하는 모습을 묘사하고 싶은 경우, focusing on/concentrating/paying attention과 같은 표현을 사용할 수 있어요.
- 교수님이나 선생님이 강의를 하고 있는 경우, give/deliver a lecture와 같은 표현을 사용할 수 있어요.

어휘 **rolled-up** 걷어 올려진 **sleeve**[slíːv] 소매

7 소수의 사람이 중심인 사진

Q1-2

Q3-4

Q5-7

Q8-10

Q11

10일 안에 끝내는 해커스 토익스피킹

⚠ 답변 표현

사진이 찍힌 장소 • in an office building

중심 대상
• a woman, with her hair in a bun, dressed in a business suit, holding a piece of paper

주변 대상
• a man and another woman, having a discussion at a desk with a computer monitor on it

느낌 및 의견
• everyone, handling their work professionally

🕐 모범 답변

장소	🎤 This photo was taken in an office building.	이 사진은 사무실 건물에서 찍혔습니다.
중심 대상	The first thing that catches my eye is a woman with her hair in a bun and dressed in a business suit. She is holding a piece of paper in front of a copy machine.	가장 먼저 눈길을 끄는 것은 쪽 찐 머리를 하고 사무용 정장을 입은 여자입니다. 그녀는 복사기 앞에서 종이 한 장을 들고 있습니다.
주변 대상	Behind her, I notice a man and another woman having a discussion at a desk with a computer monitor on it.	그녀 뒤에는, 한 남자와 또 다른 여자가 컴퓨터 모니터가 올려진 책상에서 논의를 하고 있는 것이 보입니다.
느낌 및 의견	Generally, it seems like everyone is handling their work professionally.	전반적으로, 모든 사람은 그들의 일을 전문적으로 처리하고 있는 것 같습니다.

어휘   bun[bʌn] 쪽 찐 머리   copy machine 복사기   discussion[diskʌʃən] 논의, 토론   handle[hǽndl] 처리하다, 다루다 professionally[prəféʃənəli] 전문적으로

8 여러 사람이 중심인 사진

ⓘ 답변 표현

사진이 찍힌 장소 • in an airport

중심 대상
• a lot of people, heading upstairs on escalators
• a woman, with orange pants and a white shoulder bag

주변 대상
• a large dark-blue sign with the letter D

느낌 및 의견
• everyone, busy heading to their departure gates

ⓖ 모범 답변

장소	🎙 This picture was taken in an airport.	이 사진은 공항에서 찍혔습니다.
중심 대상	The first thing I see is a lot of people heading upstairs on escalators. In the foreground of the picture, there is a woman with orange pants and a white shoulder bag.	처음에 보이는 것은 에스컬레이터를 타고 위층으로 향하고 있는 많은 사람들입니다. 사진의 전경에는, 주황색의 바지를 입고 흰색의 숄더백을 메고 있는 여자가 있습니다.
주변 대상	To the right of the escalator, there is a large dark-blue sign with the letter D.	에스컬레이터 오른쪽에는, 철자 D가 있는, 짙은 파란색의 큰 표지판이 있습니다.
느낌 및 의견	Generally, it seems like everyone is busy heading to their departure gates.	전반적으로, 모든 사람은 출발 탑승구로 향하느라 분주한 것 같습니다.

답변Tip 공항 외에도, 지하철역(subway station)이나 지하철 승강장(subway platform), 버스 정류장(bus station)을 배경으로 하는 사진이 출제되기도 해요.

답변Tip 사람들이 목적지로 이동하고 있는 모습을 묘사할 때는 heading to, walking toward와 같은 표현을 사용하여 말할 수 있어요.

어휘   head[hed] 향하다   departure[dipá:rtʃər] 출발   gate[geit] 탑승구

9 소수의 사람이 중심인 사진

Q1-2

Q3-4

Q5-7

Q8-10

Q11

10일 만에 끝나는 해커스 토익스피킹

⚠ 답변 표현

사진이 찍힌 장소 • on a jogging path

중심 대상
- three people, look like a family
- the daughter, wearing shorts and a purple helmet
- her father, kneeling, securing her helmet
- her mother, holding the bike handle

주변 대상
- a lot of tall trees

느낌 및 의견
- the girl, going to learn how to ride a bike

⏱ 모범 답변

장소	🎤 This photo was taken on a jogging path.	이 사진은 조깅하는 길 위에서 찍혔습니다.
중심 대상	What I notice first is three people who look like a family. The daughter is wearing shorts and a purple helmet. To the right, her father is kneeling and securing her helmet. On the left, her mother is holding the bike handle.	처음에 보이는 것은 가족처럼 보이는 세 명의 사람들입니다. 딸은 반바지를 입고, 보라색 헬멧을 쓰고 있습니다. 오른쪽에는, 그녀의 아버지가 무릎을 꿇고 소녀의 헬멧을 고정시키고 있습니다. 왼쪽에는, 그녀의 어머니가 자전거 손잡이를 잡고 있습니다.
주변 대상	In the background, there are a lot of tall trees.	배경에는, 큰 나무가 많이 있습니다.
느낌 및 의견	Generally, it appears that the girl is going to learn how to ride a bike.	전반적으로, 소녀가 자전거를 타는 방법을 배울 것처럼 보입니다.

어휘 path[pæθ] 길 kneel[ni:l] 무릎을 꿇다 secure[sikjúər] 고정하다

10 여러 사람이 중심인 사진

⚠ 답변 표현

사진이 찍힌 장소 • at a busy street market

중심 대상
- a woman and a boy
- the woman, looking at a scarf closely
- the boy, has on an orange shirt
- another boy, sitting on a chair

주변 대상
- a lot of vendors and passersby

느낌 및 의견
- a typical day in a marketplace

⏱ 모범 답변

장소	🎤 This picture was taken at a busy street market.	이 사진은 번화한 거리 시장에서 찍혔습니다.
중심 대상	The first thing I see is a woman and a boy. The woman is looking at a scarf closely. The boy next to her has on an orange shirt. Across from them, there is another boy sitting on a chair.	처음에 보이는 것은 한 여자와 소년입니다. 여자는 스카프를 가까이서 보고 있습니다. 그녀 옆에 있는 소년은 주황색 셔츠를 입고 있습니다. 그들의 건너편에는, 의자에 앉아 있는 또 다른 소년이 있습니다.
주변 대상	In the background, there are a lot of vendors and passersby.	배경에는, 많은 행상인들과 통행인들이 있습니다.
느낌 및 의견	Overall, it looks like a typical day in a marketplace.	전반적으로, 시장에서의 일반적인 하루인 것 같아 보입니다.

어휘   vendor[véndər] 행상인   passerby[pǽsərbái] 통행인

11 소수의 사람이 중심인 사진

⚠️ 답변 표현

사진이 찍힌 장소 • in an office

중심 대상
- two men, looking at a tablet computer together
- the man, has a beard, holding the tablet
- another guy, standing with his arms crossed

주변 대상
- two women, sitting at a white table
- a bookshelf

느낌 및 의견
- a pleasant work environment

🎤 모범 답변

장소	🎤 This photo was taken in an office.	이 사진은 사무실에서 찍혔습니다.
중심 대상	The first thing I see is two men looking at a tablet computer together. The man who has a beard is holding the tablet. Next to him, there is another guy standing with his arms crossed.	처음에 보이는 것은 함께 태블릿 컴퓨터를 보고 있는 두 명의 남자입니다. 턱수염이 있는 남자는 태블릿을 들고 있습니다. 그의 옆에는, 팔짱을 끼고 서 있는 또 다른 남자가 있습니다.
주변 대상	Behind them, I can see two women sitting at a white table. In the background of the picture, there is a bookshelf.	그들 뒤에는, 흰색 탁자에 앉아 있는 두 명의 여자가 보입니다. 사진의 배경에는, 책장이 있습니다.
느낌 및 의견	Generally, it appears that it's a pleasant work environment.	전반적으로, 쾌적한 근무 환경인 것처럼 보입니다.

> **답변Tip** 사무실이나 회의실이 배경인 사진은 마무리 문장에 a pleasant work environment(쾌적한 근무 환경), a busy day in the office (사무실의 바쁜 하루)와 같은 표현을 사용하여 나의 느낌이나 의견을 묘사할 수 있어요.

어휘 pleasant[plézənt] 쾌적한, 즐거운 work environment 근무 환경

12 여러 사람이 중심인 사진

① 답변 표현

사진이 찍힌 장소 • inside a library

중심 대상
- a woman, sitting at a desk, has short blond hair, scanning some books with a barcode scanner
- a woman and two children, waiting

주변 대상
- a man, in a white shirt, writing something

느낌 및 의견
- a mom and her two kids, checking out some books at a children's library

ⓒ 모범 답변

장소	🎙 This picture was taken inside a library.	이 사진은 도서관 안에서 찍혔습니다.
중심 대상	What I notice first is a woman who is sitting at a desk. She has short blond hair, and she's scanning some books with a barcode scanner. Across from her, a woman and two children are waiting.	처음에 보이는 것은 책상에 앉아 있는 한 여자입니다. 그녀는 짧은 금발 머리이고, 바코드 스캐너로 책 몇 권을 스캔하고 있습니다. 그녀의 건너편에는, 한 여자와 두 명의 아이들이 기다리고 있습니다.
주변 대상	In the background, I see a man in a white shirt writing something.	배경에는, 흰색 셔츠를 입은 남자가 무언가를 쓰고 있는 것이 보입니다.
느낌 및 의견	Overall, it seems like a mom and her two kids are checking out some books at a children's library.	전반적으로, 어머니와 그녀의 두 아이들이 어린이 도서관에서 책 몇 권을 대출하고 있는 것 같습니다.

답변Tip 도서관이 배경으로 등장하는 경우, borrow/check out books(책을 대출하다)나 return/check in books(책을 반납하다)와 같은 표현을 통해 사진을 묘사할 수 있어요.

어휘   check out (책을) 대출하다

Hackers Test 🎧 (Q3&4_코스2) 08_HT   p. 86

1 배경이 중심인 사진

❗ 답변 표현

사진이 찍힌 장소 • in a harbor

중심 대상
• several boats, floating on the water, different kinds of small flags are attached
• many flags on poles in front of some buildings

주변 대상
• a very clear sky and some thick clouds

느낌 및 의견
• a nice, sunny day by the seashore

🕐 모범 답변

장소	🎤 This picture was taken in a harbor.	이 사진은 항구에서 찍혔습니다.
중심 대상	The first thing that catches my eye is several boats floating on the water. Different kinds of small flags are attached to many boats. To the far left, there are many flags on poles in front of some buildings.	가장 먼저 눈길을 끄는 것은 물 위에 떠 있는 여러 척의 배들입니다. 많은 배에 다양한 종류의 작은 깃발들이 달려 있습니다. 왼쪽 맨 끝에는, 몇몇 건물들 앞 기둥들에 걸린 많은 깃발이 있습니다.
주변 대상	In the background, there's a very clear sky and some thick clouds.	배경에는, 매우 맑은 하늘과 두꺼운 구름이 일부 있습니다.
느낌 및 의견	Overall, it seems like a nice, sunny day by the seashore.	전반적으로, 해안의 멋지고 화창한 날인 것 같습니다.

> **답변 Tip** 여러 사람이나 사물 중 가장 왼쪽 또는 가장 오른쪽에 있는 것을 말하고 싶을 때는 far(맨 끝에 있는)라는 표현을 사용하여 far left(왼쪽 맨 끝에 있는), far right(오른쪽 맨 끝에 있는) 등으로 말할 수 있어요.

어휘 harbor[háːrbər] 항구　float[flout] 떠 있다, 뜨다, 떠돌다　flag[flæg] 깃발　pole[poul] 기둥　thick[θik] 두꺼운, 두툼한, 짙은
seashore[síːʃɔ̀ːr] 해안, 해변

2 배경이 중심인 사진

⚠ 답변 표현

사진이 찍힌 장소 • in a city square

중심 대상
• an orange building with a pale-green roof
• a row of four buildings, all at least three stories high

주변 대상
• some pedestrians, walking in pairs
• a red truck

느낌 및 의견
• people, enjoying a walk

🎧 모범 답변

장소	🎤 This picture was taken in a city square.	이 사진은 도시의 광장에서 찍혔습니다.
중심 대상	What I notice first is an orange building with a pale-green roof. Next to it, there is a row of four buildings. They are all at least three stories high.	처음에 보이는 것은 연한 초록색 지붕이 있는 주황색 건물입니다. 그 옆에는, 한 줄로 늘어선 네 개의 건물이 있습니다. 모든 건물은 적어도 삼 층 높이입니다.
주변 대상	In the foreground of the picture, some pedestrians are walking in pairs. There is also a red truck in the middle.	사진의 전경에는, 두 명씩 짝을 지어 걷고 있는 몇몇 보행자들이 있습니다. 또한 중앙에는 빨간 트럭도 있습니다.
느낌 및 의견	Overall, it seems like people are enjoying a walk.	전반적으로, 사람들은 산책을 즐기고 있는 것 같습니다.

답변Tip 사물의 색깔을 말할 때는, pale(연한), dark(짙은), shade of~(~색조)와 같은 표현을 사용하여 색을 더 정확하게 묘사할 수 있어요.

답변Tip 건물을 묘사할 때는, 건물의 색 외에도 historical building(역사적 건물), modern building(현대적 건물) 등 건물에 대한 구체적인 느낌을 언급할 수도 있어요.

어휘 pale[peil] 연한, 옅은

3 배경이 중심인 사진

Q1-2
Q3-4
Q5-7
Q8-10
Q11

답변 표현

사진이 찍힌 장소 • at a beach

중심 대상
- the row of red-and-yellow beach umbrellas
- people, sitting or lying on deck chairs

주변 대상
- some houses on a rocky hill, overlooking the ocean

느낌 및 의견
- people, relaxing in the sun on a beach

모범 답변

장소	🎙 This photo was taken **at a beach.**	이 사진은 해변에서 찍혔습니다.
중심 대상	The first thing that catches my eye is **the row of red-and-yellow beach umbrellas. Under the umbrellas, people are sitting or lying on deck chairs.**	가장 먼저 눈길을 끄는 것은 한 줄로 늘어선 빨간색과 노란색의 해변용 파라솔입니다. 파라솔 아래에는, 사람들이 접이식 의자 위에 앉거나 누워 있습니다.
주변 대상	In the background, **there are some houses on a rocky hill,** and they are **overlooking the ocean.**	배경에는, 바위로 된 언덕 위에 몇몇 집들이 있고, 그것들은 바다를 내려다보고 있습니다.
느낌 및 의견	Generally, it appears that **people are relaxing in the sun on a beach.**	전반적으로, 사람들은 해변에서 햇볕을 쬐며 쉬고 있는 것처럼 보입니다.

어휘   lie[lai] 눕다   **deck chair** 접이식 의자   **overlook**[ðuvərlúk] 내려다보다

10일 만에 끝내는 해커스 토익스피킹

4 사물이 중심인 사진

⚠️ 답변 표현

사진이 찍힌 장소 • in a shopping district

중심 대상
• a double-decker bus, painted in red and ivory
• the upper level of the bus, some writing, suggests that it is a tour bus

주변 대상
• some tourists, standing in front of a souvenir shop

느낌 및 의견
• the bus has stopped for the people to buy some souvenirs

🕐 모범 답변

장소	🎤 This photo was taken in a shopping district.	이 사진은 상점가에서 찍혔습니다.
중심 대상	What I notice first is a double-decker bus that's painted in red and ivory. On the upper level of the bus, there is some writing that suggests that it is a tour bus.	처음에 보이는 것은 빨간색과 상아색으로 칠해진 이층 버스입니다. 버스의 위층에는, 그것이 관광 버스임을 말해 주는 글이 있습니다.
주변 대상	On the right side of the picture, I see some tourists standing in front of a souvenir shop.	사진의 오른쪽에는, 기념품 가게 앞에 서 있는 관광객 몇 명이 보입니다.
느낌 및 의견	Overall, it looks like the bus has stopped for the people to buy some souvenirs.	전반적으로, 버스가 사람들이 기념품을 살 수 있도록 정차한 것 같아 보입니다.

답변Tip 여러 층으로 된 대상이나 크기가 큰 사물을 설명할 때는, on the upper level/side of~(~의 위층/위쪽에는) 또는 on the lower level/side of~(~의 아래층/아래쪽에는)와 같은 표현을 사용하여 말할 수 있어요.

어휘　writing[ráitiŋ] 글, 글자　souvenir[sùːvəníər] 기념품

🎧 (Q3&4_리뷰테스트) 09_RT

p. 88

3 여러 사람이 중심인 사진

ⓘ 답변 표현

사진이 찍힌 장소 • at a grassy campsite

중심 대상
- three friends, relaxing in front of a campfire
- one girl, playing the guitar
- the guy, lying on his stomach
- the other girl with the blue jacket, has an orange blanket around her shoulders

주변 대상
- three tents set up, people are resting

느낌 및 의견
- everyone, enjoying the camping trip

🕐 모범 답변

장소	🎙 This picture was taken at a grassy campsite.	이 사진은 풀이 우거진 야영지에서 찍혔습니다.
중심 대상	What I notice first is three friends relaxing in front of a campfire. One girl is playing the guitar, and the guy next to her is lying on his stomach. The other girl with the blue jacket has an orange blanket around her shoulders.	처음에 보이는 것은 모닥불 앞에서 쉬고 있는 세 명의 친구들입니다. 한 여자는 기타를 치고 있고, 그녀 옆에 있는 남자는 엎드려 있습니다. 파란색 재킷을 입은 다른 여자는 어깨에 주황색 담요를 두르고 있습니다.
주변 대상	Behind them, there are three tents set up, and people are resting.	그들의 뒤에는, 세 개의 텐트가 세워져 있고, 사람들이 쉬고 있습니다.
느낌 및 의견	Overall, it seems like everyone is enjoying the camping trip.	전반적으로, 모두는 캠핑 여행을 즐기고 있는 것 같습니다.

어휘   grassy[grǽsi] 풀이 우거진   campsite[kǽmpsàit] 야영지, 캠프상   lie on one's stomach 엎드리다

Q1-2

Q3-4

Q5-7

Q8-10

Q11

10일 만에 끝내는 해커스 토익스피킹

4 여러 사람이 중심인 사진

! 답변 표현

사진이 찍힌 장소 • in a coffee shop

중심 대상
- four people, sitting around a table, two other friends, standing behind
- the girl, wearing a black hat and lots of black necklaces

주변 대상
- a menu on a blackboard

느낌 및 의견
- friends, having coffee together

🕐 모범 답변

장소	🎙 This picture was taken in a coffee shop.	이 사진은 커피숍에서 찍었습니다.
중심 대상	The first thing I see is four people sitting around a table and two other friends standing behind. The girl in the middle is wearing a black hat and lots of black necklaces.	처음에 보이는 것은 탁자 주변에 앉아 있는 네 명의 사람들과 뒤에 서있는 두 명의 다른 친구들입니다. 중앙에 있는 여자는 검은색 모자와 여러 개의 검은색 목걸이를 하고 있습니다.
주변 대상	In the background, I see a menu on a blackboard.	배경에는, 칠판에 쓰여 있는 메뉴가 보입니다.
느낌 및 의견	Overall, it seems like friends are having coffee together.	전반적으로, 친구들이 함께 커피를 마시고 있는 것 같습니다.

어휘   necklace[nékləs] 목걸이   blackboard[blǽkbɔ̀ːrd] 칠판

Q5-7 질문에 답하기

스텝별 전략 익히기

Check-up 🎧 (Q56&7_스텝) 02_CU

p. 98

Q1-2
Q3-4
Q5-7
Q8-10
Q11

10일 만에 끝내는 해커스 토익스피킹

1

| Imagine that a British marketing firm is doing research in your country. You have agreed to participate in a telephone interview about casual clothes. | 영국의 한 마케팅 회사가 당신의 나라에서 조사를 하고 있다고 가정해 봅시다. 당신은 캐주얼 의류에 대한 전화 인터뷰에 참여하기로 동의했습니다. |

STEP 1 토픽 파악하고 질문 및 답변 예상하기

① 토픽 파악하기   **캐주얼 의류**

② 질문 및 답변 예상하기   질문 **무엇을?**   답변 **청바지와 재킷을**
왜?   **친구들과의 캠핑 여행이 있어서**

STEP 2 질문 파악하고 답변하기

Question 5

🎧Q: When was the last time you bought casual clothes, **and** what did you buy?
영국식 발음

🎤 A: ③ **The last time I bought casual clothes was** two weeks ago. I bought ④ **a pair of jeans and a jacket** at a department store.

언제 마지막으로 캐주얼 의류를 샀고, 무엇을 샀나요?

제가 마지막으로 캐주얼 의류를 산 것은 2주 전입니다. 저는 백화점에서 청바지와 재킷을 샀습니다.

Question 6

🎧Q: Are you planning to buy new casual clothes soon?
영국식 발음

🎤 A: Yes, ⑤ **I am planning to buy some new casual clothes soon.** It's because I have ⑥ **a camping trip with my friends** next month, and I want to be prepared for it.

곧 새 캐주얼 의류를 살 계획이 있나요?

네, 저는 곧 새 캐주얼 의류를 살 계획이 있습니다. 왜냐하면 다음 달에 친구들과의 캠핑 여행이 있어서, 그것에 대비하고 싶기 때문입니다.

Question 7

🎧Q: Do you think online shopping is a good way to buy clothes? **Why** or why not?
영국식 발음

🎤 A: I don't think online shopping is the best way to shop for clothes ⑦ **for a couple of reasons**. ⑧ **This is because** it's not possible to know for sure ⑨ **whether the clothes I buy online will fit me well**. ⑩ **Also**, I have to wait for delivery and ⑪ **it can be inconvenient** if I need something right away. ⑫ **These are why** I don't think online shopping is a good way to buy clothes.

온라인 쇼핑이 옷을 사는 좋은 방법이라고 생각하나요? 이유는요?

저는 몇 가지 이유로 온라인 쇼핑이 옷을 사는 가장 좋은 방법이라고 생각하지 않습니다. 왜냐하면 온라인으로 사는 옷이 저에게 잘 맞을지 확실히 아는 것이 가능하지 않기 때문입니다. 또한, 저는 배송을 기다려야 하고, 제가 어떤 것이 당장 필요하다면 이는 불편할 수 있습니다. 이것들이 제가 온라인 쇼핑이 옷을 사는 좋은 방법이라고 생각하지 않는 이유입니다.

어휘   delivery[dilívəri] 배송   inconvenient[ìnkənvíːnjənt] 불편한

2

Imagine that you are talking on the telephone with a friend. You are talking about social activities.

당신이 친구와 전화 통화를 하고 있다고 가정해 봅시다. 당신은 사교 활동에 대해 이야기를 하고 있습니다.

STEP 1 토픽 파악하고 질문 및 답변 예상하기

① 토픽 파악하기 **사교 활동**

② 질문 및 답변 예상하기   질문 **무엇을?**   답변 **음악에 맞추어 춤추기/새로운 사람들 만나기/재미있는 사람들**
                              왜?   **좋아하는 사람들과 시간을 보낼 수 있어서/분위기를 띄울 수 있어서**

STEP 2 질문 파악하고 답변하기

Question 5

🎧 Q: 미국식 발음 What **do** you usually do at parties?

파티에서 주로 무엇을 하니?

🎤 A: Usually, I dance to the music or try to ③ **meet new people** at parties.

주로, 나는 파티에서 음악에 맞추어 춤을 추거나 새로운 사람들을 만나려고 해.

Question 6

🎧 Q: 미국식 발음 Sounds fun. So, **do** you prefer to host a party or to be invited to one?

재미있겠다. 그러면 파티를 주최하는 것을 선호하니, 아니면 초대받는 것을 선호하니?

🎤 A: I ④ **prefer to host a party** rather than to be invited to one. I enjoy being able to ⑤ **spend time with my favorite people**, in the comfort of my own home.

나는 파티에 초대받는 것보다 주최하는 것을 선호해. 나는 내 집의 편안함 속에서 좋아하는 사람들과 시간을 보낼 수 있는 것을 즐겨.

어휘   comfort[kʌ́mfərt] 편안함

Question 7

🎧 Q: 미국식 발음 Well, then what **do** you do to make your party successful?

그러면 너는 파티를 성공시키기 위해 무엇을 하니?

🎤 A: I ⑥ **invite fun people** to make my party successful. ⑦ **First of all**, the point of a party is ⑧ **to enjoy being with other people**, so good company trumps all. ⑨ **Besides**, even if the food or the music is bad, fun people ⑩ **can lighten up the mood**. ⑪ **So**, I definitely think that fun people ⑫ **make my party successful**.

나는 파티를 성공시키기 위해 재미있는 사람들을 초대해. 첫째로, 파티의 핵심은 다른 사람과 함께하는 것을 즐기는 거라서, 좋은 손님이 모든 것을 능가해. 게다가, 음식이나 음악이 좋지 않다고 해도, 재미있는 사람들은 분위기를 띄울 수 있어. 그래서, 나는 확실히 재미있는 사람들이 파티를 성공적으로 만든다고 생각해.

어휘   point[pɔint] 핵심, 요점   trump[trʌmp] 능가하다, 이기다
       lighten up (분위기를) 띄우다, 가볍게 하다   definitely[défənitli] 확실히

Hackers Test 🎧 (Q56&7_코스1) 04_HT

p.106

1 전화 설문: 아침 식사

Imagine that someone wants to open a new restaurant in your area. You have agreed to participate in a telephone interview about breakfast.	누군가가 당신의 동네에 새로운 레스토랑을 열기를 원한다고 가정해 봅시다. 당신은 아침 식사에 대한 전화 인터뷰에 참여하기로 동의했습니다.

Question 5

🎧 Q: What kind of food **do** you normally eat for breakfast?

(미국식 발음)

🎤 A: For breakfast, I normally eat bananas or cereal bars because they don't need to be cooked. This saves me time when I'm getting ready to go to work.

어휘 save[seiv] 줄이다, 덜어주다

보통 어떤 종류의 음식을 아침 식사로 드시나요?

아침 식사로, 저는 보통 바나나나 시리얼 바를 먹는데 그것들은 조리될 필요가 없기 때문입니다. 이것은 제가 출근 준비를 할 때 시간을 줄여줍니다.

Question 6

🎧 Q: If you were going to have breakfast at a restaurant on a Sunday, when in the morning would you go? Why?

(미국식 발음)

🎤 A: If I were going to have breakfast at a restaurant on a Sunday, I would probably go very late in the morning, like 11 A.M. This is because I usually sleep in on the weekends.

어휘 sleep in 늦잠 자다

일요일에 레스토랑에 아침 식사를 할 거라면, 오전 중 언제 갈 건가요? 이유는요?

제가 일요일에 레스토랑에서 아침 식사를 한다면, 아마 오전 11시 같이 매우 늦은 오전에 갈 것입니다. 왜냐하면 저는 보통 주말에 늦잠을 자기 때문입니다.

Question 7

🎧 Q: If your company offered a free breakfast every morning, would you eat it? Why **or** why not?

(미국식 발음)

🎤 A: I think I would enjoy eating breakfast if my company offered it every morning. This is because I sometimes end up skipping breakfast as I'm hurrying to get to work. So, eating a daily breakfast from my company would help me become healthier. Also, mornings would be less stressful and less busy if I didn't have to make breakfast by myself. Therefore, I think I would enjoy having breakfast provided by the company.

어휘 offer[ɔ́:fər] 제공하다, 지원하다 enjoy[indʒɔ́i] 누리다, 향유하다, 즐기다
end up ~하게 되다 skip[skip] 거르다, 건너뛰다

당신의 회사가 매일 아침 식사를 무료로 제공한다면, 그것을 먹을 건가요? 이유는요?

저는 저희 회사가 매일 아침 식사를 제공한다면 아침 먹는 것을 누릴 것이라고 생각합니다. 왜냐하면 저는 때때로 일을 가려고 서두르느라 아침 식사를 거르게 되기 때문입니다. 그래서, 저희 회사에서 매일 아침 식사를 하는 것은 제가 더 건강해지는 데 도움이 될 것입니다. 또한, 저 스스로 아침 식사를 만들지 않아도 된다면 아침은 스트레스가 덜하고 덜 바쁠 것입니다. 그러므로, 저는 회사에서 제공되는 아침 식사를 누릴 것이라고 생각합니다.

2 전화 설문: 친구

Imagine that an Australian magazine is doing research to write an article about close relationships. You have agreed to participate in a telephone interview about friends.	호주의 한 잡지사가 친밀한 관계에 대해 기사를 쓰기 위해 조사를 하고 있다고 가정해 봅시다. 당신은 친구에 대한 전화 인터뷰에 참여하기로 동의했습니다.

Question 5

🎧 **Q:** 호주식 발음
How often **do** you meet with your friends **and** what **do** you usually do with them?

얼마나 자주 친구들과 만나고 그들과 보통 무엇을 하나요?

🎙 **A:**
I meet up with my friends two to three times a month. We usually go to the downtown area to eat at a restaurant **and** watch a movie.

저는 친구들과 한 달에 두 번에서 세 번 만납니다. 저희는 레스토랑에서 식사를 하고 영화를 보기 위해 시내에 갑니다.

> **답변Tip** 친구들과 하는 활동으로 go to the mall and shop for clothes(쇼핑몰에 가서 옷 사기), go to the coffee shop to have a cup of coffee(커피 마시기 위해 커피숍 가기) 등을 말할 수도 있어요.

어휘 meet up with ~와 만나다

Question 6

🎧 **Q:** 호주식 발음
When you meet with your closest friends, what **do** you normally talk about?

가장 친한 친구들과 만날 때, 보통 무엇에 대해 이야기하나요?

🎙 **A:**
When I meet with my closest friends, we chat about all sorts of things. **We usually** catch up on each other's lives **and** we also talk about our favorite TV shows and celebrities.

가장 친한 친구들과 만날 때, 저희는 모든 종류의 것에 대해 이야기를 나눕니다. 저희는 보통 서로의 일상에 대한 소식을 주고받고 저희가 좋아하는 TV 쇼와 유명인들에 대해서도 이야기합니다.

> **답변Tip** 이 외에도 친구들과 이야기하는 내용으로 talk about recent updates(최근 근황에 대해 이야기하다), discuss about latest issues(최근 이슈에 대해 토론하다), chat about newest trends or styles(최신 유행이나 스타일에 대해 대화하다) 등을 말할 수도 있어요.

어휘 chat about ~에 대해 이야기를 나누다 celebrity [səlébrəti] 유명인

Question 7

🎧 **Q:** 호주식 발음
Which of the following **do** you think is the best way to make new friends?
- Using social networking services
- Joining a social club
- Being introduced by friends

다음 중 무엇이 새 친구를 사귀는 가장 좋은 방법이라고 생각하나요?
- 소셜 네트워킹 서비스 이용하기
- 동호회 가입하기
- 친구들에게 소개 받기

🎙 **A:**
I think the best way to make new friends is through social networking services. This is because I can make friends with people in faraway places that I've never met before. In high school, I made friends with someone in Sweden, and we still exchange e-mails. Also, we always communicate online, so it's easy to keep up to date with each other. Therefore, I think using social networking services is the best way to make new friends.

저는 새 친구를 사귀는 가장 좋은 방법은 소셜 네트워킹 서비스를 통해서라고 생각합니다. 왜냐하면 제가 한 번도 만난 적 없는 멀리 사는 사람들과도 친구가 될 수 있기 때문입니다. 고등학교 때, 저는 스웨덴 사람과 친구가 되었고, 저희는 여전히 이메일을 주고받습니다. 또한, 저희는 항상 온라인으로 대화해서, 서로의 근황을 알기 쉽습니다. 그러므로, 저는 소셜 네트워킹 서비스를 이용하는 것이 새 친구를 사귀는 가장 좋은 방법이라고 생각합니다.

어휘 faraway [fáːrəwèi] 멀리의, 먼 exchange [ikstʃéindʒ] 주고받다

Imagine that a friend will be visiting where you live. You are having a telephone conversation about public transportation in your area.	한 친구가 당신이 사는 곳에 방문할 것이라고 가정해 봅시다. 당신은 당신 지역의 대중교통에 대해 전화 통화를 하고 있습니다.

Question 5

🎧 Q: How often **do** you take a bus, **and** are you usually with somebody or alone?
영국식 발음

얼마나 자주 버스를 타고, 보통 누군가와 함께 니, 아니면 혼자니?

🎙 A: I take a bus to my workplace every weekday, actually. I'm usually alone on the bus, but sometimes I see my coworkers commuting as well.

나는 사실, 주중에 매일 직장으로 버스를 타고 다녀. 나는 보통 버스에서 혼자인데, 가끔 마찬가지로 통근하는 내 직장 동료들을 봐.

> **답변Tip** 얼마나 자주 하는지를 묻는 질문에는 everyday(매일), every other day/once every two days(이틀에 한 번), twice/two times a week(일주일에 두 번), three times a week(일주일에 세 번) 등을 사용해서 답변할 수 있어요.
>
> **어휘** workplace[wə́rkplèis] 직장, 일터 commute[kəmjúːt] 통근하다

Question 6

🎧 Q: When was the last time you took a bus, **and** how long **was** the trip?
영국식 발음

언제 마지막으로 버스를 탔고, 그 여정은 얼마나 길었니?

🎙 A: The last time I took a bus was yesterday when I had to meet a friend. It only took about 20 minutes because there wasn't much traffic at the time.

내가 마지막으로 버스를 탄 건 친구를 만나야 했던 어제였어. 20분 정도밖에 걸리지 않았는데 그 시간에 교통량이 많지 않았기 때문이야.

> **답변Tip** 시간이 얼마나 걸리는지 물어보는 질문에는 동사 take(시간이 걸리다)를 사용해서 답변할 수 있어요.
>
> **어휘** traffic[trǽfik] 교통량, 교통

Question 7

🎧 Q: If I visit your neighborhood, would you recommend that I use the local bus service? Why **or** why not?
영국식 발음

만약 내가 너희 동네에 방문한다면, 내가 지역 버스 서비스를 이용하는 것을 추천할 거니? 그 이유는 뭐야?

🎙 A: I'd recommend that you use the local bus system if you visit my neighborhood. **First,** the bus system is so good **that you can get anywhere in the city by riding a bus.** With a bus card, it's easy to transfer between different lines too. Plus, you can download a mobile phone application that provides schedule information and routes for each bus. **It's very convenient, and I use it all the time.**

나는 네가 내 동네에 방문한다면 지역 버스 시스템을 이용하는 것을 추천할 거야. 첫째로, 그 버스 시스템은 정말 좋아서 너는 버스를 타고 도시의 어느 곳에나 갈 수 있어. 버스 카드가 있으면, 다른 노선으로 갈아타기도 쉬워. 게다가, 각 버스의 일정 정보와 노선을 제공하는 휴대전화 애플리케이션을 다운로드 할 수 있어. 이건 매우 편리해서, 나도 항상 이 것을 사용해.

> **답변Tip** '지역 버스 서비스를 추천하지 않는다'라고 답할 경우, '처음 사용하는 사람들이 타기에는 버스 노선과 시스템이 꽤나 복잡하다'(the lines and bus systems are pretty complex for the first-time users to ride)라든지, '지하철이 더 좋다'(the subway system is better)와 같은 근거를 들어 답변할 수 있어요.
>
> **어휘** neighborhood[néibərhùd] 동네, 이웃 recommend[rèkəménd] 추천하다, 권하다 transfer[trænsfə́ːr] 갈아타다 convenient[kənvíːnjənt] 편리한, 간편한

4 전화 설문: 은행

Imagine that a national bank is doing research in your country. You have agreed to participate in a telephone interview about banks.	국립 은행이 당신의 나라에서 조사를 하고 있다고 가정해 봅시다. 당신은 은행에 대한 전화 인터뷰에 참여하기로 동의했습니다.

Question 5

🎧Q: How long have you been using the bank that you use the most?
미국식 발음

당신이 가장 많이 사용하는 은행을 얼마나 오래 이용해 왔나요?

🎙️A: I've been using my bank for over 5 years. The staff are really friendly there, and they treat me so nicely because they all know me.

저는 저의 은행을 5년 넘게 이용해 왔습니다. 그곳의 직원들은 매우 친절하며, 그들 모두 저를 알기 때문에 아주 잘 대해 줍니다.

어휘 **friendly**[fréndli] 친절한, 우호적인

Question 6

🎧Q: Do you use online banking often? Why or why not?
미국식 발음

온라인 뱅킹을 자주 이용하시나요? 이유는요?

🎙️A: I actually don't use online banking often. The reason for this is because I think managing my bank accounts in person is much more secure than handling money online.

저는 사실 온라인 뱅킹을 자주 이용하지 않습니다. 그 이유는 제 은행 계좌를 직접 관리하는 것이 온라인으로 돈을 처리하는 것보다 훨씬 더 안전하다고 생각하기 때문입니다.

답변Tip 개인적인 취향을 말할 때는 I personally~(나는 개인적으로~), Personally, I prefer~ (개인적으로, ~을 선호한다), I tend to~(나는 ~하는 경향이 있다)와 같은 표현을 사용해서 답변할 수 있어요.

답변Tip 온라인 뱅킹을 자주 사용한다고 답할 경우, '아주 편리해서'(so much convenient), '시간이나 공간의 제약이 없어서'(no restraints on time or space), '시간을 절약할 수 있어서'(save so much time)와 같은 근거를 이유로 제시할 수 있어요.

어휘 **manage**[mǽnidʒ] 관리하다, 운영하다 **account**[əkáunt] 계좌
in person 직접, 실제로 하는 **secure**[sikjúər] 안전한
handle[hǽndl] 처리하다, 다루다

Question 7

🎧Q: Which aspect do you consider the most when choosing which bank to use?
미국식 발음

• Business hours
• Convenient location
• Recommendations from friends

어떤 은행을 이용할지 선택할 때 어떤 측면을 가장 고려하나요?

• 영업시간
• 편리한 위치
• 친구로부터의 추천

🎙️A: I consider a convenient location the most when choosing a bank. First, I'm very busy during the week, so using a bank in my neighborhood is easiest for me. My local bank is only a five-minute walk from my home, actually. Besides, the bank I do business with has branches everywhere, so I can almost always find a branch nearby.

저는 은행을 선택할 때 편리한 위치를 가장 고려합니다. 첫째로, 저는 주중에 매우 바빠서, 동네에 있는 은행을 이용하는 것이 저에게 가장 수월합니다. 사실, 지역 은행은 저희 집에서 걸어서 5분밖에 걸리지 않습니다. 게다가, 제가 거래하는 은행은 어느 곳에나 지점이 있어서, 거의 항상 근처에서 지점을 찾을 수 있습니다.

어휘 **aspect**[ǽspekt] 측면, 양상 **consider**[kənsídər] 고려하다, 숙고하다
business hours 영업시간 **do business with** ~와 거래하다
branch[bræntʃ] 지점, 지부 **nearby**[nìərbái] 근처에, 인근에

Imagine that you are talking on the telephone with a colleague who just moved to your neighborhood. You are talking about your neighborhood's amenities.	당신의 동네로 막 이사한 동료와 전화 통화를 하고 있다고 가정해 봅시다. 당신은 동네의 편의시설에 대해 이야기하고 있습니다.

Question 5

🎧Q: When was the last time you went to the grocery store?

미국식 발음

🎤A: The last time I went to the grocery store was yesterday. I bought some vegetables and meat so I could prepare dinner.

언제 마지막으로 식료품점에 갔나요?

제가 마지막으로 식료품점에 간 건 어제예요. 저녁을 준비할 수 있도록 채소와 고기를 조금 샀어요.

Question 6

🎧Q: Oh, I see. Do they offer a delivery service? If so, do you use it often?

미국식 발음

🎤A: Yes, they offer a delivery service. I use it often because I don't have to carry heavy items myself, and the service is quite fast.

그렇군요. 그들은 배달 서비스를 제공하나요? 그렇다면, 그것을 자주 이용하세요?

네, 그들은 배달 서비스를 제공해요. 저는 그 것을 자주 이용하는데, 무거운 물건들을 직접 옮길 필요가 없고, 서비스가 꽤 빠르기 때문 이에요.

어휘 delivery[dilívəri] 배달

Question 7

🎧Q: I need to get some fresh vegetables later. Where do you suggest I go?

미국식 발음

🎤A: I suggest you go to Greenlee Market on the city's main street to get some fresh vegetables. First, that market has very reasonable prices, since the produce comes from local farms. It's ideal for a budget shopper! Additionally, Greenlee Market has a great customer rewards program. By enrolling, you can get points every time you shop to use like cash for future purchases.

저는 나중에 신선한 채소를 좀 사야 해요. 제 가 어디로 가기를 추천하나요?

저는 신선한 채소를 사기 위해 시의 중심가에 있는 Greenlee 마켓에 가는 것을 추천해요. 첫째로, 지역 농장에서 농산물이 오기 때문에 그 마켓은 아주 합리적인 가격을 갖고 있어요. 알뜰한 쇼핑객에게 가장 잘 맞는 곳이죠! 게 다가, Greenlee 마켓은 훌륭한 고객 보상 프 로그램을 갖고 있어요. 등록을 하면, 당신이 쇼핑을 할 때마다 향후 구매 시 현금처럼 사용 할 수 있는 포인트를 받을 수 있어요.

어휘 reasonable[rí:zənəbl] 합리적인, 비싸지 않은 produce[prədjú:s] 농산물
ideal[aidí:əl] 가장 잘 맞는, 완벽한 budget[bʌ́dʒit] 알뜰한, 검소한, (값이) 싼
reward[riwɔ́:rd] 보상 enroll[inróul] 등록하다

6 지인과 통화: 집

Imagine that you are talking on the telephone with a friend who just moved into a new house. You are talking about homes.	당신이 막 새로운 집으로 이사한 친구와 전화 통화를 하고 있다고 가정해 봅시다. 당신은 집에 대해 이야기하고 있습니다.

Question 5

🎧Q: How long have you been living in your place? Is it an apartment or a house?

미국식 발음

너의 집에 얼마나 오래 살았니? 그건 아파트니, 아니면 주택이니?

🎤A: I've been living in my place for more than 10 years. It's an apartment, and I really love it because it's spacious and comfortable enough for me.

나는 내 집에서 10년 넘게 살았어. 아파트이고, 나한테 충분히 넓고 편안하기 때문에 난 이곳을 정말 좋아해.

어휘 spacious[spéiʃəs] 넓은, 널찍한

Question 6

🎧Q: If you had a chance to repair your place, what specifically would you want to fix? Why?

미국식 발음

너의 집을 수리할 기회가 있다면, 특히 어떤 것을 고치고 싶니? 그 이유는 뭐야?

🎤A: If I had a chance to repair my place, I would fix the floors. Sometimes, they make creaking sounds when I walk on them. It's not a big problem, though.

내 집을 수리할 기회가 있다면, 나는 바닥을 고칠 거야. 가끔 내가 그 위를 걸을 때 삐걱거리는 소리가 나. 그런데, 이건 큰 문제는 아니야.

답변Tip 이 외에도, 개별적인 방이나 구체적인 대상을 언급하며 답변할 수 있어요.

어휘 repair[ripɛ́ər] 수리하다, 보수하다, 개조하다
specifically[spisífikəli] 특히, 구체적으로 creak[kri:k] 삐걱거리다

Question 7

🎧Q: What do you think are the disadvantages of repairing a house by yourself?

미국식 발음

너 스스로 집을 수리하는 것의 단점이 뭐라고 생각하니?

🎤A: There are many disadvantages of repairing a house by myself. First, I'm not good at using machines and tools. I always press the wrong button! Also, making repairs by myself takes more time and effort. I have to go shopping for all the materials I need, and it takes longer for me to find them on my own. Therefore, I think these are some disadvantages of repairing a house by myself.

나 스스로 집을 수리하는 것의 단점이 많다고 생각해. 첫째로, 나는 기계와 도구를 사용하는 것을 잘 못해. 나는 항상 잘못된 버튼을 눌러! 또한, 스스로 수리하는 것은 더 많은 시간과 노력이 들어. 필요한 모든 재료를 위해 쇼핑을 가야 하고, 나한테는 이것들을 스스로 찾는 것이 더 오래 걸리기 때문이야. 그러므로, 나는 이것들이 스스로 집을 수리하는 것의 몇 가지 단점이라고 생각해.

어휘 disadvantage[dìsədvǽntidʒ] 단점, 불편한 점 material[mətíəriəl] 재료

7 전화 설문: 공부 습관

Imagine that a British magazine is writing an article about students in your country. You have agreed to participate in a telephone interview about studying habits.	영국의 한 잡지사가 당신의 나라의 학생에 대한 기사를 쓰고 있다고 가정해 봅시다. 당신은 공부 습관에 대한 전화 인터뷰에 참여하기로 동의했습니다.

Q1-2
Q3-4
Q5-7
Q8-10
Q11

10일 만에 끝내는 해커스 토익스피킹

Question 5

Q: What time of the day **do** you like to study **and** where **do** you usually study?

A: I like to study early in the morning **and** I usually study at home in my room. I can concentrate best when I'm there.

어휘 concentrate[kánsəntrèit] 집중하다

하루 중 언제 공부하는 것을 좋아하고 주로 어디에서 공부하나요?

저는 이른 아침에 공부하는 것을 좋아하고 주로 집에 있는 제 방에서 공부합니다. 저는 그곳에 있을 때 가장 잘 집중할 수 있습니다.

Question 6

Q: Do you prefer to study alone or with a group? Why?

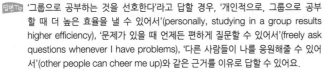A: I prefer to study by myself so that I'm not distracted. When I'm with others, I end up chitchatting and not getting much studying done.

답변 Tip '그룹으로 공부하는 것을 선호한다'라고 답할 경우, '개인적으로, 그룹으로 공부할 때 더 높은 효율을 낼 수 있어서'(personally, studying in a group results higher efficiency), '문제가 있을 때 언제든 편하게 질문할 수 있어서'(freely ask questions whenever I have problems), '다른 사람들이 나를 응원해줄 수 있어서'(other people can cheer me up)와 같은 근거를 이유로 답할 수 있어요.

어휘 distract[distrǽkt] 산만하게 하다, 집중이 안 되게 하다
chitchat[tʃíttʃæ̀t] 잡담을 하다

혼자 공부하는 것을 선호하나요, 그룹으로 공부하는 것을 선호하나요? 이유는요?

저는 산만해지지 않도록 혼자 공부하는 것을 선호합니다. 제가 다른 사람들과 있으면, 결국 잡담을 하게 되고 공부를 많이 하지 못합니다.

Question 7

Q: Describe the way your studying habits have changed since you were in junior high school.

A: My studying habits have changed in a couple of ways since I was in junior high school. **First**, I used to memorize the textbook line by line but now I try to fully understand the material until I can explain it to someone else. **Also**, I used to spend hours underlining everything. **However**, now, I make notes of just the key points. **These are how my studying habits have changed.**

어휘 memorize[méməràiz] 암기하다 line by line 한 줄씩 fully[fúli] 완전히
underline[ʌ́ndərlàin] 밑줄을 치다 make notes of ~을 필기하다 key point 요점

중학교 때 이후로 당신의 공부 습관이 변화해 온 방식을 설명하세요.

저의 공부 습관은 중학교 때 이후로 몇 가지 방식으로 변화해 왔습니다. 첫째로, 저는 교과서를 한 줄씩 암기하곤 했지만 지금은 다른 사람에게 설명할 수 있을 때까지 내용을 완전히 이해하려고 합니다. 또한, 저는 모든 것에 밑줄을 치는 데 시간을 보내곤 했습니다. 하지만, 지금은 요점만 필기합니다. 이것들이 저의 공부 습관이 변화해 온 방식입니다.

8 지인과 통화: 새로운 언어 배우기

Imagine that your supervisor wants to learn a new skill. You are having a telephone conversation about learning a new language.

당신의 상사가 새로운 기술을 배우고 싶어 한다고 가정해 봅시다. 당신은 새로운 언어를 배우는 것에 대한 전화 통화를 하고 있습니다.

Question 5

🎧 Q: 미국식 발음 When **did** you last learn a foreign language, **and** how **did** you learn it?

언제 마지막으로 외국어를 배웠고, 어떻게 배웠나요?

🎙 A: The last time I tried to learn a foreign language was last year, and I learned Chinese by attending a Chinese language academy.

제가 마지막으로 외국어를 배우려고 노력한 것은 작년이고, 중국어 학원에 다니면서 중국어를 배웠어요.

> 답변Tip 외국어를 배우는 방법으로는 이 외에도 by taking an online class(온라인 수업을 수강해서), by chatting with my foreign friend(외국인 친구와 이야기를 해서)를 사용해서 답변할 수 있어요.

Question 6

🎧 Q: 미국식 발음 So, **do** you think it's important to learn more than one foreign language?

그러면, 하나 이상의 외국어를 배우는 것이 중요하다고 생각하나요?

🎙 A: Yes, I think it's important to learn more than one foreign language. It's because it gives you opportunities in your career, such as working abroad or meeting with foreign clients.

네, 하나 이상의 외국어를 배우는 것은 중요하다고 생각해요. 이는 당신의 경력에 해외 근무나 외국 고객과의 회의와 같은 기회들을 주기 때문이에요.

어휘 opportunity[ὰpərtjúːnəti] 기회 abroad[əbrɔ́ːd] 해외의

Question 7

🎧 Q: 미국식 발음 From your experience, what **do** you think I should do to learn a foreign language quickly?

당신의 경험으로는, 외국어를 빨리 배우기 위해 제가 무엇을 해야 한다고 생각하나요?

🎙 A: From my experience, I think you should travel to the country where the language is spoken to learn a foreign language quickly. First of all, in that environment, you have to speak more. In addition, everyone you meet there can be your teacher. There will be chances for you to improve your proficiency fast. So, I think the best way to learn a foreign language is by traveling to the native country.

제 경험으로는, 저는 외국어를 빨리 배우기 위해 당신이 그 언어가 쓰이는 나라로 여행을 가야 한다고 생각해요. 첫째로, 그 환경에서, 당신은 더 많이 말해야 해요. 이 외에도, 그곳에서 만나는 모두가 당신의 선생님이 될 수 있어요. 당신의 유창성을 빠르게 향상시킬 기회가 있을 거예요. 그래서 저는 외국어를 배우는 가장 좋은 방법은 본국으로 여행을 가는 것이라고 생각해요.

어휘 improve[imprúːv] 향상시키다 proficiency[prəfíʃənsi] 유창성
native country 본국

Hackers Test 🎧 (Q56&7_코스2) 06_HT

p.116

1 지인과 통화: 신체 활동

Imagine that a colleague will be starting an exercise program. You are having a telephone conversation about physical activities.	한 동료가 운동 프로그램을 시작할 것이라고 가정해 봅시다. 당신은 신체 활동에 대한 전화 통화를 하고 있습니다.

Question 5

🎧Q: How often do you exercise, and what type of exercise do you enjoy?
미국식 발음

얼마나 자주 운동을 하고, 어떤 종류의 운동을 즐기시나요?

🎙 A: I exercise about once a week at a gym after I finish work. I enjoy doing weight training there with my personal trainer.

저는 일이 끝나고 일주일에 한 번 정도 체육관에서 운동해요. 저는 그곳에서 개인 트레이너와 근력 트레이닝하는 것을 즐겨요.

답변Tip 얼마나 자주 하냐는 질문에 답변할 땐, regularly, steadily 등을 사용하여 '꾸준히 ~을 한다'라고 답변하거나, occasionally, once in a while 등의 표현을 통해 '가끔 ~을 한다'라고 답변할 수 있어요.

Question 6

🎧Q: Do you prefer to exercise indoors or outdoors?
미국식 발음

실내에서 운동하는 것과 야외에서 운동하는 것 중 무엇을 선호하나요?

🎙 A: I prefer to exercise indoors. That's because I can do different kinds of activities at a gym, as there are various kinds of equipment.

저는 실내에서 운동하는 것을 선호해요. 체육관에는 다양한 종류의 기구가 있어서, 제가 다양한 활동들을 할 수 있기 때문이에요.

답변Tip 야외에서 운동하는 것을 선호한다고 답할 경우, '햇빛을 즐길 수 있어서'(can enjoy the sunshine), '공간이 더 넓어서'(more spacious)와 같은 근거를 이유로 답변할 수 있어요.

어휘 equipment[ikwípmənt] 기구, 장비

Question 7

🎧Q: If I were to join an exercise session with you, what would you suggest I prepare as a beginner?
미국식 발음

제가 당신과 운동 세션을 같이 한다면, 초보자로서 제가 무엇을 준비하도록 제안하시겠어요?

🎙 A: As a beginner, I suggest you prepare the following things. First, you'll need to wear clothes that allow you to move easily. Lightweight T-shirts and shorts are best. And don't forget to wear running shoes! Additionally, you should bring water with you so that you don't become dehydrated. This is especially important when doing aerobic exercises, like jogging or cycling.

초보자로서, 당신이 다음의 몇 가지 것들을 준비하는 것을 제안해요. 첫째로, 당신은 쉽게 움직일 수 있는 옷을 입어야 할 거예요. 가벼운 티셔츠와 반바지가 가장 좋아요. 그리고 운동화를 신는 것을 잊지 마세요! 게다가, 탈수 상태가 되지 않도록 물을 가져와야 해요. 이는 달리기나 자전거 타기와 같이, 유산소 운동을 할 때 특히 중요해요.

어휘 suggest[səgdʒést] 제안하다, 추천하다　prepare[pripɛ́ər] 준비하다
running shoes 운동화　dehydrated[di:háidreitid] 탈수 상태의
aerobic[ɛəróubik] 유산소의

2 전화 설문: 자원봉사

> Imagine that someone is writing an article about helping others. You have agreed to participate in a telephone interview about volunteering.

> 누군가가 남을 돕는 것에 대한 기사를 쓰고 있다고 가정해 봅시다. 당신은 자원봉사에 대한 전화 인터뷰에 참여하기로 동의했습니다.

Question 5

🎧 Q: When was the last time you volunteered and where did you do it?
영국식 발음

🎤 A: The last time I volunteered was last summer and I went to a rural area to help some elderly farmers with work around the farm.

언제 마지막으로 자원봉사를 했고, 어디에서 했나요?

제가 마지막으로 자원봉사를 한 것은 작년 여름이고, 나이 드신 농부 분들의 농장 주변 일을 돕기 위해 시골에 갔습니다.

답변Tip 이 외에도, 지역 아동센터(a local children's center)나 시청(city hall)에서 봉사 활동을 했다고 답변할 수 있고, '3일 동안 했다'(volunteered for three days)와 같이 봉사 활동을 한 기간을 관련 내용으로 제시할 수 있어요.

어휘 volunteer[vàləntíər] 자원봉사하다 rural area 시골 elderly[éldərli] 나이 든

Question 6

🎧 Q: Have you ever volunteered in a foreign country?
영국식 발음

🎤 A: No, I have never traveled abroad to volunteer. But some of my friends have and said that they had the time of their lives, so I want to do it, too.

외국에서 자원봉사를 한 적이 있나요?

아니요, 저는 자원봉사를 하러 외국에 간 적이 없습니다. 하지만 제 친구들 중 몇 명은 간 적이 있고 생애 최고로 즐거운 시간을 보냈다고 말해서, 저도 해보고 싶습니다.

답변Tip 자신이 경험해 보지 못한 것에 대한 질문이 나왔을 경우, Some of my friends have and said that~(내 친구들 중 몇 명은 해 봤고 ~라고 말했다)을 활용하여 답변할 수 있어요.

어휘 abroad[əbrɔ́ːd] 외국에, 해외에
have the time of one's life 생애 최고로 즐거운 시간을 보내다

Question 7

🎧 Q: Do you think all students should participate in volunteer work? Why?
영국식 발음

🎤 A: I think all students should volunteer for the following reasons. First of all, volunteering can teach students the value of helping others. They may not learn this from textbooks. Secondly, it will give them a chance to go out and do something different from their day-to-day lives, which can refresh their minds. Therefore, I think it would be nice for students to volunteer.

모든 학생들이 자원봉사에 참여해야 한다고 생각하나요? 이유는요?

저는 다음의 이유들로 모든 학생들이 자원봉사를 해야 한다고 생각합니다. 첫째로, 자원봉사는 학생들에게 다른 사람을 돕는 것의 가치를 가르칠 수 있습니다. 그들은 교과서에서는 이것을 배울 수 없을 수도 있습니다. 둘째로, 자원봉사는 학생들이 나가서 일상생활과 다른 무언가를 할 기회를 줄 것이고, 이는 그들의 정신을 상쾌하게 할 수 있을 것입니다. 그러므로, 저는 학생들이 자원봉사를 하는 것이 좋을 것이라고 생각합니다.

어휘 day-to-day 일상의 refresh[rifréʃ] 상쾌하게 하다

3 전화 설문: 놀이공원

Imagine that an English language radio station wants to feature your area. You have agreed to participate in a telephone interview about amusement parks.	한 영어 라디오 방송국에서 당신의 지역을 특집으로 다루고 싶어 한다고 가정해 봅시다. 당신은 놀이공원에 대한 전화 인터뷰에 참여하기로 동의했습니다.

Question 5

🎧Q: How many times a year do you visit an amusement park and with whom do you usually go?
미국식 발음

일 년에 몇 번 놀이공원에 가고 주로 누구와 함께 가나요?

🎤 A: I visit an amusement park once or twice a year. I normally go with my close friends and we usually make a day of it.

저는 일 년에 한두 번 놀이공원에 갑니다. 저는 보통 친한 친구들과 가고 하루를 즐겁게 보냅니다.

어휘 make a day of it 하루를 즐겁게 보내다

Question 6

🎧Q: Would you still visit the amusement park in your town if it raised its entrance fee? Why or why not?
미국식 발음

당신의 도시에 있는 놀이공원이 입장료를 올려도 계속 방문할 건가요? 이유는요?

🎤 A: Yes, I would still visit it even if the entrance fee were raised. There are so many activities there, like free parades, so I wouldn't mind the higher price.

네, 입장료가 올라도 저는 계속 방문할 것입니다. 그곳에는 무료 퍼레이드와 같은 정말 많은 활동들이 있어서, 더 높은 가격도 상관없습니다.

답변 Tip 놀이공원을 방문하지 않겠다는 입장에서 말하고 싶다면, '더 높은 요금을 낼 여유가 없다'(can't afford the higher fee)는 근거를 들어 답변할 수 있어요.

어휘 mind[maind] 상관하다, 신경 쓰다

Question 7

🎧Q: What are the advantages of visiting an amusement park on a weekday?
미국식 발음

평일에 놀이공원을 가는 것의 장점은 무엇인가요?

🎤 A: There are a couple of advantages of visiting an amusement park during the week. First, amusement parks are less crowded on weekdays so I won't have to wait in line as long. In addition, many amusement parks offer weekday discounts, so I can benefit from that as well. These are some advantages of going to an amusement park on a weekday.

주중에 놀이공원을 가는 것에는 몇 가지 장점이 있습니다. 첫째로, 놀이공원은 평일에 덜 붐벼서 그다지 줄을 오래 서지 않아도 됩니다. 게다가, 많은 놀이공원들이 평일 할인을 제공해서, 그것으로부터 혜택을 받을 수도 있습니다. 이것이 평일에 놀이공원을 가는 것의 몇 가지 장점입니다.

어휘 weekday[wí:kdèi] 평일 crowded[kráudid] 붐비는, 혼잡한
benefit from ~로부터 혜택을 받다

4 지인과 통화: 야외 활동

Imagine that your neighbor is planning to go on a weekend trip. You are talking on the telephone with that neighbor about outdoor activities.	당신의 이웃이 주말 여행을 가려고 계획하고 있다고 가정해 봅시다. 당신은 그 이웃과 야외 활동에 대해 전화 통화를 하고 있습니다.

Question 5

🎧Q: What time of the year do you go camping, and who do you go with?
미국식 발음

일 년 중 언제 캠핑을 가고, 누구와 함께 가나요?

🎤A: I normally go camping during the summer when I get time off from work, and I go with a group of close friends.

저는 보통 직장에서 휴가를 얻는 여름에 캠핑을 가고, 친한 친구 무리와 함께 가요.

어휘　get time off 휴가를 얻다

Question 6

🎧Q: When you go camping, what kinds of activities do you do?
미국식 발음

캠핑을 갈 때, 어떤 종류의 활동을 하나요?

🎤A: When I go camping, I have a bonfire with the people I'm camping with. I rarely get to do it in the city, so I really take advantage of the opportunity.

캠핑을 갈 때, 저는 함께 캠핑하는 사람들과 캠프파이어를 해요. 도시에서는 그것을 거의 하지 않아서, 그 기회를 꼭 이용해요.

답변Tip 이 외에도, 캠핑을 가서 prepare foods and enjoy(음식을 준비해서 즐긴다), chill out and enjoy nature(쉬면서 자연을 즐긴다), play guitar(기타를 연주한다) 등의 활동을 한다고 답변할 수 있어요.

답변Tip 답변에서 사용된 rarely(좀처럼 ~하지 않는)와 같이, '거의 ~하지 않는다'라는 표현은 hardly/barely를 통해서도 말할 수 있어요.

어휘　bonfire [bɑ́nfàiər] 캠프파이어, 모닥불　take advantage of ~을 이용하다

Question 7

🎧Q: That sounds really great! Is there a campsite near here that I could go to?
미국식 발음

정말 멋지네요! 이 근처에 제가 갈 만한 캠프장이 있나요?

🎤A: Yes, there is a campsite near here that you could go to, and it's the forest an hour north of here. First, you can get a lot of fresh air there. The trees in the forest will provide a revitalizing environment. Also, you might see some animals, like squirrels, when you're in the forest. I think it would be exciting to see them in the wild. So, I think you should try it.

네, 이 근처에 당신이 갈 만한 캠프장이 있고, 그곳은 여기서 북쪽으로 한 시간 거리에 있는 숲이에요. 첫째로, 당신은 그곳에서 많은 신선한 공기를 얻을 수 있어요. 숲에 있는 나무들이 새로운 활력을 주는 환경을 제공할 거예요. 또한, 숲에 있을 때 다람쥐 같은 동물들을 볼 수도 있어요. 야생에서 그것들을 보는 건 재미있을 거라고 생각해요. 그래서 당신이 그것을 해봐야 한다고 생각해요.

어휘　revitalize [rìːváitəlaiz] 새로운 활력을 주다　squirrel [skwə́ːrəl] 다람쥐

5 전화 설문: 수영과 레저 활동

Imagine that someone is preparing a report about water sports. You have agreed to participate in a telephone interview about swimming and leisure activities.	누군가가 수상 스포츠에 관한 보고서를 준비하고 있다고 가정해 봅시다. 당신은 수영과 레저 활동에 대한 전화 인터뷰에 참여하기로 동의했습니다.

Question 5

🎧Q: How often do you go swimming and where do you usually go?
영국식 발음

🎤A: I go swimming a few times a week, **early in the morning before work.** I usually swim in the pool at a fitness center.

얼마나 자주 수영을 하러 가고 보통 어디로 가나요?

저는 일주일에 몇 번 출근하기 전 아침 일찍 수영을 하러 갑니다. 저는 보통 피트니스 센터의 수영장에서 수영을 합니다.

Question 6

🎧Q: What is your favorite activity to do when you go to the beach?
영국식 발음

🎤A: When I go to the beach, I like to enjoy the sunshine. **There's nothing better than lying on the sand and getting a suntan.**

해변에 갈 때 가장 하기 좋아하는 활동이 무엇인가요?

저는 해변에 갈 때, 햇빛을 즐기는 것을 좋아합니다. 모래 위에 누워 피부를 햇볕에 보기 좋게 태우는 것보다 더 좋은 것은 없습니다.

답변Tip 이 외에도, 일광욕 하기(sunbathing), 모래성 만들기(making a sand castle), 서핑 하기(surfing)를 말할 수 있어요.

어휘 lie[lai] 눕다 get a suntan 피부를 햇볕에 보기 좋게 태우다

Question 7

🎧Q: Describe your most recent experience with water sports.
영국식 발음

🎤A: The most recent water sports experience I had **was when I went snorkeling last summer during my vacation.** First, my friends and I bought masks, snorkels, and fins, and we went to a secluded area of a beach and dove in. We saw and touched a lot of small fish, which was fascinating. Also, we went cliff diving. This is my most recent experience with water sports.

수상 스포츠와 관련된 당신의 가장 최근 경험을 설명하세요.

제가 가장 최근에 한 수상 스포츠 경험은 작년 여름 휴가 동안에 스노클링을 갔을 때입니다. 첫째로, 제 친구들과 저는 마스크, 잠수용 튜브, 그리고 오리발을 샀고, 해변의 외딴 지역에 가서 뛰어들었습니다. 우리는 많은 작은 물고기들을 보고 만졌고, 그것은 아주 재미있었습니다. 또한, 우리는 절벽 다이빙도 하러 갔습니다. 이것이 수상 스포츠와 관련된 저의 가장 최근 경험입니다.

답변Tip 경험을 설명하라는 문제에서 자신이 경험해 보지 못한 것을 물을 경우, 반드시 실제로 경험한 것을 말하지 않아도 되므로 질문의 주제에 관련된 배경 지식을 활용하여 답변하세요.

어휘 snorkel[snɔ́ːrkəl] 잠수용 튜브, 스노클 fin[fin] (잠수용) 오리발, 지느러미
secluded[siklúːdid] 외딴 fascinating[fǽsənèitiŋ] 아주 재미있는, 흥미진진한
cliff[klif] 절벽

6 전화 설문: 호텔 숙박

Imagine that a British marketing company is doing research in your country. You have agreed to participate in a telephone interview about staying at hotels.	영국의 한 마케팅 회사가 당신의 나라에서 조사를 하고 있다고 가정해 봅시다. 당신은 호텔 숙박에 대한 전화 인터뷰에 참여하기로 동의했습니다.

Question 5

🎧Q: When was the last time you traveled, **and who did** you travel with?
영국식 발음

🎤 A: The last time I traveled was two weeks ago **when** I went to the countryside with my friends. **We stayed at a hotel in the woods and had a great time!**

어휘　countryside[kʌ́ntrisàid] 시골 지역, 전원 지역

언제 마지막으로 여행을 했고, 누구와 함께 여행했나요?

제가 마지막으로 여행했던 것은 친구들과 함께 시골 지역에 갔던 2주 전입니다. 저희는 숲에 있는 호텔에 묵었고 좋은 시간을 보냈습니다!

Question 6

🎧Q: How **do** people in your country generally make hotel reservations?
영국식 발음

🎤 A: People in my country generally make hotel reservations using the Internet. **They either go directly to the hotel's website, or they use discount travel sites to get the same room for a lower price.**

어휘　generally[dʒénərəli] 일반적으로, 보통　make a reservation 예약을 하다

당신의 나라의 사람들은 일반적으로 어떻게 호텔 예약을 하나요?

저희 나라의 사람들은 일반적으로 인터넷을 이용해서 호텔 예약을 합니다. 그들은 호텔 웹사이트에 직접 접속하거나, 같은 방을 더 저렴한 가격에 얻기 위해 할인 여행 사이트를 이용합니다.

Question 7

🎧Q: Which is the most important factor when deciding on a hotel to stay at?
영국식 발음

- Convenient location
- Reasonable prices
- Room amenities

🎤 A: The most important factor to me is for a hotel to be conveniently located. First of all, I stay at hotels when I'm traveling in new cities, so I want to get to different places quickly and easily. Additionally, if a hotel is in a good location, it means it's near the subway station or tourist attractions, so it's less likely that I'll get lost trying to find my hotel. Therefore, the hotel's location is the most important factor.

답변Tip 특정 장소에 간다고 말할 때 go만 사용하는 것보다, 'get to 장소'를 활용하여 말하면 더욱 자연스러운 영어가 돼요.

어휘　room amenities 객실 비품들　tourist attraction 관광 명소　get lost 길을 잃다

묵을 호텔을 결정할 때 가장 중요한 요소는 무엇인가요?
- 편리한 위치
- 합리적인 가격
- 객실 비품들

저에게 가장 중요한 요소는 호텔이 편리한 곳에 위치한 것입니다. 첫째로, 저는 새로운 도시를 여행할 때 호텔에 묵기 때문에, 다양한 장소들에 빠르고 쉽게 가고 싶습니다. 게다가, 호텔이 좋은 위치에 있다면, 그것은 대게 지하철역이나 관광 명소 근처에 있다는 것을 의미하므로, 호텔을 찾으려 길을 잃게 될 가능성이 낮습니다. 그러므로, 호텔의 위치가 가장 중요한 요소입니다.

Imagine that you are having a telephone conversation with your friend. You are talking about sporting events.	당신이 친구와 전화 통화를 하고 있다고 가정해 봅시다. 당신은 스포츠 경기에 대해 이야기하고 있습니다.

Question 5

Q: How far **is** the nearest stadium from your house? What **is** the most popular sporting event **at that stadium?**
미국식 발음

A: The nearest stadium from my house **is** just 10 minutes away by subway. Baseball games **are** the most popular events. Our local team **is** very well-known, actually.

너의 집에서 가장 가까운 경기장은 얼마나 멀리 있니? 그 경기장에서 가장 인기 있는 스포츠 경기는 무엇이니?

우리 집에서 가장 가까운 경기장은 지하철로 단 10분 떨어져 있어. 야구 경기가 가장 인기 있는 경기야. 사실, 우리 지역팀은 아주 유명해.

어휘 well-known 유명한, 잘 알려진

Question 6

Q: If you could, who would you take to a sporting event **and** why?
미국식 발음

A: If I could, I would take my younger brother to a sports event **with me.** He recently joined a school baseball team, so he would love to watch a baseball game.

할 수 있다면, 너는 스포츠 경기에 누구를 데려갈 거고 그 이유는 뭐야?

할 수 있다면, 스포츠 경기에 남동생을 데려갈 거야. 남동생이 최근에 학교 야구팀에 가입했기 때문에, 그는 야구 경기를 보는 것을 좋아할 것 같아.

Question 7

Q: I've **never** seen a live sporting event. **Do** you think I should and why?
미국식 발음

A: Yes, I think you should see a live sporting event. **First of all,** you can feel the atmosphere of the stadium and get really excited. **Everyone in the stadium gets really enthusiastic and cheers for their team. Also,** if you are lucky, you may even be able to meet one of the players.

나는 스포츠 경기를 실황으로 본 적이 없어. 내가 그렇게 해야 한다고 생각하니, 그 이유는 뭐야?

응, 네가 스포츠 경기를 실황으로 봐야 한다고 생각해. 첫째로, 너는 경기장의 분위기를 느끼고 정말 신이 날 수 있어. 경기장에 있는 모두가 열광적이 되어 그들의 팀을 응원해. 또한, 운이 좋다면, 너는 선수들 중 한 명을 만날 수도 있어.

어휘 atmosphere[ǽtməsfiər] 분위기 enthusiastic[inθùːziǽstik] 열광적인, 열심인

8 전화 설문: 영화 관람

Imagine that a Canadian marketing firm is doing research in your country. You have agreed to participate in a telephone interview about going to the movies.	캐나다의 한 마케팅 회사가 당신의 나라에서 조사를 하고 있다고 가정해 봅시다. 당신은 영화 관람에 대한 전화 인터뷰에 참여하기로 동의했습니다.

Question 5

🎧 Q: 미국식 발음
How often do you go to the movies **and** what kinds of movies **do** you usually watch?

얼마나 자주 영화를 보러 가고 보통 어떤 종류의 영화를 보나요?

🎤 A:
I go to the movies once every two weeks and I normally watch blockbuster movies. I always enjoy going to the movies.

저는 2주에 한 번 영화를 보러 가고 보통 블록버스터 영화를 봅니다. 저는 영화를 보러 가는 것을 항상 즐깁니다.

답변Tip 영화의 장르로는 공포 영화(horror movies), 공상 과학 영화(sci-fi movies), 코미디 영화(comedies), 액션 영화(action movies) 등을 말할 수 있어요.

Question 6

🎧 Q: 미국식 발음
Do you think the size of the screen is important when you watch a movie in a theater? Why or why not?

영화관에서 영화를 볼 때 화면의 크기가 중요하다고 생각하나요? 이유는요?

🎤 A:
Yes, I think the screen size is important because a big screen makes me feel like I'm fully surrounded by the movie. Also, I can see a big screen well from any seat.

네, 저는 화면의 크기가 중요하다고 생각하는데, 큰 화면은 제가 영화에 완전히 둘러싸인 것처럼 느끼게 만들기 때문입니다. 또한, 큰 화면은 어떤 좌석에서도 잘 보입니다.

Question 7

🎧 Q: 미국식 발음
Do you prefer to buy movie tickets online or at a ticket booth?

영화표를 온라인에서 사는 것과 매표소에서 사는 것 중 무엇을 선호하나요?

🎤 A:
I prefer to buy movie tickets online rather than at a ticket booth. First of all, buying them online is much more convenient because I can do it at home. In addition, I don't have to wait in line at the ticket booth. On the weekends, there is usually a long line, but I can avoid it if I buy the tickets online. Therefore, my preference is to get my movie tickets online.

저는 매표소보다 온라인에서 영화표를 사는 것을 선호합니다. 첫째로, 온라인에서 표를 사는 것은 집에서 할 수 있기 때문에 훨씬 더 편리합니다. 게다가, 매표소에서 줄을 서서 기다릴 필요가 없습니다. 주말에는 보통 줄이 길지만, 온라인에서 표를 사면 그것을 피할 수 있습니다. 그러므로, 제가 선호하는 것은 온라인에서 영화표를 사는 것입니다.

어휘 convenient[kənvíːnjənt] 편리한 **wait in line** 줄을 서서 기다리다

Hackers Test 🎧 (Q56&7_코스3) 08_HT   p.126

1 전화 설문: 잡지

Imagine that an Australian marketing company is doing research in your country. You have agreed to participate in a telephone interview about magazines.	호주의 한 마케팅 회사가 당신의 나라에서 조사를 하고 있다고 가정해 봅시다. 당신은 잡지에 대한 전화 인터뷰에 참여하기로 동의했습니다.

Question 5

🎧 Q: When was the last time you purchased a magazine and what did you buy?
호주식 발음

언제 마지막으로 잡지를 구매했고 무엇을 샀나요?

🎙 A: The last time I purchased a magazine was last weekend, and I bought a fashion magazine. Those types of magazines offer information on the latest fashion trends.

제가 마지막으로 잡지를 구매한 것은 지난 주말이고, 패션 잡지를 샀습니다. 그런 종류의 잡지들은 최신 패션 경향에 관한 정보를 제공합니다.

> 답변Tip 구매한 잡지의 종류로, 패션 잡지 외에도 건강 잡지(a health magazine), 여행 잡지 (a travel magazine) 등을 활용하여 말할 수 있어요.

어휘   trend[trénd] 경향, 동향

Question 6

🎧 Q: Do you look at the advertisements in magazines carefully? Why or why not?
호주식 발음

잡지에 있는 광고를 주의 깊게 보나요? 이유는요?

🎙 A: No, I don't pay much attention to the ads because I read magazines to learn new information. So I just skip to the articles I'm interested in reading.

아뇨, 저는 광고에 그다지 관심을 갖지 않는데 저는 새로운 정보를 알기 위해 잡지를 읽기 때문입니다. 그래서 저는 제가 읽기에 흥미있는 기사로 그냥 건너뜁니다.

어휘   pay attention to ~에 관심을 갖다   skip[skip] 건너뛰다, 넘어가다

Question 7

🎧 Q: Would you use an e-reader to read magazines?
호주식 발음

잡지를 읽기 위해 전자책 단말기를 사용할 건가요?

🎙 A: Yes, I would use an e-reader to read magazines for a couple of reasons. First, I can zoom in on any part that I want to see more closely. Even if something is printed very small, I can easily read it on an e-reader. In addition, I can store many volumes in one device, so I can quickly look up past issues whenever I want to. These are why I would read magazines on an e-reader.

네, 저는 몇 가지 이유로 잡지를 읽기 위해 전자책 단말기를 사용할 것입니다. 첫째로, 저는 더 자세히 보고 싶은 어느 부분이든 확대할 수 있습니다. 어떤 것이 아주 작게 인쇄되어 있다고 해도, 전자책 단말기에서는 쉽게 읽을 수 있습니다. 이 외에도, 하나의 기기에 여러 권을 저장할 수 있어서, 원하면 언제라도 지난 호를 빠르게 찾아볼 수 있습니다. 이것들이 제가 전자책 단말기로 잡지를 읽으려는 이유입니다.

어휘   zoom[zu:m] ~을 확대하다   store[stɔːr] 저장하다, 비축하다
volume[válju:m] (잡지 등의) 권, 책   issue[íʃu:] 호, 발행물

2 전화 설문: 온라인 쇼핑

Imagine that a magazine is going to write an article about shopping habits. You have agreed to participate in a telephone interview about online shopping.	한 잡지사가 쇼핑 습관에 대한 기사를 쓰려고 한다고 가정해 봅시다. 당신은 온라인 쇼핑에 대한 전화 인터뷰에 참여하기로 동의했습니다.

Question 5

🎧 Q: (미국식 발음) How often do you do online shopping and what do you usually buy?

🎤 A: I shop online about once a week and I usually buy everyday clothes like T-shirts and hoodies to wear around the house.

> 답변Tip 온라인 쇼핑으로 흔히 구입할 수 있는 것들에는 식료품(groceries), 액세서리(accessories), 화장품(cosmetics) 등이 있어요.

어휘 everyday clothes 평상복

얼마나 자주 온라인 쇼핑을 하고 보통 무엇을 사나요?

저는 일주일에 한 번 정도 온라인 쇼핑을 하고 보통 집 근처에서 입을 티셔츠와 후드 같은 평상복을 주로 삽니다.

Question 6

🎧 Q: (미국식 발음) When do you use online shopping malls instead of actual stores?

🎤 A: I shop online instead of going to an actual store when I see discount deals for the websites. With the discount, I can get the same item cheaper online compared to at a store.

언제 실제 상점 대신에 온라인 쇼핑몰을 이용하나요?

저는 웹사이트의 할인을 봤을 때 실제 상점에 가는 것 대신에 온라인에서 쇼핑을 합니다. 할인을 받으면, 동일한 상품을 상점에서 보다 온라인에서 더 저렴하게 구입할 수 있습니다.

Question 7

🎧 Q: (미국식 발음) When you decide on an online shopping site to use, which factor do you consider the most?
- If free delivery is available
- If a wide range of items are offered
- Whether the exchange policy is flexible

🎤 A: What I consider the most when deciding on a shopping site to use is if it offers a wide range of items. First, it means that there are more options to choose from. So I'll for sure find something I like. Besides, it'll be fun just browsing the website because there are so many things to look at. Therefore, I consider the range of items offered the most for a shopping site to use.

어휘 a wide range of 다양한 exchange[ikstʃéindʒ] 교환 policy[pɑ́ləsi] 정책 browse[brauz] 둘러보다, 훑어보다

이용할 온라인 쇼핑 사이트를 결정할 때, 어떤 요소를 가장 고려하나요?
- 무료 배송이 가능한지
- 다양한 상품이 제공되는지
- 교환 정책이 융통성 있는지

이용할 쇼핑 사이트를 결정할 때 제가 가장 고려하는 것은 다양한 상품을 제공하는지입니다. 첫째로, 그것은 고를 수 있는 선택권들이 더 많다는 것을 의미합니다. 그래서 저는 마음에 드는 무언가를 확실히 찾을 수 있을 것입니다. 게다가 볼 것들이 많기 때문에 웹사이트를 둘러보는 것만으로도 재미있을 것입니다. 그러므로, 저는 이용할 쇼핑 사이트에 관해서는 제공되는 상품 범위를 가장 고려합니다.

3 지인과 통화: 아이스크림

Imagine that you are talking on the telephone with a friend. You are having a conversation about ice cream.	당신이 친구와 전화 통화를 하고 있다고 가정해 봅시다. 당신은 아이스크림에 대한 대화를 하고 있습니다.

Question 5

Q: How often **do** you eat ice cream, **and** what kind of ice cream **do** you like?

영국식 발음

A: Oh, I eat ice cream almost every day, **especially in the summer.** Chocolate ice cream is my favorite kind. I love to put sliced bananas on top of it too!

얼마나 자주 아이스크림을 먹고, 어떤 종류의 아이스크림을 좋아하니?

아, 나는 특히 여름에, 거의 매일 아이스크림을 먹어. 초콜릿 아이스크림이 내가 제일 좋아하는 종류야. 얇게 썬 바나나를 그 위에 올리는 것도 좋아해!

Question 6

Q: Where **do** you usually buy ice cream **and** why?

영국식 발음

A: I usually buy ice cream at the convenience store **down the street from my house.** That store has a lot of ice cream and snacks, and they're all very affordable.

보통 어디에서 아이스크림을 사고 그 이유는 뭐야?

나는 보통 우리 집으로 난 길 아래에 있는 편의점에서 아이스크림을 사. 그 편의점에는 아이스크림과 간식들이 많고, 그것들 모두 가격이 아주 적당해.

어휘 convenience store 편의점 affordable[əfɔ́ːrdəbl] 가격이 적당한, 알맞은

Question 7

Q: When you buy ice cream, which factor **do** you consider the most?

영국식 발음

- Flavor
- Amount
- Healthy ingredients

A: When I buy ice cream, I consider the flavor the most. First, ice cream is a treat I want to enjoy without worrying about the calories. So, ice cream with a tasty flavor like chocolate is the most satisfying. Plus, there are so many different ice cream flavors to try, and I want to taste them all! Therefore, I choose my ice cream based on flavor.

아이스크림을 살 때, 어떤 요소를 가장 고려하나요?

- 맛
- 양
- 건강한 재료들

내가 아이스크림을 살 때, 나는 맛을 가장 많이 고려해. 첫째로, 아이스크림은 내가 칼로리에 대한 걱정 없이 즐기고 싶은 특별한 것이야. 그래서, 초콜릿처럼 맛있는 맛의 아이스크림이 가장 만족스러워. 게다가, 먹어볼 다양한 아이스크림의 맛이 정말 많고, 나는 그것들 모두를 맛보고 싶어! 그래서, 나는 맛을 바탕으로 내 아이스크림을 선택해.

어휘 factor[fǽktər] 요소, 요인 flavor[fléivər] 맛, 풍미
ingredient[ingríːdiənt] 재료, 성분 treat[triːt] 특별한 것, 대접, 만족을 주는 것
satisfying[sǽtisfàiiŋ] 만족스러운, 만족감을 주는
based on ~을 바탕으로, ~을 기반하여

Imagine that you are talking with a friend who is going to buy some sports equipment. You are having a telephone conversation about sports equipment.	당신이 스포츠용품을 사려고 하는 친구와 대화하고 있다고 가정해 봅시다. 당신은 스포츠용품에 대해 전화 통화를 하고 있습니다.

Question 5

🎧 Q: When was the last time you bought some sports equipment? What **did** you buy?

언제 마지막으로 스포츠용품을 샀니? 무엇을 샀니?

🎤 A: The last time I bought some sports equipment was a few weeks ago. I bought a new mountain bike because I joined a social cycling club in my town.

내가 마지막으로 스포츠용품을 산 건 몇 주 전이었어. 나는 우리 동네의 자전거 동호회에 가입했기 때문에 새로운 산악자전거를 샀어.

Question 6

🎧 Q: What are the disadvantages of buying sports equipment online **instead of** at a store?

스포츠용품을 매장에서 사는 것 대신에 온라인으로 사는 것의 단점은 무엇이니?

🎤 A: The main disadvantage of buying sports equipment online is that you can't try out the equipment. Since sports equipment is expensive, it's important to make sure it works well before purchasing it.

스포츠용품을 온라인으로 사는 것의 가장 큰 단점은 네가 그 용품을 시험적으로 사용해 볼 수 없다는 거야. 스포츠용품은 비싸기 때문에, 구매하기 전에 그것이 잘 작동하는지 확실히 하는 것이 중요해.

> **어휘** try out ~을 시험적으로 사용해 보다 purchase[pə́ːrtʃəs] 구매하다, 구입하다

Question 7

🎧 Q: Which **do** you consider more when buying sports equipment — your friends' recommendations **or** online reviews? Why?

스포츠용품을 살 때 너의 친구들의 추천 혹은 온라인 평가 중에 더 고려하는 것은 무엇이니? 그 이유는 뭐야?

🎤 A: I usually consider my friends' recommendations more when buying sports equipment. The first reason is that my friends and I have similar preferences. So, I know that I can trust their opinions. Plus, online reviews are sometimes not very reliable or authentic. For example, many reviews these days are paid for by companies, so they're actually advertisements. Thus, I think friends' recommendations are more important when buying sports equipment.

나는 보통 스포츠용품을 살 때 내 친구들의 추천을 더 고려해. 첫 번째 이유는 내 친구들과 나는 비슷한 선호를 가지고 있어. 그래서, 그들의 의견을 신뢰할 수 있다는 것을 나는 알아. 게다가, 온라인 평가는 때때로 아주 신뢰할 만하거나 진실하지 못해. 예를 들어, 요즘의 많은 평가들은 회사에 의해 대가가 지불된 것이므로, 이것들은 사실은 광고야. 따라서, 나는 친구들의 추천이 스포츠용품을 살 때 더 중요하다고 생각해.

> **답변Tip** 온라인 평가를 좋아한다고 말하는 경우, '구체적인 묘사와 전문적인 정보가 있어서'(there are detailed descriptions and professional information), '쉽게 비교를 할 수 있어서'(can make comparisons easily)를 근거로 대답할 수 있어요.

> **어휘** review[rivjúː] 평가 preference[préfərəns] 선호, 선호도
> reliable[riláiəbl] 신뢰할 만한, 믿을 만한 authentic[ɔːθéntik] 진실한, 진정한, 진짜의
> pay for 대가를 지불하다, 돈을 내다

5 지인과 통화: 자동차 구입

Imagine that you are talking to a colleague on the telephone. You are having a conversation about buying a car.	당신이 동료와 전화 통화를 하고 있다고 가정해 봅시다. 당신은 자동차 구입에 대한 대화를 하고 있습니다.

Question 5

🎧 **Q:** How many times a week would you drive your car?

미국식 발음

🎤 **A:** I would drive my car maybe two or three times a week. That's because I want to save money on gas.

> **답변Tip** 'How many times' 또는 'How often'으로 묻는 질문에는, 꼭 정확한 횟수를 말하지 않아도 'maybe'를 써서 '아마 몇 번쯤'이라고 답변할 수 있어요.

어휘 gas[gæs] 휘발유

일주일에 몇 번이나 당신의 차를 운전할 건가요?

저는 일주일에 아마 두세 번쯤 자동차를 운전할 거예요. 이것은 휘발유에 드는 돈을 절약하고 싶기 때문이에요.

Question 6

🎧 **Q:** If you bought a car, would you let your family use it?

미국식 발음

🎤 **A:** Of course I'd let my family use my car if I bought one. If I weren't using my car every single day, then it would make sense to share it with my family.

어휘 make sense 타당하다, 이치에 맞다

당신이 차를 산다면, 가족들이 그것을 쓰게 할 건가요?

당연히 제가 차를 산다면 가족들이 제 차를 쓰게 할 거예요. 제가 차를 매일 쓰지 않는다면, 가족들과 함께 쓰는 것이 타당할 거예요.

Question 7

🎧 **Q:** Do you think the brand name is important when buying a car? Why or why not?

미국식 발음

🎤 **A:** I think the brand name is important when buying a car. First, cars from good brands tend to be safer than cars from less well-known brands. Also, the warranty service is usually better at more famous brands. So, in the long run, it would be better to get a car from a good brand even if it's more expensive.

어휘 well-known 유명한, 잘 알려진 warranty service 보증 서비스

차를 살 때 브랜드명이 중요하다고 생각하나요? 이유는요?

저는 차를 살 때 브랜드명이 중요하다고 생각해요. 첫째로, 좋은 브랜드의 차는 덜 유명한 브랜드의 차보다 더 안전한 경향이 있어요. 또한, 더 유명한 브랜드들의 보증 서비스가 보통 더 나아요. 그래서 장기적으로는, 더 비싸다고 해도 좋은 브랜드에서 차를 사는 것이 나을 거예요.

Q1-2
Q3-4
Q5-7
Q8-10
Q11

10일 만에 끝내는 해커스 토익스피킹

6 전화 설문: 이메일 사용

Imagine that a US marketing firm is preparing a report about e-mail use. You have agreed to participate in a telephone interview about using e-mails.	미국의 한 마케팅 회사가 이메일 사용에 대한 보고서를 준비하고 있다고 가정해 봅시다. 당신은 이메일 사용에 대한 전화 인터뷰에 참여하기로 동의했습니다.

Question 5

🎧Q: How many e-mail accounts **do** you have **and** what time of the day **do** you check them?

미국식 발음

🎤A: I have two e-mail accounts, **one for work and one for personal use.** I check my work e-mail throughout the day when I'm at work, **and** I check my personal account twice a day.

얼마나 많은 이메일 계정을 가지고 있고 하루 중 언제 그것을 확인하나요?

저는 두 개의 이메일 계정을 가지고 있는데, 하나는 업무를 위한 것이고 하나는 개인적 용도를 위한 것입니다. 저는 업무를 위한 이메일은 회사에 있을 때 온종일 확인하고, 개인 계정은 하루에 두 번 확인합니다.

어휘　account[əkáunt] 계정

Question 6

🎧Q: How **do** you prevent e-mail viruses from getting into your computer?

미국식 발음

🎤A: To prevent e-mail viruses from getting into my computer, I only open e-mails I get from trusted senders. I've also set up a spam filter **so that any spam e-mails get sorted out automatically.**

이메일 바이러스가 컴퓨터를 감염시키는 것을 어떻게 방지하나요?

이메일 바이러스가 컴퓨터를 감염시키는 것을 방지하기 위해, 저는 믿을 만한 발신인으로부터 받은 이메일만 열어봅니다. 저는 또한 어떤 스팸 메일이든 자동으로 분류되도록 하기 위해 스팸 필터를 설정해 두었습니다.

어휘　trusted[trʌ́stid] 믿을 만한　set up ~을 설정하다, 설치하다　sort out ~을 분류하다
automatically[ɔ̀:təmǽtikəli] 자동으로, 자연히

Question 7

🎧Q: What are the advantages of sending e-mails compared to paper mail?

미국식 발음

🎤A: There are a couple of advantages of sending e-mails. **First of all,** e-mails arrive instantly. I don't have to wait until my letter reaches the recipient because it happens with the click of a button. **In addition,** I can send videos or relevant links in the e-mail so I can have a more interesting conversation. **These are some of the advantages that e-mails have over traditional mail.**

종이 편지를 보내는 것에 비해 이메일을 보내는 것의 장점은 무엇인가요?

이메일을 보내는 것에는 몇 가지 장점이 있습니다. 첫째로, 이메일은 즉시 도착합니다. 버튼을 한 번 클릭하는 것으로 되기 때문에, 편지가 받는 사람에게 도착할 때까지 기다릴 필요가 없습니다. 이 외에도, 이메일에 영상이나 관련된 링크를 보낼 수 있어서 더 흥미로운 대화를 할 수 있습니다. 이것들이 전통적인 편지에 비해 이메일이 가지는 몇 가지 장점입니다.

답변Tip　인터넷의 빠른 속성에 대해 말할 때 'happens with the click of a button'(버튼을 한 번 클릭하는 것으로 된다)이라는 표현을 활용할 수 있어요.

어휘　instantly[ínstəntli] 즉시, 즉각　recipient[risípiənt] 받는 사람, 수령인
relevant[réləvənt] 관련된, 적절한

Imagine that you are talking with a colleague who wants to buy a new computer. You are having a conversation about buying a computer.

당신이 새로운 컴퓨터를 사고 싶어 하는 동료와 대화하고 있다고 가정해 봅시다. 당신은 컴퓨터 구입에 대한 대화를 하고 있습니다.

Question 5

 Q: When was the last time you bought a new computer, and how often do you use it?

미국식 발음

언제 마지막으로 새로운 컴퓨터를 샀고, 그것을 얼마나 자주 사용하나요?

🎙 A: The last time I bought my laptop computer was two years ago at an electronics store. I use my computer several times a week to surf the web.

마지막으로 제 노트북 컴퓨터를 산 것은 2년 전 전자제품 매장에서 였어요. 저는 인터넷을 검색하기 위해 일주일에 몇 번 컴퓨터를 사용해요.

어휘 electronics store 전자제품 매장

Question 6

 Q: Are you satisfied with your personal computer? Why or why not?

미국식 발음

당신의 개인용 컴퓨터에 만족하나요? 이유는요?

🎙 A: I'm not really satisfied with my computer, actually. The main reason for this is because it's outdated and freezes a lot. I hope to get a new one soon!

사실, 저는 제 컴퓨터에 아주 만족하지는 않아요. 이것의 가장 큰 이유는 이게 구식이고 많이 멈추기 때문이에요. 저는 곧 새로운 것을 가지고 싶어요!

답변 Tip 질문에서 제품이나 서비스의 만족도만 물어보는 경우에도, 이에 대한 간략한 이유를 덧붙이면 좋아요.

어휘 satisfied[sǽtisfàid] 만족하는 outdated[àutdéitid] 구식인
freeze[fri:z] 멈추다, 정지하다

Question 7

 Q: When buying a new computer, where do you think I should get detailed information? Why?

미국식 발음

새 컴퓨터를 살 때, 어디에서 상세한 정보를 얻어야 한다고 생각하나요? 이유는요?

🎙 A: I think an electronics store is a good place to get detailed information when buying a new computer. Usually, store salespeople are very knowledgeable and can help you compare different computers easily. In fact, I experienced this when I went to a store to look for a new computer last Saturday. The salesperson recommended some awesome computers and explained their features clearly. Because of this, I felt better informed about choosing the right computer.

저는 전자제품 매장이 새 컴퓨터를 살 때 상세한 정보를 얻기에 좋은 장소라고 생각해요. 보통, 매장 판매원은 아는 것이 정말 많고 다른 컴퓨터들을 쉽게 비교하도록 당신을 도와줄 수 있어요. 실제로, 지난 토요일에 새로운 컴퓨터를 찾으러 매장에 갔을 때 이런 경험을 했어요. 판매원은 몇 가지 훌륭한 컴퓨터들을 추천했고 그것들의 특징을 알기 쉽게 설명했어요. 이것 때문에, 저는 좋은 컴퓨터를 고르는 것에 대해 더 많이 알게 되었다고 느꼈어요.

어휘 detailed[dītéild] 상세한 knowledgeable[nάlɪdʒəbl] 아는 것이 많은, 박식한
compare[kəmpɛ́ər] 비교하다 feature[fí:tʃər] 특징, 특색
clearly[klíərli] 알기 쉽게, 명확하게 informed[infɔ́:rmd] 알고 있는, 견문이 넓은

Q1-2
Q3-4
Q5-7
Q8-10
Q11

10일 만에 끝내는 해커스 토익스피킹

8 전화 설문: 휴대전화

Imagine that a British marketing firm is preparing a report about the use of telecommunication devices in your country. You have agreed to participate in a telephone interview about mobile phones.	영국의 한 마케팅 회사가 당신의 나라에서 통신 기기 사용에 대한 보고서를 준비하고 있다고 가정해 봅시다. 당신은 휴대전화에 대한 전화 인터뷰에 참여하기로 동의했습니다.

Question 5

🎧Q: 영국식 발음 For what **do** you use your mobile phone the most?

🎤A: I use my mobile phone mostly to connect with my friends. We send each other text messages and share photos using our phones.

> 답변Tip 친구들과 연락하는 것 외에도, '동영상을 보기 위해'(to watch video clips), '전화를 하기 위해'(to make phone calls) 휴대전화를 사용한다고 말할 수 있어요.

어휘 connect[kənékt] 연락하다

무엇을 위해 휴대전화를 가장 많이 사용하나요?

저는 친구들과 연락하기 위해 휴대전화를 가장 많이 사용합니다. 저희는 휴대전화를 사용해서 서로에게 문자 메시지를 보내고 사진을 공유합니다.

Question 6

🎧Q: 영국식 발음 Do you think it's important that a mobile phone has a lot of functions? Why?

🎤A: Yes, I think it matters how many functions a mobile phone has. If my phone can do many things, I don't have to carry around other devices and I won't get bored when I'm alone.

어휘 matter[mǽtər] 중요하다

휴대전화에 기능이 많은 것이 중요하다고 생각하나요? 이유는요?

네, 저는 휴대전화에 기능이 많은 것이 중요하다고 생각합니다. 제 휴대전화가 많은 것을 할 수 있다면, 저는 다른 기기들을 가지고 다니지 않아도 되고 혼자 있을 때 지루하지 않을 것입니다.

Question 7

🎧Q: 영국식 발음 Do you prefer to try out new applications on your phone or stick with the older ones that you are used to? Why?

🎤A: I prefer to try out new applications on my phone rather than stick with the older ones. First, most of the applications I use are for photo editing, and I'm always curious to try new ones. Besides, new phone applications usually have better designs and are simpler to use than older ones. For these reasons, I check my mobile phone daily for new applications to download.

> 답변Tip 기존의 애플리케이션을 사용하는 것을 선호한다고 답변하는 경우, '모든 기능을 잘 알고 있어서 사용하기 쉽고 편하다'(easy and convenient to use as I am familiar with all functions), '추가적인 애플리케이션을 찾고 다운로드 하지 않아도 된다'(I don't need to search for and download extra applications) 등을 근거로 답변할 수 있어요.

어휘 try out ~을 시험적으로 사용해 보다 stick[stik] 고수하다, 고집하다
　　 curious[kjúəriəs] 호기심이 강한, 알고 싶은

휴대전화에서 새로운 애플리케이션들을 시험적으로 사용해 보기를 선호하나요, 아니면 익숙한 오래된 것들을 고수하기를 선호하나요? 이유는요?

저는 오래된 것들을 고수하기보다 제 휴대전화에서 새로운 애플리케이션들을 시험적으로 사용해 보는 것을 선호합니다. 첫째로, 제가 쓰는 애플리케이션의 대부분은 사진 수정을 위한 것이고, 저는 항상 새로운 것들을 써 보는 것에 호기심이 많기 때문입니다. 게다가, 새로운 휴대전화 애플리케이션들은 보통 오래된 것들보다 더 나은 디자인을 가지고 있고 사용하기에 더 간단합니다. 이러한 이유로, 저는 새로운 애플리케이션들을 다운로드하기 위해서 휴대전화를 매일 확인합니다.

🎧 (Q56&7_리뷰테스트) 09_RT   p.130

전화 설문: 레스토랑에서 외식하기

Imagine that a British marketing firm is doing research about dining habits in your country. You have agreed to participate in a telephone interview about going out to eat at restaurants.	영국의 한 마케팅 회사가 당신의 나라의 식사 습관에 대한 조사를 하고 있다고 가정해 봅시다. 당신은 레스토랑에 외식을 하러 가는 것에 대한 전화 인터뷰에 참여하기로 동의했습니다.

Question 5

🎧 Q: When was the last time you went to a restaurant and how did you get there?
영국식 발음

언제 마지막으로 레스토랑에 갔고 그곳에 어떻게 갔나요?

🎙 A: The last time I went to a restaurant was last Saturday. I visited my favorite Thai restaurant, and I went there by subway.

제가 마지막으로 레스토랑에 간 것은 지난 토요일입니다. 저는 제가 가장 좋아하는 태국 음식점에 방문했고, 지하철을 타고 갔습니다.

답변Tip 어떤 장소에 어떻게 갔냐는 질문에는, 자동차로(by car), 버스로(by bus), 걸어서(on foot) 등을 활용하여 답변할 수 있어요.

Question 6

🎧 Q: What kinds of restaurants do you like and why?
영국식 발음

어떤 종류의 레스토랑을 좋아하고, 이유는 무엇인가요?

🎙 A: The type of restaurant I like is buffets. This is because there is a wide selection of food, and everyone can eat as much of what they want to eat.

제가 좋아하는 레스토랑의 종류는 뷔페입니다. 뷔페에는 다양하게 구비된 음식이 있고, 모두가 자신이 먹고 싶은 것을 원하는 만큼 먹을 수 있기 때문입니다.

어휘   a wide selection of 다양하게 구비된

Question 7

🎧 Q: What are some ways to encourage people to try out a new restaurant?
영국식 발음

사람들이 새로운 레스토랑에 가도록 장려할 몇 가지 방법은 무엇인가요?

🎙 A: There are a couple of ways to encourage people to try out a new restaurant. First, the restaurant can have an opening sale. It could offer a discount for the first week so many people will want to come in. Also, it could provide free appetizers to returning customers who bring a friend. Therefore, I think offering discounts and freebies is the best way to encourage people to visit.

사람들이 새로운 레스토랑에 가도록 장려할 몇 가지 방법이 있습니다. 첫째로, 레스토랑은 개업 세일을 할 수 있습니다. 많은 사람들이 들어오고 싶도록 첫 번째 주에 할인을 제공할 수 있습니다. 또한, 친구를 데리고 다시 방문하는 고객에게는 무료 전채 요리를 제공할 수 있습니다. 그러므로, 할인과 무료로 주는 것을 제공하는 것이 사람들을 방문하게 하도록 장려하는 가장 좋은 방법이라고 생각합니다.

어휘   appetizer[ǽpitàizər] 전채 요리   freebie[frí:bi] 무료로 주는 것

스텝별 전략 익히기

Check-up 🎧 (Q89&10_스텝) 02_CU

p. 140

1

	Teamwork Skill Training Program	
	[8]March 31, Olivia Building, Room 427	
Time	**Session**	**Presenter**
[10]9:30	[10]Team-based approaches to facilitating communication	[10]Lisa Pattinson
11:00	Dangers of groupthink and how to avoid it	Phil Christopher
12:30	Lunch	
[10]2:00	[10]Ideas for activities to promote diversity in learning	[10]Lisa Pattinson
3:30	[9]Building trust: games for building trust *canceled*	~~Carson Newman~~

* Groups of 10 or more get a 15% discount.

	팀워크 기술 교육 프로그램	
	[8]3월 31일, Olivia 빌딩, 427호실	
시간	**세션**	**발표자**
[10]9:30	[10]의사소통을 촉진하는 팀 기반 접근	[10]Lisa Pattinson
11:00	집단 사고의 위험성과 이를 피하는 법	Phil Christopher
12:30	점심	
[10]2:00	[10]학습의 다양성 촉진을 위한 활동 방안	[10]Lisa Pattinson
3:30	[9]신뢰 형성: 신뢰 형성을 위한 게임들 *취소됨*	~~Carson Newman~~

*10명 이상의 단체는 15%의 할인을 받습니다.

미국식 발음 🎧

Hello, this is Cynthia Dolin. I have a few questions about the teamwork skill training, and I'm hoping you could give me some answers.

안녕하세요, 저는 Cynthia Dolin입니다. 팀워크 기술 교육에 대한 몇 가지 질문이 있는데, 당신께서 답변해 주시면 좋겠습니다.

어휘 approach[əpróutʃ] 접근; 접근하다 **facilitate**[fəsílətèit] 촉진하다 **groupthink**[grúːpθìŋk] 집단 사고 **diversity**[divə́ːrsəti] 다양성

STEP 1 표 내용 파악하기

① 전체 관련 정보   __교육 프로그램 일정표, 3월 31일, Olivia 빌딩 427호실__

② 세부 정보   __오전 9시 30분 시작, 오전: 의사소통과 집단 사고 관련 세션, 오후: 학습의 다양성 관련 세션, 신뢰 형성 게임 세션 취소됨__

③ 기타 정보   __10명 이상의 단체는 15% 할인됨__

STEP 2 질문 파악 후 표에서 정보 찾아 답변하기

Question 8

🎧 Q: What date is the training and where will it take place?
미국식 발음

🎤 A: ④ **The date of the training** is March 31, and it ⑤ **will take place** in Room 427 of the Olivia Building.

교육은 며칠이고 어디에서 열리나요?

교육의 날짜는 3월 31일이고 Olivia 빌딩 427호실에서 열릴 것입니다.

Question 9

🎧 Q: I heard that there is a session where we learn to establish trust among team members. Am I right?
미국식 발음

🎤 A: ⑥ **I'm sorry, but that information is incorrect**. There was a scheduled session about games for building trust, ⑦ **but it has been** canceled.

팀 구성원 간에 신뢰를 쌓는 것을 배우는 세션이 있다고 들었어요. 맞나요?

죄송하지만, 그 정보는 잘못되었습니다. 신뢰 형성을 위한 게임에 관한 세션이 예정되어 있었지만, 그것은 취소되었습니다.

Question 10

🎧 Q: Can you tell me about the sessions led by Lisa Pattinson?
미국식 발음

🎤 A: ⑧ **There are two sessions** led by Lisa Pattinson. ⑨ **First**, at 9:30, ⑩ **she will be talking about** team-based approaches to facilitating communication. ⑪ **And then**, at 2 P.M., she will be presenting ⑫ **ideas for activities to promote diversity in learning**. These are the sessions she will present.

Lisa Pattinson이 진행하는 세션에 대해 말해주실 수 있나요?

Lisa Pattinson이 진행하는 두 개의 세션이 있습니다. 첫째로, 오전 9시 30분에 그녀는 의사소통을 촉진하는 팀 기반 접근에 관해 이야기할 것입니다. 그리고 나서 오후 2시에, 학습의 다양성 촉진을 위한 활동 방안을 발표할 것입니다. 이것들이 그녀가 진행할 세션입니다.

2

Laura Jane Roker

laura.jane78@email.com
+1-480-572-9901
780 Southern Avenue, Phoenix

Position Sought [8]Marketing Team Manager
Current Position [8]Assistant Manager, Plumb Marketing

Experience

[10]Assistant Manager, Plumb Marketing	2009 – present
[10]Supervisor, Market Solutions Phoenix	2007 – 2009
[10]Administrative Assistant, Leary Media	2006 – 2007

Education

[9]University of the Valley, Master's degree, Market Research, 2006
Phoenix College, Bachelor's degree, Business, 2003

Laura Jane Roker

laura.jane78@email.com
+1-480-572-9901
Southern가 780번지, 피닉스

희망 직무 [8]마케팅 팀장
현재 직업 [8]Plumb Marketing사 대리

경력
[10]Plumb Marketing 대리 2009 - 현재
[10]Market Solutions Phoenix 관리자
2007 - 2009
[10]Leary Media 행정 비서 2006 - 2007

학력
[9]Valley 대학교, 석사, 시장 조사학, 2006년
Phoenix 대학, 학사, 경영학, 2003년

미국식 발음 🎧

Hi. Would you fill me in with some details from Laura Jane Roker's résumé? She's coming to interview soon and I forgot to bring a copy of her résumé.

안녕하세요. Laura Jane Roker의 이력서에 있는 몇 가지 세부 사항을 알려주시겠어요? 그녀가 곧 면접을 보러 오는데 그녀의 이력서 사본을 들고 오는 것을 잊었어요.

어휘 position sought 희망 직무

① 전체 관련 정보	이력서, 현재 Plumb Marketing 대리, 마케팅 팀장직에 지원함
② 세부 내용	행정 비서, 관리자, 마케팅 회사 대리 경력 있음, 경영학 학사, 시장 조사학 석사 학위 소지함
③ 기타 정보	없음

STEP 2 질문 파악 후 표에서 정보 찾아 답변하기

Question 8

🎧Q: What is her current job and what is the position she is seeking?
미국식 발음

🎙A: Well, her current job is ④ **assistant manager** and she works at Plumb Marketing. ⑤ **The position she is seeking** is the marketing team manager position.

> 그녀의 현재 직업은 무엇이고 그녀가 현재 찾고 있는 직무는 무엇인가요?
> 음, 그녀의 현재 직업은 대리이고 그녀는 Plumb Marketing에서 일합니다. 그녀가 찾고 있는 직무는 마케팅 팀장직입니다.

Question 9

🎧Q: We are looking for a person who is able to interpret current research. Is she qualified?
미국식 발음

🎙A: Yes, I think she will be comfortable with current research ⑥ **because of her educational background**. She ⑦ **received a master's degree** in Market Research from University of the Valley.

> 저희는 최신 연구를 해석할 수 있는 사람을 찾고 있어요. 그녀가 자격이 되나요?
> 네, 그녀의 학력 때문에 최신 연구를 수월하게 생각할 것 같습니다. 그녀는 Valley 대학교에서 시장 조사학 석사 학위를 받았습니다.

Question 10

🎧Q: Could you let me know about her work experience in detail, please?
미국식 발음

🎙A: Sure, ⑧ **there are three items** she listed under job experience. First, she worked ⑨ **as an administrative assistant** at Leary Media, and she was there for a year from 2006. ⑩ **And then**, she worked as a supervisor ⑪ **for two years** at Market Solutions Phoenix. ⑫ **Finally**, she took a job at Plumb Marketing, and she's been their assistant manager ⑬ **since 2009**.

> 그녀의 업무 경력에 대해 자세히 알려 주실 수 있나요?
>
> 물론이죠, 그녀가 경력에 언급한 세 가지 항목이 있습니다. 첫째로, 그녀는 Leary Media에서 2006년부터 일 년간 행정 비서로 일했습니다. 그 후에, 그녀는 Market Solutions Phoenix에서 2년 동안 관리자로 일했습니다. 마지막으로, 그녀는 Plumb Marketing에 일을 구했고, 2009년 이래로 그곳의 대리로 일하고 있습니다.

Q1-2
Q3-4
Q5-7
Q 8-10
Q11

10일 만에 끝나는 해커스 토익스피킹

Hackers Test 🎧(Q89&10_코스1) 04_HT　　　　　　　　　　　　　p. 146

1 세미나 일정표

Time	Session	Presenter
[8]9:00-10:00	[8]Lecture: Classroom Management	Jack Wheeler
[9]10:00-12:00	[9]Demonstration: Using Toys as a Teaching Tool	[9]Katie Fremont
12:00-1:30	Lunch (provided at the cafeteria)	
[10]1:30-2:30	[10]Demonstration: Decorating the Classroom	[10]Sylvia Walt
[10]2:30-3:30	[10]Lecture: Issues in Special Education	[10]Petra Dunn
[10]3:30-4:30	[10]Tips: Parent-Teacher Conferences	[10]Adam Flint

Early Elementary Teacher Seminar
Elmwood Elementary School Library, Saturday, June 23
Fee: $10 for teaching assistants / $20 for teachers

초등학교 저학년 교사 세미나
Elmwood 초등학교 도서관,
6월 23일 토요일
회비: 보조 교사 10달러 / 교사 20달러

시간	세션	발표자
[8]09:00-10:00	[8]강연: 학급 관리	Jack Wheeler
[9]10:00-12:00	[9]시연: 수업 도구로서의 장난감 활용	[9]Katie Fremont
12:00-1:30	점심(식당에서 제공됨)	
[10]1:30-2:30	[10]시연: 교실 장식	[10]Sylvia Walt
[10]2:30-3:30	[10]강연: 특수 교육에서의 문제점	[10]Petra Dunn
[10]3:30-4:30	[10]조언: 학부모-교사 상담	[10]Adam Flint

미국식 발음 🎧

Hi, my name is Katie Fremont. I am planning to attend the early elementary teacher seminar. Can I ask you a few questions about the seminar?	안녕하세요, 제 이름은 Katie Fremont입니다. 저는 초등학교 저학년 교사 세미나에 참석할 계획입니다. 세미나에 대해 몇 가지 질문을 해도 될까요?

어휘　management[mǽnidʒmənt] 관리, 경영　demonstration[dèmənstréiʃən] 시연　decorate[dékərèit] 장식하다, 꾸미다
special education 특수 교육　conference[kánfərəns] 상담, 회의

Question 8

🎧Q: What time does the first session start and what is it about?
미국식 발음

🎤A: The first session starts at 9 A.M. and it is a lecture about classroom management.

첫 번째 세션은 몇 시에 시작하고 무엇에 관한 것인가요?

첫 번째 세션은 오전 9시에 시작하고 학급 관리에 대한 강연입니다.

Question 9

🎧Q: I'm supposed to give a demonstration sometime in the
미국식 발음 morning. Is it OK if I arrive at 10:30 A.M.? Again, this is Katie Fremont.

🎤A: I'm afraid not. Your session is scheduled to start at 10:00 A.M., so you will have to arrive a few minutes before your session starts.

답변Tip 전화를 건 사람이 이름을 다시 한번 언급하며 자신과 관련된 일정을 묻는 질문이 종종 나오므로, 인트로 음성에서 전화한 사람의 이름을 파악해 두세요.

저는 오전 중에 시연을 하기로 되어 있습니다. 제가 오전 10시 30분에 도착해도 괜찮을까요? 다시 한번, 저는 Katie Fremont입니다.

유감이지만 그렇지 않습니다. 당신의 세션은 오전 10시에 시작하기로 예정되어 있으므로, 세션이 시작하기 몇 분 전에는 도착하셔야 합니다.

Question 10

🎧Q: I'd like to know all of the details about the afternoon sessions.
미국식 발음 Can you tell me what is scheduled after lunch?

🎤A: Sure thing. There are three sessions scheduled after lunch. The first session is at 1:30 P.M. and is a demonstration about decorating the classroom by Sylvia Walt. Next, at 2:30 P.M., there'll be a lecture by Petra Dunn about issues in special education. Lastly, at 3:30 P.M., Adam Flint will present some tips about parent-teacher conferences. That completes the afternoon schedule.

답변Tip Can you tell me~로 시작하며 정보를 알려줄 수 있는지 묻는 질문에는, Sure thing(물론이죠), Of course(물론입니다)와 같은 표현으로 자연스럽게 답변을 시작하세요.

어휘 present[prizént] 주다, 제공하다

오후 세션들에 대한 모든 세부 사항을 알고 싶어요. 점심 이후에 무엇이 예정되어 있는지 말해줄 수 있나요?

물론이죠. 점심 이후에 세 개의 세션이 예정되어 있습니다. 첫 번째 세션은 오후 1시 30분에 있고 Sylvia Walt가 진행하는 교실 장식에 대한 시연입니다. 다음으로 오후 2시 30분에, Petra Dunn이 진행하는 특수 교육에서의 문제점에 대한 강연이 있을 것입니다. 마지막으로, 오후 3시 30분에, Adam Flint가 학부모-교사 상담에 대한 몇 가지 조언을 줄 것입니다. 그것이 오후 일정을 마무리합니다.

Q1-2

Q3-4

Q5-7

Q 8-10

Q11

10일 만에 끝내는 해커스 토익스피킹

2 면접 일정표

SureFire Corporation Interview Schedule
October 5, [8]Room 302, Convoy Building

Time	Job Candidates	Experience	Additional Qualifications
[8]10:00 A.M.–11:00 A.M.	Michael Casey	2 years	Master's degree in Marketing
[10]11:00 A.M.–12:00 P.M.	[10]Kenichi Watanabe	[10]7 years	[10]Chinese
12:00 P.M.–1:00 P.M.	Lunch		
1:00 P.M.–2:00 P.M.	Lindsey Matterson	3 years 1 month	
[9]2:00 P.M.–3:00 P.M.	[9]Owen Weiss	4 years 6 months	[9]French
[10]3:00 P.M.–4:00 P.M.	[10]Paula Dupree	[10]6 years	
4:00 P.M.–[8]5:00 P.M.	Neeraj Kumar	2 years 5 months	

SureFire사 면접 일정
10월 5일, [8]Convoy 빌딩, 302호실

시간	입사 지원자	경력	추가 자질
[8]오전 10시–오전 11시	Michael Casey	2년	마케팅 석사 학위
[10]오전 11시–오후 12시	[10]Kenichi Watanabe	[10]7년	[10]중국어
오후 12시–오후 1시	점심 식사		
오후 1시–오후 2시	Lindsey Matterson	3년 1개월	
[9]오후 2시–오후 3시	[9]Owen Weiss	4년 6개월	[9]프랑스어
[10]오후 3시–오후 4시	[10]Paula Dupree	[10]6년	
오후 4시–[8]오후 5시	Neeraj Kumar	2년 5개월	

미국식 발음 🎧

Hi, this is Ahmed Malik, the head interviewer for SureFire Corporation. I'll be interviewing candidates on October 5, but I can't find the interview schedule. Can you tell me some details about the interviews?

안녕하세요, 저는 SureFire사의 면접관 팀장, Ahmed Malik입니다. 10월 5일에 지원자들을 면접할 예정이지만, 면접 일정표를 찾을 수 없습니다. 면접에 관한 몇 가지 세부 사항을 말해주실 수 있나요?

어휘 corporation[kɔ̀:rpəréiʃən] 회사, 기업 candidate[kǽndidèit] 지원자, 후보자 head[hed] 팀장, 장

Question 8

Q: *(미국식 발음)* Where will the interviews take place, and when do they start and finish?

A: The interviews will take place in Room 302 of the Convoy Building. They will start at 10 A.M. and end at 5 P.M.

> **답변Tip** 일정의 시작과 끝나는 시간을 묻는 질문에는, '~will last from 시작 시간 to 끝나는 시간', '~will start at 시작 시간 and end/finish at 끝나는 시간'과 같은 표현을 통해 자연스럽게 답변할 수 있어요.

면접은 어디에서 열리고, 언제 시작하여 언제 마치나요?

면접은 Convoy 빌딩 302호실에서 열릴 것입니다. 그것은 오전 10시에 시작하고 오후 5시에 끝날 것입니다.

Question 9

Q: *(미국식 발음)* I heard that one of the candidates can speak French, and the interview with that person will take place at 11 A.M. Is this correct?

A: I'm sorry, but that information is incorrect. You'll see the candidate who can speak French at 2 P.M. And the name of that candidate is Owen Weiss.

지원자 중 한 명이 프랑스어를 할 수 있고, 그 사람과의 면접이 오전 11시에 열릴 것이라고 들었어요. 이것이 맞나요?

죄송하지만, 그 정보는 잘못되었습니다. 당신은 프랑스어를 할 수 있는 지원자를 오후 2시에 만날 예정입니다. 그리고 그 지원자의 이름은 Owen Weiss입니다.

Question 10

Q: *(미국식 발음)* I'd like to know all the details about the candidates with more than five years of work experience. Can you tell me about them?

A: Of course. There are two candidates with more than five years of previous work experience. The first is Kenichi Watanabe, and he has seven years of experience. You'll meet him at the 11 A.M. interview, and I noticed that he can speak Chinese too! The other is Paula Dupree, whose interview will be from 3 P.M. to 4 P.M. She has six years of previous work experience.

> **답변Tip** 세부 사항을 묻는 문제에 총 두 가지의 정보로 답변을 하는 경우에는, There are two~(두 개의 ~가 있어요)와 같이 전반적인 내용을 언급한 뒤, The first is~(첫 번째 는~)와 The other is~(다른 하나는~)를 사용하여 구체적인 정보를 이야기할 수 있어요.

> **어휘** notice[nóutis] 알다, 언급하다, 공지하다

5년 이상의 경력을 가지고 있는 지원자들에 대한 모든 세부 사항을 알고 싶어요. 그들에 대해 말해줄 수 있나요?

물론이죠. 이전 업무 경력이 5년 이상인 두 명의 지원자가 있습니다. 첫 번째는 Kenichi Watanabe이고, 그는 7년의 경력을 가지고 있습니다. 당신은 오전 11시 면접에서 그를 만날 것인데, 저는 그가 중국어도 할 수 있다는 것을 알게 되었습니다! 다른 지원자는 Paula Dupree이고, 그녀의 면접은 오후 3시 부터 오후 4시까지 있을 예정입니다. 그녀는 6년의 이전 업무 경력을 가지고 있습니다.

3 면접 일정표

<table>
<tr><th colspan="4">Kenner Corporation Interview Schedule
December 17, Board Room A</th></tr>
<tr><th>Time</th><th>Name of Applicant</th><th>Position Sought</th><th>Experience</th></tr>
<tr><td>⁸10:30 A.M.</td><td>⁸Siena Sanford</td><td>⁸Accounting Manager</td><td>3 years 2 months</td></tr>
<tr><td>11:30 A.M.</td><td>Malcolm Keen</td><td>Accounting Assistant</td><td>3 months</td></tr>
<tr><td>¹⁰12:30 P.M.</td><td>¹⁰Dorothy Wood</td><td>¹⁰Web Marketing Manager</td><td>¹⁰4 years</td></tr>
<tr><td>⁹<s>1:30 P.M.</s></td><td>⁹<s>Jamie Miles</s> canceled</td><td><s>Accounting Assistant</s></td><td><s>2 months</s></td></tr>
<tr><td>2:30 P.M.</td><td>Brett Graves</td><td>Accounting Manager</td><td>3 years</td></tr>
<tr><td>¹⁰3:30 P.M.</td><td>¹⁰Sheila Johnson</td><td>¹⁰Web Marketing Manager</td><td>¹⁰7 years</td></tr>
<tr><td>¹⁰4:30 P.M.</td><td>¹⁰Elliot Upton</td><td>¹⁰Web Marketing Manager</td><td>¹⁰5 years 1 month</td></tr>
</table>

*Applicants were told interviews would last around 40 minutes.

Kenner사 면접 일정
12월 17일, 회의실 A

<table>
<tr><th>시간</th><th>지원자 이름</th><th>희망 직무</th><th>경력</th></tr>
<tr><td>⁸오전 10시 30분</td><td>⁸Siena Sanford</td><td>⁸회계 부장</td><td>3년 2개월</td></tr>
<tr><td>오전 11시 30분</td><td>Malcolm Keen</td><td>회계 보조</td><td>3개월</td></tr>
<tr><td>¹⁰오후 12시 30분</td><td>¹⁰Dorothy Wood</td><td>¹⁰웹 마케팅 부장</td><td>¹⁰4년</td></tr>
<tr><td>⁹<s>오후 1시 30분</s></td><td>⁹<s>Jamie Miles</s> 취소됨</td><td><s>회계 보조</s></td><td><s>2개월</s></td></tr>
<tr><td>오후 2시 30분</td><td>Brett Graves</td><td>회계 부장</td><td>3년</td></tr>
<tr><td>¹⁰오후 3시 30분</td><td>¹⁰Sheila Johnson</td><td>¹⁰웹 마케팅 부장</td><td>¹⁰7년</td></tr>
<tr><td>¹⁰오후 4시 30분</td><td>¹⁰Elliot Upton</td><td>¹⁰웹 마케팅 부장</td><td>¹⁰5년 1개월</td></tr>
</table>

*면접이 40분 정도 진행될 것임을 지원자들에게 알렸음.

영국식 발음 🎧

Hello, I left my copy of the interview schedule in my office. Can you give me some information so I can be prepared?	안녕하세요, 제가 사무실에 면접 일정 사본을 두고 왔습니다. 제가 준비할 수 있도록 몇 가지 정보를 주실 수 있나요?

어휘   board room 회의실   applicant[ǽplikənt] 지원자

Question 8

Q: When does my first interview start and whom will I be interviewing? *(영국식 발음)*

첫 번째 면접은 언제 시작하고, 누구를 면접하게 되나요?

A: Your first interview will start at 10:30 A.M. and you are interviewing Siena Sanford, who applied for the accounting manager position.

당신의 첫 번째 면접은 오전 10시 30분에 시작할 것이며, 회계 부장직에 지원한 Siena Sanford와 면접할 것입니다.

답변Tip 지원자의 이름과 지원 직무를 한 번에 말할 때는 '이름, who applied for 지원 직무'의 템플릿을 활용하여 말하세요.

어휘 apply for ~에 지원하다

Question 9

Q: I have an appointment with a client today at 1:30. Is this all right? *(영국식 발음)*

오늘 오후 1시 30분에 고객과 약속이 있어요. 괜찮은가요?

A: Yes. Your interview at 1:30 with Jamie Miles has been canceled, so you can meet with your client at that time.

그렇습니다. Jamie Miles와의 오후 1시 30분 면접이 취소되어서, 그 시간에 고객과 만나실 수 있습니다.

Question 10

Q: How many applicants do we have for the Web marketing department? Can you tell me about them? *(영국식 발음)*

웹 마케팅 부서에 몇 명의 지원자가 있나요? 그들에 대해 말해줄 수 있나요?

A: Sure. There are three applicants interviewing for the web marketing manager position. First, Dorothy Wood, who you will see at 12:30 P.M., has four years of experience. Next, at 3:30, you will interview Sheila Johnson, who has seven years of experience under her belt. Finally, Elliot Upton will come in at 4:30 P.M., and he has five years and one month of experience. These are the three applicants who applied to the Web marketing department.

물론이죠. 웹 마케팅 부장직의 면접을 보는 세 명의 지원자가 있습니다. 첫째로, 당신이 오후 12시 30분에 보게 될 Dorothy Wood는 4년의 경력이 있습니다. 다음으로, 오후 3시 30분에 당신은 이미 7년의 경력을 겪은 Sheila Johnson을 면접하게 될 것입니다. 마지막으로 Elliot Upton이 오후 4시 30분에 올 것이고, 그는 5년 1개월의 경력이 있습니다. 이 사람들이 웹 마케팅 부서에 지원한 세 명의 지원자입니다.

답변Tip 지원자의 경력이 3 years 2 months와 같이 써 있는 경우, 접속사 and로 연결하여 3 years and 2 months라고 말하면 돼요.

어휘 under one's belt 이미 겪은

4 학회 일정표

Environmental Protection Conference

[8]Saturday, February 26
Marigold Convention Center

TIME	SUBJECT	TITLE	SPEAKER
[8]10:00 a.m.	Global Warming	Greenhouse Gases: Where they come from	Ariana Martinez
[10]11:00 a.m.	[10]Recycling	[10]Why and How to Recycle	[10]Leonard Short
12:00 p.m.	Lunch		
1:00 p.m.	Sustainable Energy	Recent Developments in Green Energy	Carrie Powell
2:00 p.m.	Animal Conservation	Conservation Efforts in the World's Oceans	William Chen
3:00 p.m.	Global Ecosystems	How our Ecosystems are Interrelated	Jillian Miller
[10]4:00 p.m.	[10]Recycling	[10]Today's Recycling Technologies	[10]Gianna Loretti

*[9]Fee: $30 for members / $50 for non-members

환경 보호 학회

[8]2월 26일, 토요일
Marigold 컨벤션 센터

시간	주제	제목	발표자
[8]오전 10시	지구 온난화	온실가스: 그것들은 어디에서 오는가	Ariana Martinez
[10]오전 11시	[10]재활용	[10]왜 그리고 어떻게 재활용하는가	[10]Leonard Short
오후 12시	점심 식사		
오후 1시	지속 가능 에너지	그린 에너지에 대한 최근의 개발	Carrie Powell
오후 2시	동물 보호	세계 바다에 대한 보호 노력	William Chen
오후 3시	지구 생태계	우리의 생태계는 어떻게 서로 연관되어 있는가	Jillian Miller
[10]오후 4시	[10]재활용	[10]오늘날의 재활용 기술	[10]Gianna Loretti

*[9]회비: 회원 30달러 / 비회원 50달러

미국식 발음 🎧

Hi there, this is Lawrence Redding, one of the attendees in the Environmental Protection Conference. I have a few questions about the conference I was hoping you could answer.

안녕하세요, 저는 Lawrence Redding이고, 환경 보호 학회 참석자 중 한 명입니다. 저는 학회에 대해서 당신께서 답변해 주셨으면 하는 몇 가지 질문이 있습니다.

어휘 conference[kάnfərəns] 학회, 회의 sustainable[səstéinəbl] 지속 가능한, 고갈되지 않는 conservation[kὰnsərvéiʃən] 보호, 보존, 보전
ecosystem[íkousistəm] 생태계 interrelate[ìntərríleit] 서로 연관시키다, 밀접한 연관을 갖게 하다

Question 8

🎧 Q: What date is the conference, and what time does the first session start?

🎙 A: The Environmental Protection Conference will take place on Saturday, February 26. The first session of the conference starts at 10 A.M.

어휘 take place 열리다, 일어나다

학회는 며칠이고, 첫 번째 세션은 몇 시에 시작하나요?

환경 보호 학회는 2월 26일 토요일에 열릴 것입니다. 학회의 첫 번째 세션은 오전 10시에 시작합니다.

Question 9

🎧 Q: I saw that the price for non-members is $30 when I checked online. Is this correct?

🎙 A: Unfortunately, that's not quite right. The fee for non-members is actually $50. If you're a member, though, you can attend the conference for just $30.

답변Tip 전화를 건 상대가 부정확한 정보를 갖고 있을 때에는, Unfortunately, that's not quite right(유감스럽게도, 그것은 완전히 옳은 것이 아닙니다), I'm afraid you have the wrong information(유감이지만 틀린 정보를 갖고 계신 것 같네요), Well, it seems like you misunderstood the information(글쎄요, 정보를 잘못 이해하신 것 같습니다)을 사용해서 답변을 시작할 수 있어요.

어휘 attend[əténd] 참석하다, 다니다

온라인으로 확인했을 때 비회원 가격이 30달러인 것을 보았어요. 이것이 맞나요?

유감스럽게도, 그것은 완전히 옳은 것이 아닙니다. 비회원 회비는 실제로 50달러입니다. 그러나, 당신이 회원이시면, 단 30달러에 학회에 참석하실 수 있습니다.

Question 10

🎧 Q: I am really interested in recycling these days. Are there any sessions about this?

🎙 A: There certainly are! The conference will have two sessions that are related to recycling. The first session is titled why and how to recycle. It will be held at 11 A.M., and Leonard Short will be the speaker. The other session is called today's recycling technologies and will start at 4 P.M. Oh, and that session's speaker will be Gianna Loretti.

어휘 certainly[sə́:rtnli] 확실히, 분명히 relate[riléit] 관련시키다

저는 요즘 재활용에 정말로 관심이 있어요. 이것에 관한 세션이 있나요?

확실히 있습니다! 학회에 재활용과 관련된 두 개의 세션이 있을 것입니다. 첫 번째 세션의 제목은 왜 그리고 어떻게 재활용하는가입니다. 이것은 오전 11시에 열릴 것이고, Leonard Short가 발표자일 것입니다. 다른 세션은 오늘날의 재활용 기술이라는 것이며 오후 4시에 시작할 것입니다. 아, 그리고 그 세션의 발표자는 Gianna Loretti일 것입니다.

Q1-2
Q3-4
Q5-7
Q8-10
Q11

10일 만에 끝내는 해커스 토익스피킹

5 개인 출장 일정표

Business Travel for Michael Ross, Director	Michael Ross 본부장 출장

Monday, April 11

11:00 A.M.	[8]Depart Portland Airport (Blue Airways #612)	
5:00 P.M.	Arrive in New York (Madison Garden Hotel)	
7:00 P.M.	Dinner with Jacob Richardson	

Tuesday, April 12

[10]9:00 A.M.	Conference call with European branch managers
[10]10:00 A.M.	Attend quarterly budget update presentation
12:00 P.M.	Lunch meeting with members of the board
[9]1:30 P.M.	~~Meeting with human resources manager~~ *canceled*
2:30 P.M.	Depart New York (Blue Airways #391)
8:30 P.M.	Arrive in Portland

Michael Ross 본부장 출장

4월 11일 월요일

오전 11시	[8]포틀랜드 공항 출발 (Blue 항공 612편)
오후 5시	뉴욕 도착 (Madison Garden 호텔)
오후 7시	Jacob Richardson과 저녁 식사

4월 12일 화요일

[10]오전 9시	유럽 지사 지점장들과 전화 회의
[10]오전 10시	분기별 예산 최신 정보 발표 참석
오후 12시	이사진들과 점심 회의
[9]오후 1시 30분	인사부장과 회의 *취소됨*
오후 2시 30분	뉴욕 출발 (Blue 항공 391편)
오후 8시 30분	포틀랜드 도착

미국식 발음 🎧

Hello, this is Michael Ross. I have some questions about my upcoming business trip that I hope you can answer for me.	안녕하세요, 저는 Michael Ross입니다. 다가오는 출장에 대해 몇 가지 질문이 있는데, 당신께서 답변해 주셨으면 합니다.

어휘   conference call 전화 회의   branch manager (지사의) 지점장   quarterly [kwɔ́ːrtərli] 분기별의

Question 8

🎧Q: Which airline am I flying on from Portland and what is the flight number?
미국식 발음

🎤A: When you depart Portland, you will be flying on Blue Airways and the flight number is 612.

> **답변Tip** 항공편 번호를 말할 때는, six one two와 같이 한 자리씩 읽거나, six twelve와 같이 뒤의 두 자리를 묶어서 읽으면 돼요.

어휘 depart[dipáːrt] 떠나다, 출발하다

포틀랜드에서 어떤 항공사로 비행을 하고 항공편 번호는 무엇인가요?

당신은 포틀랜드를 떠날 때, Blue 항공을 타게 될 것이고, 항공편 번호는 612입니다.

Question 9

🎧Q: I think I have a meeting with the human resources manager. Can you confirm that?
미국식 발음

🎤A: Well, actually, that is no longer true. The meeting you had scheduled at 1:30 P.M. on Tuesday with the human resources manager has been canceled.

인사부장과 회의가 있는 것 같은데요. 확인해 주실 수 있나요?

음, 사실, 더 이상 그렇지 않습니다. 화요일 오후 1시 30분에 예정되어 있던 인사부장과의 회의는 취소되었습니다.

Question 10

🎧Q: What is my schedule on the second day before lunch?
미국식 발음

🎤A: There are two activities scheduled for you in the morning on Tuesday, April 12, which is the second day of your trip. First, at 9 A.M., you'll have a conference call with European branch managers. Then, at 10 A.M., you are going to attend a quarterly budget update presentation. These are the two items on your schedule before lunch that day.

어휘 attend[əténd] 참석하다

둘째 날 점심 전의 제 일정이 무엇인가요?

당신의 출장 둘째 날인 4월 12일 화요일에는 오전에 두 개의 활동이 예정되어 있습니다. 첫째로, 오전 9시에, 유럽 지사 지점장들과 전화 회의를 하실 겁니다. 그리고 나서 오전 10시에, 분기별 예산 최신 정보 발표에 참석할 것입니다. 이것들이 그날 점심 전 당신의 일정에 있는 두 가지 항목입니다.

6 세미나 일정표

Sports Equipment Marketing Seminar

[8]July 15, Greenview Hotel

Time	Session	Presenter
10:00 A.M.-11:00 A.M.	Athlete Endorsement	Whitney Rosenburg
[10]11:00 A.M.-12:00 P.M.	[10]Social Media Marketing	[10]Ray Kingsford
12:00 P.M.-1:30 P.M.	Lunch	
1:30 P.M.-3:00 P.M.	Marketing to Sports Fans	Kelsey O'Connell
[10]3:00 P.M.-5:00 P.M.	[10]Global Sporting Goods Marketing	[10]Ray Kingsford
5:00 P.M.-6:00 P.M.	Customer Relationship Management	Kelsey O'Connell

*[9]Day care services for children aged 12 and under will be provided during the seminar in the Diamond Room.

스포츠용품 마케팅 세미나

[8]7월 15일, Greenview 호텔

시간	세션	발표자
오전 10시-오전 11시	선수 홍보	Whitney Rosenburg
[10]오전 11시-오후 12시	[10]소셜 미디어 마케팅	[10]Ray Kingsford
오후 12시-오후 1시 30분	점심 식사	
오후 1시 30분-오후 3시	스포츠 팬 마케팅	Kelsey O'Connell
[10]오후 3시-오후 5시	[10]세계적인 스포츠 상품 마케팅	[10]Ray Kingsford
오후 5시-오후 6시	고객 관계 관리	Kelsey O'Connell

*[9]12세 이하 어린이들을 위한 데이케어 서비스가 세미나 중에 Diamond실에서 제공될 것입니다.

미국식 발음 🎧

Hello, my name is Heidi Shear, and I plan to join this year's Sports Equipment Marketing Seminar. Could you please let me know some details about the event?

안녕하세요, 제 이름은 Heidi Shear이고, 저는 올해의 스포츠용품 마케팅 세미나에 참가할 계획입니다. 그 행사에 관한 몇 가지 세부 사항을 저에게 알려주실 수 있나요?

어휘 equipment[ikwípmənt] 용품, 장비   presenter[prizéntər] 발표자, 진행자   athlete[ǽθliːt] 선수, 운동선수
endorsement[indɔ́ːrsmənt] 홍보, 보증   goods[gudz] 상품, 제품
day care 데이케어(미취학 아동·고령자·환자를 낮 동안 집이 아닌 시설에서 맡아 보살펴 주는 것)

Question 8

🎧Q: Where and when will this seminar be held?
미국식 발음

🎤A: Oh, the seminar will be held at the Greenview Hotel. It will take place on July 15 and last from 10 A.M. to 6 P.M.

> **어휘** hold[hould] 열다, 개최하다 **take place** 열리다, 일어나다
> last[læst] 계속되다, 지속되다

이번 세미나는 어디서 언제 열리나요?

오, 세미나는 Greenview 호텔에서 열릴 것입니다. 그것은 7월 15일에 열릴 것이고 오전 10시부터 오후 6시까지 계속될 것입니다.

Question 9

🎧Q: I think I will take my kids with me on that date. I was wondering if day care services are provided for attendees.
미국식 발음

🎤A: Yes, day care services are provided during the seminar for kids aged 12 and under. You can take your children to the Diamond Room for that.

저는 그날 제 아이들을 데려갈 것 같아요. 참석자들을 위한 데이케어 서비스가 제공되는지 궁금하네요.

네, 데이케어 서비스는 세미나 중에 12세 이하의 아이들을 위해 제공됩니다. 그것을 위해서는 아이들을 Diamond실로 데려 가시면 됩니다.

Question 10

🎧Q: I heard that Ray Kingsford will be presenting in that seminar, and I would really love to attend one of his sessions. Can you give me some details about his sessions?
미국식 발음

🎤A: Of course. Ray Kingsford will be presenting two sessions at the seminar, actually. The first one is called social media marketing, and it will run from 11 A.M. to 12 P.M. And Mr. Kingsford's second session will be held in the afternoon. The topic of that session is global sporting goods marketing, which will start at 3 P.M. and end at 5 P.M.

> **답변Tip** 모범 답변에서 쓰인 present는 동사로서 '발표하다' 라는 뜻이고, presentation(발표)은 give/deliver presentation과 같이 다른 동사와 함께 쓰여 '발표하다'의 의미를 전달할 수 있어요.
>
> **어휘** attend [əténd] 참석하다

그 세미나에서 Ray Kingsford가 발표할 것이라고 들었는데, 저는 정말로 그의 세션들 중 하나에 참석하고 싶어요. 그의 세션들에 관해 몇 가지 세부 사항을 주실 수 있나요?

물론이죠. 사실, Ray Kingsford는 세미나에서 두 세션을 발표할 것입니다. 첫 번째 것은 소셜 미디어 마케팅이고, 오전 11시부터 오후 12시까지 진행될 것입니다. 그리고 Mr. Kingsford의 두 번째 세션은 오후에 열릴 것입니다. 그 세션의 주제는 세계적인 스포츠 상품 마케팅이고, 오후 3시에 시작하여 오후 5시에 마칠 것입니다.

Q1-2

Q3-4

Q5-7

Q8-10

Q11

10일 만에 끝내는 해커스 토익스피킹

7 지역 축제 일정표

Charterville Community Festival

West Stoop District
[8]Sunday, September 4

Time	Event	Location
[8]10:30-11:00	Welcome Speech, Mayor Landis	Community Center Room 4
[10]11:00-noon (choose 1)	[10]Lecture: Historical Overview of the Town	[10]Community Center Room 7
	[10]Lecture: Changes in Demographics	[10]Community Center Room 3
[9]noon-1:30	[9]Concert: Charterville Choir and Orchestra	[9]Loving Neighbors Church
[10]1:30-2:30	[10]Lecture: Keeping Our Neighborhood Safe	[10]Community Center Room 7
2:30-6:00	Community Fair: Snacks and Outdoor Rides*	District Community Park

*Tickets for rides must be purchased at the ticket booth.

Charterville 지역 축제

West Stoop 지구
[8]9월 4일 일요일

시간	행사	장소
[8]10:30-11:00	Landis 시장 환영사	지역 회관 4호실
[10]11:00-정오 (1가지 선택)	[10]강연: 도시의 역사적 개관	[10]지역 회관 7호실
	[10]강연: 인구 통계의 변화	[10]지역 회관 3호실
[9]정오-1:30	[9]콘서트: Charterville 성가대와 오케스트라	[9]이웃 사랑 교회
[10]1:30-2:30	[10]강연: 우리 지역 치안 유지 하기	[10]지역 회관 7호실
2:30-6:00	지역 박람회: 간식과 야외 놀이 기구*	지역 공원

*놀이 기구 티켓은 매표소에서만 판매됩니다.

미국식 발음 🎧

Hello, my name is Nam Soo Lee, and I saw the promotional poster about the community festival this weekend. I'm very interested in attending it, but I have some questions.

안녕하세요, 제 이름은 Nam Soo Lee이고 저는 이번 주말의 지역 축제에 대한 홍보 포스터를 보았습니다. 저는 축제에 참가하는 것에 관심이 매우 많은데, 몇 가지 질문이 있습니다.

어휘   demographics[dèməgrǽfiks] 인구 통계   choir[kwáiər] 성가대; 합창하다   ride[raid] 놀이 기구; 타다   promotional poster 홍보 포스터

Question 8

🎧Q: What date is the festival and what time does it start?
미국식 발음

🎙️A: The festival is on Sunday, September 4. It starts at 10:30 in the morning with the mayor's welcome speech.

> 답변Tip 일정의 시작 시간을 묻는 질문에는, 시간과 함께 처음 일정이 무엇인지도 간단히 언급해 주면 좋아요.

축제는 며칠이고 몇 시에 시작하나요?

축제는 9월 4일 일요일에 열립니다. 오전 10시 30분에 시장님의 환영사로 시작합니다.

Question 9

🎧Q: My friends are visiting from out of town, and they're interested in music. So I want to know if there's anything for them.
미국식 발음

🎙️A: Yes, there's just the thing for them. At Loving Neighbors Church, there's a concert by Charterville Choir and Orchestra from noon to 1:30 P.M.

> 어휘 be just the thing for ~에 안성맞춤이다

제 친구들이 다른 지역에서 방문하고, 그들은 음악에 관심이 있어요. 그래서 그들을 위한 것이 있는지 알고 싶어요.

네, 그들에게 안성맞춤인 것이 있습니다. 이웃 사랑 교회에서, 정오부터 오후 1시 30분까지 Charterville 성가대와 오케스트라가 진행하는 콘서트가 있습니다.

Question 10

🎧Q: Will there be learning opportunities at this festival? Please tell me if there are any lectures offered on this day.
미국식 발음

🎙️A: Sure, there are three lectures. Two of them start at 11 A.M., one of which is about the historical overview of the town and the other about changes in demographics. They take place in Community Center Room 7 and 3, respectively. You will need to choose one to attend as they start at the same time. Then, at 1:30, there's another lecture on keeping our neighborhood safe, in Community Center Room 7.

> 어휘 respectively[rispéktivli] 각각, 각자

이 축제에 배움의 기회도 있나요? 그날 제공되는 강연이 있다면 말해주세요.

물론이죠, 세 개의 강연이 있습니다. 그 중 두 개는 오전 11시에 시작하는데, 하나는 도시의 역사적 개관에 대한 것이고, 다른 하나는 인구 통계의 변화에 대한 것입니다. 그것들은 각각 지역 회관 7호실과 3호실에서 열립니다. 그것들은 같은 시간에 시작하기 때문에 참가할 것을 하나 고르셔야 합니다. 그 후에, 1시 30분에, 지역 회관 7호실에서 우리 지역의 치안 유지하기에 대한 또 다른 강연이 있습니다.

8 수업 일정표

Technology Training Center

[8]Registration Period: September 23 – September 30
(Late registration will not be allowed)

Class	Time	Level	Instructor
Programming 1	8:00 A.M.-9:00 A.M.	Beginner	Charlie Winters
Mobile Software	9:00 A.M.-10:00 A.M.	Advanced	Regina Franklin
Spreadsheet Programs	10:00 A.M.-11:00 A.M.	Beginner	Kevin Delmont
[10]Web Development Tools	[10]1:00 P.M.-2:00 P.M.	[10]Beginner to Intermediate	[10]Regina Franklin
Programming 3	2:00 A.M.-3:00 A.M.	Advanced	Regina Franklin
[10]Programming 2	[8/10]3:00 P.M.-4:00 P.M.	[10]Intermediate	[10]Yang Liu

*[9]All necessary equipment will be provided during each class.

기술 교육 센터

[8]등록 기간: 9월 23일 - 9월 30일
(추가 등록은 허용되지 않을 것입니다)

수업	시간	단계	강사
프로그래밍 1	오전 8시-오전 9시	초급	Charlie Winters
모바일 소프트웨어	오전 9시-오전 10시	상급	Regina Franklin
스프레드시트 프로그램	오전 10시-오전 11시	초급	Kevin Delmont
[10]웹 개발 도구	[10]오후 1시-오후 2시	[10]초급부터 중급	[10]Regina Franklin
프로그래밍 3	오후 2시-오후 3시	상급	Regina Franklin
[10]프로그래밍 2	[8/10]오후 3시-오후 4시	[10]중급	[10]Yang Liu

*[9]각 수업 동안 모든 필요한 장비가 제공될 것입니다.

미국식 발음 🎧

Hi, my name is Brandon White, and I'm interested in your classes at the Technology Training Center. I have some questions I'd like to ask you first, though.

안녕하세요, 제 이름은 Brandon White이고, 기술 교육 센터의 수업들에 관심이 있습니다. 그런데, 먼저 여쭤보고 싶은 몇 가지 질문이 있습니다.

어휘 registration[rèdʒistréiʃən] 등록, 접수 instructor[ínstrʌktər] 강사, 지도자 intermediate[ìntərmí:diət] 중급

Question 8

🎧 Q: When **does your** last class begin, **and** when **is the** registration period?

미국식 발음

🎤 A: Our last class begins at 3 P.M. and is over at 4 P.M. Oh, and the registration period is from September 23 to September 30.

> 답변Tip 답변 시간이 남았다면, And no late registration will be accepted(추가 등록은 허용되지 않습니다)라며 추가 정보를 제공해줄 수 있어요.

마지막 수업은 언제 시작하고, 등록 기간은 언제인가요?

저희 마지막 수업은 오후 3시에 시작해서 오후 4시에 끝납니다. 오, 그리고 등록 기간은 9월 23일부터 9월 30일까지입니다.

Question 9

🎧 Q: I heard that I have to bring my own equipment with me when taking one of the classes. Is that right?

미국식 발음

🎤 A: No, you won't need to do that. Our center will provide you with all the equipment you'll need for each class.

여러 수업 중 하나를 들을 때 제 장비를 가지고 가야 한다고 들었어요. 맞나요?

아니요, 그렇게 하실 필요는 없습니다. 저희 센터가 각 수업에 필요할 모든 장비를 당신께 제공할 것입니다.

Question 10

🎧 Q: I would like to take some classes, and I am an intermediate student. Can you tell me the details of some classes that I can take?

미국식 발음

🎤 A: Sure, it seems like there are two classes that would be good for you. The first class is Web Development Tools. It's for beginner to intermediate students and will run from 1 P.M. until 2 P.M. Regina Franklin is the instructor for that class. The other one is an intermediate-level class called Programming 2. That class's instructor is Yang Liu and it will be held from 3 P.M. to 4 P.M.

저는 수업을 몇 개 듣고 싶고, 중급 학생입니다. 제가 들을 수 있는 수업들에 대한 세부 사항을 말씀해 주실 수 있나요?

물론이죠, 두 개의 수업이 당신께 좋을 것 같습니다. 첫 번째 수업은 웹 개발 도구입니다. 이것은 초급부터 중급 학생을 위한 것이며 오후 1시부터 오후 2시까지 진행될 것입니다. Regina Franklin이 그 수업의 강사입니다. 다른 것은 프로그래밍 2라는 중급 수업입니다. 그 수업의 강사는 Yang Liu이고 이것은 오후 3시부터 오후 4시까지 열릴 것입니다.

10일 만에 끝내는 해커스 토익스피킹

Hackers Test 🎧 (Q89&10_코스2) 06_HT

p. 156

1 영업부 과장직 지원자 이력서

Joseph Crandall

Address: 132 Circle Road, Boston
Phone: 714-234-5627
E-mail: jcrandall@email.com

Position Sought: Chief of Sales

Experience:
[8]Assistant Sales Manager, Jackson & Rooney   2012 – present
Account Executive, Russland Solutions   2008 – 2012
Executive Assistant, Groaning Corporation   2007 – 2008

Education:
[10]University of Massachusetts, Master's degree, major in Advertising, 2007
[10]Boston University, Bachelor's degree, major in Marketing, 2005

Skills:
Fluent in Spanish
[9]Certificate in Digital & Web Marketing

Joseph Crandall

주소: Circle로 132번지, 보스턴
휴대전화: 714-234-5627
이메일: jcrandall@email.com

희망 직무: 영업부 과장

경력:
[8]Jackson & Rooney 영업부 대리
2012 - 현재
Russland Solutions 홍보 담당자
2008 - 2012
Groaning사 비서   2007 - 2008

학력:
[10]매사추세츠 대학교, 석사, 홍보 전공, 2007년
[10]보스턴 대학교, 학사, 마케팅 전공, 2005년

특기:
스페인어에 능통
[9]디지털 & 웹 마케팅 자격증

영국식 발음 🎧

Hi, I am interviewing Joseph Crandall but I forgot to bring his résumé with me. Could you tell me some details about him?	안녕하세요, 저는 Joseph Crandall을 면접하는데 그의 이력서를 가져오는 것을 잊었습니다. 그에 관한 몇 가지 세부 사항을 말해주실 수 있나요?

Question 8

🎧 Q: What is his current job and where does he work?
영국식 발음

🎤 A: Joseph Crandall is an assistant sales manager at Jackson and Rooney, where he has been working since 2012.

> **답변Tip** 지원자의 현재 근무처를 말할 때는, he/she has been working~을 사용하여 답하고 'since + 연도'를 덧붙여 일을 시작한 연도를 함께 언급하세요.

그의 현재 직업은 무엇이고, 어디에서 근무하나요?
Joseph Crandall은 Jackson & Rooney의 영업부 대리이며, 2012년부터 그곳에서 일하고 있습니다.

Question 9

🎧 Q: We need someone who can market our products online. Is he qualified to do this?
영국식 발음

🎤 A: Yes, I believe he is qualified to do online marketing as he holds a certificate in Digital and Web marketing.

> **어휘** market[máːrkit] (상품을) 광고하다, 내놓다 qualified[kwάləfàid] 자격이 되는, 적합한
> certificate[sərtífikət] 자격증

우리 상품을 온라인으로 광고할 수 있는 사람이 필요합니다. 그는 이것을 할 자격이 되나요?
네, 그는 디지털 및 웹 마케팅 자격증을 가지고 있기 때문에, 온라인 홍보를 할 자격이 된다고 생각합니다.

Question 10

🎧 Q: Can you tell me about his educational background in detail, please?
영국식 발음

🎤 A: Of course. He has two degrees. He received his bachelor's degree in Marketing from Boston University in 2005, and in 2007, he earned his master's degree in Advertising from the University of Massachusetts. These are the pieces of information you're looking for.

> **답변Tip** 지원자가 2개 이상의 학위를 가진 경우, He has two degrees와 같이 학위가 총 몇 개인지를 언급하며 답변을 시작하세요.
> **어휘** earn[əːrn] 받다, 얻다, 획득하다

그의 학력에 대해 자세히 말해주실 수 있나요?

물론이죠. 그는 학위가 두 개 있습니다. 2005년에 보스턴 대학교에서 마케팅 학사 학위를 받았고, 2007년에는 매사추세츠 대학교에서 홍보 석사 학위를 받았습니다. 이것들이 당신이 찾는 정보입니다.

Vanessa Charles 11 Fairview Lane, Claremont 304.456.7788 | vanessa.ch@goodmail.com	**Vanessa Charles** Fairview가 11번지, 클레어몬트 304.456.7788 | vanessa.ch@goodmail.com

Position Sought | Human Resources Manager

Experience | [10]Human Resources Analyst, Faufer Inc.
[10]2013 – present
[10]Recruitment Representative, Smart Savings
[10]2011 – 2013
[10]Sales Assistant, Minnie's Market
[10]2010 – 2011

Education | [8]University of California, Master's degree, Business Management, 2010

Claremont College, Bachelor's degree, Fashion Merchandising, 2008

Skills | [9]Proficient in Excel and word processing

Reference | Kevin Parker, Head of Sales, Smart Savings

희망 직무 | 인사부장

경력 | [10]Faufer사 인사 전문가
[10]2013년 - 현재
[10]Smart Savings 채용 담당자
[10]2011년 - 2013년
[10]Minnie's Market 판매 사원
[10]2010년 - 2011년

학력 | [8]캘리포니아 대학교, 석사, 경영 관리학, 2010년
클레어몬트 대학, 학사, 의류 상품학, 2008년

특기 | [9]엑셀과 문서 처리에 능숙

추천인 | Smart Savings 영업부장 Kevin Parker

미국식 발음 🎧

Hi, I am interviewing Vanessa Charles today, and I need to refresh my memory about her. Can you help me?	안녕하세요, 저는 오늘 Vanessa Charles를 면접하는데, 그녀에 대한 제 기억을 되살려야 겠네요. 도와주실 수 있나요?

어휘 analyst[ǽnəlist] 전문가, 분석가 recruitment[rikrú:tmənt] 채용 proficient[prəfíʃənt] 능숙한 reference[réfərəns] 추천인, 참조
refresh one's memory ~의 기억을 되살리다

Question 8

Q: Where did she get her master's degree and what did she study?

그녀는 어디에서 석사 학위를 받았고, 무엇을 공부했나요?

A: For her master's degree, Vanessa Charles attended the University of California to study Business Management, and she graduated in 2010.

석사 학위로, Vanessa Charles는 경영 관리학을 공부하기 위해 캘리포니아 대학교에 다녔고, 2010년에 졸업했습니다.

Question 9

Q: We need someone who is comfortable with using the computer for this position. Is she qualified?

저희는 이 직무에 컴퓨터 사용이 편안한 사람이 필요합니다. 그녀가 적합한가요?

A: Yes, it seems that she is qualified for this job in terms of computer skills, as she is proficient in Excel and word processing.

네, 그녀는 엑셀과 문서 처리에 능숙하기 때문에, 컴퓨터 기술 면에서 이 일에 적합한 것 같습니다.

> **답변Tip** 지원자가 특정 직무에 적합한지를 묻는 문제에 답할 때는, It seems that~(~한 것 같다)이나 I believe that~(~라고 생각한다) 등의 표현으로 답변을 시작할 수 있어요.

어휘 in terms of ~면에서

Question 10

Q: We'd like to hire a well-rounded and highly experienced employee. What are the details of her work experience?

저희는 다재다능하고 경험이 많은 사람을 고용하고 싶어요. 그녀의 경력의 세부 사항이 무엇인가요?

A: She has been in the workforce since 2010. From 2010 to 2011, she was a sales assistant at Minnie's Market. She then went on to be a recruitment representative at Smart Savings, where she worked for two years. Currently, she is a human resources analyst at Faufer Incorporated., and she has held this position since 2013.

그녀는 2010년부터 직장 생활을 했습니다. 2010년부터 2011년까지는 Minnie's Market의 판매 사원이었습니다. 그 후에 그녀는 Smart Savings의 채용 담당자를 시작했고, 그곳에서 2년 동안 일했습니다. 현재는 Faufer사의 인사 전문가이며, 2013년부터 이 직무에 있어 왔습니다.

> **답변Tip** 지원자의 경력에 대해 이야기할 때, 'from 입사 연도 to 퇴사 연도', 'worked for 숫자 years', 'has held the position since 연도' 등의 다양한 표현을 사용하여 근무 기간을 말할 수 있어요.

3 보도부장직 지원자 이력서

<table>
<tr>
<td colspan="3" style="text-align:center">

John David Feinberg

jdfeinberg13@fastmail.com
5234 Point West Ave., New York

</td>
</tr>
<tr>
<td>Position Sought</td>
<td colspan="2">Chief Reporter</td>
</tr>
<tr>
<td rowspan="2">Education</td>
<td colspan="2">Chapman University, Master's degree, 2012
Major: Journalism</td>
</tr>
<tr>
<td colspan="2">[8]Hunter College, Bachelor's degree, 2010
Major: Communications</td>
</tr>
<tr>
<td rowspan="3">Work Experience</td>
<td>[10]Columnist for Daily News Online</td>
<td>[10]2011 – present</td>
</tr>
<tr>
<td>Political Correspondent for the KTN News</td>
<td>2010 – 2011</td>
</tr>
<tr>
<td>[10]Writer for The Hunter College News</td>
<td>[10]2008 – 2010</td>
</tr>
<tr>
<td>Other Skills</td>
<td colspan="2">[9]Fluent in Arabic, Conversational Chinese</td>
</tr>
</table>

John David Feinberg

jdfeinberg13@fastmail.com
Point West가 5234번지, 뉴욕

희망직무	보도부장	
학력	Chapman 대학교, 석사, 2012년, 전공: 언론학	
	[8]Hunter 대학, 학사, 2010년 전공: 커뮤니케이션	
경력	[10]Daily News Online 칼럼니스트	[10]2011년-현재
	KTN 뉴스 정치부 특파원	2010년-2011년
	[10]Hunter 대학 뉴스 기자	[10]2008년-2010년
기타특기	[9]아랍어에 능통, 중국어 회화 가능	

미국식 발음 🎧

Hello, this is Margaret Lee. I need to get some information about John David Feinberg as I am interviewing him soon but I misplaced his résumé. Can you help?

안녕하세요, 저는 Margaret Lee입니다. 저는 곧 John David Feinberg를 면접하므로 그에 대한 몇 가지 정보가 필요한데, 그의 이력서를 둔 곳을 잊었습니다. 도와주실 수 있나요?

어휘 journalism[dʒə́ːrnəlìzm] 언론학   political[pəlítikəl] 정치의, 정치에 종사하는   correspondent[kɔ̀ːrəspándənt] 특파원, 기자
misplace[mispléis] 둔 곳을 잊다, 잘못 두다

Question 8

🎧Q: When and where did he get his bachelor's degree?

미국식 발음

🎤A: He earned his bachelor's degree in 2010, and he received it from Hunter College. He majored in Communications.

> 답변Tip bachelor's degree(학사 학위), master's degree(석사 학위)등의 대표적인 학위를 알아두고, 발음이 어려울 수 있으니 미리 숙지해 놓는 게 좋아요.
>
> 답변Tip '~학위를 수여하다, 따다'라는 표현은 received/earned/achieved ~ degree를 통해서 표현이 가능해요.

그는 언제 어디서 학사 학위를 받았나요?

그는 2010년에 학사 학위를 받았고, Hunter 대학에서 받았습니다. 그는 커뮤니케이션을 전공했습니다.

Question 9

🎧Q: We are now expanding our business in Arabic-speaking countries, and we need an appropriate candidate for this. Is he qualified enough?

미국식 발음

🎤A: Yes, he certainly is. As he's fluent in Arabic, he would be the perfect person to help expand your business in those countries.

> 어휘 expand[ikspǽnd] 확장하다, 확대하다 appropriate[əpróupriət] 적절한, 적당한
> candidate[kǽndidèit] 지원자, 후보자 qualified[kwɑ́ləfàid] 자격이 되는, 적임의
> fluent[flú:ənt] 능통한, 유창한

저희는 지금 아랍어를 사용하는 국가들에서 사업을 확장하고 있고, 이를 위해 적절한 지원자가 필요합니다. 그가 충분한 자격이 되나요?

네, 그는 확실히 그렇습니다. 그는 아랍어에 능통해서, 그 국가들에서 당신의 사업을 확장하는 데 도움이 될 완벽한 사람일 것입니다.

Question 10

🎧Q: Does he have any job experience in writing? Please let me know in detail.

미국식 발음

🎤A: Sure, I will do that for you. He listed two job experiences that are related to writing. First, he was a writer for The Hunter College News for two years, from 2008 to 2010. One year after, in 2011, he started writing columns for Daily News Online for which he has been writing since.

> 어휘 list[list] 기재하다, 나열하다

그는 작문에 관하여 업무 경력이 있나요? 자세히 알려주세요.

물론이죠, 말씀해 드리겠습니다. 그는 작문에 관련된 두 가지 경력을 기재했습니다. 첫째로, 그는 2008년부터 2010년까지 2년 동안 Hunter 대학 뉴스의 기자였습니다. 일 년 후인 2011년에 Daily News Online에서 칼럼을 쓰기 시작했고, 그 이래로 계속 글을 쓰고 있습니다.

Q1-2

Q3-4

Q5-7

Q8-10

Q11

10일 만에 끝내는 해커스 토익스피킹

<table>
<tr><td>

Beth Matten

3241 89th Street, Vancouver
(623) 710-1319

Position Sought: Senior Statistician

Experience: [10]Statistician, PR Solutions   2009 – present

[10]Database Manager, Jensens Laboratory
2006 – 2009

[10]Statistical Technician, Clancy   2004 – 2006

Education: [8]Queen's University, Master's degree, 2006
Major: Statistics

[8]Victoria University, Bachelor's degree, 2003
Major: Mathematics

References: Prof. Chris Alpine, Department of Statistics,
Queen's University

Prof. Misty Flanner, Department of Mathematics,
Victoria University

Volunteer Experience:[9]First Aid Volunteer at Reese Center
[9]Volunteer at the Animal Shelter of
Vancouver

</td><td>

Beth Matten

89번가 3241번지, 밴쿠버
(623) 710-1319

희망 직무: 선임 통계 전문가

경력: [10]PR Solutions 통계 전문가
2009년 - 현재

[10]Jensens 연구실 데이터베이스
관리자   2006년 - 2009년

[10]Clancy 통계 기술자
2004년 - 2006년

학력: [8]퀸즈 대학교, 석사, 2006년
전공: 통계학
[8]빅토리아 대학교, 학사, 2003년
전공: 수학

추천인: Chris Alpine 교수,
퀸즈 대학교 통계학과
Misty Flanner 교수,
빅토리아 대학교 수학과

봉사 경험: [9]Reese 센터에서 응급 처치
봉사
[9]밴쿠버 동물 보호소에서
봉사

</td></tr>
</table>

미국식 발음 🎧

<table>
<tr><td>

Hello. I need to get some details from Beth Matten's résumé so I can be better prepared when I interview her in half an hour. Can you help?

</td><td>

안녕하세요. 저는 30분 후에 Beth Matten을 면접할 때 더 잘 준비되어 있을 수 있도록 그녀의 이력서에 있는 몇 가지 세부 사항이 필요합니다. 도와주실 수 있나요?

</td></tr>
</table>

어휘   statistician [stӕtistíʃən] 통계 전문가   laboratory [lǽbərətɔ̀ːri] 연구실   animal shelter 동물 보호소

Question 8

🎧 Q: I heard that she has two degrees. What are they in?

미국식 발음

🎤 A: For her undergraduate degree, Beth Matten studied Mathematics at Victoria University, and she earned her master's degree in Statistics at Queen's University.

어휘 undergraduate[ʌ̀ndərgrǽdʒuət] 학부의, 대학생의

그녀는 학위가 두 개 있다고 들었어요. 무슨 학위인가요?

Beth Matten은 학부 학위로 빅토리아 대학교에서 수학을 공부했고, 퀸즈 대학교에서 통계학 석사 학위를 받았습니다.

Question 9

🎧 Q: We look for candidates with volunteer experience. Is she the right person for our company?

미국식 발음

🎤 A: Yes, she is. She has demonstrated that she likes to help others through her experience at Reese Center as a first aid volunteer and at the Animal Shelter of Vancouver.

어휘 demonstrate[démənstrèit] 보여주다, 입증하다

저희는 봉사 경험이 있는 지원자들을 찾습니다. 그녀는 우리 회사에 적합한 사람인가요?

네, 그렇습니다. 그녀는 Reese 센터에서의 응급 처치 봉사 경험과 밴쿠버 동물 보호소에서의 경험을 통해 다른 사람들을 돕기 좋아한다는 것을 보여주었습니다.

Question 10

🎧 Q: Can you tell me about her professional experience in detail?

미국식 발음

🎤 A: Sure thing. Beth Matten's first job was at Clancy, where she was a statistical technician from 2004 to 2006. After that, from 2006 to 2009, she worked as a database manager at Jensens Laboratory. Currently, she is working as a statistician at PR Solutions, and she has been with that company since 2009.

답변Tip Beth Matten's first job was~는 Beth Matten started her career~라고도 말할 수 있어요.

그녀의 실무 경력에 대해 자세히 말해주실 수 있나요?

물론이죠. Beth Matten의 첫 직업은 Clancy에서였고, 그녀는 2004년부터 2006년까지 그곳의 통계 기술자였습니다. 그 후, 2006년부터 2009년까지 Jensens 연구실에서 데이터베이스 관리자로 일했습니다. 현재는 PR Solutions에서 통계 전문가로 일하고 있으며, 2009년부터 그 회사와 함께 일하고 있습니다.

Q1-2

Q3-4

Q5-7

Q 8-10

Q11

10일 만에 끝내는 해커스 토익스피킹

Hackers Test 🎧 (Q89&10_코스3) 08_HT

p. 162

1 식료품점 주문서

Order Summary
Order No. 13D3JZF

Farleigh Groceries, 53 Hana Street, Seattle

Recipient:

Joanne Kim, [8]415 Westwood Avenue, Apt. 3
[8]Deliver on November 11, between 3 P.M. - 5 P.M.

Order Summary:

Item	Unit	Cost
[10]Kitchen towels	[10]6 rolls	[10]$7.95
[10]Bottled water	[10]1 box	[10]$5.75
[10]Lemon soda	[10]10 cans	[10]$4.90
[10]Milk	[10]1 carton	[10]$1.29
[10]Apples	[10]2 bags	[10]$6.39
[10]Potatoes	[10]1 bag	[10]$2.99
[9]Total		[9]$29.27

[9]Payment received online.
**[9]Delivery fee of $5 must be paid when delivery is made.*

주문 내역
주문 번호 13D3JZF

Farleigh 식료품점, Hana가 53번지,
시애틀

수령인:

Joanne Kim, [8]Westwood가 415번지
아파트 3호
[8]11월 11일 오후 3시 - 오후 5시 사이 배달

주문 내역:

품목	수량	가격
[10]키친 타월	[10]6말이	[10]7.95달러
[10]병에 든 생수	[10]1상자	[10]5.75달러
[10]레몬 소다	[10]10캔	[10]4.90 달러
[10]우유	[10]1갑	[10]1.29 달러
[10]사과	[10]2봉지	[10]6.39달러
[10]감자	[10]1봉지	[10]2.99달러
[9]총액		[9]29.27달러

[9]온라인으로 지불됨.
**[9]배달 시, 배달비 5달러가 반드시
지불되어야 함.*

미국식 발음 🎧

Hi, there. My name is Joanne Kim and I am calling to check some details of my order.	안녕하세요, 제 이름은 Joanne Kim이고 제 주문의 세부 내역을 확인하려고 전화했습니다.

어휘 recipient[risípiənt] 수령인 carton[káːrtn] (음식이나 음료를 담는) 갑, 통

Question 8

🎧Q: When and to what address will you deliver my order?
미국식 발음

🎤A: Your order will be delivered on November 11 sometime between three and five in the afternoon. It'll be delivered to 415 Westwood Avenue, apartment three.

> 답변Tip 세 자리 수 이상의 번지수를 읽을 때는, four one five와 같이 한 자리씩 읽거나, four fifteen과 같이 두 자리씩 읽으세요.

제 주문품을 언제 어느 주소로 배달해 주실 건가요?

당신의 주문은 11월 11일 오후 3시에서 오후 5시 사이에 배달될 것입니다. Westwood가 415번지 아파트 3호로 배달될 것입니다.

Question 9

🎧Q: I'm so forgetful these days and I can't remember what I need to pay. How much is my order, and can I pay upon delivery?
미국식 발음

🎤A: The total cost of your purchase is 29 dollars and 27 cents, and you already paid it online. However, you do have to pay a delivery fee of 5 dollars when we deliver your order.

> 답변Tip '배달비를 지불해야 한다'와 같은 필수적인 사항을 말할 때는, you do have to pay a delivery fee와 같이 조동사 do를 사용해서 강조하여 말하세요.

> 어휘 purchase[pə́ːrtʃəs] 구매; 구매하다

제가 요즘 잘 잊어버려서 돈을 얼마를 지불해야 하는지 기억이 나질 않네요. 제 주문이 얼마이고, 배달 시에 지불할 수 있나요?

당신의 총 구매 비용은 29달러 27센트이며, 온라인으로 이것을 이미 지불하셨습니다. 하지만, 저희가 당신의 주문품을 배달할 때 5달러의 배달비를 지불하셔야 합니다.

Question 10

🎧Q: I'm about to order more items, and I don't want to make duplicate orders. Can you confirm the details of my order?
미국식 발음

🎤A: Yes, I will confirm the details of your order for you. You bought one non-food item, three types of beverages, and two produce items. Specifically, you purchased six rolls of kitchen towels, a box of bottled water, ten cans of lemon soda, a carton of milk, two bags of apples, and finally, one bag of potatoes. This is everything on your order summary.

> 어휘 duplicate[djúːplikət] 이중의, 중복된   beverage[bévəridʒ] 음료
> produce item 농산물

몇 가지 제품을 더 주문하려고 하는데, 이중 주문을 하고 싶지 않아요. 제 주문에 대한 세부 사항을 확인해 주실 수 있나요?

네, 당신의 주문의 세부 사항을 확인해 드리겠습니다. 당신은 식품이 아닌 제품 한 개, 세 가지 종류의 음료, 그리고 두 개의 농산물을 구입하셨습니다. 구체적으로 말하면, 당신은 키친 타월 여섯 말이, 병에 든 생수 한 상자, 레몬 소다 열 캔, 우유 한 갑, 사과 두 봉지, 그리고 마지막으로 감자 한 봉지를 구매하셨습니다. 이것이 당신의 주문 내역에 있는 모든 것입니다.

2 레스토랑 메뉴판

Gino's Italian Kitchen

[8]500 Mulberry Street
[8]Open weekdays 11 a.m. - 10 p.m. & weekends 1 p.m. - 11:30 p.m.

MENU

Tomato Basil Pasta	$14
Alfredo Pasta	$16
Pepperoni Pizza	$12
Caesar Salad	$8
Garlic Bread	$5

[10]**Couple Set Menu**
$15 per person
· 1 Pasta
· 2 Caesar Salads
· 2 Drinks
  recommended for 2 people

[10]**Family Set Menu**
$25 per person
· 2 Pastas
· 1 Pepperoni Pizza
· 1 Caesar Salad
· 4 Drinks
  recommended for 4 people

*[9]Advance reservations required for groups of 4 or more people.

Gino's Italian Kitchen

[8]Mulberry가 500번지
[8]주중 오전 11시 - 오후 10시 &
주말 오후 1시 - 오후 11시 30분 영업

메뉴	
토마토 바질 파스타	14달러
알프레도 파스타	16달러
페퍼로니 피자	12달러
시저 샐러드	8달러
마늘빵	5달러

[10]**커플 세트 메뉴**
1인당 15달러
· 파스타 1개
· 시저 샐러드 2개
· 음료 2잔
  2인에게 추천

[10]**가족 세트 메뉴**
1인당 25달러
· 파스타 2개
· 페퍼로니 피자 1개
· 시저 샐러드 1개
· 음료 4잔
  4인에게 추천

*[9]4인 이상의 그룹은 사전 예약이 필요합니다.

영국식 발음 🎧

Hi, my name is Emily Frye. I saw the menu of your restaurant online, and I have some questions that I hope you can answer.

안녕하세요, 제 이름은 Emily Frye입니다. 당신의 레스토랑 메뉴판을 온라인에서 보았는데, 당신께서 답변해 주시길 바라는 몇 가지 질문이 있습니다.

어휘 recommend[rèkəménd] 추천하다, 권하다 advance[ædvǽns] 사전의, 앞서의 reservation[rèzərvéiʃən] 예약

Question 8

🎧Q: What is the address of your restaurant, and what are your
영국식 발음   business hours?

🎤A: Our restaurant is located at 500 Mulberry Street. We're open
from 11 A.M. to 10 P.M. on weekdays and 1 P.M. to 11:30 P.M.
on weekends.

어휘   business hours 영업시간

당신의 레스토랑의 주소가 무엇이고, 영업시간이 어떻게 되나요?

저희 레스토랑은 Mulberry가 500번지에 위치해 있습니다. 주중에는 오전 11시부터 오후 10시까지 영업하고 주말에는 오후 1시부터 오후 11시 30분까지 영업합니다.

Question 9

🎧Q: I think six of our family members will gather for a birthday
영국식 발음   party at the restaurant. Is it OK if I don't make a reservation
beforehand?

🎤A: Sorry, but that won't be OK. We require that you make a
reservation in advance for groups of four or more people.

어휘   gather[gǽðər] 모이다, ~을 모으다   beforehand[bifɔ́:rhænd] 미리, 사전에
in advance 사전에, 미리

저희 가족 6명이 생일 파티를 위해 그 레스토랑에서 모일 것 같아요. 미리 예약하지 않아도 괜찮나요?

죄송합니다만, 괜찮지 않을 것입니다. 저희는 4인 이상의 그룹에 대해서는 사전에 예약할 것을 요구합니다.

Question 10

🎧Q: I'd like to know all the details about the set menus you offer.
영국식 발음   Can you please tell me about them?

🎤A: Sure, we offer two types of set menus. The first is the Couple
Set Menu, which is $15 per person and recommended for
two people. That set comes with one pasta, two salads, and
two drinks. The other set menu that's available is called
the Family Set Menu. That option is recommended for four
people and is $25 per person. It includes two pastas, one
pizza, one Caesar salad, and four drinks.

어휘   offer[ɔ́:fər] 제공하다   available[əvéiləbl] 이용 가능한, 가능한
option[ɑ́pʃən] 선택 사항, 선택, 선택권

당신이 제공하는 세트 메뉴에 관한 모든 세부 사항을 알고 싶어요. 그것들에 대해 말해 줄 수 있나요?

그럼요, 저희는 두 종류의 세트 메뉴를 제공합니다. 첫 번째는 커플 세트 메뉴로, 1인당 15달러이고 2인에게 추천됩니다. 그 세트에는 파스타 하나, 샐러드 두 개, 그리고 음료 두 잔이 함께 나옵니다. 이용 가능한 다른 메뉴는 가족 세트 메뉴입니다. 그 선택 사항은 4인에게 추천되며 1인당 25달러입니다. 이것은 파스타 두 개, 피자 하나, 시저 샐러드 하나, 그리고 음료 네 잔을 포함합니다.

3 호텔 스파 예약표

 Hotel Loretta – Spa Services

[8]71 Priest Parkway, Ottawa

([9]Prices include a complimentary 10-minute foot bath)

Services	Price	Features
Facial and Scalp Massage	$40	• Organic facial to rejuvenate your skin • 10-minute scalp massage
[10]Aroma Oil Session	[10]$30 for one herbal oil $50 for a mix of two	• [10]Your choice of essential herbal oils to soothe your skin (full body)
[10]Hot Stone Massage	[10]$60	• [10]Heated stones provide longer lasting relaxation for your body
Happy Feet	$35	• Milk and honey foot soak and sugar scrub for your feet

Loretta 호텔 - 스파 서비스

[8]Priest Parkway 71번지, 오타와

([9]가격은 무료 족욕 10분을 포함합니다)

서비스	가격	특징
머리와 두피 마사지	40달러	• 피부 활력을 되찾아주는 유기농 얼굴 마사지 • 두피 마사지 10분
[10]아로마 오일 세션	[10]허브 오일 1개 30달러 2개 오일 혼합 50달러	• [10]피부를 진정시키기 위해 당신이 선택하는 에센셜 허브 오일 (전신)
[10]뜨거운 돌 마사지	[10]60달러	• [10]몸에 더 오래 지속되는 휴식을 주는 뜨거운 돌
행복한 발	35달러	• 당신의 발을 위한 우유와 꿀 족욕과 설탕 스크럽

미국식 발음 🎧

Hi, my name is Cindy. I am looking for a luxury spa in Ottawa, and I came across yours. I have some questions before I visit.	안녕하세요, 제 이름은 Cindy입니다. 저는 오타와의 고급 스파를 찾다가, 당신의 스파를 우연히 발견했습니다. 방문하기 전에 몇 가지 질문이 있습니다.

어휘   complimentary[kàmpləméntəri] 무료의   scalp[skælp] 두피   rejuvenate[ridʒú:vənèit] 활력을 되찾아주다, 젊어지게 하다
soothe[su:ð] 진정시키다, 완화하다   relaxation[rì:lækséiʃən] 휴식   come across ~을 우연히 발견하다, ~와 마주치다

Question 8

🎧 Q: Where **exactly is** your spa located?
미국식 발음

🎤 A: Our street address is 71 Priest Parkway in Ottawa. We are located inside Hotel Loretta.

당신의 스파는 정확히 어디에 위치해 있나요?

저희의 주소는 오타와의 Priest Parkway 71 번지입니다. 저희는 Loretta 호텔 안에 위치해 있습니다.

Question 9

🎧 Q: Some spas I've visited before have offered **certain kinds of services to all spa clients free of charge. Do you** offer any services like that?
미국식 발음

🎤 A: Actually, yes. For everyone who purchases a spa service, we provide a complimentary foot bath that lasts 10 minutes.

> **답변 Tip** 서비스의 지속 시간을 나타내는 10-minute 같은 정보는, '지속되다'라는 의미를 가진 동사 last를 활용하여 last 10 minutes라는 표현으로 말할 수 있어요.
>
> **어휘** client [kláiənt] 고객

제가 예전에 방문했던 몇몇 스파들은 모든 스파 고객들에게 무료로 특정 서비스를 제공했어요. 당신도 그런 서비스를 제공하나요?

사실, 그렇습니다. 스파 서비스를 구매하시는 모든 분들에게, 저희는 10분 동안 지속되는 무료 족욕을 제공합니다.

Question 10

🎧 Q: I need relaxation for my whole body. What services **do you** have for my needs?
미국식 발음

🎤 A: I can recommend two of our services for you. The first is the Aroma Oil Session, which will soothe your skin with essential herbal oils. You can choose one oil for $30, or two for $50. The other option is a Hot Stone Massage, which provides long-lasting relaxation and costs $60. I hope you'll try one or both!

저는 전신에 휴식이 필요합니다. 저의 요구에 맞는 어떤 서비스를 가지고 있나요?

당신에게 저희의 서비스 중 두 가지를 추천해 드릴 수 있습니다. 첫째는, 에센셜 허브 오일로 당신의 피부를 진정시켜줄 아로마 오일 세션입니다. 30달러에 한 가지 오일을, 50달러에 두 가지 오일을 고르실 수 있습니다. 다른 선택 사항은 뜨거운 돌 마사지로, 오래 지속되는 휴식을 제공하며 60달러가 듭니다. 한 가지 아니면 두 가지 모두를 해 보시길 바랍니다!

10일 만에 끝내는 해커스 토익스피킹

4 가구 주문서

Order Summary

Flanders Furnishing Company
[8]3 Huntington Road, College Park
[8]Business Hours: 9 A.M. – 5 P.M.

Order Number: ZDZFJE11443

Deliver to: Innovation Corporation, 515 Merlene Square,
Pittsburgh

Deliver by: May 23

Items	Quantity	Price Per Unit
[10]Chairs	[10]12	[10]$45
[10]Couch	[10]1	[10]$220
[10]Clocks	[10]3	[10]$15
[10]Tables	[10]2	[10]$90
[9/10]*Total*		[9/10]$985

*Payment received in full by John Smith.
**[9]Delivery is free of charge for orders over $500.

주문 내역

Flanders 가구 회사
[8]Huntington로 3번지, College Park
[8]영업시간: 오전 9시 - 오후 5시

주문 번호: ZDZFJE11443

배송지: Innovation사, Merlene 광장
515번지, 피츠버그

배송 기한: 5월 23일

품목	수량	단위당 가격
[10]의자	[10]12	[10]45달러
[10]소파	[10]1	[10]220달러
[10]시계	[10]3	[10]15달러
[10]탁자	[10]2	[10]90달러
[9/10]총액		[9/10]985달러

* John Smith가 지불 완료함.
** [9]500달러 이상 주문은 배송비 무료.

미국식 발음 🎧

Hello, my name is Charlie Stone and I am calling to check on some details of a recent order I placed with you. Can you help me?	안녕하세요, 제 이름은 Charlie Stone이고 당신의 회사에 최근 주문한 것에 대한 몇 가지 내역을 확인하려고 전화했습니다. 도와주실 수 있나요?

어휘 furnishing [fə́ːrniʃiŋ] 가구 payment [péimənt] 지불 free of charge 무료의, 무료로

Question 8

🎧 Q: **What is your** company's address **and** what **are your** business hours?

🎤 A: Our company is located at 3 Huntington Road, College Park, and our business hours are from 9 A.M. to 5 P.M.

당신 회사의 주소가 무엇이고 영업시간이 어떻게 되나요?

저희 회사는 College Park의 Huntington로 3번지에 있고, 영업시간은 오전 9시부터 오후 5시까지입니다.

Question 9

🎧 Q: **I heard that there is a** delivery fee. **I'll have it ready for you, but** can you remind me **how much it was?**

🎤 A: Actually, you don't have to pay extra for delivery, as we offer free delivery services on orders over $500. Your order qualifies for this service.

> 답변Tip 배송 서비스가 무료인 경우 offer를 사용하여 offer free delivery services라고 말하세요.
>
> 어휘 qualify for ~의 자격이 있다

배송비가 있다고 들었어요. 배송비를 준비하려고 하는데, 얼마였는지 다시 알려주실 수 있나요?

사실, 저희는 500달러가 넘는 주문에 무료 배송 서비스를 제공하기 때문에, 추가 비용을 지불하실 필요가 없습니다. 당신의 주문은 이 서비스의 자격이 있습니다.

Question 10

🎧 Q: **I need the exact** details of my order **to report to my boss. Can you tell me** what they are?

🎤 A: Sure thing. You ordered 12 chairs at 45 dollars each, one couch that costs 220 dollars, three clocks that are 15 dollars each, and finally, two tables that cost 90 dollars each. All of these combined bring it up to 985 dollars. These are all the details of your order that I have.

> 어휘 combine[kəmbáin] 합치다, 결합하다

제 상사에게 보고하기 위해 제 주문의 정확한 세부 사항이 필요해요. 그것들이 무엇인지 말해주실 수 있나요?

물론이죠. 당신은 한 개에 45달러인 의자 열두 개, 220달러짜리 소파 하나, 한 개에 15달러인 시계 세 개를 주문하셨고, 마지막으로 한 개에 90달러인 탁자 두 개를 주문하셨습니다. 이것을 합치면 총 985달러가 됩니다. 이것이 제가 가지고 있는 당신의 주문의 세부 사항입니다.

🎧 (Q89&10_리뷰테스트) 09_RT

p. 166

학회 일정표

Schedule for the Young Entrepreneurs Conference			
[8]July 1, Hill Building			
[9]Registration fee: $75 (includes lunch)			
TIME	PRESENTER	ROOM	TITLE
9:00	Angela Williams	212	Basic Marketing Principles for Long-Term Success
10:30	Robert Shapiro	124	Starting a Business: Essentials that Every Entrepreneur Should Know
noon	[9]Lunch (Served in the lobby)		
[10]1:30	[10]Carlos Dixon	[10]212	[10]Franchising in the 21st Century
[10]3:00	[10]Gina Hamilton	[10]124	[10]Making your Brand Stand Out from the Competition
[10]4:30	[10]Lance Stevens	[10]124	[10]Using a Website to Attract More Customers

청년 기업가 학회 일정

[8]7월 1일, Hill 빌딩
[9]등록비: 75달러 (점심 포함)

시간	발표자	호실	제목
9:00	Angela Williams	212	장기적 성공을 위한 기본 마케팅 원칙
10:30	Robert Shapiro	124	사업 시작하기: 모든 기업가들이 알아야 할 필수 사항
정오	[9]점심 식사 (로비에서 제공됨)		
[10]1:30	[10]Carlos Dixon	[10]212	[10]21세기의 프랜차이즈 사업
[10]3:00	[10]Gina Hamilton	[10]124	[10]경쟁사로부터 당신의 브랜드를 돋보이게 하기
[10]4:30	[10]Lance Stevens	[10]124	[10]더 많은 고객 유치를 위해 웹사이트 이용하기

미국식 발음 🎧

Hi, my name is Clara Johnson. I am attending the Young Entrepreneurs Conference and I'd like to get some more information about it.

안녕하세요, 제 이름은 Clara Johnson입니다. 청년 기업가 학회에 참석할 예정인데, 몇 가지 정보를 더 알고 싶어요.

어휘 **entrepreneur**[ὰːntrəprənə́ːr] 기업가   **principle**[prínsəpl] 원칙   **essential**[isénʃəl] 필수 사항; 필수의   **stand out** 돋보이게 하다, 두드러지다
competition[kὰmpətíʃən] 경쟁사, 경쟁 업체, 경쟁, 대회

Question 8

🎧 **Q:** When and where is the conference being held?
미국식 발음

🎙 **A:** The Young Entrepreneurs Conference will take place on July 1, and the location where it'll be held is Hill Building.

학회는 언제 어디서 열리나요?

청년 기업가 학회는 7월 1일에 열리고, 학회가 열릴 장소는 Hill 빌딩입니다.

Question 9

🎧 **Q:** I want to get a simple meal so I can come back and chat with other attendees. Is there anywhere nearby to grab a quick lunch?
미국식 발음

🎙 **A:** Well, there are restaurants nearby, but your cost of registration includes lunch. It will be served in the lobby, so you will get to meet the other attendees there.

저는 돌아와서 다른 참석자들과 대화를 할 수 있도록 간단한 식사를 하고 싶어요. 주변에 간단히 점심을 먹을만한 곳이 있나요?

음, 근처에 식당들이 있습니다만, 당신의 등록 비용에 점심 식사가 포함되어 있습니다. 점심은 로비에서 제공될 것이기 때문에, 그곳에서 다른 참석자들을 만나게 되실 겁니다.

Question 10

🎧 **Q:** I am curious about the afternoon schedule. Can you tell me what we are doing after lunch?
미국식 발음

🎙 **A:** Sure, three presentations are scheduled for after lunch. At 1:30, Carlos Dixon will talk about franchising in the 21st century in Room 212. The following two sessions take place in Room 124. At 3:00, you'll attend a presentation by Gina Hamilton about making your brand stand out from the competition, and lastly at 4:30, Lance Stevens is going to give a presentation about using a website to attract more customers.

오후 일정이 궁금합니다. 점심 이후에 무엇을 하는지 말해주실 수 있나요?

물론이죠, 세 개의 발표가 점심 이후에 예정되어 있습니다. 1시 30분에, Carlos Dixon이 212호실에서 21세기의 프랜차이즈 사업에 관해 이야기할 것입니다. 다음의 두 세션은 124호실에서 열립니다. 3시에 당신은 Gina Hamilton이 진행하는 경쟁사로부터 당신의 브랜드를 돋보이게 하기에 관한 발표에 참석할 것이고, 마지막으로 4시 30분에 Lance Stevens가 더 많은 고객 유치를 위해 웹사이트 이용하기에 관한 발표를 할 것입니다.

어휘 following [fɑ́louiŋ] 다음의

Q11 의견 제시하기

스텝별 전략 익히기

Check Up 🎧 (Q11_스텝) 02_CU

p. 176

1

미국식 발음
Do you agree or disagree with the following statement?

Children these days study more than in the past.

Use specific reasons and examples to support your opinion.

다음 진술에 동의하나요, 동의하지 않나요?

요즘 아이들은 과거보다 더 많이 공부한다.

당신의 의견을 뒷받침하기 위해 구체적인 이유와 예를 사용하세요.

STEP 1 질문 파악하기

① 질문 내용   요즘 아이들이 과거보다 더 많이 공부한다는 것에 동의하는지

STEP 2 의견 정하고 이유와 근거 떠올리기

② 나의 의견   동의함 **agree**

③ 이유 1   교육에 있어서 경쟁이 심해짐 there is more competition these days in terms of education

④ 근거   사람들이 좋은 대학의 졸업장이 직장을 구하는데 필수적이라고 생각함
people generally think that a diploma from a good college is necessary to get a job

⑤ 이유 2   기술의 발전은 시간과 장소의 제약을 없앰 technological advances have eliminated the constraints of time and place

⑥ 근거   교실 밖에서도 동영상 강의로 쉽게 공부할 수 있음 can easily study outside of the classroom through video lectures

---

STEP 3 의견, 이유, 근거를 템플릿에 넣어 말하기

나의 의견	🎤	⑦ **I agree that children these days study more than in the past for a couple of reasons**.	저는 몇 가지 이유로 요즘 아이들은 과거보다 더 많이 공부한다는 것에 동의합니다.
이유 1 + 근거	🎤	⑧ **First of all**, there is more competition these days in terms of education than there used to be. ⑨ **To be specific**, nowadays, people generally think that a diploma from a good college is necessary to get a job, so ⑩ **many parents make their children spend more time studying**.	첫째로, 요즘 교육에 있어서 경쟁이 예전보다 더 심해졌습니다. 구체적으로 말하면, 요즘은, 사람들이 일반적으로 좋은 대학의 졸업장이 직장을 구하는데 필수적이라고 생각해서, 많은 부모들은 자녀들이 공부에 더 오랜 시간을 쓰게 합니다.
이유 2 + 근거	🎤	⑪ **Also**, technological advances have eliminated the constraints of time and place. ⑫ **For example**, children these days can easily study outside of the classroom through video lectures. As a result, they study more during the time they aren't at school.	또한, 기술의 발전은 시간과 장소의 제약을 없앴습니다. 예를 들면, 요즘 아이들은 교실 밖에서도 동영상 강의로 쉽게 공부할 수 있습니다. 결과적으로, 학교에 있지 않는 시간에 그들은 더 많이 공부합니다.
마무리	🎤	⑬ **For these reasons, I think** children these days do study more than children used to in the past.	이러한 이유로, 저는 요즘 아이들이 과거에 아이들이 하던 것보다 더 많이 공부한다고 생각합니다.

어휘   in terms of ~에 있어서   advance[ædvǽns] 발전, 진보   eliminate[ilímənèit] 없애다   constraint[kənstréint] 제약

2

Which of the following would you be most likely to spend money on if you got a raise?

- *Clothes*
- *Travel*
- *Entertainment*

Choose ONE of the options and use specific reasons and details to support your opinion.

만약 급여가 인상된다면 다음 중 무엇에 가장 돈을 쓸 건가요?

- *옷*
- *여행*
- *오락*

보기 중 하나를 선택하고 당신의 의견을 뒷받침하기 위해 구체적인 이유와 예를 사용하세요.

STEP 1 질문 파악하기

① 질문 내용   급여가 인상된다면 옷, 여행, 오락 중 무엇에 가장 돈을 쓸 것인지

STEP 2 의견 정하고 이유와 근거 떠올리기

② 나의 의견   여행 travel

③ 이유 1   사람이 살 수 있는 어떤 실재하는 것들보다 더 가치 있음
　　　　　　worth more than any tangible item that one can buy

④ 근거   잊을 수 없는 기억을 줌 can give you unforgettable memories

⑤ 이유 2   휴가를 가서 느긋함을 느낄 기회를 줌 gives me a chance to get away and feel relaxed

⑥ 근거   화창한 바닷가에서 쉬는 것은 기운이 나게 함 chilling out at a sunny beach can really lift my spirits

---

STEP 3 의견, 이유, 근거를 템플릿에 넣어 말하기

나의 의견	🎤	If I got a raise, I think I would most likely spend the money on travel ⑦ **for a few reasons**.

급여가 인상된다면, 저는 몇 가지 이유로 여행에 가장 돈을 쓸 것이라고 생각합니다.

이유 1 + 근거	🎤	⑧ **To start with**, ⑨ **the experience of traveling** is worth more than any tangible item that one can buy. ⑩ **To be specific**, ⑪ **traveling to new places** can give you unforgettable memories. These memories become a part of who you are and can even change how you view the world.

우선, 여행의 경험은 사람이 살 수 있는 어떤 실재하는 것들보다 더 가치 있습니다. 구체적으로 말하면, 새로운 곳을 여행하는 것은 당신에게 잊을 수 없는 기억들을 줍니다. 이 기억들은 당신의 일부가 되고 심지어 당신이 세상을 어떻게 보는지를 바꿀 수도 있습니다.

이유 2 + 근거	🎤	⑫ **Additionally**, traveling ⑬ **gives me a chance to get away and feel relaxed**. ⑭ **For example**, chilling out at a sunny beach can really lift my spirits. When I return to work, I'll be able to ⑮ **work better and more efficiently** because I feel totally refreshed.

게다가, 여행은 휴가를 가서 느긋함을 느낄 기회를 줍니다. 예를 들면, 화창한 바닷가에서 쉬는 것은 정말 저를 기운 나게 합니다. 다시 직장에 돌아올 때, 저는 완전히 상쾌해져서 더 잘 그리고 더 효율적으로 일할 수 있을 것입니다.

마무리	🎤	⑯ **Therefore, I think** I'd probably spend money on travel if I got a raise.

그러므로, 급여가 인상된다면 저는 아마 여행에 돈을 쓸 것이라고 생각합니다.

어휘　tangible[tǽndʒəbl] 실재하는, 유형의, 만져서 알 수 있는　**get away** 휴가를 가다　**chill out** 쉬다, 긴장을 풀다　**lift one's spirits** ~를 기운 나게 하다
refreshed[rifréʃt] 상쾌한

Q1-2 / Q3-4 / Q5-7 / Q8-10 / **Q11** / 10일 만에 끝내는 해커스 토익스피킹

Q11 의견 제시하기　103

Hackers Test 🎧 (Q11_코스1) 04_HT　　　　　　　　　　　　　　　　p. 184

1 찬반형 질문

미국식 발음 Do you agree or disagree with the following statement? *Focusing on one task rather than doing various tasks simultaneously results in higher productivity.* Use specific reasons and examples to support your opinion.	다음 진술에 동의하나요, 동의하지 않나요? *한 가지 업무에 집중하는 것이 다양한 업무를 동시에 하는 것보다 더 높은 생산성을 가져온다.* 당신의 의견을 뒷받침하기 위해 구체적인 이유와 예를 사용하세요.

❗ 답변 아이디어

나의 의견	동의함 agree
이유 1	결과를 더 빨리 낼 수 있음 more likely to produce outcomes faster
근거	관심을 분산시킬 필요가 없기 때문에 사람들은 더 잘 집중함 concentrate better when they focus on one task because they don't have to divide their attention
이유 2	직원들은 스트레스를 덜 받아서 한 번에 한 가지 일을 할 때 일을 더 효율적으로 할 것임 employees will get tasks done more efficiently when they do one thing at a time because they are less stressed
근거	한 가지 일에 집중하면 계속 파악하고 있어야 할 것들이 더 적음 if I focus on a single task, there are fewer things I need to keep track of

🕗 모범 답변

나의 의견	🎤 I agree that focusing on one task rather than many results in higher productivity for a few reasons.	저는 몇 가지 이유로 많은 업무보다 한 가지 업무에 집중하는 것이 더 높은 생산성을 가져온다는 것에 동의합니다.
이유 1 + 근거	First of all, doing only one thing at a time is more likely to produce outcomes faster. To be specific, people generally concentrate better when they focus on one task because they don't have to divide their attention.	첫째로, 한 번에 한 가지 일만 하는 것이 결과를 더 빨리 낼 수 있습니다. 구체적으로 말하면, 관심을 분산시킬 필요가 없기 때문에 사람들은 일반적으로 한 가지 일에 집중할 때 더 잘 집중합니다.
이유 2 + 근거	Secondly, employees will get tasks done more efficiently when they do one thing at a time because they are less stressed. For example, when I'm doing multiple tasks simultaneously, there are many things I need to manage. But if I focus on a single task, there are fewer things I need to keep track of so I can do it better.	둘째로, 직원들은 스트레스를 덜 받아서 한 번에 한 가지 일을 할 때 일을 훨씬 더 효율적으로 할 것입니다. 예를 들면, 제가 동시에 여러 개의 업무를 할 때는 관리해야 할 것들이 많습니다. 하지만 한 가지 일에 집중하면 그에 대해 계속 파악하고 있어야 할 것들이 더 적어서 더 잘 할 수 있습니다.
마무리	Therefore, I think that focusing on one task brings about higher productivity than doing multiple tasks at the same time.	그러므로, 동시에 여러 가지 업무를 하는 것보다 한 가지 업무에 집중하는 것이 더 높은 생산성을 가져온다고 생각합니다.

어휘　productivity[pròudʌktívəti] 생산성　outcome[áutkʌm] 결과　simultaneously[sàiməltéiniəsli] 동시에
　　　keep track of ~에 대해 계속 파악하고 있다　bring about 가져오다

2 선택형 질문

미국식 발음
Which of the following qualities is the most important to be a good supervisor?

- *Having a lot of experience*
- *Having a sense of humor*
- *Being encouraging*

Choose ONE of the options and use specific reasons and details to support your opinion.

다음 중 좋은 관리자가 되기 위해 가장 중요한 자질이 무엇인가요?

- *경험이 많은 것*
- *유머 감각이 있는 것*
- *격려하는 것*

보기 중 하나를 선택하고 당신의 의견을 뒷받침하기 위해 구체적인 이유와 예를 사용하세요.

답변 아이디어

나의 의견	경험이 많은 것	having a lot of experience
이유 1	직원들에게 더 나은 조언을 줄 수 있음	can give employees better advice
근거	현실적이고 적용 가능한 업무 기술을 가르쳐 줄 수 있음	can teach real, applicable work skills
이유 2	훌륭한 문제 해결 능력을 갖고 있음을 의미함	means having good problem-solving skills
근거	어떤 사람이 경험이 많다면, 그 혹은 그녀는 아마 여러 많은 상황에 처해 보았을 것임 if someone is highly experienced, he or she has probably been in many different situations

모범 답변

나의 의견

🎙 I think that the most important quality of a supervisor is having a lot of experience for a couple of reasons.

저는 몇 가지 이유로 관리자의 가장 중요한 자질은 경험이 많은 것이라고 생각합니다.

이유 1 + 근거

The main reason is that an experienced supervisor can give employees better advice. This knowledge can help workers perform their best. For instance, a highly experienced supervisor can teach real, applicable work skills.

첫 번째 이유는 경험이 많은 관리자가 직원들에게 더 나은 조언을 줄 수 있다는 것입니다. 이 지식은 직원들이 업무를 가장 잘 수행해내도록 도울 수 있습니다. 예를 들면, 경험이 아주 많은 관리자는 직원들에게 현실적이고 적용 가능한 업무 기술을 가르쳐 줄 수 있습니다.

이유 2 + 근거

Another reason is that having a lot of experience also means having good problem-solving skills. To be specific, if someone is highly experienced, he or she has probably been in many different situations. So when they encounter a crisis, they can draw solutions from their experience and handle it effectively.

다른 이유는 경험이 많은 것은 또한 훌륭한 문제 해결 능력을 갖고 있음을 의미한다는 것입니다. 구체적으로 말하면, 어떤 사람이 경험이 많다면, 그 혹은 그녀는 아마 여러 많은 상황에 처해 보았을 것입니다. 그러므로 위기에 직면했을 때, 그들은 경험으로부터 해결책을 끌어내 위기를 효과적으로 처리할 수 있습니다.

마무리

For these reasons, I believe that being highly experienced is the most important quality of a supervisor.

이러한 이유로, 저는 경험이 많은 것이 관리자의 가장 중요한 자질이라고 생각합니다.

답변Tip supervisor(관리자)는 leader(지도자)로 바꾸어 말할 수 있어요.

답변Tip having good problem-solving skills와 비슷하게, having good crisis management skills(훌륭한 위기 관리 능력)라는 표현을 사용할 수도 있어요.

어휘 quality[kwάləti] 자질, 특성 applicable[ǽplikəbl] 적용 가능한 problem-solving 문제 해결
encounter[inkáuntər] 직면하다, 마주치다 crisis[kráisis] 위기, 문제 draw[drɔː] 끌어내다, 얻다 handle[hǽndl] 처리하다, 다루다
effectively[iféktivli] 효과적으로

3 찬반형 질문

<table>
<tr><td>
호주식 발음
Do you agree or disagree with the following statement?
Using the latest technologies brings success to a company.
Use specific reasons and examples to support your opinion.
</td><td>
다음 진술에 동의하나요, 동의하지 않나요?
최신 기술을 사용하는 것이 회사에 성공을 가져온다.
당신의 의견을 뒷받침하기 위해 구체적인 이유와 예를 사용하세요.
</td></tr>
</table>

답변 아이디어

나의 의견	동의함 agree
이유 1	업무를 더 효율적으로 만들 수 있음 can make work more efficient
근거	직원들이 훨씬 더 빠르게 일하도록 도울 수 있음 can help employees work so much faster
이유 2	회사가 고품질의 제품 혹은 서비스를 갖추도록 도울 수 있음 can help a company have high-quality products or services
근거	고객들의 요구에 더 잘 맞춰진 서비스를 고안하는 데 웹사이트 또는 소프트웨어를 사용할 수 있음 can use a website or software to design services that are better tailored to customers' needs

모범 답변

나의 의견	🎤 I agree that using the latest technologies brings success to a company for a few reasons.	저는 몇 가지 이유로 최신 기술을 사용하는 것이 회사에 성공을 가져온다는 것에 동의합니다.
이유 1 + 근거	First of all, using the latest technologies in the workplace can make work more efficient. To be specific, the latest technologies can help employees work so much faster. For example, when computers were first introduced to the workplace, they made everything speedier because most tasks could get done electronically.	첫째로, 직장에서 최신 기술을 사용하는 것은 업무를 더 효율적으로 만들 수 있습니다. 구체적으로 말하면, 최신 기술은 직원들이 훨씬 더 빠르게 일하도록 도울 수 있습니다. 예를 들면, 컴퓨터가 직장에 처음 도입되었을 때, 대부분의 업무가 전자식으로 진행될 수 있었기 때문에 그것들은 모든 것을 더 빠르게 만들었습니다.
이유 2 + 근거	Secondly, superior technologies can help a company have high-quality products or services. For example, a company can use a website or software to design services that are better tailored to customers' needs. This will result in greater customer satisfaction.	둘째로, 우수한 기술은 회사가 고품질의 제품 혹은 서비스를 갖추도록 도울 수 있습니다. 예를 들면, 회사는 고객들의 요구에 더 잘 맞춰진 서비스를 고안하는 데 웹사이트 또는 소프트웨어를 사용할 수 있습니다. 이는 더 큰 고객 만족을 가져올 것입니다.
마무리	For these reasons, I think that using the latest technologies can help a company achieve more.	이러한 이유로, 저는 최신 기술을 사용하는 것이 회사가 더 성공하도록 도울 수 있다고 생각합니다.

어휘   **efficient**[ifíʃənt] 효율적인, 능률적인 **introduce**[ìntrədjúːs] 도입하다, 소개하다 **workplace**[wə́ːrkplèis] 직장
electronically[ilektránikəli] 전자식으로 **superior**[səpíəriər] 우수한, 우월한, 더 나은 **design**[dizáin] 고안하다, 설계하다
tailor[téilər] 맞추다 **satisfaction**[sæ̀tisfǽkʃən] 만족, 충족

4 장·단점 질문

미국식 발음

What are the advantages of pursuing an internship in one's field of interest?

Give reasons and specific examples to support your opinion.

관심 분야에서 인턴을 하는 것의 장점은 무엇인가요?

당신의 의견을 뒷받침하기 위해 이유와 구체적인 예를 제시하세요.

⚠ 답변 아이디어

장점 1	직업에 대해 직접적인 경험을 할 수 있음 can get hands-on experience at a job
근거	학교에서 배울 수 없는 다양한 상황을 겪게 됨 experience various situations you can't learn at school
장점 2	이미 그 분야에 있는 사람들과 인맥을 형성하게 함 allow you to network with people who are already in the field
근거	인턴을 하며 만난 사람들과 계속 연락하는 것은 취업 기회로 이어질 수 있음 keeping in touch with people you meet while interning could possibly lead to job opportunities

⚞ 모범 답변

나의 의견	🎤 I think that there are a couple of advantages of pursuing an internship in one's field of interest.	저는 관심 분야에서 인턴을 하는 것에 몇 가지 장점이 있다고 생각합니다.
장점 1 + 근거	To begin with, you can get hands-on experience at a job by having an internship. To be specific, you'll experience various situations you can't learn at school and this helps you prepare for the job market better. Certain skills, such as writing work reports, aren't taught at school but are surely helpful for a new employee to have.	우선, 인턴을 함으로써 직업에 대해 직접적인 경험을 할 수 있습니다. 구체적으로 말하면, 당신은 학교에서 배울 수 없는 다양한 상황을 겪게 될 것이고, 이것은 당신이 구직 시장에 더 잘 대비하도록 도와줍니다. 업무 보고서 작성과 같은 특정 기술은 학교에서 가르쳐지지 않지만, 신입 사원이 가지고 있으면 확실히 도움이 됩니다.
장점 2 + 근거	Also, doing an internship could allow you to network with people who are already in the field. For instance, keeping in touch with people you meet while interning could possibly lead to job opportunities later on.	또한, 인턴을 하는 것은 당신이 이미 그 분야에 있는 사람들과 인맥을 형성할 수 있게 합니다. 예를 들면, 인턴을 하며 만난 사람들과 계속 연락하는 것은 나중에 취업 기회로 이어질 수 있습니다.
마무리	Therefore, I think these are a couple of advantages of pursuing an internship.	그러므로, 저는 이것들이 인턴을 하는 것의 몇 가지 장점이라고 생각합니다.

답변Tip get hands-on experience(직접적인 경험을 하다)라는 표현은 무언가를 직접 하면서 배우거나 현장 경험을 하는 것에 대해 말할 때 자주 활용할 수 있어요.

어휘 pursue[pərsúː] (수행)하다, 추구하다 hands-on 직접적인 network with ~와 인맥을 형성하다 keep in touch with ~와 계속 연락하다 job opportunity 취업 기회

5 선택형 질문

<table>
<tr>
<td>

미국식 발음

If all else were equal, would you prefer to work in a marketing department or an HR department?

Give specific reasons and examples to support your opinion.

</td>
<td>

만약 다른 모든 것들이 같다면, 마케팅 부서와 인사 부서 중 어느 곳에서 일하는 것을 선호할 건가요?

당신의 의견을 뒷받침하기 위해 구체적인 이유와 예를 제시하세요.

</td>
</tr>
</table>

① 답변 아이디어

나의 의견	마케팅 부서	a marketing department
이유 1	업무가 다양해서 더 재미있을 것임	the tasks are varied, so it would be more interesting
근거	시장 분석이나 고객 선호도 조사를 할지도 모름	might conduct market analysis or customer preferences research
이유 2	창의력이 필요한 업무를 좋아함	like work that involves creativity
근거	내 창의력을 바탕으로 고객을 유치하기 위해 광고 캠페인과 아이디어를 개발해낼 수 있음	develop advertising campaigns and ideas to attract customers based on my creativity

② 모범 답변

나의 의견	🎤 If all else were equal, I would prefer working in a marketing department over an HR department for a couple of reasons.	만약 다른 모든 것들이 같다면, 저는 몇 가지 이유로 인사 부서보다 마케팅 부서에서 일하는 것을 선호할 것입니다.
이유 1 + 근거	First of all, in marketing, the tasks are varied, so it would be more interesting. For example, I might conduct market analysis or customer preferences research, which I would enjoy doing.	첫째로, 마케팅에서는 업무가 다양해서, 더 재미있을 것입니다. 예를 들면, 시장 분석이나 고객 선호도 조사를 할지도 모르는데, 저는 이러한 것들을 즐겨서 할 것입니다.
이유 2 + 근거	Secondly, I like work that involves creativity. And in a marketing department, I could develop advertising campaigns and ideas to attract customers based on my creativity. In HR, though, I'd mostly be dealing with employees, and this would be stressful for me.	둘째로, 저는 창의력이 필요한 업무를 좋아합니다. 그리고 마케팅 부서에서는 제 창의력을 바탕으로 고객을 유치하기 위해 광고 캠페인과 아이디어를 개발해낼 수 있습니다. 그러나, 인사 부서에서 저는 주로 직원들을 상대하게 될 것이고, 이것은 저에게 스트레스가 될 것입니다.
마무리	Therefore, I would rather work in marketing than in HR if all else were equal.	그러므로, 만약 다른 모든 것들이 같다면 저는 인사 부서보다는 마케팅 부서에서 일할 것이라고 생각합니다.

답변Tip 두 가지 중 선호하는 것을 묻는 질문에 대한 답변으로는, I prefer A over B, I prefer A to B, I prefer A rather than B, My preference is for A 등의 표현을 사용하여 'B보다 A를 선호한다'고 답변할 수 있어요.

답변Tip 인사 부서에서 일하는 것을 선호한다고 답할 경우, '다양한 사람과 일하는 것이 좋고 그들의 일에 주의를 기울이는 것이 좋다'(I like to work with various people and to pay attention to the concerns of them)와 '마케팅은 항상 창의적이어야 해서 힘들 것이다'(It will be tough to work in marketing department as I need to be always creative)와 같은 근거를 중심으로 답변할 수 있어요.

어휘 market analysis 시장 분석 customer preferences 고객 선호도 deal with 상대하다, 처리하다

6 찬반형 질문

Q1-2

Q3-4

Q5-7

Q8-10

Q11

10일 만에 끝내는 해커스 토익스피킹

영국식 발음

Do you agree or disagree with the following statement?

The best way to learn a new work skill is by reading a manual.

Give specific reasons and details to support your opinion.

다음 진술에 동의하나요, 동의하지 않나요?

새로운 업무 기술을 배우는 가장 좋은 방법은 안내서를 읽는 것이다.

당신의 의견을 뒷받침하기 위해 구체적인 이유와 예를 제시하세요.

답변 아이디어

나의 의견	동의하지 않음 disagree
이유 1	상호적인 학습 방식이 아님 not an interactive way of learning
근거	질문을 하거나 즉각적인 의견을 얻을 수 없음 can't ask questions or get immediate feedback
이유 2	안내서는 모든 상황을 포함하지 못함 manuals can't cover all situations
근거	예상 밖의 상황이나 실수를 어떻게 다뤄야 할지 모를 것임 won't know how to deal with unexpected circumstances or mistakes

모범 답변

나의 의견	🎤 I disagree that the best way to learn a new work skill is by reading a manual for a couple of reasons.	저는 몇 가지 이유로 안내서를 읽는 것이 새로운 업무 기술을 배우는 가장 좋은 방법이라는 것에 동의하지 않습니다.
이유 1 + 근거	First of all, learning through manuals is not an interactive way of learning. To be specific, when you're learning by reading written materials, you can't ask questions or get immediate feedback while the learning is taking place. So it can be less effective than learning from a person.	첫째로, 안내서를 통해 배우는 것은 상호적인 학습 방식이 아닙니다. 구체적으로 말하면, 글로 쓰여진 자료를 읽어서 배울 때는, 학습이 이뤄지는 동안 질문을 하거나 즉각적인 의견을 얻을 수 없습니다. 그러므로 사람에게 배우는 것보다 덜 효과적일 수 있습니다.
이유 2 + 근거	Secondly, manuals can't cover all situations. For instance, if I only learn from the manual, I won't know how to deal with unexpected circumstances or mistakes. If I instead learned by doing, I could experience all sorts of situations and learn firsthand from them.	둘째로, 안내서는 모든 상황을 포함하지 못합니다. 예를 들면, 제가 안내서로만 배운다면, 저는 예상 밖의 상황이나 실수를 어떻게 다뤄야 할지 모를 것입니다. 대신에 일을 해보면서 배운다면, 모든 종류의 상황을 경험하고 그것들로부터 직접 배울 수 있습니다.
마무리	Therefore, I don't think that reading a manual is the best method to learn a new work skill.	그러므로, 저는 안내서를 읽는 것이 새로운 업무 기술을 배우는 가장 좋은 방법이라고 생각하지 않습니다.

답변Tip '결론적으로, 현장 실습이 새로운 업무 기술을 배우는 더 효과적인 방법일 수 있다'(In conclusion, a field trip can be a more effective way to learn a new work skill)고 구체적인 대안을 제시하며 답변을 마무리해도 좋아요.

어휘 **manual**[mǽnjuəl] 안내서, 설명서 **immediate**[imíːdiət] 즉각적인 **feedback**[fíːdbæk] 의견, 반응 **cover**[kʌ́vər] 포함하다, 다루다
unexpected[ʌ̀nikspéktid] 예상 밖의, 뜻밖의 **circumstance**[sə́ːrkəmstæns] 상황 **firsthand**[fə́ːrsthǽnd] 직접

7 장·단점 질문

What are the disadvantages of making decisions with a group of people at work?

Use specific reasons and details to support your opinion.

직장에서 한 집단의 사람들과 함께 결정을 내리는 것의 단점은 무엇인가요?

당신의 의견을 뒷받침하기 위해 구체적인 이유와 예를 사용하세요.

💬 답변 아이디어

단점 1	집단으로 결정을 내리는 것은 더욱 시간이 오래 걸림 making decisions as a group is more time-consuming	
근거	모든 구성원들의 많은 다양한 생각과 의견을 고려해야 함 have to consider many different ideas and opinions from all members	
단점 2	갈등이 발생할 수 있음 conflicts can happen	
근거	최종 결정에 모든 집단 구성원들의 의견을 반영하는 것은 불가능함 impossible to reflect every group members' opinion in the final decision	

🕐 모범 답변

나의 의견	🎙 I think that there are several disadvantages of making decisions with a group of people at work.	저는 직장에서 한 집단의 사람들과 함께 결정을 내리는 것에 몇 가지 단점이 있다고 생각합니다.
단점 1 + 근거	First of all, making decisions as a group is more time-consuming. This is because you have to consider many different ideas and opinions from all members of the group. For example, even making simple decisions like who should be in charge of certain tasks can take longer than usual in a group.	첫째로, 집단으로 결정을 내리는 것은 더욱 시간이 오래 걸립니다. 이는 집단의 모든 구성원들의 많은 다양한 생각과 의견을 고려해야 하기 때문입니다. 예를 들어, 특정 업무들을 누가 담당할지와 같은 간단한 결정을 내리는 것조차 집단에서는 평소보다 오래 걸릴 수 있습니다.
단점 2 + 근거	Secondly, conflicts can happen when making group decisions at work. It's impossible to reflect every group members' opinion in the final decision, so this could cause some people to feel unhappy about their contributions not being included.	둘째로, 직장에서 집단 결정을 내릴 때는 갈등이 발생할 수 있습니다. 최종 결정에 모든 집단 구성원들의 의견을 반영하는 것은 불가능하기 때문에, 일부 사람들은 자신의 의견 제시가 포함되지 않는 것에 대해 불만스럽게 느낄 수 있습니다.
마무리	Thus, I think these are some disadvantages of making decisions with a group of people.	그러므로, 저는 이것들이 집단에서 결정을 내리는 것의 단점이라고 생각합니다.

어휘   decision[disíʒən] 결정, 선택, 결단   time-consuming 시간이 걸리는   be in charge of ~을 담당하다   conflict[kánflikt] 갈등, 충돌
contribution[kàntrəbjúːʃən] 의견 제시, 발언

8 선택형 질문

미국식 발음
Which of the following do you think is the most important attribute of a business partner?

- *Patience*
- *Politeness*
- *Credibility*

Give specific reasons and examples to support your opinion.

다음 중 어떤 것이 동업자의 가장 중요한 자질이라고 생각하나요?

- *인내심*
- *예의*
- *신뢰성*

당신의 의견을 뒷받침하기 위해 구체적인 이유와 예를 제시하세요.

답변 아이디어

나의 의견	신뢰성 credibility
이유 1	사업 관계에는 많은 것이 걸려 있으므로, 동업자는 정말로 믿을 만한 사람이어야 함 a lot is at stake for business relationships, so my business partner should be a truly credible person
근거	친척 중 한 명이 신뢰할 수 없는 것으로 드러난 동업자에게 사기를 당했음 one of my relatives was scammed by his business partner who turned out to be untrustworthy
이유 2	정말 믿을 만한 동업자와 사업을 한다면 사업이 더 번창할 가능성이 큼 if I do business with a highly credible partner, the business will likely flourish
근거	업계에서 좋은 평판이 나 있을 것이므로 사업에 도움이 될 것임 has a good reputation within the industry, and that will help the business

모범 답변

나의 의견	🎤 I believe that the most important attribute of a business partner is credibility for the following reasons.	저는 다음의 이유로 신뢰성이 동업자의 가장 중요한 자질이라고 생각합니다.
이유 1 + 근거	First of all, a lot is at stake for business relationships, so my business partner should be a truly credible person. For instance, one of my relatives was scammed by his business partner who turned out to be untrustworthy, and I would hate to end up like him.	첫째로, 사업 관계에는 많은 것이 걸려 있으므로, 저의 동업자는 정말로 믿을 만한 사람이어야 합니다. 예를 들면, 제 친척 중 한 명이 신뢰할 수 없는 것으로 드러난 동업자에게 사기를 당했었는데, 저는 그처럼 되는 것이 싫습니다.
이유 2 + 근거	Second of all, if I do business with a highly credible partner, the business will likely flourish. To be specific, someone with high credibility probably has a good reputation within the industry, and this will help the business because many people have a high regard for him or her.	둘째로, 제가 정말 믿을 만한 동업자와 사업을 한다면, 사업이 더 번창할 가능성이 큽니다. 구체적으로 말하면, 높은 신용을 가진 사람은 아마 그 업계에서 좋은 평판이 나 있을 것이고, 많은 사람들이 그 혹은 그녀를 향해 높은 평가를 갖고 있기 때문에 사업에 도움이 될 것입니다.
마무리	Therefore, I believe credibility is the most important attribute for a business partner to have.	그러므로, 저는 신뢰성이 동업자가 가져야 할 가장 중요한 자질이라고 생각합니다.

어휘 **at stake** ~이 걸린, 위태로운 **scam** [skæm] 사기치다; 사기 **untrustworthy** [ʌ̀ntrʌ́stwə̀ːrði] 신뢰할 수 없는 **flourish** [flə́ːriʃ] 번창하다
reputation [rèpjutéiʃən] 평판, 명성 **regard** [rigɑ́ːrd] 높은 평가, 존경

Hackers Test 🎧 (Q11_코스2) 06_HT

p. 194

1 찬반형 질문

미국식 발음
Do you agree or disagree with the following statement?

The public has a right to know about celebrities' private lives.

Use specific reasons and details to support your opinion.

다음 진술에 동의하나요, 동의하지 않나요?

대중은 유명인들의 사생활을 알 권리가 있다.

당신의 의견을 뒷받침하기 위해 구체적인 이유와 예를 사용하세요.

⚠️ 답변 아이디어

나의 의견	동의하지 않음 disagree
이유 1	모든 사람은 사생활에 대한 권리가 있음 everyone has a right to their privacy
근거	유명인들이 공인이라 할지라도, 그들은 사생활을 포함하여, 다른 모든 사람과 동일한 권리를 가짐 even though celebrities are public figures, they have the same rights as everyone else, including privacy
이유 2	사생활 침해는 정신적인 스트레스로 이어질 수 있음 invasion of privacy can lead to mental stress
근거	우리의 사생활 문제가 공공연해진다면, 우리는 불안해질 것임 if our private matters became public, we would become anxious

🕒 모범 답변

나의 의견	🎙️ I disagree that the public has a right to know about celebrities' private lives.	저는 대중이 유명인들의 사생활을 알 권리가 있다는 것에 동의하지 않습니다.
이유 1 + 근거	First of all, everyone has a right to their privacy. To be specific, even though celebrities are public figures, they have the same rights as everyone else, including privacy. That their job requires them to be in the public eye doesn't mean their personal life should be shared with everyone.	첫째로, 모든 사람은 사생활에 대한 권리가 있습니다. 구체적으로 말하면, 유명인들이 공인이라 할지라도, 그들은 사생활을 포함하여, 다른 모든 사람과 동일한 권리를 가집니다. 그들의 직업이 세간의 주목을 받는 것을 요구한다는 것이 그들의 개인적인 생활이 모든 사람과 공유되어야 한다는 것을 의미하지는 않습니다.
이유 2 + 근거	Furthermore, invasion of privacy can lead to mental stress. For example, if our private matters like personal losses or hardships became public, we would become anxious. Celebrities are human beings, too, and would feel the same kind of stress if they lost their privacy.	게다가, 사생활 침해는 정신적인 스트레스로 이어질 수 있습니다. 예를 들면, 개인의 상실이나 역경과 같은 우리의 사생활 문제가 공공연해진다면, 우리는 불안해질 것입니다. 유명인들도 마찬가지로 인간이고, 그들이 사생활을 잃는다면 동일한 종류의 스트레스를 느낄 것입니다.
마무리	Therefore, I believe that the public does not have a right to know about the private affairs of celebrities.	그러므로, 저는 대중이 유명인의 사적인 일에 대해 알 권리가 없다고 생각합니다.

어휘 public figure 공인 in the public eye 세간의 주목을 받는 invasion[invéiʒən] 침해, 침범 matter[mǽtər] 문제, 일, 사건
anxious[ǽŋkʃəs] 불안한, 걱정스러운 affair[əfɛ́ər] 일, 문제

2 선택형 질문

Which of the following do you think is the best electronic device?

- *A smartphone*
- *An e-book reader*
- *A laptop computer*

Choose ONE of the options and use specific reasons and details to support your opinion.

다음 중 당신이 생각하기에 가장 좋은 전자 기기는 무엇인가요?

- *스마트폰*
- *전자책 단말기*
- *노트북*

보기 중 하나를 선택하고 당신의 의견을 뒷받침하기 위해 구체적인 이유와 예를 사용하세요.

답변 아이디어

나의 의견	스마트폰 a smartphone
이유 1	가지고 다니기 편리함 convenient to carry around
근거	작고 휴대하기 쉬워서 가방이나 주머니에 넣고 다니며 원하는 어디서든지 사용할 수 있음 small and portable, so I can carry my smartphone around in my bag or my pocket and use it wherever I want
이유 2	많은 유용한 기능을 제공함 provides many useful functions
근거	한 기기에서 통화도 할 수 있고 내려받은 어플리케이션의 다양한 다른 기능도 사용할 수 있음 can make phone calls and also use various other functions through downloaded applications on a single device

모범 답변

나의 의견	🎤 I think that a smartphone is the best electronic device for a couple of reasons.	저는 몇 가지 이유로 스마트폰이 가장 좋은 전자 기기라고 생각합니다.
이유 1 + 근거	The main reason is that smartphones are convenient to carry around. To be specific, they are small and portable, so I can carry my smartphone around in my bag or my pocket and use it wherever I want. Other digital devices are not as easy to bring with me everywhere.	가장 큰 이유는 스마트폰은 가지고 다니기 편리하다는 것입니다. 구체적으로 말하면, 스마트폰은 작고 휴대하기 쉬워서, 제 스마트폰을 가방이나 주머니에 넣고 다니며 원하는 어디서든지 사용할 수 있습니다. 다른 전자 기기는 어디든 가지고 다니기가 그렇게 쉽지 않습니다.
이유 2 + 근거	Another reason is that it provides many useful functions. I can make phone calls and also use various other functions through downloaded applications on a single device. For example, with my smartphone, I can figure out the bus schedule, manage my bank accounts, and listen to the radio.	다른 이유는 많은 유용한 기능을 제공한다는 것입니다. 한 기기에서 통화도 할 수 있고 내려받은 어플리케이션의 다양한 다른 기능도 사용할 수 있습니다. 예를 들면, 저의 스마트폰으로, 저는 버스 시간표를 알아내고, 은행 계좌를 관리하고, 라디오를 들을 수 있습니다.
마무리	For these reasons, I believe that a smartphone is the best electronic device.	이러한 이유로, 저는 스마트폰이 가장 좋은 전자 기기라고 생각합니다.

어휘 portable[pɔ́ːrtəbl] 휴대하기 쉬운 **figure out** ~을 알아내다 **bank account** 은행 계좌

Q1-2
Q3-4
Q5-7
Q8-10
Q11
10일 만에 끝내는 해커스 토익스피킹

3 찬반형 질문

미국식 발음
Do you agree or disagree with the following statement?

People nowadays relieve their stress more easily than people did in the past.

Use specific reasons and examples to support your opinion.

다음 진술에 동의하나요, 동의하지 않나요?

요즘 사람들은 과거의 사람들이 그랬던 것보다 스트레스를 더 쉽게 해소한다.

당신의 의견을 뒷받침하기 위해 구체적인 이유와 예를 사용하세요.

답변 아이디어

나의 의견	동의함 agree
이유 1	요즘은 스트레스를 즉시 해소할 수 있는 방법이 더 많음 there are more ways to readily relieve stress these days
근거	사람들은 운동이나 취미 생활과 같은 다양한 활동을 통해 쉽게 기운을 낼 수 있음 people can easily lift their spirits through various activities like exercise or other hobbies
이유 2	스트레스 해소에 관한 관심이 증가함 interest in stress relief has increased
근거	정신적 건강을 추구하는 것이 일반적으로 받아들여짐 pursuing psychological well-being is more widely accepted

모범 답변

나의 의견	🎤 I agree that people nowadays have an easier time relieving stress than people in the past for a couple of reasons.	저는 몇 가지 이유로 요즘 사람들이 과거보다 스트레스를 더 쉽게 해소하는 시간을 갖는다는 것에 동의합니다.
이유 1 + 근거	To start with, there are more ways to readily relieve stress these days. To be specific, people can easily lift their spirits through various activities like exercise or other hobbies. Also, the Internet makes it easy for people to vent to their friends instantly.	우선, 요즘은 스트레스를 즉시 해소할 수 있는 방법이 더 많습니다. 구체적으로 말하면, 사람들은 운동이나 다른 취미 생활과 같은 다양한 활동을 통해 쉽게 기운을 낼 수 있습니다. 또한, 인터넷은 사람들이 즉시 친구들에게 털어놓는 것을 쉽게 만듭니다.
이유 2 + 근거	Additionally, interest in stress relief has increased. For example, pursuing psychological well-being is more widely accepted now than it was before, so people feel free to do activities solely for the purpose of relieving stress. Some companies even offer paid vacations for stress relief.	게다가, 스트레스 해소에 관한 관심이 증가했습니다. 예를 들면, 요즘은 정신적 건강을 추구하는 것이 예전보다 더 일반적으로 받아들여져서, 사람들은 오직 스트레스 해소만을 목적으로 하는 활동을 자유롭게 합니다. 몇몇 회사들은 스트레스 해소를 위한 유급 휴가를 제공하기도 합니다.
마무리	For these reasons, I think that people these days relieve their stress much more easily than people used to.	이러한 이유로, 저는 요즘의 사람들이 과거의 사람들이 했던 것보다 스트레스를 훨씬 더 쉽게 해소한다고 생각합니다.

답변Tip 과거와 현재의 사람들을 비교하는 문제가 나왔을 때는, used to(~하곤 했다), compared to the past(과거에 비해)와 같은 표현을 사용하여 과거와 다른 현재 사람들의 생활 양식이나 가치관 등을 설명하세요.

어휘 readily [rédəli] 즉시, 쉽사리 lift one's spirits 기운나게 하다 psychological [sàikəládʒikəl] 정신적인, 심리학적인

4 선택형 질문

영국식 발음

Do you prefer watching TV or reading books during your spare time?

Use specific ideas and examples to support your opinion.

당신은 여가 시간에 TV를 보는 것을 선호하나요 아니면 책을 읽는 것을 선호하나요?

당신의 의견을 뒷받침하기 위해 구체적인 견해와 예를 사용하세요.

⚠ 답변 아이디어

나의 의견	책을 읽는 것 reading books
이유 1	상상력을 활발히 자극할 수 있음 can actively stimulate my imagination
근거	등장인물에 공감하고 그들의 상황에 내 자신을 이입시킬 수 있음 can identify with the characters and put myself in their situation
이유 2	고를 수 있는 넓은 선택의 폭이 있음 there's a huge selection to choose from
근거	지역 도서관에 있는 수천 권의 책 중에서 내가 읽고 싶은 것을 고를 수 있음 can choose what I want to read from thousands of books at my local library

🎧 모범 답변

나의 의견	🎤 I prefer reading books rather than watching TV during my spare time for a few reasons.	저는 몇 가지 이유로 여가 시간에 TV를 보는 것보다는 책을 읽는 것을 좋아합니다.
이유 1 + 근거	To start with, reading books can actively stimulate my imagination. To be specific, when I read novels or science fiction stories, I can identify with the characters and put myself in their situation. Compared to this, watching TV is a much more passive experience.	우선, 책을 읽는 것은 저의 상상력을 활발히 자극할 수 있습니다. 구체적으로 말하면, 소설이나 공상 과학 이야기들을 읽을 때, 저는 등장인물에 공감하고 그들의 상황에 제 자신을 이입시킬 수 있습니다. 이에 비해, TV를 보는 것은 훨씬 더 수동적인 경험입니다.
이유 2 + 근거	Additionally, when it comes to reading books, there's a huge selection to choose from. For example, I can choose what I want to read from thousands of books at my local library, but I only get about 200 channels on my TV.	또한, 책을 읽는 것에 관해서라면 고를 수 있는 넓은 선택의 폭이 있습니다. 예를 들어, 저는 저희 지역 도서관에 있는 수천 권의 책 중에서 제가 읽고 싶은 것을 고를 수 있지만, TV에서는 약 200개의 채널만을 수신할 수 있습니다.
마무리	Therefore, I prefer to read a book when I have some free time.	그러므로, 저는 자유 시간이 있을 때 책을 읽는 것을 선호합니다.

어휘   stimulate [stímjulèit] 자극하다, 촉진시키다   science fiction 공상 과학 소설   identify [aidéntəfài] 공감하다, 동일시하다
passive [pǽsiv] 수동적인, 소극적인   when it comes to ~에 관해서라면, ~에 관한 한   huge selection 넓은 선택 폭

5 찬반형 질문

미국식 발음
Do you agree or disagree with the following statement?

Customer reviews on social media are the most effective way to advertise a product.

Give specific reasons and details to support your opinion.

다음 진술에 동의하나요, 동의하지 않나요?

소셜 미디어의 고객 후기는 상품을 광고하는 가장 효과적인 방법이다.

당신의 의견을 뒷받침하기 위해 구체적인 이유와 예를 제시하세요.

① 답변 아이디어

나의 의견	동의함 agree
이유 1	잠재 고객들은 광고보다 고객 후기를 더 신뢰함 potential customers have more trust in customer reviews than in the advertisements
근거	화장품의 경우, 블로거들이 제품에 대해 쓰기 전에 그것을 시험적으로 사용해 봄 in the case of makeup, bloggers try it out before they write about the product
이유 2	정보는 소셜 미디어를 통해 훨씬 더 빠르게 퍼질 수 있음 information can spread much more quickly through social media
근거	소셜 미디어는 친구들과 링크를 공유하기 쉬워서, 후기가 더 적은 시간에 더 많은 사람들에게 도달할 수 있음 social media makes it easy to share links with friends, so reviews can reach more people in less time

② 모범 답변

나의 의견	🎤 I agree that customer reviews on social media are the most effective way to advertise a product for a few reasons.	저는 몇 가지 이유로 소셜 미디어의 고객 후기가 상품을 광고하는 가장 효과적인 방법이라는 것에 동의합니다.
이유 1 + 근거	First, potential customers have more trust in customer reviews than in the advertisements a company provides. For example, in the case of makeup, bloggers try it out before they write about the product, so usually their reviews gain more trust from potential users.	첫째로, 잠재 고객들은 회사가 제공하는 광고보다 고객 후기를 더 신뢰합니다. 예를 들면, 화장품의 경우, 블로거들이 제품에 대해 쓰기 전에 그것을 시험적으로 사용해 보기 때문에, 그들의 후기들은 보통 잠재 고객들로부터 더 많은 신뢰를 얻습니다.
이유 2 + 근거	Secondly, information can spread much more quickly through social media. To be specific, social media makes it easy to share links with friends, so reviews can reach more people in less time. Besides, most people spend hours on social media every day, so the reviews will get a lot of exposure.	둘째로, 정보는 소셜 미디어를 통해 훨씬 더 빠르게 퍼질 수 있습니다. 구체적으로 말하면, 소셜 미디어는 친구들과 링크를 공유하기 쉬워서, 후기가 더 적은 시간에 더 많은 사람들에게 도달할 수 있습니다. 게다가, 대부분의 사람들은 매일 소셜 미디어에 몇 시간씩 쓰기 때문에, 후기들이 많이 노출될 것입니다.
마무리	Therefore, I think that posting customer reviews on social media is the most effective method of advertising a product.	그러므로, 저는 소셜 미디어에 고객 후기를 게시하는 것이 상품을 광고하는 가장 효과적인 방법이라고 생각합니다.

답변 Tip 소셜 미디어 특성을 나타내는 표현인 makes it easy to share links with friends, most people spend hours on a daily basis를 알아두면 소셜 미디어에 관련된 문제가 나왔을 때 활용할 수 있어요.

어휘 **potential customer** 잠재 고객 **try ~ out** ~을 시험적으로 사용해 보다 **exposure**[ikspóuʒər] 노출 **method**[méθəd] 방법, 수단

6 선택형 질문

미국식 발음
When you travel overseas, do you prefer to visit many different countries or stay in just one country?

Support your answer with reasons or examples.

해외여행을 갈 때, 여러 많은 나라를 방문하는 것을 선호하나요, 아니면 오직 한 나라에 머무는 것을 선호하나요?

이유 또는 예를 들어 당신의 의견을 뒷받침하세요.

답변 아이디어

나의 의견	오직 한 나라에 머무는 것 stay in just one country for the entire time
이유 1	덜 복잡함 it's less complicated
근거	다양한 화폐와 비자를 얻지 않아도 됨 don't have to get multiple currencies or visas
이유 2	더 안전함 it's safer
근거	주변을 더 잘 알게 되기 때문에, 길을 잃거나 어딘가에 소지품을 잊고 두고 올 가능성이 작음 since I can become more familiar with my surroundings by staying in one area, I'm less likely to get lost or forget my belongings somewhere

모범 답변

나의 의견	🎤 When I travel abroad, I prefer to stay in just one country for the entire time for the following reasons.	해외여행을 갈 때, 저는 다음과 같은 이유로 전체 시간 동안 오직 한 나라에 머무는 것을 좋아합니다.
이유 1 + 근거	The first reason for this is that it's less complicated to stay in one country. Specifically, I don't have to get multiple currencies or visas if I'm just traveling in the same country for my whole trip. Not to mention, remaining in the same place means that I don't have to plan many different itineraries.	이것의 첫 번째 이유는 한 나라에 머무는 것이 덜 복잡하다는 것입니다. 구체적으로 말하면, 전체 여행을 같은 나라에서만 이동한다면 저는 다양한 화폐와 비자를 얻지 않아도 됩니다. 더하여, 같은 장소에 머무른다는 것은 여러 많은 여행 일정을 계획하지 않아도 된다는 것을 의미합니다.
이유 2 + 근거	Additionally, I think it's safer to be in the same country for an overseas trip. Since I can become more familiar with my surroundings by staying in one area, I'm less likely to get lost or forget my belongings somewhere.	게다가, 해외여행의 경우 저는 같은 나라에 있는 것이 더 안전하다고 생각합니다. 한 지역에 머묾으로써 제 주변을 더 잘 알게 되기 때문에, 길을 잃거나 어딘가에 제 소지품을 잊고 두고 올 가능성이 작습니다.
마무리	Therefore, I prefer to stay in the same country when traveling overseas.	그러므로, 저는 해외로 여행할 때 같은 나라에 머무는 것을 선호합니다.

답변Tip 여러 나라를 방문하는 것을 선호한다고 답하는 경우, '사람과 문화로부터 다양한 것들을 경험할 수 있어서'(can experience various things from people and culture)나 '개인의 생각과 시각을 넓힐 수 있어서'(broaden one's view and perspective) 등을 근거로 답변할 수 있어요.

답변Tip 위의 모범 답변에서처럼, 'Not to mention'(더하여)은 추가적인 의견 및 아이디어를 덧붙일 때 사용할 수 있어요.

어휘 complicated[kámpləkèitid] 복잡한 currency[kə́:rənsi] 화폐, 통화 itinerary[aitínərèri] 여행 일정, 여정
be familiar with 알다, 정통하다, ~에 익숙하다 surrounding[səráundiŋ] 주변, 주위, 환경 belonging[biló:ŋiŋ] 소지품, 소유물

7 장·단점 질문

What are the disadvantages of living in an apartment compared to living in a house? Give specific ideas and examples to support your opinion.	주택에 사는 것에 비해 아파트에 사는 것의 단점은 무엇인가요? 당신의 의견을 뒷받침하기 위해 구체적인 견해와 예를 제시하세요.

ⓘ 답변 아이디어

단점 1	이웃들과 벽을 공유하는 것은 스트레스의 원인이 됨 sharing walls with neighbors can be a source of stress
근거	위층 이웃의 발자국 소리나 옆집 이웃이 벽을 두드리는 소리를 들음 can hear the footsteps of my upstairs neighbors or the knocking on the walls of my next-door neighbors
단점 2	나만의 뜰을 가지지 못함 don't have my own yard
근거	아파트 건물들과 가까운 뜰은 공유 자산이라서 모두가 사용함 the yards near apartment buildings are shared property, so everyone uses them

ⓑ 모범 답변

나의 의견	🎤 I think that there are some disadvantages of living in an apartment in comparison to living in a house for the following reasons.	저는 다음의 이유로 주택에 사는 것에 비교할 때 아파트에서 사는 것에 몇 가지 단점이 있다고 생각합니다.
단점 1 + 근거	To begin with, sharing walls with neighbors can be a source of stress. For instance, sometimes I can hear the footsteps of my upstairs neighbors or the knocking on the walls of my next-door neighbors. Incidents like these are not very pleasant.	우선, 이웃들과 벽을 공유하는 것은 스트레스의 원인이 될 수 있습니다. 예를 들면, 저는 가끔 위층 이웃의 발자국 소리나, 옆집 이웃이 벽을 두드리는 소리를 듣습니다. 이런 일들은 별로 유쾌하지 않습니다.
단점 2 + 근거	Another reason is that, as an apartment dweller, I don't have my own yard. To be specific, the yards near apartment buildings are shared property, so everyone uses them. This means that I can't do what I want with them, like planting herbs or creating a flower garden.	다른 이유는, 아파트 주민으로서 저만의 뜰을 가지지 못한다는 것입니다. 구체적으로 말하면, 아파트 건물들과 가까운 뜰은 공유 자산이라서, 모두가 사용합니다. 이것은 제가 허브를 심거나 꽃밭을 만드는 것처럼 뜰에 하고 싶은 것을 할 수 없다는 것을 의미합니다.
마무리	Therefore, I think these are some disadvantages of living in an apartment compared to living in a house.	그러므로, 저는 이것들이 주택에서 사는 것에 비해 아파트에 사는 것의 단점이라고 생각합니다.

어휘 in comparison to ~에 비교할 때 footstep[fútstèp] 발자국 incident[ínsədənt] 일, 사건 dweller[dwélər] 주민, 거주자
shared property 공유 자산

8 선택형 질문

Which of the following do you think is the best means of obtaining information?

- *TV*
- *Blogs*
- *Newspapers*

Choose ONE of the options and use specific reasons and details to support your opinion.

다음 중 정보를 얻는 가장 좋은 수단이 무엇이라고 생각하나요?

- *TV*
- *블로그*
- *신문*

보기 중 하나를 선택하고 당신의 의견을 뒷받침하기 위해 구체적인 이유와 예를 사용하세요.

☐ 답변 아이디어

나의 의견	블로그 blogs
이유 1	객관적인 정보와 주관적인 정보 모두를 제공함 provide both objective and subjective information
근거	블로그 운영자들은 그들의 주제에 관한 기본적인 사실들을 제시하면서 그들의 의견도 또한 공유함 bloggers present basic facts about their topic while also sharing their own opinions
이유 2	다른 사람들과 활발히 소통할 수 있음 can actively communicate with other people
근거	이용자들이 다른 이용자들과 의견을 나누게 함 let users share opinions with other users

⏱ 모범 답변

나의 의견

🎙 I think that blogs are the best means of obtaining information for a couple of reasons.

저는 몇 가지 이유로 블로그가 정보를 얻는 가장 좋은 수단이라고 생각합니다.

이유 1 + 근거

To begin with, blogs provide both objective and subjective information about products or places. To be specific, bloggers present basic facts about their topic while also sharing their own opinions. I find it very helpful to be able to get both types of information from a single page.

우선, 블로그는 어떤 제품이나 장소에 대한 객관적인 정보와 주관적인 정보 모두를 제공합니다. 구체적으로 말하면, 블로그 운영자들은 그들의 주제에 관한 기본적인 사실들을 제시하면서 그들의 의견도 또한 공유합니다. 하나의 페이지에서 두 종류의 정보를 얻는게 가능하다는 것은 제게 아주 도움이 됩니다.

이유 2 + 근거

Another reason is that I can actively communicate with other people through blogs. To be specific, blogs let users share opinions with other users. I can do this by leaving comments at the bottom of a blog post.

다른 이유는 블로그를 통해 다른 사람들과 활발히 소통할 수 있다는 것입니다. 구체적으로 말하면, 블로그는 이용자들이 다른 이용자들과 의견을 나누게 합니다. 저는 이것을 블로그 게시글 아래에 댓글을 남기는 것을 통해 할 수 있습니다.

마무리

For these reasons, I believe that using blogs to obtain information is the best option.

이러한 이유로, 저는 정보를 얻기 위해 블로그를 사용하는 것이 가장 좋은 선택권이라고 생각합니다.

답변Tip 블로그 등의 인터넷과 관련된 주제에는 '다른 수단들보다 접근성이 좋다'(more accessible than other means)는 것을 근거로 제시할 수도 있어요.

어휘 obtain[əbtéin] 얻다, 입수하다   objective[əbdʒéktiv] 객관적인   subjective[səbdʒéktiv] 주관적인

Q1-2
Q3-4
Q5-7
Q8-10
Q11
10일 안에 끝내는 해커스 토익스피킹

Hackers Test 🎧 (Q11_코스3) 08_HT   p. 204

1 찬반형 질문

미국식 발음	
Do you agree or disagree with the following statement? *Parents should not help children with their homework.* Use specific ideas and examples to support your opinion.	다음 진술에 동의하나요, 동의하지 않나요? 부모는 자녀의 숙제를 도와주어서는 안 된다. 당신의 의견을 뒷받침하기 위해 구체적인 견해 와 예를 사용하세요.

🗨 답변 아이디어

나의 의견	동의함 agree
이유 1	아이들은 많이 배울 수 없음 children don't learn as much
근거	스스로 숙제를 끝마치는 아이들은 그들이 수업에서 배운 실력을 향상시키는 경향이 있음 children who complete homework by themselves tend to improve the skills they learned in class
이유 2	아이들이 책임감 있고 독립적이게 되는 방법을 배울 수 없을지도 모름 children might not learn how to be responsible and independent
근거	다른 사람에게 기대는 버릇이 생길 수도 있음 they may develop a habit of relying on other people

🎙 모범 답변

나의 의견	🎙 I agree with the statement that parents should not help children with their homework for the following reasons.	저는 다음의 이유로 부모는 자녀의 숙제를 도와 주어서는 안 된다는 진술에 동의합니다.
이유 1 + 근거	First of all, children don't learn as much when their parents help them with their homework. To be specific, children who complete homework by themselves tend to improve the skills they learned in class. This gives them a better understanding of the course material than students whose parents frequently lend a hand.	첫째로, 부모들이 그들의 숙제를 도와주면 아이들은 많이 배울 수 없습니다. 구체적으로 말하면, 스스로 숙제를 끝마치는 아이들은 그들이 수업에서 배운 실력을 향상시키는 경향이 있습니다. 이는 부모가 자주 도와주는 학생들에 비해 그들이 과목 내용에 대해 더 잘 이해하게 합니다.
이유 2 + 근거	Secondly, children might not learn how to be responsible and independent if they don't do their homework on their own. For example, if children constantly receive assistance with homework, they may develop a habit of relying on other people.	둘째로, 아이들이 스스로 숙제를 하지 않으면, 그들은 책임감 있고 독립적이게 되는 방법을 배울 수 없을지도 모릅니다. 예를 들어, 아이들이 계속 숙제에 도움을 받는다면, 다른 사람에게 기대는 버릇이 생길 수도 있습니다.
마무리	For these reasons, I think children should do their homework without help from their parents.	이러한 이유로, 저는 아이들이 부모의 도움 없이 숙제를 해야 한다고 생각합니다.

어휘   **lend a hand** 도움을 주다   **responsible**[rispánsəbl] 책임감 있는   **independent**[ìndipéndənt] 독립적인   **develop a habit** 버릇이 생기다
rely on ~에게 기대다, 의존하다

2 선택형 질문

영국식 발음 Which place do you think is more important for children to visit – an art museum or a science museum? Support your answer with reasons or examples.	미술 박물관과 과학 박물관 중 아이들이 방문하기에 더 중요한 장소는 어디라고 생각하나요? 이유 또는 예를 들어 당신의 의견을 뒷받침하세요.

⚠ 답변 아이디어

나의 의견	과학 박물관 a science museum	
이유 1	아이들이 경험할 수 있는 흥미로운 전시물과 활동들이 많이 있음 have many interesting exhibits and activities for children to experience	
근거	유익한 전기 관련 전시물을 정말 즐겼음 I really enjoyed an informative exhibit about electricity	
이유 2	어린이들이 수학과 공학에 대해 더 배우도록 도울 수 있음 can help kids to learn more about math and engineering	
근거	성공적인 미래의 진로 방향으로 이어질 수 있음 can lead to very successful future career paths	

⟳ 모범 답변

나의 의견	🎤 I think that the most important place for children to visit is a science museum for the following reasons.	저는 다음과 같은 이유로 과학 박물관이 아이들이 방문하기에 가장 좋은 장소라고 생각합니다.
이유 1 + 근거	First of all, science museums have many interesting exhibits and activities for children to experience. For example, I remember visiting a science museum when I was younger, and I really enjoyed an informative exhibit about electricity.	첫째로, 과학 박물관들에는 아이들이 경험할 수 있는 흥미로운 전시물과 활동들이 많이 있습니다. 예를 들어, 제가 어렸을 때 과학 박물관을 방문했던 기억이 있는데, 유익한 전기 관련 전시물을 정말 즐겼던 기억이 납니다.
이유 2 + 근거	Second, science museums can help kids to learn more about math and engineering, which can lead to very successful future career paths. I think that encouraging young students to be enthusiastic about science in this way is not only fun but also educational.	둘째로, 과학 박물관들은 어린이들이 수학과 공학에 대해 더 배우도록 도울 수 있고, 이는 성공적인 미래의 진로 방향으로 이어질 수 있습니다. 저는 이러한 방법을 통해 과학에 열정을 갖도록 어린 학생들을 촉진하는 것이 즐거운 것일 뿐만 아니라 교육적인 것이라고 생각합니다.
마무리	For these reasons, I believe that a science museum is the best place for children to visit.	이러한 이유로, 저는 과학 박물관이 아이들이 방문하기에 가장 좋은 장소라고 생각합니다.

어휘 **exhibit** [igzíbit] 전시물, 전시회 **engineering** [èndʒiníəriŋ] 공학, 기술 **enthusiastic** [inθù:ziǽstik] 열정적인, 열렬한
educational [èdʒukéiʃənl] 교육적인

3 찬반형 질문

미국식 발음	
Do you agree or disagree with the following statement? *Teenagers should learn how to manage money.* Use specific ideas and examples to support your opinion.	다음 진술에 동의하나요, 동의하지 않나요? 십 대들은 돈을 관리하는 방법을 배워야 한다. 당신의 의견을 뒷받침하기 위해 구체적인 견해 와 예를 사용하세요.

답변 아이디어

나의 의견	동의함 agree
이유 1	돈이 얼마나 가치 있는지를 알게 될 것임 will discover how valuable money is
근거	부모님이 주신 돈을 어떻게 소비하는지에 더 신중해질 것임 will be more careful with how they spend the money their parents give them
이유 2	더 책임감 있는 성인으로 성장할 것임 will grow up to be more responsible adults
근거	큰 빚을 질 가능성이 더 낮고 성장했을 때 더 합리적인 소비자가 될 가능성이 높음 less likely to have huge debts and more likely to be sensible spenders when they grow up

모범 답변

나의 의견	🎙 I agree that teenagers should learn how to manage money for a couple of reasons.	저는 몇 가지 이유로 십 대들이 돈을 관리하는 방법을 배워야 한다고 생각합니다.
이유 1 + 근거	Firstly, teenagers who learn to manage money early will discover how valuable money is. Specifically, they will be more careful with how they spend the money their parents give them. They will also be more grateful for their parents' sacrifices.	첫째로, 일찍이 돈을 관리하는 것을 배운 십 대들은 돈이 얼마나 가치 있는지를 알게 될 것입니다. 구체적으로 말하면, 그들은 부모님이 주신 돈을 어떻게 소비하는지에 더 신중해질 것입니다. 그들은 또한 부모님의 희생에 더 감사할 것입니다.
이유 2 + 근거	Secondly, if teenagers learn to manage money while they're young, they'll grow up to be more responsible adults. To be specific, people who learn about money management in their teens are less likely to have huge debts and more likely to be sensible spenders when they grow up.	둘째로, 십 대들이 어릴 때 돈을 관리하는 것을 배운다면, 그들은 더 책임감 있는 성인으로 성장할 것입니다. 구체적으로 말하면, 십 대 때 돈 관리에 대해 배운 사람들은 큰 빚을 질 가능성이 더 낮고 성장했을 때 더 합리적인 소비자가 될 가능성이 높습니다.
마무리	For these reasons, I believe that money management is a skill that teenagers should learn.	이러한 이유로, 저는 돈 관리가 십 대들이 배워야 할 기술 중 하나라고 생각합니다.

답변Tip 어떠한 일이 발생할 가능성이 높거나 낮음을 이야기할 때는 각각 be more likely to ~ 와 be less likely to~ 를 사용하여 말할 수 있어요.

어휘 manage[mǽnidʒ] 관리하다 discover[diskʌ́vər] 알다, 알아채다, 발견하다 valuable[vǽljuəbl] 가치 있는, 귀중한
grateful[grɛ́itfəl] 감사하는, 고맙게 여기는 sacrifice[sǽkrəfàis] 희생 sensible[sɛ́nsəbl] 합리적인, 현명한

4 찬반형 질문

Do you agree or disagree with the following statement?

Learning foreign languages during childhood is more effective than learning them as an adult.

Use specific ideas and examples to support your opinion.

다음 진술에 동의하나요, 동의하지 않나요?

어릴 때 외국어를 배우는 것이 성인일 때 배우는 것보다 더 효과적이다.

당신의 의견을 뒷받침하기 위해 구체적인 견해와 예를 사용하세요.

🗯 답변 아이디어

나의 의견	동의함 agree
이유 1	아이들은 성인에 비해 정보를 더 잘 받아들임 children absorb information more easily compared to adults
근거	초등학생인 내 여동생은 새로운 지식을 매우 빨리 습득함 my younger sister who is in elementary school picks up new knowledge very quickly
이유 2	더 좋은 억양을 가질 가능성이 큼 more likely to have a better accent
근거	아이들은 성인들보다 더 쉽게 소리를 모방함 children can emulate sounds more easily than grown-ups can

🎧 모범 답변

나의 의견	🎤 I agree that learning foreign languages during childhood is more effective than learning them as an adult.	저는 어릴 때 외국어를 배우는 것이 성인일 때 배우는 것보다 더 효과적이라는 것에 동의합니다.
이유 1 + 근거	First of all, children absorb information more easily compared to adults. For example, my younger sister who is in elementary school picks up new knowledge very quickly. She learns information much faster than I do, and it always amazes me.	첫째로, 아이들은 성인에 비해 정보를 더 잘 받아들입니다. 예를 들면, 초등학생인 제 여동생은 새로운 지식을 매우 빨리 습득합니다. 저보다 정보를 훨씬 빨리 배워서, 저를 항상 놀라게 합니다.
이유 2 + 근거	Secondly, you are more likely to have a better accent if you learn a language as a child. To be specific, children can emulate sounds more easily than grown-ups can, so when they speak in a foreign language, they can sound more like a native speaker compared to adults.	둘째로, 어릴 때 언어를 배우면 더 좋은 억양을 가질 가능성이 큽니다. 구체적으로 말하면, 아이들은 성인들보다 더 쉽게 소리를 모방할 수 있어서, 외국어로 말하면 성인에 비해 더 원어민처럼 들릴 수 있습니다.
마무리	For these reasons, I think that it is more effective to learn foreign languages when you're younger than when you're already an adult.	이러한 이유로, 저는 이미 성인일 때보다 더 어릴 때 외국어를 배우는 것이 더 효과적이라고 생각합니다.

답변Tip 성인일 때 배우는 것이 더 효과적이라는 입장에서 답변하고 싶다면, '외국어를 너무 일찍부터 학습하면 모국어 학습에 방해가 될 수 있다' (learning foreign languages too early can interrupt learning their first language)는 것을 이유로 제시할 수 있어요.

어휘 **absorb** [æbsɔ́ːrb] 받아들이다, 흡수하다 **pick up** ~을 습득하다 **accent** [ǽksent] 억양 **emulate** [émjulèit] 모방하다
grown-up [gróunʌp] 성인, 어른

5 찬반형 질문

미국식 발음
Do you agree or disagree with the following statement?

Computers have more of a negative effect on education than a positive one.

Give specific reasons and examples to support your opinion.

다음 진술에 동의하나요, 동의하지 않나요?

컴퓨터는 교육에 긍정적인 영향보다 부정적인 영향을 더 많이 미친다.

당신의 의견을 뒷받침하기 위해 구체적인 이유와 예를 제시하세요.

답변 아이디어

나의 의견	동의하지 않음 disagree	
이유 1	컴퓨터는 학생들이 더 다양한 정보를 빠르고 쉽게 얻게 함	
	computers allow students to obtain a wider range of information quickly and easily	
근거	교과서 외에도 외국 웹사이트와 같은 다양한 자료를 찾아볼 수 있음	
	can look up many different sources, such as foreign websites, in addition to their textbooks	
이유 2	더 편리함 more convenient	
근거	학생들은 원하는 곳 어디에서나 원하는 시간에 공부할 수 있음	
	students can study anywhere they want and anytime they want	

모범 답변

나의 의견	🎤 I disagree that computers have more of a negative effect on education than a positive one for a few reasons.	저는 몇 가지 이유로 컴퓨터가 교육에 있어 긍정적인 영향보다 부정적인 영향을 더 많이 미친다는 것에 동의하지 않습니다.
이유 1 + 근거	To begin with, computers allow students to obtain a wider range of information quickly and easily. For instance, students can look up many different sources, such as foreign websites, in addition to their textbooks. Back in the days when everything was in hard copies, it took much more time to go through the same amount of material.	우선, 컴퓨터는 학생들이 더 다양한 정보를 빠르고 쉽게 얻을 수 있게 합니다. 예를 들면, 학생들은 교과서 외에도 외국 웹사이트와 같은 다양한 자료를 찾아볼 수 있습니다. 모든 것이 출력된 자료였던 과거 시절에는, 같은 양의 자료를 자세히 조사하는 데에 훨씬 많은 시간이 걸렸습니다.
이유 2 + 근거	Secondly, computers are simply more convenient. To be specific, students can study anywhere they want and anytime they want on their computers. This is very convenient and efficient for today's busy students.	둘째로, 컴퓨터는 그야말로 더 편리합니다. 구체적으로 말하면, 학생들은 그들의 컴퓨터로 원하는 곳 어디에서나 원하는 시간에 공부할 수 있습니다. 이것은 오늘날의 바쁜 학생들에게 있어 매우 편리하고 능률적입니다.
마무리	For these reasons, I don't believe that computers have a negative impact on education.	이러한 이유로, 저는 컴퓨터가 교육에 부정적인 영향을 준다고 생각하지 않습니다.

답변 Tip 과거와 현재를 비교하는 문제에 답변할 때는, back in the days when~(과거 ~하던 시절/때에는)이나 in the past(과거에)와 같은 표현을 사용할 수 있어요.

어휘 allow A to B A가 B할 수 있게 하다 **look up** (정보를) 찾아보다 **hard copy** 출력된 자료 **go through** ~을 자세히 조사하다

6 선택형 질문

미국식 발음
Who do you think children are most influenced by?

- *Friends*
- *Parents*
- *Teachers*

Choose ONE of the options and use specific reasons and details to support your opinion.

아이들은 누구에게 가장 많이 영향을 받는다고 생각하나요?

- *친구*
- *부모님*
- *선생님*

보기 중 하나를 선택하고 당신의 의견을 뒷받침하기 위해 구체적인 이유와 예를 사용하세요.

답변 아이디어

나의 의견	친구 friends
이유 1	인생에서 다른 사람들에 비해 친구들과 가장 많이 이야기함 children talk to their friends the most compared to other people in their lives
근거	학교에서 매일 많은 시간을 함께 보냄 spend a lot of time together every day at shcool
이유 2	친구들은 많은 공통점을 가지고 있음 friends have a lot of common ground
근거	어릴 적에 고민이 있을 때마다 친구들에게 의지했음 whenever I had something on my mind when I was young, I turned to my friends

모범 답변

나의 의견	🎙 I think that children are influenced by their friends the most for a couple of reasons.	저는 몇 가지 이유로 아이들이 그들의 친구에게 가장 많이 영향을 받는다고 생각합니다.
이유 1 + 근거	First, children talk to their friends the most compared to other people in their lives. To be specific, they spend a lot of time together every day at school, so there is a greater likelihood that they will influence each other.	첫째로, 아이들은 인생에서 다른 사람들에 비해 친구들과 가장 많이 이야기합니다. 구체적으로 말하면, 그들은 학교에서 매일 많은 시간을 함께 보내기 때문에, 서로 영향을 줄 가능성이 더 큽니다.
이유 2 + 근거	Also, friends have a lot of common ground. In other words, children can get along well with their friends unlike with adults because there's no generation gap. For example, whenever I had something on my mind when I was young, I turned to my friends instead of my parents or older relatives. My friends and I used to ask each other for all kinds of advice.	또한, 친구들은 많은 공통점을 가지고 있습니다. 다시 말해서, 어른들과는 달리 세대 차이가 없기 때문에 아이들은 친구들과 잘 어울릴 수 있습니다. 예를 들면, 저는 어릴 적에 고민이 있을 때마다 부모님이나 나이 많은 친척들 대신 친구들에게 의지했습니다. 제 친구들과 저는 서로 모든 종류의 조언을 요청하곤 했습니다.
마무리	Therefore, I think that friends are the biggest influence in children's lives.	그러므로, 저는 친구들이 아이들의 삶에 가장 큰 영향을 주는 사람이라고 생각합니다.

답변Tip '요즘 아이들은 형제가 적고 부모와 보내는 시간이 적다'(children these days have less siblings and less time to spend with their parents)는 것을 이유 1에 대한 근거로 제시할 수도 있어요.

어휘 likelihood[láiklihùd] 가능성 common ground 공통점 generation gap 세대 차이
have something on one's mind 고민이 있다, 생각이 많다 turn to ~에 의지하다

7 선택형 질문

호주식 발음
Do you prefer to study under the guidance of a teacher or to study by yourself?

Use specific reasons and examples to support your opinion.

선생님의 지도하에 공부하는 것과 혼자 공부하는 것 중 무엇을 선호하나요?

당신의 의견을 뒷받침하기 위해 구체적인 이유와 예를 사용하세요.

⚠ 답변 아이디어

나의 의견	선생님의 지도하에 공부하는 것 to study under the guidance of a teacher
이유 1	개별적인 관심을 받을 수 있음 can get individualized attention
근거	잘 이해되지 않는 주제에 대해 질문이 있다면, 선생님은 내가 이해할 때까지 설명해 주실 것임 if I have a question about a topic I don't understand well, my teacher will explain it until I understand
이유 2	선생님은 내가 최선을 다하도록 동기를 부여해 주실 것임 my teacher will motivate me to do my best
근거	내가 어떻게 하는지에 따라 꾸짖거나 칭찬해줄 수 있음 can scold me or compliment me depending on how I do

⏰ 모범 답변

나의 의견	🎤 I prefer to study under the guidance of a teacher rather than by myself for a couple of reasons.	저는 몇 가지 이유로 혼자 공부하는 것보다 선생님의 지도하에 공부하는 것을 선호합니다.
이유 1 + 근거	To start with, if I'm studying with a teacher, I can get individualized attention. To be specific, if I have a question about a topic I don't understand well, my teacher will explain it until I understand. He or she may even give me extra study materials to help with my learning.	우선, 선생님과 공부하면 개별적인 관심을 받을 수 있습니다. 구체적으로 말하면, 제가 잘 이해되지 않는 주제에 대해 질문이 있다면, 선생님은 제가 이해할 때까지 설명해 주실 것입니다. 또한 학습에 도움이 되는 추가적인 학습자료도 주실 수 있습니다.
이유 2 + 근거	Additionally, my teacher will motivate me to do my best. For example, my teacher can scold me or compliment me depending on how I do. In both cases, the feedback from my teacher will make me want to do better.	게다가, 선생님은 제가 최선을 다하도록 동기를 부여해 주실 것입니다. 예를 들면, 선생님은 제가 어떻게 하는지에 따라 꾸짖거나 칭찬해줄 수 있습니다. 두 경우 모두, 선생님께 받은 의견은 제가 더 잘 하고 싶도록 만들 것입니다.
마무리	This is why my preference is for studying under the guidance of a teacher over studying alone.	이것이 제가 혼자 공부하는 것보다 선생님의 지도하에 공부하는 것을 선호하는 이유입니다.

어휘   under the guidance of ~의 지도하에   by oneself 혼자   attention [əténʃən] 관심, 주목   scold [skóuld] 꾸짖다, 야단치다
compliment [kɔ́mpləmənt] 칭찬하다

8 찬반형 질문

미국식 발음
Do you agree or disagree with the following statement?

A teacher's qualifications are more important than his or her personality.

Use specific ideas and examples to support your opinion.

다음 진술에 동의하나요, 동의하지 않나요?

교사의 자격 요건이 인성보다 더 중요하다.

당신의 의견을 뒷받침하기 위해 구체적인 견해와 예를 사용하세요.

답변 아이디어

나의 의견	동의하지 않음 disagree
이유 1	학생들이 배우는 과목에 더 많은 흥미를 가지도록 동기를 주는 데 도움이 될 수 있음 can help motivate students to gain more interest in the subjects being taught
근거	학생들은 그 교사의 수업에 더 주목할 가능성이 큼 students are more likely to pay attention to the teacher's lessons
이유 2	각 학생의 개인적인 특성에도 영향을 미칠 수 있음 can also influence the personal characteristics of each student
근거	나의 중학교 때 선생님이 항상 용기를 북돋아 주셨고, 이는 내가 더 자신감 있는 사람이 되는 데 큰 보탬이 되었음 my teacher in middle school was always encouraging, and this did much to make me a more confident person

모범 답변

나의 의견	🎤 I disagree that a teacher's qualifications are more important than his or her personality for a couple of reasons.	저는 몇 가지 이유로 교사의 자격 요인이 인성보다 더 중요하다는 것에 동의하지 않습니다.
이유 1 + 근거	To start with, teachers with good personalities can help motivate students to gain more interest in the subjects being taught. Specifically, if a teacher has a likeable personality, then students are more likely to pay attention to the teacher's lessons. And, as a result, this can help students get better grades too!	우선, 좋은 인성을 가진 교사들은 학생들이 배우는 과목에 더 많은 흥미를 가지도록 동기를 주는 데 도움이 될 수 있습니다. 구체적으로 말하면, 교사가 호감이 가는 성격을 가지고 있다면, 학생들은 그 교사의 수업에 더 주목할 가능성이 큽니다. 그리고, 결과적으로, 이는 학생들이 더 좋은 성적을 얻는 데에도 도움이 될 것입니다!
이유 2 + 근거	Secondly, teachers with good personalities can also influence the personal characteristics of each student. For instance, my teacher in middle school was always encouraging, and this did much to make me a more confident person.	둘째로, 좋은 인성을 가진 교사는 가 학생의 개인적인 특성에도 영향을 미칠 수 있습니다. 예를 들면, 저의 중학교 때 선생님은 항상 용기를 북돋아 주셨고, 이는 제가 더 자신감 있는 사람이 되는 데 큰 보탬이 되었습니다.
마무리	Therefore, I think a teacher's personality is more important than his or her qualifications.	그러므로, 저는 교사의 인성이 자격 요건보다 더 중요하다고 생각합니다.

어휘 qualification[kwὰləfikéiʃən] 자격 요건, 자질 **personality**[pə̀ːrsənǽləti] 인성, 성격 **motivate**[móutəvèit] ~에게 동기를 주다, 자극하다 **likeable**[láikəbl] 호감이 가는, 마음에 드는 **pay attention to** ~에 주목하다, 주의를 기울이다 **characteristic**[kæ̀riktərístik] 특성, 특징 **encouraging**[inkə́ːridʒiŋ] 용기를 북돋아 주는, 격려하는 **do much** 큰 보탬이 되다, 크게 기여하다 **confident**[kάnfədənt] 자신감 있는, 확신하는

직장생활: 장·단점 질문

미국식 발음	
What are the advantages of moving to a foreign country for work? Use specific reasons and examples to support your opinion.	일하러 외국으로 이주하는 것의 장점은 무엇인가요? 당신의 의견을 뒷받침하기 위해 구체적인 이유와 예시를 사용하세요.

① 답변 아이디어

장점 1	외국 문화에 대해 배울 수 있음 can learn about a foreign culture
근거	외국의 근로 문화가 당신이 살았던 곳과는 어떻게 다른지에 대해서 알아낼 수 있음 can find out about how the working culture in a foreign country is different from where you used to live
	외국의 음식, 예술, 그리고 전통을 경험할 수 있음 experience the food, art, and traditions of the foreign country
장점 2	이력서에 추가할 훌륭한 점임 a great point to add to your résumé
근거	많은 회사들이 다른 문화적 배경을 가진 사람들과 협력한 경험을 가지고 있는 입사 지원자들을 찾음 many companies look for job candidates who have experience cooperating with people from different cultural backgrounds

⏱ 모범 답변

나의 의견	🎤 I think that there are numerous advantages to moving abroad for work.	저는 일하러 해외로 이주하는 것에 많은 장점이 있다고 생각합니다.
장점 1 + 근거	The first advantage is that you can learn about a foreign culture while living overseas. To be specific, you can find out about how the working culture in a foreign country is different from where you used to live. Also, on the weekends, you're able to go out and experience the food, art, and traditions of the foreign country you're staying in.	첫 번째 장점은 해외에서 사는 동안 외국 문화에 대해 배울 수 있다는 것입니다. 구체적으로 말하면, 외국의 근로 문화가 당신이 살았던 곳과는 어떻게 다른지에 대해서 알아낼 수 있습니다. 또한, 주말에는, 외출해서 당신이 머무르는 외국의 음식, 예술, 그리고 전통을 경험할 수 있습니다.
장점 2 + 근거	In addition, working overseas is a great point to add to your résumé. This is because many companies look for job candidates who have experience cooperating with people from different cultural backgrounds.	게다가, 해외에서 일하는 것은 당신의 이력서에 추가할 훌륭한 점입니다. 이는 많은 회사들이 다른 문화적 배경을 가진 사람들과 협력한 경험을 가지고 있는 입사 지원자들을 찾기 때문입니다.
마무리	So, I think moving abroad for work is an excellent experience for anyone.	그래서, 저는 일하러 해외로 이주하는 것은 누구에게나 훌륭한 경험이라고 생각합니다.

> 어휘   find out 알아내다, 발견하다   résumé[rézumèi] 이력서   look for 찾다, 구하다, 기대하다   job candidate 입사 지원자
> cooperate[kouápərèit] 협력하다, 협동하다

Actual Test

Actual Test 1

🎧 (AT) Test1   p. 212

Q1 공지

Dear shoppers, / may we have a **minute** of your **time**?(↗) // We need your help **locating** a **missing child** / who has **wandered off** in the store.(↘) // Her name is Maria / and she is **four** years old. (↘) // She is wearing a **pink cap**,(↗) / a **black sweater**,(↗) / and **blue pants**.(↘) // If you see a **girl** dressed like **that**,(↗) / please **notify** an **employee** in the store **immediately**.(↘) // Thank you for your **assistance**.(↘)

> 연음 / 고유명사·외래어

쇼핑객 여러분, 잠시 시간을 내 주시겠습니까? 저희는 가게 안에서 길을 잃은 미아를 찾는 데 여러분의 도움이 필요합니다. 아이의 이름은 Maria이고 4세입니다. 그녀는 분홍색 모자, 검은색 스웨터, 파란색 바지를 입고 있습니다. 이렇게 입은 여자아이를 보시면, 즉시 가게의 직원에게 알려주세요. 여러분의 도움에 감사드립니다.

답변Tip 미아가 발생했다는 것을 알리는 공지 지문이므로, 아이의 이름 및 나이와 복장과 같은 특징을 강조하며 읽으세요.

어휘 locate[lóukeit] (정확한 위치를) 찾아내다, 발견하다   wander off 길을 잃다   notify[nóutəfài] 알리다, 통지하다   employee[èmplɔí:] 직원
immediately[imí:diətli] 즉시   assistance[əsístəns] 도움, 원조

Q2 뉴스

TBC News has **exciting weather updates**.(↘) // The **snowstorm** from yesterday will **finally** subside this morning.(↘) // **Be careful** when you drive, / as the roads are **icy** because of the **snow**.(↘) // The temperatures are still quite **low**, / so **make sure** you have your **scarves**,(↗) / **gloves**,(↗) / and **hats** on when going out.(↘) // We expect a **sunny afternoon**, / with temperatures slightly **higher** than last week.(↘)

> 고유명사·외래어 / 연음

TBC 뉴스가 흥미진진한 일기예보 소식을 전해드립니다. 어제부터 계속된 눈보라가 오늘 아침 마침내 잔잔해질 것입니다. 눈 때문에 길이 얼었으니, 운전하실 때 조심하십시오. 기온은 여전히 꽤 낮으니, 외출 시에는 목도리, 장갑, 그리고 모자를 챙겼는지 확인하십시오. 저희는 지난주보다 기온이 약간 오른 화창한 오후를 예상합니다.

답변Tip 일기예보 지문이므로, 오늘 아침 눈보라가 잔잔해질 것이며, 오후에는 기온이 약간 오른다는 것과 같은 주요 소식을 강조하며 읽으세요.

어휘 snowstorm[snóustɔ̀:rm] 눈보라   subside[səbsáid] 잔잔해지다, 가라앉다   temperature[témpərətʃər] 기온, 온도   slightly[sláitli] 약간, 조금

Q 3 여러 사람이 중심인 사진

💬 답변 표현

사진이 찍힌 장소 • at a crosswalk

중심 대상
- four people, in dark suits, crossing the street
- the man, talking on the phone
- one woman, holding a coffee cup

주변 대상
- a green fenced parking area

느낌 및 의견
- people, walking to work after parking their cars

🕐 모범 답변

장소	🎤 This picture was taken at a crosswalk.	이 사진은 횡단보도에서 찍혔습니다.
중심 대상	The first thing that catches my eye is four people in dark suits crossing the street. The man farthest to the left is talking on the phone. Next to him, one woman is holding a coffee cup.	가장 먼저 눈길을 끄는 것은 길을 건너고 있는 짙은 색 정장 차림의 네 명의 사람들입니다. 가장 왼쪽에 있는 남자는 전화 통화를 하고 있습니다. 그 남자의 옆에는, 한 여자가 커피 컵을 들고 있습니다.
주변 대상	In the background of the picture, I see a green fenced parking area.	사진의 배경에는, 초록색 울타리가 쳐진 주차 구역이 보입니다.
느낌 및 의견	Overall, it looks like people are walking to work after parking their cars.	전반적으로, 사람들은 그들의 차를 주차한 후 직장으로 걸어가고 있는 것 같아 보입니다.

어휘   fence[fens] 울타리를 치다

Q 4 여러 사람이 중심인 사진

ⓘ 답변 표현

사진이 찍힌 장소 • outdoors

중심 대상
• people, enjoying some kind of a fair
• two women, holding out their hands to each other
• the woman in the blue-striped shirt, must be buying
  something from the woman inside the booth

주변 대상
• another booth with a blue covering

느낌 및 의견
• a sunny afternoon on a weekend

ⓒ 모범 답변

장소	🎤 This picture was taken outdoors.	이 사진은 야외에서 찍혔습니다.
중심 대상	The first thing I see is people enjoying some kind of a fair. Among them, two women are holding out their hands to each other. The woman in the blue-striped shirt must be buying something from the woman inside the booth.	처음에 보이는 것은 어떤 장터를 즐기고 있는 사람들입니다. 그들 중에, 두 명의 여자가 서로에게 손을 내밀고 있습니다. 파란 줄무늬 셔츠를 입은 여자가 부스 안에 있는 여자로부터 무언가를 사고 있는 것이 분명합니다.
주변 대상	In the background of the picture, I can see another booth with a blue covering.	사진의 배경에는, 파란색 덮개가 있는 다른 부스가 보입니다.
느낌 및 의견	Overall, it looks like a sunny afternoon on a weekend.	전반적으로, 주말의 화창한 오후 같아 보입니다.

어휘   fair[fɛər] 장터, 박람회   hold out ~(손 등을) 내밀다, 뻗다   covering[kʌvəriŋ] 덮개, 뚜껑

Q 5-7 지인과 통화: 음악

Imagine that a friend is talking about pastimes. You are having a telephone conversation about music.	한 친구가 취미에 대해 이야기하고 있다고 가정해 봅시다. 당신은 음악에 대한 전화 통화를 하고 있습니다.

Question 5

🎧Q: **What time of the day do you listen to music?**

미국식 발음

🎤A: I listen to music in the morning when I am on my way to school. It keeps me entertained.

> **답변Tip** 이 외에도 '자기 전에 침대에서'(in my bed before I sleep), '집안일을 할 때'(while doing housework) 음악을 듣는다고 말할 수 있어요.

어휘 on one's way to ~에 가는 길에

하루 중 언제 음악을 듣니?

아침에 학교 가는 길에 음악을 들어. 나를 즐겁게 해 주거든.

Question 6

🎧Q: **And what kind of music do you enjoy listening to?**

미국식 발음

🎤A: I mostly enjoy listening to popular music, including American pop songs. I like listening to these songs because they help me learn English.

그리고 어떤 종류의 음악을 듣는 것을 즐기니?

나는 대개 미국 팝송을 포함해서 인기 있는 음악을 듣는 것을 즐겨. 내가 영어를 배우도록 도와주기 때문에 이런 노래들을 듣는 것을 좋아해.

Question 7

🎧Q: **That sounds good. Where do you get your music from?**

미국식 발음

🎤A: Some people buy or download their music, but I get mine through a monthly flat rate service. **First,** it lets me listen to an unlimited number of songs whenever I want. Also, it's very convenient and doesn't take up much of my phone's memory. So, I like using this music streaming service.

어휘 monthly[mʌ́nθli] 월간 flat rate 정액의, 고정 요금의
unlimited[ʌnlímitid] 무제한의 take up 차지하다
memory[méməri] 용량, 메모리
music streaming 음악 스트리밍(인터넷에서 음악을 실시간으로 재생하는 것)

좋네. 어디서 음악을 구하니?

어떤 사람들은 음악을 구매하거나 다운로드하지만, 나는 월간 정액제를 통해 음악을 구해. 첫째로, 그건 내가 원할 때마다 무제한의 음악들을 듣게 해줘. 또한, 매우 편리하고 내 휴대전화의 용량을 많이 차지하지 않아. 그래서, 나는 이 음악 스트리밍 서비스를 이용하는 것을 좋아해.

Trip Schedule for Jennifer Torr, Production Manager	생산부장 Jennifer Torr의 출장 일정
Monday, March 10	**3월 10일 월요일**
[8]3:00 P.M. Depart San Francisco (North Airways #152)	[8]오후 3시 샌프란시스코 출발 (North 항공 152편)
5:30 P.M. Arrive in Dallas (accommodations: Griffith Hotel)	오후 5시 30분 댈러스 도착 (숙소: Griffith 호텔)
[9]7:00 P.M. Dinner meeting with James Lurkins, Director	[9]오후 7시 James Lurkins 본부장과 저녁 만남
Tuesday, March 11	**3월 11일 화요일**
10:00 A.M. Factory visits	오전 10시 공장 방문
[10]noon Lunch with new assistant managers	[10]정오 신임 대리들과 점심 식사
2:00 P.M. Tour of Dallas, sightseeing	오후 2시 댈러스 투어, 관광
[10]5:00 P.M. Provide training for new assistant managers	[10]오후 5시 신임 대리들에게 교육 제공
8:00 P.M. Depart Dallas (North Airways #347)	오후 8시 댈러스 출발 (North 항공 347편)
10:30 P.M. Arrive in San Francisco	오후 10시 30분 샌프란시스코 도착

미국식 발음 🎧

Hello, this is Jennifer Torr. I misplaced my business trip schedule, and I'm hoping you can fill me in on the information.	안녕하세요, 저는 Jennifer Torr입니다. 제 출장 일정표를 둔 곳을 잊었는데, 당신이 제게 그 정보에 관해 자세히 알려 주셨으면 좋겠어요.

어휘   sightseeing [sáitsìːiŋ] 관광   fill ~ in on – ~에게 -에 관해 자세히 알리다

Question 8

🎧 Q: When does my flight leave on Monday, and what airline am
미국식 발음   I taking?

🎤 A: Your flight leaves at 3 P.M. on Monday, and you will be flying
on flight number 152 with North Airways.

월요일에 언제 제 비행기가 출발하고, 저는 어떤 항공사를 이용하나요?

당신의 비행기는 월요일 오후 3시에 출발하고, North 항공 152편을 타게 되실 것입니다.

Question 9

🎧 Q: I'm supposed to have dinner with the director on Tuesday. Is
미국식 발음   this correct?

🎤 A: I'm sorry, but that information is incorrect. The dinner meeting
you have with James Lurkins is actually on Monday at 7 P.M.,
not on Tuesday.

저는 화요일에 본부장님과 저녁 식사를 하기로 되어 있어요. 맞나요?

죄송하지만, 그 정보는 정확하지 않습니다. James Lurkins와의 저녁 만남은 화요일이 아닌, 월요일 오후 7시입니다.

Question 10

🎧 Q: What are the planned activities with the new assistant
미국식 발음   managers?

🎤 A: There are two activities planned for you with the new assistant
managers, and they are both on Tuesday, March 11th. First, at
noon, you will have lunch with the new assistant managers.
Then, later at 5 P.M., you will be providing training for them
before you leave Dallas. These are all the activities you have
planned with them.

신임 대리들과 어떤 활동이 계획되어 있나요?

신임 대리들과 두 가지 활동이 예정되어 있으며, 모두 3월 11일 화요일에 있습니다. 첫째로, 정오에 당신은 신임 대리들과 점심 식사를 하실 것입니다. 그리고 나서, 댈러스를 떠나기 전 오후 5시에 그들에게 교육을 제공할 것입니다. 이것들이 당신과 그들이 함께 하기로 계획된 모든 활동입니다.

답변Tip 질문의 조건에 해당하는 내용이 같은 요일에 포함되어 있는 경우, 'they are both
on 요일'을 사용하여 답변할 수 있어요.

Q11 직장 생활: 찬반형 질문

미국식 발음

Do you agree or disagree with the following statement?

It is better to stay with the same job for many years than to switch jobs frequently.

Use specific ideas and examples to support your opinion.

다음 진술에 동의하나요, 동의하지 않나요?

직업을 자주 바꾸는 것보다 같은 일을 오랫동안 하는 것이 더 낫다.

당신의 의견을 뒷받침하기 위해 구체적인 견해와 예를 사용하세요.

답변 아이디어

나의 의견	동의함 agree
이유 1	다른 사람들에게 좋은 인상을 줄 수 있음 can give a good impression on other people
근거	힘든 시간을 이겨낼 수 있다는 것과 헌신적이라는 것을 보여줌 shows that you can persevere through hard times and that you're dedicated
이유 2	경력을 쌓는 것에 도움이 됨 helps you build up your career
근거	몇 년 동안 같은 회사에서 일하는 친구 중 한 명은 현재 대리인 반면, 계속 직업을 바꾼 다른 친구는 여전히 신입 수준의 일을 하고 있음 one of my friends who kept working at the same company for years is an assistant manager now, while the other who kept changing jobs is still doing entry-level jobs

모범 답변

나의 의견	🎤 I agree that staying with the same job for many years is better than switching jobs frequently for a couple of reasons.	저는 몇 가지 이유로 같은 일을 오랫동안 하는 것이 직업을 자주 바꾸는 것보다 낫다는 것에 동의합니다.
이유 1 + 근거	First, you can give a good impression on other people if you stay at one job for a long time than jumping from one job to the next. To be specific, it shows that you can persevere through hard times and that you're dedicated, which are qualities that employers value.	첫째로, 한 직업을 오래 유지하면 어떤 직업에서 다음 직업으로 갑자기 옮기는 것보다 다른 사람들에게 좋은 인상을 줄 수 있습니다. 구체적으로 말하면, 그것은 당신이 힘든 시간을 이겨낼 수 있다는 것과 헌신적이라는 것을 보여주는데, 이것들은 고용주들이 높이 평가하는 자질입니다.
이유 2 + 근거	Another reason is that staying at one company helps you build up your career. For example, one of my friends who kept working at the same company for years is an assistant manager now, while the other who kept changing jobs is still doing entry-level jobs.	다른 이유는 한 회사에 오래 머무르는 것이 당신이 경력을 쌓는 것에 도움이 된다는 것입니다. 예를 들면, 몇 년 동안 같은 회사에서 일한 제 친구 중 한 명은 현재 대리인 반면, 계속 직업을 바꾼 다른 친구는 여전히 신입 수준의 일을 하고 있습니다.
마무리	Therefore, I don't think it's better to change jobs often.	그러므로, 저는 직업을 자주 바꾸는 것이 더 낫다고 생각하지 않습니다.

어휘 jump from ~에서 갑자기 옮기다 persevere[pə̀ːrsəvíər] 이겨내다, 인내하다 dedicated[dédikèitid] 헌신적인 quality[kwɑ́ləti] 자질
entry-level 신입 수준의

Q1 광고

The **newest** and **best hair salon** in ⎡Forest Meadows⎤ is **here**!(↘) // ⎡**Metro Style**⎤ welcomes **everyone** in the community / to (join us) for our **grand opening** on (August 3rd).(↘) // The (**first ten** **customers** will (rec**ei**ve a) **free haircut**,(↗) / and we will also be handing out **gift cards** (worth 10) dollars,(↗) / **20** dollars,(↗) / or **30** dollars in **store credit**.(↘) // **Don't** (miss out)!(↘)	Forest Meadows에서 가장 새롭고 최고인 미용실이 여기 있습니다! Metro Style은 8월 3일에 있을 저희 개점 행사에 지역 사회의 모든 분이 함께 하시는 것을 환영합니다. 처음 열 분의 손님은 무료 커트를 받으실 것이며, 저희는 또한 10달러, 20달러, 또는 30달러어 치의 가게 적립금을 상품권으로 나누어 드릴 것입니다. 놓치지 마세요!

답변Tip opening[óupəniŋ]의 'o' 는 '오'가 아닌 '오우'로 발음하세요.

어휘 **hand out** ~을 나누어 주다   **gift card** 상품권   **worth**[wəːrθ] ~어치의, ~의 가치가 있는   **credit**[krédit] 적립금, 잔고

Q2 자동 응답 메시지

(All of) ⎡Richland Science Museum⎤'s **customer service** **representatives** / are currently **busy** (with other) calls, / (but your) **call** will be **answered** in the **order** / in which it was **received**.(↘) // (If you) do **not** wish to speak to a **representative** / (and are) calling about **museum hours**,(↗) / current **exhibits**,(↗) / or **directions** to the museum,(→) / **please press zero**.(↘) // You will be (redirected) to our **automated** menu.(↘) // (Thank you).(↘)	Richland 과학박물관의 모든 고객 서비스 상 담원들이 현재 통화 중이지만, 전화 주신 순 서대로 연결될 것입니다. 만약 상담원과 통화 하기를 원치 않으시고, 박물관 운영 시간, 현 재 열리고 있는 전시회, 또는 박물관에 오시 는 길에 관해 전화하시는 것이면, 0번을 눌러 주세요. 자동화 메뉴로 다시 연결되실 것입니 다. 감사합니다.

답변Tip if you do not wish와 같은 부정 표현을 읽을 때는, 의미를 효과적으로 전달하기 위해 not을 강조하여 읽으세요.

어휘 **customer service representative** 고객 서비스 상담원   **exhibit**[igzíbit] 전시회, 전시품   **redirect**[rìːdirékt] 다시 연결하다
automated[ɔ́ːtəmèitid] 자동화된, 자동의

Q 3 소수의 사람이 중심인 사진

답변 표현

사진이 찍힌 장소 • a street

중심 대상
- a man, sitting at a table with many glasses on it, wearing an ivory hat and a brown jacket
- a boy and a girl, look like siblings, watching the man

주변 대상
- a man with sunglasses, pushing a baby stroller

느낌 및 의견
- people, amused by the street performer

모범 답변

장소	🎤 This is a photo of a street.	이것은 거리의 사진입니다.
중심 대상	What I notice first is a man sitting at a table with many glasses on it. He's wearing an ivory hat and a brown jacket. In front of the table, a boy and a girl who look like siblings are watching the man.	처음에 보이는 것은 많은 유리잔이 놓여 있는 탁자에 앉아 있는 남자입니다. 그는 상아색의 모자를 쓰고 갈색 재킷을 입고 있습니다. 탁자 앞에는, 남매인 것 같아 보이는 소년과 소녀가 그 남자를 보고 있습니다.
주변 대상	Behind them, there's a man with sunglasses pushing a baby stroller.	그들의 뒤에, 선글라스를 쓰고 유모차를 밀고 있는 남자가 있습니다.
느낌 및 의견	Generally, it looks like people are being amused by the street performer.	전반적으로, 사람들이 거리 공연가를 재미있어하고 있는 것 같아 보입니다.

어휘   stroller[stróulər] 유모차

Q4 여러 사람이 중심인 사진

답변 표현

사진이 찍힌 장소 • in a tourist area

중심 대상
- a group of four people, on a stone path
- three people, walking ahead, one man, following behind, taking pictures
- they, all dressed in pants

주변 대상
- a shop with some items hanging under the roof

느낌 및 의견
- some friends, exploring a new city on foot

모범 답변

장소	🎤 This picture was taken in a tourist area.	이 사진은 관광지에서 찍혔습니다.
중심 대상	The first thing I see is a group of four people on a stone path. Three people are walking ahead, and one man is following behind while taking pictures. They are all dressed in pants.	처음에 보이는 것은 돌길 위에 있는 네 명으로 된 한 무리의 사람들입니다. 세 명의 사람들은 앞서서 걷고 있고, 한 남자가 사진을 찍으며 뒤를 따르고 있습니다. 그들은 모두 바지를 입고 있습니다.
주변 대상	Behind them, I can see a shop with some items hanging under the roof.	그들 뒤에는, 지붕 아래에 몇몇 상품들이 걸려 있는 가게가 보입니다.
느낌 및 의견	Generally, it seems that some friends are exploring a new city on foot.	전반적으로, 친구들 몇 명이 새로운 도시를 걸어서 탐험하고 있는 것 같습니다.

어휘 explore [iksplɔ́ːr] 탐험하다

Q 5-7 전화 설문: 휴가와 여행 가는 것

Imagine that someone is writing a story about traveling. You have agreed to participate in a telephone interview about going on vacations and trips.	누군가가 여행에 대한 이야기를 쓰고 있다고 가정해 봅시다. 당신은 휴가와 여행 가는 것에 대한 전화 인터뷰에 참여하기로 동의했습니다.

Question 5

🎧 Q: 영국식 발음
When was the last time you took a vacation, **and what did you do?**

언제 마지막으로 휴가를 갔고, 무엇을 했나요?

🎤 A:
The last time I took a vacation was last summer. My friends and I coordinated our schedules, and we took a weekend trip to an island.

제가 마지막으로 휴가를 간 것은 작년 여름입니다. 제 친구들과 저는 일정을 조정해서, 섬으로 주말 여행을 갔습니다.

> **답변Tip** 이 외에도, '외국으로 며칠간 여행을 갔다'(went on a trip abroad for a couple of days)거나, '해변에서 쉬었다'(took a rest at a beach)는 내용으로 답변을 할 수 있어요.

어휘 coordinate[kouɔ́:rdənət] 조정하다

Question 6

🎧 Q: 영국식 발음
Where was the most impressive place you visited while on vacation?

당신이 휴가 중에 방문한 가장 인상 깊었던 곳은 어디였나요?

🎤 A:
The most impressive place I visited while on vacation was Niagara Falls, which I saw when I traveled to Canada. The massive waterfalls were truly mind blowing, and I was awestruck at the sight.

제가 휴가 중에 방문한 가장 인상 깊었던 곳은 캐나다를 여행했을 때 본 나이아가라 폭포입니다. 거대한 폭포가 정말 압도적이었고, 저는 그 광경에 경외심이 들었습니다.

> **답변Tip** 직접 가 본 곳이 아니더라도, 경복궁(Gyeongbokgung), 에펠탑(The Eiffel Tower), 자유의 여신상(The Statue of Liberty)과 같은 유명한 장소를 활용하여 답변할 수 있어요.

어휘 mind blowing 압도적인 awestruck[ɔ́:strʌk] 경외심이 드는, 위엄에 눌린

Question 7

🎧 Q: 영국식 발음
If you are planning a trip with some of your friends, what is the best way to plan a vacation?

- Making a list of activities to do
- Asking others for recommendations
- Reading travel books

당신이 몇 명의 친구와 휴가를 계획하고 있다면, 휴가를 계획하는 가장 좋은 방법은 무엇인가요?

- 하려는 활동의 목록 만들기
- 다른 사람들에게 추천 부탁하기
- 여행 도서 읽기

🎤 A:
I think the best way to plan a vacation is to ask other people for recommendations. To start with, this way, I can learn about potential new destinations including specific details regarding them, such as where to stay and eat. Additionally, if I want more information, I can always search the Web to find out more. So, the best way to plan a vacation is to ask others for recommendations.

저는 휴가를 계획하는 가장 좋은 방법은 다른 사람들에게 추천을 부탁하는 것이라고 생각합니다. 우선, 이렇게 하면 어디서 머무르고 식사를 할지와 같은 목적지에 대한 구체적인 세부 사항을 포함하여, 가능성 있는 새로운 목적지에 대해서 알 수 있습니다. 게다가, 더 많은 정보를 원한다면, 더 알아보기 위해 언제든지 웹사이트를 검색할 수 있습니다. 그러므로, 휴가를 계획하는 가장 좋은 방법은 다른 사람들에게 추천을 부탁하는 것입니다.

어휘 destination[dèstənéiʃən] 목적지

<table>
<tr><td>

Kurt V. Prinner

57 Orange Lane, Toronto, Ontario

Position Sought
- Sales Coordinator

Experience
- [10]2010-present: Assistant Sales Manager, A&B Bookstore
- [10]2008-2010: Sales Assistant, Food and More
- [10]2006-2008: Sales Clerk, 15th St. Corner Store

Education
- [8]Franklin University, **Master's degree, Marketing,** May 2008
- [8]University of Tabata, **Bachelor's degree, Economics,** June 2006

Relevant Qualifications
- Management Leadership Certification, 2010
- [9]Fluent in German and Italian

</td><td>

Kurt V. Prinner

Orange로 57번지, 토론토, 온타리오

희망 직무
- 영업 책임자

경력
- [10]2010년-현재: A&B 서점 영업부 대리
- [10]2008년-2010년: Food and More 판매 보조
- [10]2006년-2008년: 15번가 코너 상점 판매 점원

학력
- [8]Franklin 대학교, 마케팅 석사, 2008년 5월
- [8]Tabata 대학교, 경제학 학사, 2006년 6월

관련 자격
- 경영 리더십 자격증, 2010년
- [9]독일어와 이탈리아어 능통

</td></tr>
</table>

미국식 발음 🎧

<table>
<tr><td>

Hello, I'm supposed to interview candidates for the Sales Coordinator position, but I've misplaced their résumés. Can you tell me some information about Kurt Prinner?

</td><td>

안녕하세요, 저는 영업 책임직의 후보자들의 면접을 보기로 되어 있는데, 그들의 이력서를 둔 곳을 잊었습니다. Kurt Prinner에 대한 정보를 말해주실 수 있나요?

</td></tr>
</table>

어휘 coordinator[kouɔ́ːrdənèitər] 책임자, 조정자 economics[èkənámiks] 경제학 relevant[réləvənt] 관련 있는

Question 8

🎧 Q: Where **did he** attend university, **and when did he** graduate?
미국식 발음

🎙 A: He attended the University of Tabata for a bachelor's degree in economics, and he graduated in June of 2006. He went on to earn a master's degree in Marketing from Franklin University in May 2008.

그는 어느 대학에 다녔고, 언제 졸업했나요?

그는 경제학 학사 학위를 위해 Tabata 대학교에 다녔고, 2006년 6월에 졸업했습니다. 그는 계속해서 2008년 5월에 Franklin 대학교에서 마케팅 석사 학위를 땄습니다.

Question 9

🎧 Q: We are looking to expand our business to Europe in the next few years. Does he speak any other languages?
미국식 발음

🎙 A: Yes, he does. He speaks German and Italian fluently, so he's qualified to represent our firm in Europe.

어휘 represent[rèprizént] 대표하다, 나타내다 firm[fəːrm] 회사, 기업

저희는 앞으로 몇 년 안에 유럽으로 사업을 확장하려고 합니다. 그가 다른 언어를 할 줄 아나요?

네, 그렇습니다. 그는 독일어와 이탈리아어를 유창하게 하기 때문에, 유럽에서 저희 회사를 대표하기에 적합합니다.

Question 10

🎧 Q: Can you tell me, in detail, what kind of experience he has in sales?
미국식 발음

🎙 A: Sure, his first job was from 2006 to 2008, when he worked as a sales clerk at 15th Street Corner Store. Then, he worked as a sales assistant at Food and More for the next two years. Since 2010, he has been working as an assistant sales manager at A&B Bookstore. He's been working in sales throughout his career.

답변Tip 경력을 묻는 질문에 답할 때는, 지원자가 어떤 분야에서 주로 일했는지 또는 현재 직장에서 얼마나 오래 일했는지 등을 추가로 언급하세요.

그가 영업직에서 어떤 종류의 경험이 있는지 자세히 말해 줄 수 있나요?

물론이죠, 그의 첫 번째 직업은 2006년부터 2008년까지였고, 15번가 코너 상점에서 판매 점원으로 일했습니다. 그 후에, 그는 이 년 동안 Food and More에서 판매 보조로 일했습니다. 2010년부터, 그는 A&B 서점에서 영업부 대리로 일하고 있습니다. 그는 경력 내내 영업직에서 일해 왔습니다.

10일 만에 끝내는 해커스 토익스피킹

Q 11 직장 생활: 선택형 질문

미국식 발음
Do you prefer a work environment with a strict dress code, or one where you can dress casually?

Give specific reasons and details to support your opinion.

복장 규정이 엄격한 근무 환경을 선호하나요, 아니면 자유롭게 옷을 입을 수 있는 근무 환경을 선호하나요?

당신의 의견을 뒷받침하기 위해 구체적인 이유와 예를 제시하세요.

답변 아이디어

나의 의견	자유롭게 옷을 입을 수 있는 근무환경 a work environment where I can dress casually
이유 1	내가 더 생산적으로 되도록 도울 것임 help me be more productive
근거	더 편안하게 느낄 것이고, 업무에서 주의가 산만해지지 않을 것임 feel more at ease and not be distracted from my work
이유 2	돈을 절약해 줄 것임 saves me money
근거	회사의 복장 규정을 따르기 위해 완전히 새 옷을 사지 않아도 됨 won't have to buy a whole new wardrobe to comply with the company's dress code

모범 답변

나의 의견	🎤 I prefer a work environment where I can dress casually to one with a strict dress code for a couple of reasons.	저는 몇 가지 이유로 복장 규정이 엄격한 곳보다 자유롭게 옷을 입을 수 있는 근무 환경을 선호합니다.
이유 1 + 근거	First, being able to dress how I feel most comfortable will help me be more productive. For example, wearing a suit is uncomfortable and makes me feel hot, but if I can wear light, loose-fitting clothing I will feel more at ease and not be distracted from my work.	첫째로, 가장 편안하게 느끼는 대로 옷을 입을 수 있는 것은 제가 더 생산적으로 되도록 도울 것입니다. 예를 들면, 양복을 입는 것은 불편하고 저를 덥게 하지만, 가볍고 느슨한 옷을 입는다면 더 편안하게 느낄 것이고, 업무에서 주의가 산만해지지 않을 것입니다.
이유 2 + 근거	Another reason is that being able to wear what I already own saves me money. To be specific, I won't have to buy a whole new wardrobe to comply with the company's dress code. Instead, I can spend more on my hobby.	다른 이유는 제가 이미 가지고 있는 옷을 입을 수 있는 것은 돈을 절약해 줄 거라는 것입니다. 구체적으로 말하면, 저는 회사의 복장 규정을 따르기 위해 완전히 새 옷을 사지 않아도 됩니다. 대신, 저의 취미에 돈을 더 쓸 수 있습니다.
마무리	This is why my preference is for a work environment where I can dress casually instead of a workplace that enforces a strict dress code.	이것이 제가 엄격한 복장 규정을 강요하는 직장 대신 자유롭게 옷을 입을 수 있는 업무 환경을 선호하는 이유입니다.

답변 Tip productive, be distracted from work와 같은 표현은 직장 생활과 관련된 답변에 자주 활용할 수 있어요.

어휘 **dress code** 복장 규정 **productive**[prədʌ́ktiv] 생산적인 **loose-fitting** 느슨한, 힐렁한 **wardrobe**[wɔ́:rdròub] 옷, 옷장
comply with ~을 따르다, 준수하다

Actual Test 3

🎧 (AT) Test3   p. 228

Q1 안내

Thank you for joining **Aaronson Fitness**.(↘) // Please acquaint yourself with the **location** of our equipment / in order to **maximize** your **fitness experience**.(↘) // Starting from near the **entrance**, / we have the **weight machines**,(↗) / the **free weights** section,(↗) / and the **cardio** machines.(↘) // Farther in the **back**, / you can see the **group exercise rooms** / and the **locker** rooms.(↘) // In the **lower** level, / there is our **state-of-the-art pool**, / which features **seven** wide lanes.(↘)

Aaronson Fitness에 등록해주셔서 감사합니다. 당신의 운동 체험을 최대한으로 활용하기 위해, 저희 기구의 위치를 숙지해 주십시오. 입구 근처에서부터 시작해서, 저희는 웨이트 기구, 자유 웨이트 구역, 그리고 유산소 운동 기구를 갖추고 있습니다. 더 뒤쪽에는, 단체 운동실과 탈의실을 보실 수 있습니다. 지하에는, 일곱 개의 넓은 레인을 특징으로 하는 최신식 수영장이 있습니다.

답변Tip please[plíːz], feature[fíːtʃər]에 포함된 장모음(ea)은 길게 읽으세요.

어휘 **acquaint**[əkwéint] 숙지하다, 알다   **maximize**[mǽksəmàiz] 최대한으로 활용하다   **entrance**[éntrəns] 입구
cardio[káːrdiou] 유산소의, 심장 강화의   **state-of-the-art** 최신식의   **feature**[fíːtʃər] (~을) 특징으로 하다

Q2 소개

You are watching *Simple Life Tips* on **Channel** Thirteen. (↘) // In **this** segment, / you will learn **simple** tricks to make your day-to-day **life easier** and more **convenient**.(↘) // We'll **start** off with **tips** for **cleaning** your house,(↗) / **fail**-proof time **management**,(↗) / and making sure you **never** lose a thing again.(↘) // If **this** sparks your interest,(↗) / make **sure** you stay with us !(↘) // Our program will **begin** shortly.(↘)

당신은 Channel Thirteen의 '간단한 삶의 팁'을 보고 계십니다. 이 부분에서, 당신은 일상의 삶을 더 쉽고 더 편리하게 해주는 간단한 요령들을 배울 것입니다. 저희는 집 청소하기, 실패하지 않는 시간 관리, 그리고 당신이 물건을 절대 다시는 잃어버리지 않게 하는 것에 대한 팁과 함께 시작할 것입니다. 이것이 당신의 관심을 유발한다면, 저희와 함께하세요! 저희 프로그램은 곧 시작합니다.

답변Tip fail-proof와 같이 p와 f가 반복되어 쓰이는 단어의 발음에 주의하여 읽으세요.

어휘 **day-to-day** 일상의, 나날의   **fail-proof** 실패하지 않는   **management**[mǽnidʒmənt] 관리   **spark**[spɑːrk] 유발하다   **shortly**[ʃɔ́ːrtli] 곧

Q3 배경이 중심인 사진

(!) 답변 표현

사진이 찍힌 장소 • at a street corner of an old city

중심 대상
- a food stand with a red- and white-striped cover
- a building with stained outside walls
- some people, walking past it

주변 대상
- a building that looks like a mosque

느낌 및 의견
- a scene from an Islamic country

🕐 모범 답변

장소	🎤 This photo was taken **at a street corner of an old city.**	이 사진은 오래된 도시의 길모퉁이에서 찍혔습니다.
중심 대상	The first thing that catches my eye is **a food stand with a red- and white-striped cover.** On the left side of the picture, I see a building with stained outside walls. Some people are walking past it.	가장 먼저 눈길을 끄는 것은 빨간색과 흰색 줄무늬 덮개가 있는 음식 가판대입니다. 사진의 왼쪽에는, 얼룩진 외벽으로 된 건물이 보입니다. 몇몇 사람들이 그곳을 지나 걸어가고 있습니다.
주변 대상	In the background, I can see **a building that looks like a mosque.**	배경에는, 이슬람 사원 같아 보이는 건물이 보입니다.
느낌 및 의견	Overall, it looks like **a scene from an Islamic country.**	전반적으로, 이슬람 국가의 풍경 같아 보입니다.

어휘　**stained**[steind] 얼룩진, 오염된　**mosque**[mɑsk] 이슬람 사원

Q4 소수의 사람이 중심인 사진

Actual Test 1   Actual Test 2   **Actual Test 3**   10일 만에 끝나는 해커스 토익스피킹

💬 답변 표현

사진이 찍힌 장소 • in a clothing store

중심 대상
- two women, looking at a light blue T-shirt
- the dark-haired woman, holding a flower-printed shopping bag
- the other woman, has blond hair, wearing a patterned dress

주변 대상
- some clothes, hanging on the racks

느낌 및 의견 • the women, choosing clothes to buy

🕒 모범 답변

장소	🎤 This picture was taken in a clothing store.	이 사진은 옷 가게에서 찍혔습니다.
중심 대상	The first thing I see is two women looking at a light blue T-shirt. The dark-haired woman is holding a flower-printed shopping bag on her right arm. The other woman has blond hair and is wearing a patterned dress.	처음에 보이는 것은 하늘색 티셔츠를 보고 있는 여자 두 명입니다. 검은 머리를 한 여자는 오른팔에 꽃무늬 쇼핑백을 들고 있습니다. 다른 여자는 금발 머리이고 무늬가 있는 원피스를 입고 있습니다.
주변 대상	On both sides of the picture, I can see some clothes hanging on the racks.	사진의 양쪽에는, 걸이에 걸려 있는 옷들이 보입니다.
느낌 및 의견	Overall, it seems like the women are choosing clothes to buy.	전반적으로, 여자들이 살 옷을 고르고 있는 것 같습니다.

답변Tip 연한 색상을 묘사하고 싶다면 색상 앞에 light를 붙여 light blue(하늘색), light green(연녹색)과 같이 말하면 돼요.

어휘   patterned[pǽtərnd] 무늬가 있는   rack[ræk] 걸이, 선반

Q 5-7 전화 설문: 할인 쿠폰

Imagine that an American marketing firm is conducting research in your country. You have agreed to participate in a telephone interview about discount coupons.	미국의 한 마케팅 회사가 당신의 나라에서 조사를 하고 있다고 가정해 봅시다. 당신은 할인 쿠폰에 대한 전화 인터뷰에 참여하기로 동의했습니다.

Question 5

🎧 Q: What kind of discount coupons are you most likely to use?
미국식 발음

🎤 A: I am most likely to use discount coupons for groceries. I buy a lot of groceries, so every little bit of saving helps.

> 답변Tip 이 외에도, 커피숍(coffee shops), 전자제품 상점(electronics stores), 가구점 (furniture stores)의 할인 쿠폰을 가장 많이 사용한다고 답변할 수 있어요.

어떤 종류의 할인 쿠폰을 가장 많이 사용하는 편인가요?

저는 식료품점의 할인 쿠폰을 가장 많이 사용하는 편입니다. 저는 식료품을 많이 사서, 조금씩 절약하는 것이 도움이 됩니다.

Question 6

🎧 Q: Do you use discount coupons more often now than you did in the past? Why or why not?
미국식 발음

🎤 A: Yes, I use discount coupons more often now than I used to. This is because there are many social commerce sites these days that offer various coupons for a lot of different items.

과거에 그랬던 것보다 지금 할인 쿠폰을 더 자주 사용하나요? 이유는요?

네, 저는 예전에 그랬던 것보다 지금 할인 쿠폰을 더 자주 사용합니다. 여러 다른 상품에 대해 다양한 쿠폰을 제공하는 소셜 커머스 사이트가 요즘 많기 때문입니다.

Question 7

🎧 Q: What is the most effective way to distribute discount coupons?
미국식 발음
  • By e-mail
  • Via text message
  • Through brochures and fliers

🎤 A: The most effective way to distribute discount coupons is via text message. This is because, first, it's easy to reach many people that way. Second, it's convenient for customers, as most people always have their cell phones on them. For example, I never print out e-mail coupons and always lose brochures, but I have all of my text message coupons. Therefore, I think distributing coupons via text is the most effective way.

어휘 distribute[distríbjuːt] 나누어 주다, 배포하다
brochure[brouʃúər] (광고용) 책자, 팸플릿 convenient[kənvíːnjənt] 편리한

할인 쿠폰을 나누어 주는 가장 효과적인 방법은 무엇인가요?
  • 이메일로
  • 문자 메시지를 통해
  • 책자와 전단지를 통해

할인 쿠폰을 나누어 주는 가장 효과적인 방법은 문자 메시지를 통한 것입니다. 첫째로, 그렇게 함으로써 많은 사람들에게 도달하기 쉽기 때문입니다. 둘째로, 고객들에게 편리한데, 대부분의 사람들이 항상 휴대전화를 가지고 다니기 때문입니다. 예를 들면, 저는 절대 이메일 쿠폰을 인쇄하지 않고 항상 책자를 잃어버리지만, 문자 메시지 쿠폰은 모두 가지고 있습니다. 그러므로, 저는 문자 메시지를 통해 쿠폰을 나누어 주는 것이 가장 효과적인 방법이라고 생각합니다.

Q 8-10 박람회 일정표

<table>
<tr>
<td colspan="3">

New Technology Fair

[8]Frederickson Convention Center, New Hampshire
[8]Saturday, January 5
[9]Fee: $120 [20% off ($96) for last year's attendees]

</td>
<td colspan="3">

신기술 박람회

[8]Frederickson 컨벤션 센터, 뉴햄프셔
[8]1월 5일 토요일
[9]요금: 120달러 [작년 참석자는 20% 할인 (96달러)]

</td>
</tr>
<tr>
<th>Time</th>
<th>Event</th>
<th>Location</th>
<th>시간</th>
<th>행사</th>
<th>장소</th>
</tr>
<tr>
<td>9:30-10:00</td>
<td>Welcome speech – Don Corker</td>
<td>Main Hall</td>
<td>9:30-10:00</td>
<td>환영사 - Don Corker</td>
<td>Main 홀</td>
</tr>
<tr>
<td>[10]10:00-11:00</td>
<td>[10]Using robots in the classroom</td>
<td>[10]Room 300</td>
<td>[10]10:00-11:00</td>
<td>[10]학급에서 로봇 사용하기</td>
<td>[10]300호실</td>
</tr>
<tr>
<td>[10]11:00-12:30</td>
<td>[10]Poster session: Real-life examples of robots making life easier</td>
<td>[10]Lurie Hall</td>
<td>[10]11:00-12:30</td>
<td>[10]포스터 세션: 삶을 더 쉽게 만드는 로봇의 실제 사례</td>
<td>[10]Lurie 홀</td>
</tr>
<tr>
<td>12:30-2:00</td>
<td>Lunch*</td>
<td>Joe's Diner</td>
<td>12:30-2:00</td>
<td>점심*</td>
<td>Joe 식당</td>
</tr>
<tr>
<td>2:00-3:00</td>
<td>Environmentally friendly technological advances</td>
<td>Waldorf Room</td>
<td>2:00-3:00</td>
<td>환경 친화적인 기술의 진보</td>
<td>Waldorf 실</td>
</tr>
<tr>
<td>[10]3:00-4:00</td>
<td>[10]Robots in the household for daily chores</td>
<td>[10]Room 305</td>
<td>[10]3:00-4:00</td>
<td>[10]집안일을 위한 가정에서의 로봇</td>
<td>[10]305호실</td>
</tr>
<tr>
<td>4:00-5:00</td>
<td>Technological advances around the world</td>
<td>Room 142</td>
<td>4:00-5:00</td>
<td>세계 곳곳의 기술 진보</td>
<td>142호실</td>
</tr>
<tr>
<td>5:00-6:00</td>
<td>Closing remarks</td>
<td>Room 142</td>
<td>5:00-6:00</td>
<td>폐회사</td>
<td>142호실</td>
</tr>
<tr>
<td colspan="3">*Included in cost of registration</td>
<td colspan="3">*등록비에 포함됨</td>
</tr>
</table>

미국식 발음 🎧

Hello, I saw an ad about the New Technology Fair and I'm interested in attending it. I'd like to get some more information about it.

안녕하세요, 저는 신기술 박람회에 대한 광고를 보았고 그것에 참가하는 데 관심이 있습니다. 박람회에 대한 정보를 더 얻고 싶어요.

어휘   real-life 실제의, 실생활의   household [háushòuld] 가정   daily chores 집안일

Question 8

Q: When is the fair and where does it take place?

미국식 발음

A: The New Technology Fair is on Saturday, January 5th, and it takes place at the Frederickson Convention Center in New Hampshire.

박람회는 언제이고, 어디에서 열리나요?

신기술 박람회는 1월 5일 토요일이고, 뉴햄프셔의 Frederickson 컨벤션 센터에서 열립니다.

Question 9

Q: As far as I know, there is a fee of 100 dollars. Am I right?

미국식 발음

A: Actually, the fee is $120 unless you attended the fair last year. In that case, your fee is $96, which reflects a 20 percent discount.

제가 알기로는 100달러의 요금이 있다고 하던데요. 제가 맞나요?

사실, 당신이 작년에 박람회에 참석하지 않으셨다면 요금은 120달러입니다. 참석하셨다면, 당신의 요금은 20퍼센트 할인을 반영한 96달러입니다.

답변Tip 할인을 제공하는 경우에는 어떤 조건에서 할인을 제공하는지도 포함하여 답변하세요.

어휘 reflect[riflékt] 반영하다

Question 10

Q: I am very interested in robotics. Will there be any sessions on that topic?

미국식 발음

A: Yes, there are three relevant sessions, two before lunch and one after. The first one is at 10 A.M. in Room 300, and it's about using robots in the classroom. Next, there is a poster session at 11 A.M. in Lurie Hall about real-life examples of robots making life easier. The last one is scheduled at 3 P.M. in Room 305, about robots in the household for daily chores.

저는 로봇공학에 관심이 아주 많습니다. 그 주제에 대한 세션이 있나요?

네, 세 개의 관련된 세션이 있는데, 두 개는 점심 전에 있고 한 개는 점심 후에 있습니다. 첫 번째는 오전 10시에 300호실에서 있으며, 학급에서 로봇 사용하기에 대한 것입니다. 다음으로, 오전 11시에 Lurie 홀에서 열리는 삶을 더 쉽게 만드는 로봇의 실제 사례에 관한 포스터 세션이 있습니다. 마지막 것은 오후 3시에 305호실에서 예정되어 있으며, 집안일을 위한 가정에서의 로봇에 관한 것입니다.

Q 11 교육: 선택형 질문

<table>
<tr>
<td>

미국식 발음
What is the most important thing a university student should achieve while he/she is in college?

- *Good grades*
- *Foreign languages*
- *Social bonds*

Choose ONE of the options and use specific reasons and details to support your opinion.

</td>
<td>

대학생이 대학에 있는 동안 성취해야 하는 가장 중요한 것이 무엇이라고 생각하나요?

- *좋은 성적*
- *외국어*
- *사회적 유대*

보기 중 하나를 선택하고 당신의 의견을 뒷받침하기 위해 구체적인 이유와 예를 사용하세요.

</td>
</tr>
</table>

답변 아이디어

나의 의견	좋은 성적 good grades
이유 1	대학에서 학생의 근면과 전념의 긍정적인 반영임 a positive reflection of a student's hard work and dedication in college
근거	끝내야 하는 리포트, 과제물, 그리고 시험이 많이 있음 have many papers, assignments, and exams to complete
	이것들을 잘하는 것은 그 학생이 얼마나 많은 노력을 해왔는지에 대한 좋은 지표가 됨 doing a good job on these is a good indicator of how much effort the student has made
이유 2	학생이 결국 미래에 더 나은 직업과 훌륭한 경력을 갖도록 도와줄 수 있음 can help students eventually get better jobs and a great career in the future
근거	잠재적인 고용주는 보통 그들의 능력을 알아내기 위해서 졸업생들의 학점을 볼 것임 potential employers will often look at college graduates' GPAs to determine their abilities

모범 답변

나의 의견	I believe that the most important thing a university student should achieve is good grades.	저는 대학생이 성취해야 하는 가장 중요한 것은 좋은 성적이라고 생각합니다.
이유 1 + 근거	The first reason for this is that good grades are a positive reflection of a student's hard work and dedication in college. For instance, university students have many papers, assignments, and exams to complete for each semester. And doing a good job on these is a good indicator of how much effort the student has made.	이것의 첫 번째 이유는, 좋은 성적은 대학에서 학생의 근면과 전념의 긍정적인 반영이라는 것입니다. 예를 들면, 대학생들에게는 매 학기마다 끝내야 하는 리포트, 과제물, 그리고 시험이 많이 있습니다. 그리고 이것들을 잘하는 것은 그 학생이 얼마나 많은 노력을 해왔는지에 대한 좋은 지표가 됩니다.
이유 2 + 근거	Secondly, good grades can help students eventually get better jobs and a great career in the future. Potential employers will often look at college graduates' GPAs to determine their abilities. And having higher grades can create positive impressions for jobseekers.	둘째로, 좋은 성적은 학생이 결국 미래에 더 나은 직업과 훌륭한 경력을 갖도록 도와줄 수 있습니다. 잠재적인 고용주는 보통 그들의 능력을 알아내기 위해서 졸업생들의 학점을 볼 것입니다. 그리고, 높은 성적을 갖는 것은 구직자들이 긍정적인 인상을 자아내도록 할 수 있습니다.
마무리	Thus, I think it's essential that college students work hard to get good grades.	그러므로, 저는 대학생들이 좋은 성적을 얻기 위해서 열심히 노력하는 것이 가장 중요하다고 생각합니다.

어휘   **reflection**[riflékʃən] 반영, 투영   **dedication**[dèdikéiʃən] 전념, 헌신   **indicator**[índikèitər] 지표, 지수, 기준
potential[pəténʃəl] 잠재적인, 가능성 있는   **determine**[ditə́ːrmin] 알아내다, 결정하다   **create**[kriéit] (느낌, 인상을) 자아내다, 만들어 내다
impression[impréʃən] 인상, 생각   **jobseeker**[dʒábsìːkər] 구직자   **essential**[isénʃəl] 가장 중요한, 필수적인

MEMO

해커스인강 HackersIngang.com

본 교재
인강

교재 MP3

온라인
실전모의고사

아이디어&표현
자료집 및 MP3

해커스토익 Hackers.co.kr

토익스피킹
첨삭 게시판

토익스피킹
점수예측 풀서비스

실전 토익스피킹
문제 및 해설강의

토익스피킹
기출유형특강